KB179950

# 실용주의 프로그래머 2판에 쏟아진 찬사

사람들은 앤디와 데이브가 《실용주의 프로그래머》로 번개를 낚아채듯 놀라운 업적을 달성했다고들 한다. 이렇게 산업 전체를 움직이는 책이 당분간은 나오기 힘들 것 같다고 말이다. 그런데 가끔은 번개가 두 번 치기도 한다. 이 책이 바로 그 증거다. 책의 새로운 내용에 힘입어 앞으로도 "소프트웨어 개발 베스트셀러" 꼭대기에서 20년은 더 머무를 수 있을 것이다.

▶ **VM (비키) 브라수어(VM (Vicky) Brasseur)**
  주니퍼 네트웍스(Juniper Networks) 오픈 소스 전략 총괄, 《오픈 소스로 미래를 연마하라》 저자

여러분이 현대적이고 유지 보수하기 쉬운 소프트웨어를 만들고 싶다면 《실용주의 프로그래머》를 늘 가까운 곳에 둬라. 기술적인 면과 직업적인 면 모두에 걸친 실용적 조언으로 가득 차 있다. 앞으로 긴 시간 동안 여러분과 여러분의 프로젝트를 도와줄 것이다.

▶ **안드레아 굴렛(Andrea Goulet)**
  Corgibytes 대표, LegacyCode.Rocks 창립자

《실용주의 프로그래머》는 내 소프트웨어 경력의 궤도를 성공으로 완전히 바꾸어 놓은 단 한 권의 책이다. 이 책을 읽으며 큰 기계의 부속품이 아닌 장인이 되는 것을 꿈꾸게 되었다. 내 삶에서 가장 중요한 책 중 하나다.

▶ **오비에 페르난데스(Obie Fernandez)**
  《The Rails Way》 저자

처음으로 이 책을 접한 독자라면 현대 소프트웨어 개발을 실천하는 세계로의 매혹적인 여행을 기대해도 좋다. 이런 세계를 만드는데 주요한 역할을 한 이 책의 1판을 읽었던 독자라면 처음부터 이 책의 매우 특별한 점이었던 통찰과 실용적인 지혜를 재발견할 수 있을 것이다. 세심하게 고르고 갱신한 내용과 함께 새로운 내용도 많이 만나게 될 것이다.

▶ **데이비드 A. 블랙(David A. Black)**
《The Well-Grounded Rubyist》 저자

내 서가에는 오래된 《실용주의 프로그래머》 초판이 한 권 꽂혀 있다. 오래전 이 책을 읽고 또 읽으며 프로그래머로서의 내 직업에 접근하는 방식이 통째로 바뀌었다. 개정판에서는 모든 것이 바뀌었지만 하나도 바뀌지 않기도 했다. 이제는 책을 아이패드로 읽고 있고, 코드 예제도 현대 프로그래밍 언어를 사용한다. 하지만 그 기반이 되는 개념이나 발상, 태도는 변함이 없고 보편적으로 적용할 수 있다. 20년이 흘렀지만 이 책은 여전히 유효하다. 과거의 내가 그랬듯이 현재와 미래의 프로그래머들 또한 앤디와 데이브의 깊은 통찰을 배울 기회가 있으리라는 것을 알게 되어 기쁘다.

▶ **샌디 마몰리(Sandy Mamoli)**
애자일 코치, 《Creating Great Teams: How Self-Selection Lets People Excel》 저자

20년 전 《실용주의 프로그래머》 1판은 내 경력의 궤적을 완전히 바꾸어 놓았다. 이번 개정판은 여러분의 궤적을 바꾸어 놓을지도 모른다.

▶ **마이크 콘(Mike Cohn)**
《경험과 사례로 풀어낸 성공하는 애자일》, 《불확실성과 화해하는 프로젝트 추정과 계획》, 《사용자 스토리》 저자

Program
Programming
Programmer

12

The Pragmatic Programmer
20th Anniversary Edition

# The Pragmatic Programmer 20th Anniversary Edition

## 실용주의 프로그래머 20주년 기념판

초판 1쇄 발행 2005년 8월 2일 2판 1쇄 발행 2022년 2월 24일 3쇄 발행 2024년 12월 16일 지은이 데이비드 토머스, 앤드류 헌트 옮긴이 정지용 감수 김창준 펴낸이 한기성 펴낸곳 (주)도서출판인사이트 편집 백혜영 영업마케팅 김진불 제작·관리 이유현 용지 월드페이퍼 인쇄·제본 천광인쇄사 후가공 이레금박 등록번호 제2002-000049호 등록일자 2002년 2월 19일 주소 서울특별시 마포구 연남로5길 19-5 전화 02-322-5143 팩스 02-3143-5579 이메일 insight@insightbook.co.kr ISBN 978-89-6626-336-3 책값은 뒤표지에 있습니다. 잘못 만들어진 책은 바꾸어 드립니다. 이 책의 정오표는 https://blog.insightbook.co.kr에서 확인하실 수 있습니다

# The Pragmatic Programmer
## 20th Anniversary Edition

# 실용주의 프로그래머
## 20주년 기념판

데이비드 토머스·앤드류 헌트 지음
정지웅 옮김 | 김창준 감수

인사이트

# 차례

추천사        viii

2판 서문        xii

1판 서문        xvii


**1장    실용주의 철학**        1

Topic 1 당신의 인생이다        2

Topic 2 고양이가 내 소스 코드를 삼켰어요        4

Topic 3 소프트웨어 엔트로피        8

Topic 4 돌멩이 수프와 삶은 개구리        11

Topic 5 적당히 괜찮은 소프트웨어        15

Topic 6 지식 포트폴리오        19

Topic 7 소통하라!        28


**2장    실용주의 접근법**        37

Topic 8 좋은 설계의 핵심        38

Topic 9 DRY: 중복의 해악        41

Topic 10 직교성        54

Topic 11 가역성        66

Topic 12 예광탄        71

Topic 13 프로토타입과 포스트잇   79

Topic 14 도메인 언어   85

Topic 15 추정   94

## 3장   기본 도구   103

Topic 16 일반 텍스트의 힘   105

Topic 17 셸 가지고 놀기   110

Topic 18 파워 에디팅   114

Topic 19 버전 관리   119

Topic 20 디버깅   125

Topic 21 텍스트 처리   138

Topic 22 엔지니어링 일지   142

## 4장   실용주의 편집증   145

Topic 23 계약에 의한 설계   147

Topic 24 죽은 프로그램은 거짓말을 하지 않는다   158

Topic 25 단정적 프로그래밍   162

Topic 26 리소스 사용의 균형   167

Topic 27 헤드라이트를 앞서가지 말라   177

## 5장   구부러지거나 부러지거나   181

Topic 28 결합도 줄이기   182

Topic 29 실세계를 갖고 저글링하기   193

Topic 30 변환 프로그래밍   207

Topic 31 상속세      224

Topic 32 설정      236

## 6장    동시성      241

Topic 33 시간적 결합 깨트리기      243

Topic 34 공유 상태는 틀린 상태      249

Topic 35 액터와 프로세스      258

Topic 36 칠판      266

## 7장    코딩하는 동안      273

Topic 37 파충류의 뇌에 귀 기울이기      275

Topic 38 우연에 맡기는 프로그래밍      282

Topic 39 알고리즘의 속도      291

Topic 40 리팩터링      300

Topic 41 테스트로 코딩하기      307

Topic 42 속성 기반 테스트      321

Topic 43 바깥에서는 안전에 주의하라      331

Topic 44 이름 짓기      341

## 8장    프로젝트 전에      349

Topic 45 요구 사항의 구렁텅이      350

Topic 46 불가능한 퍼즐 풀기      362

Topic 47 함께 일하기      367

Topic 48 애자일의 핵심      372

## 9장   실용주의 프로젝트    377

Topic 49 실용주의 팀    378

Topic 50 코코넛만으로는 부족하다    387

Topic 51 실용주의 시작 도구    392

Topic 52 사용자를 기쁘게 하라    402

Topic 53 오만과 편견    404

맺는말    407

참고 문헌    411

연습 문제 해답 예시    415

옮긴이 후기    435

찾아보기    436

# 추천사

데이브와 앤디가 이 책의 개정판에 대해 처음으로 트윗을 올렸을 때가 생각
난다. 엄청난 소식이었다. 코딩 커뮤니티가 들썩거렸고, 내 피드도 기대로 넘
쳐 났다. 책이 나온 지 20년이 지났지만 《실용주의 프로그래머》는 그때나 지
금이나 여전히 유효하다.

이렇게 오래 된 책에 뜨거운 반응이 인다는 것은 큰 의미가 있다. 나는 이
추천사를 위해 출판 전에 책을 미리 읽을 수 있는 특권을 얻었고, 왜 그런 소
란이 일었는지 이해할 수 있었다. 이 책은 기술 서적이긴 하지만, 그렇게만
부른다면 이 책을 깎아내리는 것이다. 기술 서적은 종종 무섭다. 자기 자랑
이나 이해하기 힘든 용어, 난해한 예제들로 가득 차 있어서 의도한 것은 아니
겠지만 왠지 내가 어리석은 것 같은 기분이 들곤 한다. 경험이 많은 저자일수
록 새로운 개념을 배우는 초심자의 마음을 잊기 쉽다.

데이브와 앤디는 수십 년의 프로그래밍 경력에도 불구하고, 이제 막 무언
가를 배운 사람의 들뜬 마음을 담아 책을 쓰는 어려운 과제를 해냈다. 데이
브와 앤디는 여러분을 깎아내리지 않는다. 여러분이 전문가라고 가정하지도
않는다. 이 책의 1판을 읽었다고 가정하지도 않는다. 그저 여러분을 더 발전
하고 싶은 프로그래머라고 여긴다. 여러분이 한 번에 실행 가능한 단계 하나
씩 밟아가며 발전할 수 있도록 한 쪽 한 쪽을 채웠다.

사실 이들은 경험이 있긴 하다. 이 책의 1판은 여러분의 코딩 근육을 만들
고 코딩 뇌를 개발하는 실질적인 예제와 새로운 발상, 실용적인 팁으로 가득
차 있었다. 그리고 오늘날에도 여전히 유효하다. 그런데 이번 개정판에는 두

가지 개선 사항이 있다.

첫 번째는 명확하다. 오래된 참고 사항이나 더는 맞지 않는 예제들을 들어내고, 새롭고 현대적인 내용으로 바꿨다. 반복문 불변식이나 빌드 기계 예제는 사라졌다. 데이브와 앤디는 그들의 강력한 콘텐츠를 가져와서 낡아 버린 예제 때문에 헷갈리는 일이 없도록, 하지만 여전히 교훈을 얻을 수 있도록 만들었다. DRY(반복하지 말라) 같은 오래된 발상의 먼지를 떨어내고 새로 페인트칠을 해서 반짝반짝 빛이 나도록 만들었다.

그런데 이 개정판을 진짜로 흥미진진하게 만든 것은 두 번째 개선 사항이다. 1판을 쓴 후에 데이브와 앤디는 그들이 말하려고 한 것은 무엇이었고, 독자들이 얻었으면 하는 것은 무엇이었는지, 이것이 어떻게 받아들여졌는지 돌아볼 기회가 있었다. 내용에 대한 피드백을 받으며 사람들이 어디서 막히고, 어떤 부분을 오해하는지, 어떤 부분의 개선이 필요한지 알게 되었다. 20년간 이 책이 전 세계 프로그래머의 손과 마음을 거치는 동안 데이브와 앤디는 반응을 연구하고 새로운 아이디어와 개념을 창조해 냈다.

이들은 스스로 행동을 결정할 수 있는 에이전시agency[1]의 중요성을 배웠다. 그리고 이견이 있을 수는 있겠지만 개발자들이 다른 대부분 전문직 종사자보다 더 많은 에이전시를 가지고 있다고 깨달았다. 그래서 이 책은 단순하지만 심오한 메시지로 시작한다. "당신의 인생이다." 이 말은 우리 코드 베이스에서, 우리 직업에서, 우리 경력에서 우리가 가진 힘을 상기시킨다. 그리고 이 책의 나머지 내용을 우리가 어떻게 받아들여야 할지 제시한다. 이 책은 코드 예제로만 가득 찬 다른 기술 서적을 넘어선다는 것이다.

이 책이 서가의 다른 기술 서적들보다 뚜렷이 돋보이는 점은 프로그래머가 된다는 것이 어떤 의미인지에 대한 이해가 담겨 있다는 것이다. 프로그래밍

---

1 (옮긴이) 여기서 '에이전시'는 케임브리지 영어 사전에 따르면 "the ability to take action or to choose what action to take", 즉 주체적으로 원하는 행동을 고르고 행할 수 있는 능력을 말한다. 철학에서는 작인(作因)이라고 번역되지만 널리 쓰이는 표현이 아니어서 외래어 표기법으로 그대로 옮긴다.

은 미래를 덜 고통스럽게 만들려 노력하는 것이다. 팀 동료들을 수월하게 해주는 것이다. 문제를 일으켰다가 다시 되돌릴 수 있는 것이다. 좋은 습관을 기르고, 여러분의 도구를 이해하는 것이다. 코딩은 프로그래머 되기라는 세상의 일부일 뿐이고, 이 책은 그 세상 전체를 탐험한다.

나는 코딩과 함께하는 인생 여정에 대해 자주 생각한다. 나는 어려서부터 코딩을 하지도 않았고, 대학에서 공부를 하지도 않았다. 첨단 기기를 만지작거리며 10대를 보내지도 않았다. 20대 중반에야 코딩 세계에 입문했고, 프로그래머가 되는 것이 어떤 의미인지 배워야 했다. 프로그래머의 커뮤니티는 내가 원래 속했던 곳과는 매우 달랐다. 학습과 실용성을 매우 강조하는 면이 신선하기도, 두렵기도 했다.

나에게는 정말로 새로운 세계에 들어가는 것처럼 느껴졌다. 최소한 새로운 동네는 되었다. 새로운 이웃을 사귀고, 장 볼 슈퍼를 고르고, 마음에 꼭 드는 카페를 찾아야 했다. 지형지물을 파악하고, 최단 경로를 알아내고, 차가 밀리는 도로를 피하고, 언제 가장 길이 막히는지 알게 되는 데에는 꽤 시간이 걸렸다. 날씨도 달라서 새 옷을 사야 했다.

새로운 동네의 처음 몇 주, 아니 몇 달은 좀 무섭다. 이럴 때 그 지역 토박이인 친절하고 아는 게 많은 이웃이 있다면 얼마나 멋질까? 여러분에게 동네를 안내해 주고 카페를 알려 줄 수 있는 사람은? 동네에 오래 살아서 동네의 문화를 알고, 동네의 분위기를 이해하는 사람, 그래서 여러분을 편안하게 해줄 뿐 아니라 동네에 이바지하는 일원이 될 수 있게 이끌어 주는 사람은 어떨까? 데이브와 앤디가 바로 그런 이웃이다.

비교적 최근에 합류한 사람의 입장에서 보면 프로그래밍 행위 자체보다 프로그래머가 되는 과정에 질려 버리기 쉬운 것 같다. 사고방식을 완전히 틀어서 습관, 행동, 기대를 바꾸어야만 한다. 코딩하는 법을 안다고 해서 저절로 점점 더 나은 프로그래머가 되지는 않는다. 그 과정은 의지와 의도적 수련이 수반되어야 한다. 이 책은 효율적으로 더 나은 프로그래머가 되기 위한 지침서다.

하지만 오해하지는 말라. 이 책은 프로그래밍이 어떠해야 한다고 주장하지는 않는다. 철학적이거나 판단을 내리는 책은 아니다. 분명하고 단순하게 실용주의 프로그래머란 무엇인가를 말할 뿐이다. 실용주의 프로그래머는 어떻게 작업하는지, 코드에 어떻게 접근하는지 말이다. 실용주의 프로그래머가 되고 싶은지 결정하는 것은 여러분의 몫이다. 여러분이 받아들이지 않더라도 원망하지는 않을 것이다. 하지만 여러분이 실용주의 프로그래머가 되기로 마음을 먹는다면 이 책은 여러분의 앞길을 보여주는 친절한 이웃이 될 것이다.

▶ **사론 이트바레크(Saron Yitbarek)**
Disco 창립자 겸 대표
(전) CodeNewbie 창립자 겸 대표
팟캐스트 Command Lines Heroes 진행자

# 2판 서문

1990년대에 우리는 프로젝트에 문제가 생긴 회사들과 일했다. 그러다 보니 우리가 회사마다 똑같은 이야기를 하고 있다는 것을 깨달았다. "출시 전에 테스트를 해야 할 것 같은데요", "왜 코드가 메리의 컴퓨터에서만 빌드되는 거죠?", "왜 아무도 사용자에게 물어보지 않죠?"

새로운 고객사에게 들이는 시간을 아끼기 위해 우리는 메모를 적기 시작했다. 그리고 그 메모들이 모여 《실용주의 프로그래머》가 되었다. 놀랍게도 책은 많은 이의 공감을 얻었고, 지난 20년간 꾸준히 사랑받았다.

하지만 20년이면 소프트웨어 기준으로는 여러 세대가 지나갔을 시간이다. 1999년의 개발자를 오늘날의 개발팀에 뚝 떨어트리면 아마 이 이상하고 새로운 세계에서 힘겨워할 것이다. 마찬가지로 오늘날의 개발자도 1990년대의 세계가 똑같이 낯설 것이다. 초판에 등장하는 CORBA나 CASE 도구, 숫자 인덱스를 사용하는 반복문 같은 것은 신기해 보이긴 하겠지만 아마 독자를 헷갈리게 할 것이다.

그러면서도 다른 한편으로 이 20년이란 세월 동안 상식은 전혀 변하지 않았다. 기술은 바뀌었을지 모르나 사람은 바뀌지 않았다. 20년 전에 유용했던 실천 방법이나 접근 방식은 여전히 유용하다. 이 책의 그런 측면은 빛을 잃지 않았다.

20주년 기념판을 만들 시기가 다가옴에 따라 우리는 결정을 내려야 했다. 책을 한 장씩 읽으면서 우리가 언급한 기술들을 새로운 것으로 바꾸는 선에서 멈출 수도 있었다. 아니면 우리가 책에서 추천했던 실천 방법 뒤에 깔린 가정들을 20년간 더해진 경험에 비추어 보며 재점검할 수도 있었다.

결국 우리는 둘 다 했다.

그 결과 이 책은 테세우스의 배[1] 같은 것이 되었다. 책에 실린 항목 중 삼분의 일 정도는 새로운 항목이다. 나머지도 대부분 완전히든 부분적으로든 다시 썼다. 우리는 더 명확하게, 더 적절하게, 그리고 바라건대 세월이 흘러도 가치를 잃지 않도록 쓰고 싶었다.

몇 가지 어려운 결정을 내렸다. 관련 자료 부록을 뺐다. 계속 내용을 갱신하기 어렵기도 하거니와 독자가 원한다면 쉽게 검색해 볼 수 있기 때문이다. 동시성과 관련된 항목들을 재구성하고 다시 썼다. 오늘날 병렬 하드웨어는 풍부한 반면 이를 잘 다루는 방법은 아직 부족하다. 바뀐 사고방식과 환경을 반영하기 위해 추가한 내용도 있다. 우리가 그 시작을 함께했던 애자일 운동을 비롯하여 점점 더 인기를 얻고 있는 함수형 프로그래밍 방식, 중요도가 커지고 있는 정보 보호와 보안에 대한 내용을 추가했다.

재미있었던 점은 1판을 작업할 때보다 우리 둘 사이에 책의 내용에 대한 논쟁이 현저히 적었다는 것이다. 둘 다 무엇이 중요한지 더 판단하기 쉬운 것 같았다.

어쨌든 이 책이 그 결과다. 부디 재미있게 읽기 바란다. 어쩌면 새로운 방법을 좀 배울 수도 있고, 어쩌면 우리가 제안한 내용이 틀렸다고 판단할 수도 있겠다. 여러분의 기예craft[2]에 관심을 갖고 몰두하라. 우리에게 피드백을 달라.

하지만 잊지 말라. 무엇보다 중요한 것은 즐기는 것이다.

## 이 책의 구성

이 책은 여러 짧은 항목들을 모아 놓은 책이다. 각 항목은 특정한 한 주제를

---

1 배의 망가진 부속을 수년에 걸쳐 하나하나 바꾼 결과 결국 모든 부속이 바뀌었다면 이 배는 아직도 원래와 같은 배일까?

2 (옮긴이) craft는 '기술'로 번역하기도 하는데, 그 의미는 손재주에 더 가깝다. 통상 추상적이고 이론적인 연구에 대비하여 직접 코드나 시스템을 만지는 기술을 일컫는다.

다루며, 그 자체로 완결되어 있다. 각 주제를 전체 맥락에 놓고 보는 데 도움이 되도록 상호 참조를 많이 넣었다. 항목의 순서에 구애받지 말고 마음대로 읽어도 된다. 이 책은 첫 페이지부터 마지막 페이지까지 순서대로 읽어야 하는 책이 아니다.

xx쪽의 'Tip 1: 자신의 기예에 관심을 가져라.'처럼 'Tip 숫자'가 붙은 상자를 종종 만나게 될 것이다. 팁들은 본문의 요점을 강조할 뿐 아니라 그 자체로도 유용하게 활용할 수 있다. 우리는 이 팁들을 매일 지키며 산다. 책 뒤표지 안쪽의 절취 가능한 카드에 책에 나오는 모든 팁을 수록해 놓았다.

필요에 따라 '연습 문제'와 '도전해 볼 것'을 넣어 두었다. '연습 문제'에는 대개 비교적 분명한 답이 있는 반면, 도전해 볼 것은 따로 정답이라 할 것이 없는 경우가 많다. 우리의 생각을 보여 주기 위해서 연습 문제에 대한 우리의 답을 부록에 실어 놓았다. 하지만 정답이 단 하나뿐인 문제는 드물다. '도전해 볼 것'은 고급 프로그래밍 과정의 토론이나 리포트 소재로 활용할 수 있을 것이다.

우리가 명시적으로 언급한 책과 논문의 서지 정보도 부록에 포함되어 있다.

## 이름이란 게 무슨 의미가 있나?

> "내가 어떤 단어를 쓰면," 험프티 덤프티가 조금 깔보는 투로 말했다. "그것은 바로 내가 선택한 의미만 가지는 거야. 그 이상도 그 이하도 아냐."
>
> – 루이스 캐럴(Lewis Carroll), 《거울 나라의 앨리스》

이 책 곳곳에서 여러분은 다양한 종류의 전문 용어jargon를 보게 될 것이다. 나무랄 데 없는 영어 단어였지만 기술적인 무언가를 뜻하는 단어로 타락해버린 단어도 있고, 언어에 원한이라도 있는 듯한 컴퓨터 과학자들이 어떤 의미를 표현하기 위해 지어낸 끔찍한 조어도 있다. 우리는 이런 용어를 처음 사용할 때마다 그 단어를 정의하거나 적어도 그 뜻을 짐작할 단서라도 주기 위해 노력했다. '객체object'나 '관계형 데이터베이스relational database'처럼 널리 쓰여서 일일이 정의를 다는 것이 번잡할 것 같아 그냥 넘어간 단어도 있다. 하지만 분명 그 외에도 우리 주의력의 그물을 빠져나간 단어들이 있을 것이다. 혹시 책을 읽다가 전에 본 적 없는 단어와 진짜로 마주치게 된다면 부탁하건대 그냥 건너뛰지 말라. 시간을 들여 웹이나 컴퓨터 과학 교과서에서 찾아보라. 그리고 기회가 된다면 우리가 다음 판에는 그 단어의 정의를 추가할 수 있도록 우리에게 불평하는 이메일을 보내 달라.

이렇게 말하긴 했지만 우리는 컴퓨터 과학자들에게 복수하기로 결정했다. 가끔 어떤 개념을 가리키는 나무랄 데 없이 좋은 용어가 있어도 그 단어를 사용하지 않기로 한 경우가 있다. 왜 그랬을까? 그것은 기존 용어가 일반적으로 어떤 특정한 문제 도메인domain에 제한되어 있거나, 어떤 특정한 개발 과정에 종속되어 있기 때문이다. 하지만 이 책의 기본 철학 가운데 하나는 우리가 추천하는 기법을 대부분 보편적으로 활용할 수 있다는 것이다. 예를 들어 모듈화는 코드, 설계, 문서화, 팀 조직에 모두 적용할 수 있다. 이미 특정 분야에서 쓰이는 용어를 더 넓은 의미로 사용하면 혼란이 생긴다. 용어의 원래 출처에서 딸려 온 과거의 짐을 우리가 극복하지 못하는 것 같다. 이런 일이 생길 경우 우리는 우리만의 새로운 용어를 만들어냄으로써 언어의 쇠퇴에 일조하고자 했다.

## 소스 코드와 여타 자료

이 책에 나온 코드는 대부분 컴파일되는 소스 파일에서 발췌한 것으로, 소스 파일은 우리 웹사이트에서 다운로드할 수 있다.[3]

웹 사이트에서 우리가 유용하다고 생각하는 자료의 링크와 함께, 이 책의 갱

---

3  *https://pragprog.com/titles/tpp20*

신 내용과 여타 실용주의 프로그래머 개발 방식에 대한 뉴스도 접할 수 있다.

## 여러분의 의견을 보내 달라

여러분이 보내 주는 의견은 언제나 감사하다. 다음 주소로 이메일을 보내 주기 바란다. ppbook@pragprog.com

## 2판 감사의 말

우리는 지난 20년간 콘퍼런스나 강좌, 심지어는 비행기에서도 사람들을 만나며 프로그래밍에 대한 흥미로운 대화를 진짜로 수천 번이나 나눌 수 있었다. 그 하나하나가 우리의 개발 프로세스에 대한 지식에 더해졌고 개정판 작업에 도움이 되었다. 모두 감사하다. (그리고 우리가 틀렸다면 계속 지적해 달라.)

책의 베타 과정에 참여해 준 분들에게도 감사를 전한다. 여러분의 질문과 의견 덕분에 더 잘 설명할 수 있었다.

베타 리딩을 하기 전에 몇몇 분에게 먼저 책을 공유하고 의견을 구했다. 상세한 의견을 준 VM (Vicky) Brasseur, Jeff Langr, Kim Shrier, 그리고 기술적인 검토를 해준 Jose Valim와 Nick Cuthbert에게 감사의 말을 전하고 싶다.

스도쿠 사례를 싣도록 허락해 준 Ron Jeffries에게 감사한다.

이 책을 우리 방식대로 만들도록 허락해 준 Pearson 담당자들에게 큰 감사를 전한다.

맡은 일은 무엇이든 마스터하고 우리를 단속해 주는, 없어서는 안 될 Janet Furlow에게도 특별히 감사의 말을 전한다.

마지막으로 전 세계의 실용주의 프로그래머에게 감사를 전한다. 여러분이 지난 20년간 모두의 프로그래밍을 더 나아지게 했다. 앞으로 또 다른 20년을 위하여!

# 1판 서문

이 책은 여러분이 더 나은 프로그래머가 되도록 도울 것이다.

여러분이 혼자 일하는 프로그래머든, 큰 프로젝트팀의 일원이든, 동시에 여러 고객과 일하는 컨설턴트든 상관없다. 이 책은 여러분 개인이 일을 더 잘할 수 있도록 도울 것이다. 이 책은 이론적인 책이 아니다. 우리는 실용적인 주제에, 그리고 더 합당한 결정을 내릴 수 있도록 여러분의 경험을 이용하는 일에 집중한다. 실용적pragmatic이라는 단어는 라틴어 pragmaticus(일에 숙달된)에서 나왔고, 이 단어는 '…을 하다'를 뜻하는 그리스어 πραγματικός로부터 나왔다.

이 책은 무엇을 '하는' 것에 관한 책이다.

프로그래밍은 기예craft다. 아주 간단하게 생각해 보면 프로그래밍이란 컴퓨터에게 여러분이 원하는 일을 하게 만드는-또는 여러분의 고객인 사용자가 원하는 일을 하게 만드는-것이다. 프로그래머로서 여러분은 어떤 면으로는 듣는 사람이고, 어떤 면으로는 조언하는 사람이며, 통역하는 사람이기도 하고, 명령을 내리는 사람이기도 하다. 애매모호한 요구 사항을 포착해서 단순한 기계를 최대한 활용할 수 있도록 구현하려고 노력한다. 자신의 작업을 다른 사람이 이해할 수 있도록 문서로 만들려고 노력하고, 자신이 한 것을 바탕으로 다른 사람이 또 다른 것을 만들 수 있도록 자신의 작업을 설계하려고 노력한다. 이뿐 아니라 쉬지 않고 똑딱대는 프로젝트 일정 시계에 맞추어 이 모든 일을 해내기 위해 노력한다. 여러분은 매일 작은 기적을 만드는 것이다.

참 어려운 직업이다.

여러분을 도와주겠다는 사람도 많다. 도구 제조사들은 자신의 제품이 수행할 수 있는 기적 같은 일들을 홍보한다. 방법론 구루guru들은 자신의 기법이 좋은 결과를 보장한다고 약속한다. 모든 사람이 자신의 프로그래밍 언어가 최고라고 자랑하고, 모든 운영 체제가 자신이 모든 문제를 고칠 수 있는 해답이라고 주장한다.

물론 이 가운데 맞는 말은 하나도 없다. 쉬운 정답은 없다. 도구든, 언어든, 운영 체제든 **최고**의 해결 방안 같은 것은 없다. 오직 특정한 환경 조건들마다 가장 적절한 시스템들이 있을 뿐이다.

바로 이것이 실용주의가 필요한 이유다. 어떤 특정 기술에 매이면 안 된다. 개별 상황마다 그 상황에서 좋은 해결 방안을 고를 수 있도록 충분한 배경지식과 경험을 쌓아야 한다. 배경지식은 컴퓨터 과학의 기본 원리에 대한 이해에서 생겨나고, 경험은 다양한 종류의 실제 프로젝트들을 수행해 봄으로써 얻을 수 있다. 이론과 실천의 결합이 여러분을 강하게 만든다.

여러분은 당면한 상황과 환경에 접근 방법을 맞춘다. 어떤 프로젝트에 영향을 미치는 모든 요인 각각의 중요도를 비교하고 판단하며, 자신의 경험을 활용하여 적절한 해결 방안을 만들어 낸다. 이런 일을 작업을 진행하는 동안 쉬지 않고 하는 것이다. 실용주의 프로그래머는 일을 완수한다. 그것도 아주 잘.

### 이 책은 누가 읽어야 할까?

우리는 이 책을 더 효과적이고 생산성 높은 프로그래머가 되고 싶은 사람을 위해 썼다. 여러분은 자신의 잠재력을 다 발휘하지 못하는 것 같아서 좌절하고 있을지도 모른다. 여러분보다 생산성이 높은 동료는 여러 가지 도구를 잘 활용하는 것 같기도 하다. 아니면 지금 일이 옛날 기술만 사용하는데 여기에 새로운 발상들을 어떻게 적용할지 알고 싶을 수도 있다.

모든 해답을, 아니 대개의 해답이라도 알고 있는 척은 하지 않겠다. 그리고 우리의 아이디어 모두가 어떤 상황에든 적용될 수 있는 것도 아니다. 우리가 할 수 있는 말은 여러분이 우리 접근 방법을 따른다면 빠른 속도로 경험을 쌓을 수 있고, 생산성은 증가할 것이고, 전체 개발 과정을 더 깊이 이해하게 되며, 더 좋은 소프트웨어를 작성하게 되리라는 것뿐이다.

### 무엇이 실용주의 프로그래머를 만드는가?

모든 개발자는 유일무이하다. 저마다 강점과 약점, 좋아하는 것과 싫어하는 것이 다르다. 시간이 흐르면 모든 개발자가 자신만의 작업 환경을 만드는데, 이 작업 환경은 프로그래머의 취미와 옷 입는 취향, 머리 스타일만큼이나 프로그래머의 개성을 강하게 드러낸다. 하지만 그래도 실용주의 프로그래머들은 다음 특징들 가운데 많은 수를 공유한다.

**얼리 어댑터 또는 새로운 것에 빨리 적응하는 사람**

이런 사람은 기술과 기법에 대한 본능적인 감각이 있으며, 새로운 것을 시도하기 좋아한다. 새로운 것이 주어지면 쉽게 파악해서 자기 지식에 통합해 넣는다. 이런 사람의 자신감은 경험에서 우러나오는 것이다.

**호기심 많은 사람**

이런 사람은 질문을 많이 한다. "멋진데, 어떻게 한 거지? 그 라이브러리에 무슨 문제 있어? 양자 컴퓨터라는 게 있다던데 그게 뭐야? 심볼릭 링크는 어떻게 구현되는 거야?" 이런 사람은 자잘한 지식을 머릿속에 쌓아 두며, 그 가운데 어떤 것은 몇 년 후의 결정에 영향을 주기도 한다.

**비판적인 사고의 소유자**

이런 사람은 사실 관계를 확인하지 않고서는 곧이곧대로 믿는 일이 드물다. 직장 동료가 "늘 그런 식으로 해 왔으니까."라고 말하거나, 제품 영업

사원이 이것이 모든 문제의 해결책이라고 약속하면 도전 욕구가 솟아오르는 사람이다.

### 현실주의자

이런 사람은 자신이 맞닥트리는 모든 문제의 근본적인 특성을 이해하려고 노력한다. 현실주의는 이 일이 얼마나 어려운 일인지, 이 일에 시간이 얼마나 걸릴지 판단하는 감각을 길러준다. 어떤 과정이 어려울 수밖에 없다는 것을 이해하거나 어떤 과정을 끝내는 데 상당한 시간이 걸릴 것이라는 것을 이해하면 끈기 있게 그 일을 해 나갈 지구력이 생긴다.

### 다방면에 능숙한 사람

이런 사람은 다양한 분야의 기술과 환경에 친숙해지려고 열심히 노력한다. 그리고 새로운 발전의 흐름에 뒤떨어지지 않으려고 노력한다. 지금 하는 일이 특정 분야에 좁게 파고들 것을 요구할지라도 언제든지 새로운 영역과 새로운 도전으로 옮겨갈 수 있다.

마지막을 위해 가장 기본적인 특징 하나를 남겨 두었다. 이 특징은 모든 실용주의 프로그래머에게 공통적이다. 너무나 기본적인 것이라서 팁의 형식으로 소개할 만하다.

---

**Tip 1** **자신의 기예craft에 관심을 가져라.**

---

여러분이 소프트웨어 개발을 잘하는 것에 관심이 없다면, 이 일을 하는 의미가 없다고 생각한다.

---

**Tip 2** **자기 일에 대해 생각하라.**

---

실용주의 프로그래머가 되고 싶다면 어떤 일을 하면서 자기가 무엇을 하고 있는지 생각해야만 한다. 현재의 실천 방법을 검토해 보는 일회성 행사를 말하는 것이 아니다. 모든 개발 과정에서, 매일, 여러분이 내리는 모든 결정을 끊임없이 비판적으로 평가해야 한다. 절대 기계적으로 일하지 말라. 언제나 일하면서 동시에 생각하고, 자기 일을 비평하라. 오래된 IBM의 표어 '생각하라!THINK!'가 실용주의 프로그래머의 계명mantra이다.

광장히 힘들 것 같은가? 그렇다면 여러분은 자신의 현실주의자다운 특징을 드러내 보인 셈이다. 이 일은 여러분의 소중한 시간, 이미 엄청난 일정 압박에 시달리고 있을 시간의 일부를 잡아먹을 것이다. 이 일을 해서 받을 수 있는 보상은 여러분이 사랑하는 직업에 더 적극적으로 참여할 수 있는 것, 그리고 점점 더 다양한 종류의 일에 숙달되어 간다는 느낌, 지속적인 발전을 느끼는 데서 오는 기쁨이다. 장기적으로 보면 여러분과 여러분의 팀은 더 효율적이 되고, 더 유지 보수하기 쉬운 코드를 작성하게 되고, 회의에 시간을 덜 들이게 될 것이므로 여러분이 투자한 시간은 충분히 보상받게 될 것이다.

## 실용주의 프로그래머와 규모가 큰 팀

규모가 큰 팀이나 복잡한 프로젝트에서는 개인이 개성을 발휘할 여지가 없다고 생각하는 사람도 있다. 이들은 이렇게 말한다. "소프트웨어 구축은 공학적인 규율에 따라 이루어져야 한다. 이런 규율은 팀 구성원들이 제각기 자기 마음대로 결정을 내리기 시작하면 무너져 버릴 것이다."

우리 생각은 다르다.

물론 소프트웨어 구축은 공학적인 규율에 따라 이루어져야 한다. 하지만 그렇다고 개개인이 솜씨를 발휘할 여지가 없는 것은 아니다. 유럽의 중세에 지어진 대성당들을 생각해 보라. 대성당 하나를 짓는 데 수십 년에 걸쳐 엄청난 노동력이 투입되었다. 앞 세대가 배운 교훈은 다음 세대의 건축가들에게 전해졌고, 이들이 이룩한 성과는 건축 공학을 진일보시켰다. 여기에 참여한 목수, 석공, 조각가, 유리 기술자 들은 모두 장인이었고, 공학적인 요구 사항들을 자기 나름대로 해석해서 건축의 단순한 물리적 측면을 뛰어넘는 무언가를 창조해 냈다. 개개인의 기여가 프로젝트를 지탱한다는 것이 이들의 믿음이었다. "우리가 단지 돌을 자를지라도 언제나 대성당을 마음속에 그려야 한다."

프로젝트의 전체 구조 속에는 언제나 개성과 장인 정신craftsmanship을 발휘할 여지가 있다. 소프트웨어 공학의 현재 상태를 볼 때 이 말은 특히 잘 들어맞는다. 지금으로부터 100년 후 우리의 공학 기술은 현대 토목 기사들이 중세 대성당을 짓던 사람들의 기법을 볼 때처럼 낡은 것으로 느껴지겠지만, 우리의 장인 정신은 그때 가서도 여전히 존중받을 것이다.

## 끊임없는 과정

영국의 이튼 칼리지를 구경하던 한 관광객이 정원사에게 이렇게 완벽한 잔디밭을 어떻게 만들 수 있는지 물었다. 정원사는 "그건 쉬워요."라고 대답했다. "매일 아침 이슬을 털어 주고, 이틀에 한 번 잔디를 깎아 주고, 일주일에 한 번 잔디밭을 골라 주면 되지요."

"그게 다예요?" 관광객은 물었다.

"그게 답니다." 정원사는 대답했다. "그렇게 500년만 하면 당신 잔디밭도 이 정도로 괜찮아질 겁니다."

훌륭한 잔디밭은 매일 조금씩 손질해 주어야 한다. 훌륭한 프로그래머도 마찬가지다. 경영 컨설턴트는 대화하면서 카이젠이란 단어를 자주 입에 올린다. '카이젠Kaizen, 改善'은 꾸준히 조금씩 자주 개량한다는 뜻의 일본어다. 카이젠은 일본 제조업의 생산성과 품질이 극적으로 향상된 주요 원인으로 여겨져서 전 세계에 모방의 바람이 불었었다. 카이젠은 개인에게도 적용할 수 있다. 매일같이 지금 있는 기술들을 다듬고, 여러분 기술 목록에 새로운 도구들을 추가하라. 이튼 칼리지의 잔디밭과는 달리 여러분은 불과 며칠이면 결과를 보기 시작할 것이다. 몇 년이 지나면 얼마나 여러분의 경험이 무르익고 기술이 자랐는지 스스로 놀랄 것이다.

# 실용주의 철학
## A Pragmatic Philosophy

이 책은 당신에 대한 것이다.

정말이다. 이 책의 주제는 당신의 경력, 그리고 더 중요하게는 〈항목 1. 당신의 인생이다〉. 당신의 것이다. 당신이 이 책을 손에 든 이유는 당신이 더 나은 개발자가 될 수 있음을 알기 때문이다. 다른 사람이 더 나아지는 것을 도울 수 있음을 알기 때문이다. 당신은 '실용주의 프로그래머'가 될 수 있다.

실용주의 프로그래머는 무엇이 다른가? 우리는 문제와 해법에 접근하는 태도와 방식, 철학에 차이가 있다고 생각한다. 실용주의 프로그래머는 직면한 문제 너머를 고민한다. 문제를 더 큰 맥락에 놓고 더 큰 그림을 보려고 노력한다. 사실 이런 더 큰 맥락 없이 어떻게 실용적일 수 있겠는가? 어떻게 현명한 절충안을 내고, 정확한 사실을 바탕으로 결정을 내릴 수 있겠는가?

실용주의 프로그래머가 가진 또 다른 성공의 열쇠는 〈항목 2. 고양이가 내 소스 코드를 삼켰어요〉에서 이야기하듯 자신이 하는 모든 일에 책임을 진다는 점이다. 실용주의 프로그래머는 책임감이 있기 때문에 프로젝트가 방치된 채로 끝장나는 걸 가만히 옆에 앉아서 지켜보고만 있지 않는다. 〈항목 3. 소프트웨어 엔트로피〉에서는 프로젝트를 깨끗하게 유지하는 방법을 일러 줄 것이다.

대다수 사람은 어떤 때는 그럴듯한 이유로, 또 어떤 때는 그저 과거의 관성 때문에 변화를 어려워한다. 〈항목 4. 돌멩이 수프와 삶은 개구리〉에서는 변화를 부추기는 전략을 알아보고, 이와 균형을 맞추기 위해 점진적 변화가 가져오는 위험을 무시한 어떤 양서류의 우화를 들려준다.

자신이 일하는 맥락을 이해하면 자신의 소프트웨어가 얼마나 훌륭해야 하는지 더 쉽게 알 수 있는 장점이 있다. 때로는 거의 완벽한 것이 유일한 선택이기도 하지만 많은 경우 타협점을 찾게 된다. 〈항목 5. 적당히 괜찮은 소프트웨어〉에서 이를 알아본다.

물론 이 모두를 다 잘 해내려면 넓은 기반 지식과 경험을 가져야 한다. 끊임없이 계속 배워야 한다. 〈항목 6. 지식 포트폴리오〉에서는 추진력을 유지하는 몇 가지 전략을 이야기한다.

마지막으로, 외부와 단절된 채로 일하는 사람은 없다. 우리는 모두 많은 시간을 타인과 상호 작용하며 보낸다. 〈항목 7. 소통하라!〉에서는 이를 좀 더 잘할 수 있는 방법들을 보여준다.

실용주의 프로그래밍은 실용적 사고의 철학에 뿌리를 두고 있다. 이 장에서는 그 철학의 기본을 제시한다.

## Topic 1 당신의 인생이다

> 나는 당신의 기대대로 살기 위해 이 세상에 있는 게 아니고, 당신도 내 기대대로 살기 위해 이 세상에 있는 게 아니다.
>
> – 브루스 리(Bruce Lee)

당신의 인생이다. 당신의, 당신이 사는, 당신이 만드는 인생이다.

우리가 이야기를 나누어 본 많은 개발자가 불만에 가득 차 있었다. 불만의 종류는 다양하다. 어떤 이는 현재 업무에 갇혀 있다고 느끼고, 어떤 이는 기술의 변화를 쫓아가지 못한다고 느낀다. 자신의 성과를 몰라준다고, 월급이 너무 적다고, 아니면 팀 분위기가 자신에게 해롭다고 느끼는 사람도 있다. 미국이나 유럽으로 이민을 가거나, 재택근무를 하고 싶어하기도 한다.

우리의 답은 한결같다.

"왜 직접 바꾸지 않습니까?"

구직자에게 주도권이 있는 직업 순위를 뽑아 보면 소프트웨어 개발은 제일 윗부분에 자리잡을 것이다. 우리 기술은 수요가 많고, 우리의 지식은 지리적인 경계를 뛰어넘으며, 원격으로도 일할 수 있다. 보수도 후한 편이다. 우리는 원하는 것은 거의 무엇이든 할 수 있다.

하지만 왠지 개발자들은 변화를 피하는 것 같다. 구석에 쭈그린 채 상황이 좋아지리라 생각한다. 자신의 기술이 낡아 빠지는 것을 그저 관망하다가 회사가 교육을 시켜 주지 않는다고 투덜댄다. 이국적인 휴양지 광고를 보다가 버스에서 내려 차가운 비를 맞으며 터덜터덜 일터로 발걸음을 옮긴다.

그래서 이 팁이 이 책에서 제일 중요하다.

---

**Tip 3** 당신에게는 에이전시agency[1]가 있다.

---

당신에게는 스스로의 행동을 직접 결정할 수 있는 힘이 있다. 업무 환경이 엉망인가? 하는 일이 지루한가? 문제를 고치기 위해 노력하라. 하지만 너무 오랫동안 노력하지는 말라. 마틴 파울러Martin Fowler가 말했듯이 "당신은 당신의 조직을 바꾸거나, 당신의 조직을 바꿀 수 있다."[2]

기술에 뒤쳐지는 기분이 든다면 여가 시간을 쪼개서 재미있어 보이는 것을 공부하라. 여러분 자신에게 투자하는 것이니 업무 외 시간에 하는 것이 옳다.

---

1 (옮긴이) ix쪽 추천사의 주석 참고.

2 *http://wiki.c2.com/?ChangeYourOrganization*
(옮긴이) 현재 조직 내에서 일하는 방식을 바꾸는 등 조직의 변화를 꾀할 수 있다. 하지만 그게 잘 안 되면 아예 다른 조직으로 옮기는 것도 한 방법이라는 뜻이다.

원격 근무를 하고 싶은가? 가능한지 물어는 보았나? 안 된다고 하면 된다는 다른 곳을 찾아라.

이 업계는 여러분에게 놀랄 만큼 다양한 기회를 준다. 주도적으로 행동해서 그 기회를 잡아라.

**관련 항목**

- 항목 4. 돌멩이 수프와 삶은 개구리
- 항목 6. 지식 포트폴리오

## Topic 2 고양이가 내 소스 코드를 삼켰어요

> 약점을 보이는 것에 대한 두려움이 가장 큰 약점이다.
>
> – J. B. 보쉬에(J. B. Bossuet), 〈Politics from Holy Writ(성서에서의 정치)〉, 1709

실용주의 철학의 초석 중 하나는 자신과 자신의 행동에 대해 책임을 지는 것이다. 자신의 경력 개발, 자신의 학습 및 교육, 자신의 프로젝트, 자신의 일상 업무에 대해서 말이다. 실용주의 프로그래머는 자신의 경력에 대해 책임을 지고, 자신의 무지나 실수를 주저 없이 인정한다. 책임을 지는 일이 분명 프로그래밍에서 가장 즐거운 부분은 아니다. 하지만 일어나는 일이다. 심지어 아주 잘 나가는 프로젝트에서도 그렇다. 철저한 테스트, 훌륭한 문서화, 탄탄한 자동화 등에도 불구하고 뭔가 잘못되는 일이 있다. 납품이 늦어진다. 예상치 못했던 기술적 문제가 발생한다.

이런 일이 일어나면 우리는 가능한 한 전문가답게 처리하려고 노력한다. 이는 정직하고 솔직해져야 한다는 것이다. 우리는 자신의 능력에 자부심을 가질 수 있지만, 실수나 무지 같은 단점도 인정해야만 한다.

## 팀 내 신뢰

무엇보다 여러분의 팀이 여러분을 믿고 의지할 수 있어야 한다. 여러분도 다른 팀원 누구에게나 편하게 의지할 수 있어야 한다. 연구[3]에 따르면 창의성과 공동 작업에는 팀 내의 신뢰가 절대적으로 필요하다고 한다. 신뢰에 바탕을 둔 건강한 환경에서는 안전하게 여러분의 생각을 말하거나 아이디어를 제안할 수 있다. 팀원에게 의지할 수도, 반대로 그 팀원이 다시 여러분에게 의지할 수도 있다. 신뢰가 없다면, 후유…….

예컨대 첨단 기술로 무장한 비밀 특공대가 악당의 은신처로 잠입한다고 해보자. 수개월에 걸친 계획과 정교한 실행 끝에 드디어 은신처에 도착했다. 이제 여러분이 레이저 유도 표지를 설치할 차례다. "저기, 미안해요. 레이저가 없네요. 고양이가 빨간 점을 쫓아다니며 노는 것을 좋아해서, 그만 집에 놓고 왔네요."

이런 식으로 신뢰에 구멍이 뚫리면 원상복구가 어렵다.

## 책임지기

책임은 여러분이 적극적으로 동의하는 것이다. 뭔가 제대로 처리하겠다고 약속을 하더라도 모든 면을 반드시 직접 통제하지는 못한다. 개인적으로 최선을 다하는 것이 전부가 아니다. 여러분이 통제할 수 없는 위험 요소가 있지 않은지 상황을 분석해야 한다. 여러분에겐 불가능하거나 위험 요소가 너무 큰 상황, 또는 결과가 윤리적으로 심각하게 우려되는 상황에서는 책임을 맡지 않을 권리가 있다. 자신의 가치관과 판단에 따라 결정해야 할 것이다.

결과에 대한 책임을 지기로 했다면 나중에 그 결과를 감당해야 할 것이다. 실수를 저지르거나(누구나 실수를 한다) 잘못된 판단을 내렸다면, 정직하게

---

3  예를 들어 다음과 같이 좋은 메타 분석이 있다. 〈Trust and team performance: A meta-analysis of main effects, moderators, and covariates(신뢰와 팀 성과: 주 효과와 조절 효과, 공변량의 메타 분석)〉, *http://dx.doi.org/10.1037/apl0000110*

인정하고 다른 방안을 제안하도록 노력하라.

다른 사람 혹은 다른 무언가를 비난하거나 변명을 만들어 내지 말라. 모든 문제를 외부 업체나 프로그래밍 언어, 경영진, 동료 때문이라고 떠넘기지 말라. 이들이 모두 한몫씩 했을 수 있겠지만 필요한 것은 변명이 아니다. 해결책을 찾아내야 하는 사람은 **여러분**이다.

만약 여러분이 책임을 맡은 업무에서 외부 업체가 임무를 완수하지 못할 위험이 있다면 여러분이 그에 대한 대책을 세워야 한다. 대용량 저장 장치가 망가지면서 그 안에 저장된 소스 코드가 날아가 버렸는데 백업이 없다면, 그것은 여러분의 잘못이다. "고양이가 내 소스 코드를 삼켰어요."라고 상사에게 말해 봐야 별 도움이 안 될 것이다.

---

> **Tip 4** 어설픈 변명 말고 대안을 제시하라.

---

누군가에게 어떤 일을 할 수 없다고 혹은 늦어지거나 뭔가 고장이 났다고 말하러 가기 전에 잠깐 멈추고 내면의 소리를 들어 보라. 모니터 곁에 놓인 고무 오리나 고양이에게라도 이야기해 보라. 변명이 그럴싸하게 들리는가 아니면 멍청하게 들리는가? 상사에게는 어떻게 들릴까?

머릿속에서 대화를 진행해 보라. 다른 사람이 뭐라고 말할 것 같은가? "……는 해보셨나요?" 혹은 "그걸 고려하지 못했습니까?"라고 물어볼까? 여러분은 어떤 식으로 대답할까? 나쁜 소식을 전하러 가기 전에 뭔가 시도해 볼 만한 다른 것은 없을까? 때로는 사람들이 뭐라고 말할지 빤히 보이는 경우가 있는데, 굳이 확인하려 들지 말라.

변명 말고 대안을 제시하라. 안된다고 하지 말고 상황을 개선하기 위해 무엇을 할 수 있는지 설명하라. 코드를 지워야 하나? 지워야 한다고 말하고 리팩터링의 가치를 설명해 줘라.(300쪽의 〈항목 40. 리팩터링〉 참고)

최선의 방법을 결정하기 위해 프로토타입을 만들 시간이 필요한가?(79쪽의 〈항목 13. 프로토타입과 포스트잇〉 참고.) 테스트를 개선하거나(307쪽의 〈항목 41. 테스트로 코딩하기〉와 394쪽의 '가차 없고 지속적인 테스트' 참고.) 재발을 방지하기 위해 자동화를 도입해야 할까?

작업을 완료하려면 자원이 더 필요할 수도 있다. 혹은 사용자와 더 시간을 보내야 할 수도 있을 것이다. 아니면 여러분 자신에게 도움이 필요할 수도 있다. 특정한 기법이나 기술을 더 깊이 있게 배워야 하는가? 책이나 수업이 필요한가? 부탁을 어려워하지 말고 도움이 필요하다는 사실을 인정하라.

어설픈 변명을 늘어놓기 전에 그 변명거리를 없애도록 노력해 보라. 그래도 꼭 해야겠다면 여러분의 고양이에게 먼저 해 보라. 아무튼 야옹이가 대신 비난을 받을 수만 있다면야······.

**관련 항목**
· 항목 49. 실용주의 팀

**도전해 볼 것**
· 은행원이나 자동차 수리공, 가게 점원이 여러분 앞에서 어설픈 변명을 늘어놓으면 어떻게 반응하겠는가? 그들에 대해, 그리고 결과적으로 그 회사에 대해 어떤 생각이 들겠는가?
· 여러분이 "잘 모르겠어요."라고 말했다면, 꼭 바로 이어서 "하지만 알아볼게요."라고 말하라. 모른다는 것은 인정하더라도 전문가답게 책임을 지는 좋은 방법이다.

# Topic 3 소프트웨어 엔트로피

소프트웨어 개발이 거의 모든 물리 법칙을 무시하긴 하지만, 거침없는 '엔트로피entropy'의 증가만은 우리에게 많은 영향을 끼친다. 엔트로피는 시스템 내의 '무질서'한 정도를 가리키는 물리학 용어다. 안됐지만 열역학 법칙에 따르면 우주의 엔트로피는 점점 증가한다. 소프트웨어의 무질서도가 증가할 때 우리는 이를 '소프트웨어의 부패'라고 일컫는다. 이를 보다 긍정적인 표현인 '기술 부채technical debt'라고 부르기도 한다. 은연중에 언젠가는 갚을 수 있다는 뉘앙스를 풍기면서 말이다. 하지만 아마 갚지는 않을 것이다.

부채, 부패, 이름을 뭐라 부르든 모두 통제할 수 없을 정도로 퍼질 수 있다.

소프트웨어가 부패하는 데에는 많은 요소가 관여한다. 가장 중요한 것은 프로젝트에서 발생하는 심리학적 혹은 문화적 요소다. 설사 혼자 일하는 팀이라 해도 프로젝트의 심리학은 매우 미묘한 문제일 수 있다. 아주 잘 짜여진 계획이 있고 뛰어난 사람들이 모였더라도 프로젝트는 그 생애 동안 몰락하고 썩어갈 수 있다. 그렇지만 엄청난 어려움과 끊임없는 방해 속에서 무질서를 향한 자연의 흐름을 거스르고 용케 훌륭하게 끝나는 프로젝트도 있다.

무엇이 다를까?

도심에서 어떤 건물은 아름답고 깨끗한 반면, 어떤 건물은 썩어 가는 유령선 같다. 왜일까? 깨끗하고 온전하며 사람들이 거주하던 건물이 부서지고 황폐한 을씨년스러운 곳으로 금세 바뀌어 버리는 이유는 뭘까? 도시 부패를 연구하는 사람들이 아주 흥미로운 유인 메커니즘을 발견했다.[4]

깨진 창문.

오랜 기간 수리하지 않고 방치된 창문 하나 때문에 거주자들에게 버려진 듯한 느낌이 스며든다. 당국자들이 그 건물에 별 관심이 없다는 느낌 말이다. 그래서 다른 창문이 하나 더 깨진다. 사람들이 쓰레기를 함부로 버리기

---

4  〈The police and neighborhood safety(경찰과 지역 안전)〉[WH82] 참고.

시작한다. 벽에 낙서graffiti가 등장한다. 심각한 구조적 손상이 시작된다. 꽤 짧은 시간 만에 소유주가 그걸 고치려는 의지를 넘어설 정도로 건물이 손상되고, 결국 버려진 듯한 느낌은 현실이 되어 버린다.

왜 이런 차이가 생길까? 심리학자들은 절망감이 전염된다는 연구를 발표했다.[5] 가까운 동네로 퍼지는 독감 바이러스를 생각해 보라. 명백히 망가진 상황을 무시하는 것은 **아무것도 고쳐지지 않을 것 같다는** 생각, 아무도 신경 쓰지 않는다는 생각, 망조가 들었다는 생각을 더 굳어지게 만든다. 이런 부정적인 생각이 팀원들 사이로 퍼져서 악순환을 만들 수 있다.

---

**Tip 5** **깨진 창문을 내버려 두지 말라.**

---

'깨진 창문'을 고치지 않은 채로 내버려 두지 말라. 나쁜 설계, 잘못된 결정, 혹은 형편없는 코드 등이 모두 깨진 창문이다. 발견하자마자 바로 고쳐라. 적절히 고칠 시간이 없다면 일단 판자로 덮는 것만이라도 하라. 불쾌한 코드를 주석 처리 하거나, '아직 구현되지 않았음'이라고 메시지를 표시하거나, 가짜dummy 데이터로 대치해 놓거나 하라. 더 이상의 손상을 예방하기 위해 어떤 조치든 취하고 여러분이 상황을 잘 관리하고 있음을 보여 줘라.

깨끗하고 잘 기능하던 시스템이 일단 창문이 깨지기 시작하면 급속도로 악화되는 경우를 많이 보았다. 소프트웨어의 부패에 영향을 주는 다른 요인들도 나중에 더 알아보겠지만, 방치는 다른 어떤 요인보다도 부패를 더 가속시킨다.

어쩌면 주변을 돌아다니며 프로젝트의 깨진 창문을 전부 치울 만한 시간이 있는 사람이 없으리라고 생각할지도 모르겠다. 만약 그렇다면 큰 쓰레기통을 구하거나 아니면 다른 곳으로 이사 갈 계획을 세우는 편이 나을 것이다.

---

5 〈Contagious depression: Existence, specificity to depressed symptoms, and the role of reassurance seeking(전염되는 우울: 우울 증상의 존재 및 특이성과 회복 추구의 역할)〉[Joi94] 참고.

엔트로피가 우리를 지배하도록 내버려 두지 말라.

## 우선, 망가트리지 말라

앤디가 알았던 사람 중에 대단히 부유한 사람이 있었다. 그의 집은 티 하나 없이 깨끗하고 값을 매길 수 없는 골동품과 예술품으로 가득 차 있었다. 하루는 벽난로에 너무 가깝게 드리워진 태피스트리tapestry[6]에 불이 붙었다. 사태를 수습하고 집을 구하기 위해 소방관들이 달려왔다. 불이 한창 번지고 있었지만 소방관들은 불은 그대로 놔둔 채 멈춰 섰다. 크고 더러운 소방 호스를 집안으로 끌고 들어가기 전에 현관과 불의 진원지 사이에 깔개를 먼저 펴느라고.

그들은 카펫을 더럽히고 싶지 않았다.

꽤 극단적인 이야기 같다. 당연히 소방관의 최우선순위는 불을 끄는 것이고 2차 피해 따위는 신경 쓰지 않아야 한다. 하지만 그들은 상황을 냉정하게 평가했고 불을 진압할 수 있다는 확신이 있었다. 그리고 그 집에 불필요한 피해를 주지 않기 위해 조심했다. 소프트웨어에서도 마찬가지로 해야 한다. 어떤 위기가 찾아왔다고 해서 부가적인 피해를 일으키지 말라. 깨진 창문은 하나로 충분하다.

깨진 창문 하나-조악한 설계의 코드, 형편없는 경영상의 결정 등 프로젝트 기간 동안 팀이 동고동락해야 하는 문제-는 내리막길로 가는 첫걸음이다. 깨진 창문이 꽤 있는 프로젝트에서 일할 때는 '나머지 코드가 전부 쓰레기니까 나도 그렇게 하지 뭐.'라는 사고에 빠지기 너무 쉽다. 이 시점까지는 프로젝트가 괜찮았더라도 방심해서는 안 된다. '깨진 창문 이론'이 나온 최초의 실험에서는 버려진 자동차 한 대가 일주일 동안 방치되었어도 아무도 손대지 않았다. 하지만 창문 딱 하나가 깨지자 몇 시간 만에 자동차 내부는 도난을 당했고 차체는 엉망이 되었다.

같은 맥락에서 여러분이 속한 프로젝트의 코드가 깨끗하고 아름답다면, 즉

---

6  (옮긴이) 벽에 거는 섬유 예술 작품

깔끔하고 잘 설계되었으며 우아하다면, 아마도 아까 소방관들과 마찬가지로 특별히 주의를 더 많이 기울여서 엉망으로 만들지 않으려 할 것이다. 비록 불길이 일어날지라도(데드라인, 출시 날짜, 시사회 데모 등) 코드를 엉망진창으로 만들고 필요 이상의 손상을 가하는 첫 번째 사람이 자신이 되는 것만은 피하려 할 것이다.

명심하라. "깨진 창문은 없어야 한다."

## 관련 항목

- 항목 10. 직교성
- 항목 40. 리팩터링
- 항목 44. 이름 짓기

## 도전해 볼 것

- 프로젝트를 함께 하는 동료의 생각을 조사하여 팀을 더 튼튼하게 만들라. 깨진 창문을 두세 개 고른 다음, 여러분의 동료들과 함께 무엇이 문제고 그걸 고치기 위해 무엇을 할 수 있는지 토론하라.
- 창문이 처음 깨졌을 때 목소리를 낼 수 있겠는가? 여러분의 반응은 무엇인가? 만약 그것이 누군가 다른 사람의 결정 혹은 경영진의 명령에 따른 결과였다면 여러분은 무엇을 할 수 있겠는가?

## Topic 4 돌멩이 수프와 삶은 개구리

군인 세 명이 전쟁이 끝나고 집으로 돌아가던 도중 배가 고팠다. 멀리 마을이 보이자 군인들의 얼굴에 생기가 돌기 시작했다. 마을 사람들이 자신들에게 음식을 대접할 것이라 확신했다. 하지만 그들이 마을에 도착했을 때 문은 잠겨 있고 창문은 닫혀 있었다. 수년간 전쟁을 겪으며 마을 사람들은 식량이 부족했고, 그래서 자신들이 가진 얼마 안 되는 음식마저 남몰래 숨겨 둔 것이었다.

군인들은 단념하지 않고 큰 냄비에 물을 끓인 다음 돌멩이 세 개를 조심스레 넣었다. 놀란 마을 사람들이 이 광경을 보려고 밖으로 나왔다.

"이건 돌멩이 수프입니다." 군인들이 말했다. "그것만 집어넣는 거예요?"라고 마을 사람들이 물었다. "당연하지요. 뭐 어떤 이들은 당근을 몇 개 집어넣으면 더 맛있다고들 하지만요." 마을 사람 하나가 달려가더니 금세 자신의 비밀 창고에서 당근 한 바구니를 갖고 나왔다.

몇 분 후 사람들이 다시 물었다. "그럼 된 건가요?"

"흠. 감자를 몇 개 넣으면 더 묵직한 맛이 날 텐데요."라고 군인이 답했다. 또 다른 마을 사람 하나가 어디론가 달려갔다.

그 후로 한참 동안 군인들은 수프를 맛있게 해 줄 요리 재료를 줄줄이 나열했다. 쇠고기, 파, 소금, 허브. 매번 다른 사람이 자신의 창고로 재료를 가지러 달려갔다.

그들은 결국 큰 냄비 가득 김이 모락모락 나는 수프를 만들어 냈다. 군인들은 돌멩이를 꺼내고 온 마을 사람과 둘러앉아서 최근 몇 달간 아무도 먹어 보지 못했던 정말 제대로 된 식사를 즐겼다.

이 돌멩이 수프 이야기에는 몇 가지 교훈이 있다. 군인들은 마을 사람들의 호기심을 이용해 음식 재료를 얻으며 그들을 속였다. 하지만 더 중요한 것은 군인들이 하나의 촉매로 작용해서 마을 사람들 스스로는 불가능했던 무언가를 힘을 모아 이룰 수 있도록 도왔다는 점이다. 시너지의 결과인 셈이다. 결국 모든 사람이 승리했다.

간혹 이 군인들을 모방해야 할 때가 있다.

무엇을 해야 하는지, 어떻게 해야 하는지 정확히 아는 경우가 있다. 전체 시스템이 눈앞에 빤히 그려지고, 여러분은 그 시스템이 옳다는 걸 안다. 하지만 일에 착수하려고 허락을 구하는 때부터, 뭔가가 지연되거나 사람들이 멍한 눈으로 여러분을 바라본다. 위원회가 생길 테고, 예산 승인이 필요하고, 일들이 복잡해지기 시작한다. 모든 사람이 각자 자신의 자원을 지키려고 할 것이다. 이걸 '시작 피로start-up fatigue'라고도 부른다.

돌멩이를 내놔야 할 때다. 큰 무리 없이 요구할 수 있을 만한 것을 찾아라. 그리고 그걸 잘 개발하라. 일단 무언가 생기면 사람들에게 보여 주고 그들이 경탄하게 하라. 그러고는 "물론 ……를 추가하기만 하면 더 나아질 수도 있겠죠."라고 말하면서 그다지 중요하지 않은 척 가장하라. 물러나 앉아 여러분이 애초에 원했던 그 기능을 추가해 달라고 사람들이 부탁하기 시작할 때까지 기다려라. 계속되는 성공에 합류하기란 쉽다. 미래를 살짝이라도 보여 주면 사람들은 도와주기 위해 모여들 것이다.[7]

---

**Tip 6** 변화의 촉매가 되라.

## 마을 사람의 경우

한편 돌멩이 수프 이야기는 조심스럽고 점진적인 속임수에 관한 이야기이기도 하다. 한 가지에 너무 지나치게 집중하는 것에 대한 이야기다. 마을 사람들은 돌멩이에 대해서 생각하느라 세상의 다른 일들에 대해서는 까맣게 잊어버렸다. 우리는 매일 이런 상황에 처한다. 우리도 모르는 새 서서히 상황이 악화된다.

우리는 모두 그 징조를 보아 왔다. 프로젝트는 서서히, 하지만 가차없이 구

---

7  이걸 하는 동안에 해군 제독 그레이스 호퍼(Grace Hopper) 박사의 말을 들으면 좀 편안해질 것이다. "허락을 얻는 것보다 용서를 구하는 것이 더 쉽다."[8]

8  (옮긴이) 이 원칙은 컴퓨터 프로그래밍에도 적용할 수 있다. 무엇이 가능한지 물어보고 판단하느니 차라리 일단 저지르고 예외가 발생하면 해당 예외를 처리하게 하는 방식이다. 파이썬을 비롯하여 이런 방식을 권장하는 환경이 종종 있다.

제불능인 상태가 되어 버린다. 소프트웨어 참사는 대부분 너무 작아 알아채기 힘들 정도의 문제에서 시작되고, 프로젝트는 대부분 어느 날 갑자기 폭주한다. 시스템은 애초의 명세와는 조금씩 조금씩 기능이 달라진다. 그러다 보면 코드에 패치가 하나둘 적용되다가 원본이 하나도 남지 않을 지경이 된다. 종종 작은 것들이 쌓이고 쌓여서 사람들의 의욕, 그리고 팀을 파괴한다.

---

**Tip 7** **큰 그림을 기억하라.**

---

우리가 개구리를 잡아다 실험해 보진 않았지만 개구리를 끓는 물속에 넣으면 곧바로 튀어나와 버릴 거라고 한다. 그렇지만 차가운 물이 든 냄비 속에 개구리를 넣고 조금씩 물을 덥히면 개구리는 온도가 서서히 오르는 것을 감지하지 못할 것이고, 결국은 삶아질 때까지 그냥 그대로 있을 것이다.

개구리의 문제는 8쪽의 〈항목 3. 소프트웨어 엔트로피〉에서 다룬 깨진 창문 이론과는 논점이 다르다는 것에 주의하라. 깨진 창문 이론에서는 다른 사람들이 아무도 주의를 기울이지 않는다는 걸 알기에 사람들이 엔트로피에 대항해 싸울 의지를 잃는다고 했다. 반면에 개구리는 단지 변화를 감지하지 못하는 것이다.

그런 개구리처럼 되지 말라. 큰 그림에 늘 주의를 기울여라. 당장 하고 있는 일에만 정신을 쏟지 말고, 주변에서 무슨 일이 벌어지는지 늘 살펴보라.

**관련 항목**
- 항목 1. 당신의 인생이다
- 항목 38. 우연에 맡기는 프로그래밍

**도전해 볼 것**

- 이 책 1판의 원고를 검토할 때 존 라코스John Lakos는 다음 문제를 제기했다. 군인들은 점진적으로 마을 사람들을 속였지만 그들이 촉진한 변화는 마을 사람들에게 좋은 것이었다. 하지만 개구리를 점진적으로 속이는 경우 그 개구리에게는 나쁜 일이 생긴다. 변화를 촉진하려고 할 때 여러분이 돌멩이 수프를 만드는지 아니면 개구리 수프를 만드는지 어떻게 판단할 수 있을까? 그 판단은 주관적인가, 객관적인가?

- 빠르게 대답하라. 커닝하면 안 된다. 여러분 머리 위 천장에 전등이 몇 개 있는가? 지금 있는 방에는 출구가 몇 개인가? 사람이 몇 명 있나? 주위에 뜬금없는 것이나 여기에 속하지 않는 것으로 보이는 물건이 있는가? 이것은 '상황 인식situational awareness'에서 쓰이는 훈련 중 하나다. 상황 인식은 걸스카우트, 보이 스카우트에서 네이비 실Navy SEAL에 이르기까지 많은 사람이 실천하는 기법이다. 진짜로 주변을 살피고 의식하는 습관을 들여라. 그리고 여러분의 프로젝트에 대해서도 똑같이 하라.

## Topic 5 적당히 괜찮은 소프트웨어[9]

> 우리는 종종 뭔가 나아지게 하려다가 괜찮은 것마저 망친다.
> – 셰익스피어, 《리어왕》 1막 4장

일본 제조사에 집적 회로IC 십만 개를 주문하는 회사에 대한 오래된 농담이 있다. 명세의 일부로 결함 비율defect rate이 포함되어 있었는데 칩 만 개당 하나였다. 몇 주 후에 제품이 도착했다. 십만 개의 IC가 들어 있는 커다란 상자 하나와 IC 열 개가 들어 있는 조그마한 상자 하나였다. 조그만 상자에는 "이

---

9 (옮긴이) 페이스북의 모토로도 알려진 '완벽보다 완성이 낫다'라는 말과 맞닿아 있다. 한 발짝 더 나아가 '더 못한 것이 더 낫다'는 모순적인 말도 있다. C 언어가 대표적인 예다. 웹에서 'worse is better'로 검색해 보라.

것들은 결함이 있는 것입니다."라고 라벨이 붙어 있었다.

정말 이런 정도까지 품질을 통제할 수 있다면 얼마나 좋을까? 하지만 실세계에서는 진정 완벽한 것을 만들어 내기란 불가능하다. 특히 버그 없는 소프트웨어는 더더욱. 시간, 기술, 기질 같은 것이 모두 힘을 합쳐 우리를 방해한다.

그렇지만 그게 꼭 우리를 낙담케만 하지는 않는다. 에드워드 요던Edward Yourdon이 IEEE 소프트웨어에 쓴 글 〈When good-enough software is best(적당히 괜찮은 소프트웨어가 최선일 때)〉[You95]에서 설명한 바와 같이, 적당히 괜찮은 소프트웨어를 만들도록 자신을 단련할 수 있다. 사용자나 미래의 유지 보수 담당 아니면 자기 자신이 마음의 평화를 유지하기에 적당할 정도로 괜찮으면 된다. 여러분은 더 생산적이 되고 사용자는 한층 더 행복해 할 것이다. 그리고 짧은 작업 기간을 고려하면 여러분의 프로그램이 실질적으로 더 낫다는 걸 알게 될 것이다.

더 나아가기에 앞서 명확하게 해 둘 것이 있다. '적당히 괜찮은'이라는 표현은 너절하거나 형편없는 코드를 의미하지 않는다. 시스템이 성공하려면 사용자의 요구 사항을 충족해야 한다. 기본적인 성능이나 개인 정보 보호, 보안 기준도 맞추어야 한다. 우리가 여기서 하고 싶은 말은 여러분이 생산해 낸 것이 적당히 괜찮게 사용자의 요구를 충족하는지 결정하는 과정에 사용자가 참여할 기회를 가져야 한다는 것이다.

### 타협 과정에 사용자를 참여시켜라

여러분은 보통 다른 사람을 위해 소프트웨어를 작성한다. 가끔은 그들이 무엇을 원하는지 알아내야 한다는 것을 용케 기억하기도 한다.[10] 하지만 소프트웨어가 얼마나 좋아야 하는지 사용자에게 물어본 적이 한 번이라도 있는가? 때로는 타협의 여지가 없는 경우도 있다. 심장 박동 조율기, 자동 항법 장

---

10 농담이다, 농담.

치, 널리 배포될 저수준 라이브러리 같은 것을 만든다면 요구 사항은 훨씬 더 엄격하고 운신의 폭은 더 좁을 것이다.

그렇지만 아주 새로운 상품을 만들고 있다면 제약 조건이 좀 다를 것이다. 마케팅 부서가 지켜야 할 약속이 있을 수 있고, 최종 사용자가 납품 일정에 따라 계획을 세웠을 수도 있다. 회사에도 분명 현금 유동성에 제약이 있을 것이다. 그저 프로그램에 새 기능을 추가하거나 코드를 한 번 더 다듬기 위해서 이런 사용자의 요구 사항을 무시하는 것은 전문가답지 못하다. 그렇다고 정신없이 허둥대라는 것은 아니다. 불가능한 시간 약속을 하거나 데드라인에 맞추기 위해 기본적인 걸 빼 버리거나 하는 것 역시 똑같이 전문가답지 못하다.

여러분이 만드는 시스템의 범위scope와 품질은 해당 시스템의 요구 사항 중 하나로 논의되어야 한다.

---

**Tip 8**　품질을 요구 사항으로 만들어라.

---

우리는 적당한 타협이 필요한 상황에 자주 처한다. 놀랍게도 많은 사용자가 멋지고 휘황찬란한 버전을 위해 일 년을 기다리느니 차라리 오늘 당장 좀 불편한 소프트웨어를 사용하고 싶어 한다(게다가 사실 1년 뒤면 원하는 것이 완전히 달라질 것이다). 예산이 빡빡한 대부분의 IT 담당 부서도 마찬가지다. 오늘의 훌륭한 소프트웨어는 많은 경우 환상에 불과한 내일의 완벽한 소프트웨어보다 낫다. 사용자에게 뭔가 직접 만져볼 수 있는 것을 일찍 준다면, 피드백을 통해 종국에는 더 나은 해결책에 도달할 수 있을 것이다.(71쪽의 〈항목 12. 예광탄〉 참조.)

### 멈춰야 할 때를 알라

어떤 면에서 프로그래밍은 그림 그리기와 유사하다. 깨끗한 캔버스와 몇 가지 기본 재료를 가지고 시작한다. 과학과 예술, 기예craft를 조합해서 기본 재료로 무엇을 할지 결정한다. 전체 모양을 스케치하고 밑색을 칠한 다음, 세부 내용을 채워 넣는다. 거듭 뒤로 물러서서 비판적으로 자신이 만든 것을 살펴보기도 한다. 때로는 캔버스를 버리고 완전히 새로 시작하기도 한다.

하지만 예술가들은 멈춰야 할 때를 놓치면 이 모든 고된 작업을 망쳐 버린다는 것을 안다. 칠한 위에 덧칠하고, 세부 묘사 위에 다시 세부 묘사를 하다 보면 그림은 물감 속에서 사라진다.

완벽하게 훌륭한 프로그램을 과도하게 장식하거나 지나칠 정도로 다듬느라 망치지 말라. 그냥 넘어가고 코드를 현재 상태로 한동안 그대로 놓아 두라. 완벽하지 않을 수도 있다. 그래도 괜찮다. 완벽해지기란 불가능하다. (273쪽의 〈7장. 코딩하는 동안〉에서 우리는 불완전한 세계에서 코드를 개발하기 위한 철학을 논의할 것이다.)

## 관련 항목

- 항목 45. 요구 사항의 구렁텅이
- 항목 46. 불가능한 퍼즐 풀기

## 도전해 볼 것

- 여러분이 일상적으로 사용하는 소프트웨어 도구나 운영체제를 보라. 이를 개발하는 조직이나 개발자들이 완벽하지 않다고 여겨지는 소프트웨어를 거리낌 없이 출시한다는 증거를 찾을 수 있는가? 사용자로서 (1) 그들이 모든 버그를 제거할 때까지 기다리겠는가? (2) 복잡한 소프트웨어를 사용하면서 어느 정도의 버그는 감내하겠는가? 아니면 (3) 결함이 더 적은 간단한 소프트웨어를 선택하겠는가?
- 모듈화가 소프트웨어 출시에 미치는 영향을 생각해 보라. 결합도가 높고

한 덩어리로 된 모놀리식monolithic[11] 소프트웨어 블록을 필요한 품질 수준으로 만드는 것과, 매우 느슨하게 결합된 모듈들이나 마이크로서비스들로 설계된 시스템을 만드는 것 중 어느 게 더 오래 걸릴까? 두 가지 방식의 장단점은 각각 무엇일까?

- '기능 블로트feature bloat' 현상에 빠진 유명한 소프트웨어를 떠올릴 수 있는가? 기능 블로트란 소프트웨어가 여러분이 쓰는 기능에 비해 훨씬 더 많은 기능을 가지고 있는데, 기능이 많은 만큼 버그나 보안 취약점이 생길 가능성도 높은 것을 말한다. 여러분이 실제로 사용하는 기능을 찾거나 이용하기 힘들게 만들 수도 있다. 여러분도 이런 함정에 빠질 위험에 처해 있지는 않은가?

## Topic 6 지식 포트폴리오

> 지식에 대한 투자가 언제나 최고의 이윤을 낸다.
>
> – 벤저민 프랭클린(Benjamin Franklin)

아, 역시 벤저민 프랭클린은 늘 뜻깊고 간결한 훈계를 한다. 그가 늘 강조했듯이 일찍 자고 일찍 일어나기만 한다면 우리도 위대한 프로그래머가 될 수 있었을 텐데. 그렇지 않은가? 일찍 일어나는 새는 먹이를 잡을 수 있다지만, 일찍 일어나는 벌레에겐 무슨 일이 생길까?

그렇지만 벤저민 프랭클린이 이번에는 정말 정곡을 찌르는 말을 했다. 여러분의 지식과 경험이야말로 가장 중요하고 날마다 쓰이는 전문가 자산이다. 하지만 불행히도 이 자산은 '기한이 있는 자산expiring assets'[12]이다. 새로운 기

---

11 (옮긴이) 서비스나 애플리케이션의 모든 모듈을 하나의 거대한 아키텍처에 몰아서 넣는 방식을 말한다. 마이크로서비스 아키텍처와 대비되는 방식이다.

12 기한이 있는 자산이란 시간이 지남에 따라 그 가치가 줄어드는 자산을 말한다. 바나나로 꽉 찬 창고나 야구 경기 티켓 같은 게 그 예다.

술, 언어, 환경이 개발됨에 따라 지식은 옛것이 된다. 변화하는 시장 역시 여러분의 경험을 한물간 것이나 별 소용없는 것으로 만들 수 있다. 점점 빨라져만 가는 우리 기술 세계의 변화 속도를 볼 때, 유효 기한은 금세 끝나 버릴 수 있다.

여러분의 지식 가치가 점점 떨어짐에 따라 회사나 클라이언트가 보는 여러분의 가치 역시 떨어진다. 우리는 이런 일이 일어나지 않도록 예방하고 싶다.

새로운 것을 배우는 능력은 여러분의 가장 중요한 전략 자산이다. 그런데 배우는 **방법** 자체는 어떻게 배워야 할까?[13] 또 무엇을 배워야 할지는 어떻게 알 수 있을까?

## 지식 포트폴리오

우리는 프로그래머들이 컴퓨터, 애플리케이션 도메인 등에 대해 알고 있는 모든 사실과 경험을 그들의 '지식 포트폴리오'로 생각해보길 좋아한다. 지식 포트폴리오 관리는 투자 포트폴리오 관리와 매우 유사하다.

1. 진지한 투자자는 주기적으로 투자하는 습관이 있다.
2. 장기적인 성공의 열쇠는 다각화다.
3. 똑똑한 투자자는 보수적인 투자와 위험이 크지만 보상이 높은 투자 사이에서 포트폴리오의 균형을 잘 맞춘다.
4. 투자자는 최대 수익을 위해 싸게 사서 비싸게 팔려고 한다.
5. 포트폴리오는 주기적으로 재검토하고 재조정해야 한다.

성공적인 경력을 위해서는 이와 동일한 지침을 사용해서 지식 포트폴리오에 투자해야 한다.

다행인 점은 이런 투자 관리 방법도 다른 기술처럼 배울 수 있다는 것이다.

---

13 (옮긴이) 학습을 다룬 책으로 《함께 자라기》(인사이트, 2018)를 추천한다.

비결은 일단 스스로 한 번 해본 다음, 습관을 들이는 것이다. 따라 할 절차를 만든 다음 여러분의 뇌에 각인될 때까지 반복하라. 그러고 나면 새로운 지식을 무의식적으로 빨아들이는 자신을 발견할 수 있을 것이다.

## 포트폴리오 만들기

### 주기적인 투자

금융 투자에서와 마찬가지로 여러분의 지식 포트폴리오에 소량으로라도 주기적으로 투자해야 한다. 그 습관 자체가 금액의 합계만큼이나 중요하다. 그러니 방해를 받지 않을 수 있는 시간과 장소를 정기적으로 이용할 계획을 마련하라. 다음 '목표' 절에 몇 가지 예시 목표가 있다.

### 다각화

더 여러 가지를 알수록 자신의 가치는 더욱 높아진다. 기본적으로 현재 작업에 사용하는 기술에 관해서는 속속들이 알아야 한다. 하지만 거기서 멈추지 말라. 컴퓨터 분야의 지형은 빠르게 변한다. 오늘 인기 있는 기술이 내일이면 거의 쓸모없어지거나 그 정도는 아니어도 수요가 없어지기도 한다. 더 많은 기술에 익숙하다면 변화에 더 잘 적응할 수 있을 것이다. 기술 외의 분야도 포함하여 여러분에게 필요한 다른 역량도 잊지 말라.

### 리스크 관리

기술은 위험하지만 잠재적으로 보상이 높은 것에서 리스크가 낮고 보상도 낮은 것에 이르기까지 다양한 스펙트럼 위에 존재한다. 어느 날 갑자기 무너질지 모르는 위험한 주식에 돈을 모두 투자하는 것은 좋은 생각이 아니지만, 그렇다고 모든 돈을 보수적으로 투자하고 호기를 놓쳐 버리는 것도 좋지 않다. 여러분의 기술 달걀을 모두 한 바구니에 담지 말라.

### 싸게 사서 비싸게 팔기

새롭게 떠오르는 기술이 인기를 끌기 전에 미리 알고 학습하는 게 저평가된 주식을 찾아내는 것만큼이나 어려울 수 있지만, 이익 또한 그만큼 클수 있다. 자바가 막 나와서 유명하지 않았을 때 자바를 학습하는 게 당시엔 리스크가 있었을 것이다. 하지만 자바가 산업의 중심을 차지하면서 얼리 어답터들은 큰 이득을 얻었다.

### 검토 및 재조정

이 산업은 매우 동적이다. 지난달부터 탐구하기 시작한 인기 있던 기술이한 달 만에 완전히 찬밥이 될지도 모른다. 한동안 사용하지 않던 데이터베이스 기술을 복습해야 할 필요가 생길지도 모른다. 혹은 다른 언어를 시도해 본 덕에 새로운 일자리를 구할 때 더 유리할 수도 있다.

이 모든 지침 중에 제일 중요한 것은 가장 간단하게 실행할 수 있는 것이다.

---

**Tip 9** **지식 포트폴리오에 주기적으로 투자하라.**

---

## 목표

이제 지식 포트폴리오에 무엇을 언제 추가해야 할지 알게 되었다. 그런데 포트폴리오의 종잣돈이 될 지식 자산을 공급하는 최선의 길은 무엇일까? 여기에 몇 가지 제안을 한다.

### 매년 새로운 언어를 최소 하나는 배워라

다른 언어는 동일한 문제를 다르게 푼다. 몇 가지 서로 다른 접근법을 알면 사고를 확장하고 판에 박힌 사고에 갇히는 걸 예방하는 데에 도움이 된다. 게다가 무료 소프트웨어가 많은 덕분에 다양한 언어를 배우기가 쉽다.

### 기술 서적을 한 달에 한 권씩 읽어라

웹에는 짧은 글과 진위가 의심스러운 답이 넘쳐난다. 하지만 깊이 있는 지식을 원한다면 긴 글 형식의 책을 읽어야 한다. 현재 프로젝트와 관련 있는 흥미로운 주제의 기술 서적을 서점에서 찾아보라.[14] 습관이 들면 한 달에 한 권씩 읽어라. 현재 사용하는 기술을 일단 완전히 익혔다면, 가지를 쳐서 지금 하는 프로젝트와 관련 없는 분야까지 공부 범위를 넓혀라.

### 기술 서적이 아닌 책도 읽어라

컴퓨터도 사람이 사용한다는 걸, 그리고 우리는 바로 이 사람들을 만족시키려고 노력하고 있다는 걸 꼭 기억해야 한다. 우리는 사람들과 일하고, 사람들에게 고용되며, 사람들에게 해킹 당한다. 방정식에서 인간이라는 변을 잊지 말라. 사람을 대할 때는 완전히 다른 종류의 기술이 필요하다 (얄궂게도 이런 기술을 '소프트soft' 스킬이라고 부르지만, 실제로는 익히기 정말 어렵다hard).

### 수업을 들어라

사는 지역의 대학이나 온라인 대학, 혹은 근처에서 열리는 다음번 기술 세미나나 콘퍼런스에서 흥미로운 강좌를 찾아보라.

### 지역 사용자 단체나 모임에 참여하라

고립은 경력에 치명적일 수 있다. 여러분 회사 밖에서는 사람들이 어떤 일을 하는지 알아보라. 가서 가만히 듣고만 오지 말고 적극적으로 참여하라.

### 다른 환경에서 실험해 보라

윈도우에서만 일을 해 왔다면 리눅스를 얼마간 사용해 보라. Makefile[15]

---

14 편애하는 것일 수도 있겠지만 우리 사이트인 *https://pragprog.com*에 좋은 책들이 있다.

15 (옮긴이) Makefile은 make의 빌드 명세를 작성하는 파일 이름이다. make는 유닉스 계열 운영 체제에서 주로 사용하는 빌드 도구로 프로그램 소스 파일로부터 최종 실행 파일이나 라이브러리를 빌드하는데 쓴다. 이 외에도 파일을 입출력 수단으로 사용하는 다양한 작업에 활용할 수 있다.

과 텍스트 에디터만 사용하고 있다면 최첨단 기능을 갖춘 복잡한 통합 개발 환경IDE을 시도해 보라. 반대의 경우도 마찬가지다.

요즘 흐름을 놓치지 말라

현재 프로젝트에서 사용 중인 것과는 다른 기술을 다루는 뉴스와 온라인 게시물을 읽어라. 다른 사람이 그에 관해 어떤 경험을 했는지, 그들이 사용하는 특별한 전문 용어가 무슨 뜻인지 등을 배우기에 아주 좋은 방법이다.

투자를 지속하는 것이 중요하다. 한 기술의 새로운 용어나 기능에 익숙해지면 다음으로 나아가라. 또 다른 것을 배워라.

이런 기술들을 프로젝트에서 영영 사용하지 않거나 심지어 자신의 이력서에 올려놓지 않아도 상관없다. 학습 과정에서 사고가 확장될 것이다. 이로 인해 새로운 가능성이 열리고 문제를 해결하는 새로운 방법이 떠오를 것이다. 사고 간의 교접cross-pollination이 중요하다. 새로이 배운 교훈을 현재 프로젝트에 적용하도록 노력하라. 프로젝트에서 그 기술을 사용하지 않을지라도 어쩌면 몇 가지 아이디어를 도입할 수 있을 것이다. 예컨대 객체 지향에 익숙해지면 절차적procedural 프로그램도 다르게 작성하게 될 것이고, 함수형 프로그래밍 패러다임을 이해하면 객체 지향 코드도 다르게 작성하게 되는 식이다.

## 학습의 기회

여러분이 엄청난 다독가이고, 해당 분야의 최신 발전에 대해 낱낱이 알고 있는데(쉬운 일이 아니다) 누군가 질문을 한다. 여러분은 답이 뭔지 전혀 알지 못하기에 거리낌 없이 그걸 인정한다.

거기서 멈추지 말라. 답을 찾기 위한 개인적인 도전으로 생각하라. 주위에 물어보라. 웹을 검색해 보라. 사용자용 문서뿐 아니라 학술 자료도 찾아보아야 한다.

스스로 답을 찾지 못하겠거든 답을 찾아줄 수 있는 사람을 찾아라. 중단하지 말라. 다른 사람과 이야기함으로써 개인 네트워크를 구축하는 데 도움이 되기도 하고, 답을 찾는 도중에 별로 관련이 없어 보이는 문제에 대한 해답을 찾아서 놀라는 일도 생길 것이다. 게다가 포트폴리오는 그사이 계속 커진다.

이 모든 독서와 연구는 시간이 걸리고 시간은 늘 부족한 자원이다. 그래서 미리 계획해야만 한다. 다른 사정으로 비는 시간을 위해 늘 읽을거리를 준비하라. 병원에서 진료를 기다리며 허비하는 시간은 밀린 독서를 하기에 좋은 기회다. 잊지 말고 전자책을 챙겨라. 그러지 않으면 다 헤어진 파푸아 뉴기니를 다룬 글이 실린 1973년도 잡지를 뒤적이며 시간을 보내게 될 것이다.

## 비판적 사고

마지막으로 중요한 점은 여러분이 읽거나 듣는 것에 대해 비판적으로 생각하는 것이다. 여러분의 포트폴리오에 있는 지식을 정확히 유지할 수 있도록 하고 업체나 매체의 과대광고에 흔들리지 않아야 함을 명심하라. 자신의 도그마dogma가 유일한 답이라고 주장하는 광신도를 조심하라. 그 답은 여러분과 여러분의 프로젝트에 맞을 수도 있고, 맞지 않을 수도 있다.

상업주의의 힘을 절대 과소평가하지 말라. 웹 검색 엔진의 첫머리에 나온 결과라고 해서 그것이 최선이라는 의미는 아니다. 콘텐츠 제공자가 돈을 지불했을 수 있다. 서점에서 어떤 책을 특별하게 취급한다고 해서 그것이 좋은 책이라는, 혹은 인기 있는 책이라는 의미는 아니다. 누군가 좋은 자리를 차지하려고 돈을 지불했을 수 있다.

---

**Tip 10** 읽고 듣는 것을 비판적으로 분석하라.

---

비판적 사고는 그 자체만으로 하나의 학문을 이룬다. 우리는 여러분이 비판

적 사고에 대하여 최대한 많이 읽고 공부하기를 권한다. 일단 다음 질문들에 대하여 생각해 보는 것으로 시작하자.

### "왜냐고 다섯 번 묻기Five Whys"

인기 있는 컨설팅 비법인데, "왜?"라고 다섯 번 이상 묻는 것이다. 질문하고 답을 구하라. "왜?"라고 물어서 더 깊이 파고들라. 철없는 다섯 살 꼬마처럼 (하지만 예의 바르게) 반복하라. 아마 근본 원인에 더 가까이 다가갈 수 있을 것이다.

### 누구에게 이익이 되나?

냉소적으로 들릴 수도 있겠지만 돈의 흐름을 살피면 분석이 한결 쉬워지기도 한다. 다른 사람 혹은 다른 조직의 이익이 여러분의 이익과 일치할 수도 있고 아닐 수도 있다.

### 어떤 맥락인가?

모든 일에는 각각의 맥락이 있기에, '만병통치약'인 해결책은 대개 통하지 않는다. '최고의 방법'을 광고하는 글이나 책을 생각해 보자. '누구에게 최고인가?' 같은 질문을 떠올려 봄직하다. 전제 조건은 무엇이고 그 결과의 장기, 단기적 여파는 무엇인가?

### 언제 혹은 어디서 효과가 있을까?

어떤 상황에서? 너무 늦었나, 아니면 너무 이른가? 단순히 "다음에 어떤 일이 일어날까?" 같은 일차적인 사고에서 멈추지 말라. "그 이후에는 또 어떤 일이 일어날까?" 같이 그다음 단계까지 생각해 보라.

### 왜 이것이 문제인가?

문제의 원인이 되는 근본적인 모델이 있나? 그 모델은 어떻게 작동하나?

안타깝지만 이제 더는 단순한 해법이 없다. 하지만 광범위한 포트폴리오를 갖추고, 넘쳐나는 기술을 다룬 글을 읽을 때 비판적 분석을 적용함으로써 복잡한 해답을 이해할 수 있을 것이다.

## 관련 항목

- 항목 1. 당신의 인생이다
- 항목 22. 엔지니어링 일지

## 도전해 볼 것

이번 주부터 새로운 언어를 배우기 시작하라. 늘 오래된 언어 한 가지로만 프로그래밍을 해 왔나? 클로저Clojure, 엘릭서Elixir, 엘름Elm, F#, 고Go, 하스켈Haskell, 파이썬Python, R, 리즌Reason, 루비Ruby, 러스트Rust, 스칼라Scala, 스위프트Swift, 타입스크립트TypeScript, 아니면 관심이 가거나 여러분 마음에 드는 것을 시도해 보라.[16]

- 새 책을 하나 읽기 시작하라. (하지만 이 책부터 우선 끝내라!) 매우 상세한 구현과 코딩을 하고 있다면 설계와 아키텍처에 대한 책을 한 권 읽어라. 고차원의 설계를 하고 있다면 코딩 테크닉을 다루는 책을 한 권 읽어라.
- 밖으로 나가서 지금 수행하고 있는 프로젝트에 관여하지 않는 사람 혹은 같은 회사에 근무하지 않는 사람과 기술에 관한 대화를 하라. 회사 식당과 휴게실에서 인맥을 만들거나 지역 모임에서 열정을 공유할 동료를 찾아보라.

---

16 여기 나온 언어들을 한 번도 들어본 적이 없는가? 명심하라. 지식은 기한이 있는 자산이고 인기 있는 기술도 마찬가지다. 떠오르는 실험적인 언어 목록은 이 책의 1판 때와는 많이 달라졌다. 아마 여러분이 이 책을 읽고 있는 시점에는 또 다를 것이다. 계속 배워야 하는 중요한 이유다.

# Topic 7 소통하라!

> 나는 무시당하느니 차라리 샅샅이 훑어보는 시선이 낫다고 봐요.
>
> – 메이 웨스트(Mae West)[17], <Belle of the Nineties>, 1934

어쩌면 우리는 웨스트로부터 교훈을 얻을 수 있을 것이다. 여러분이 뭘 가졌느냐 만이 아니라 그걸 어떻게 포장하느냐도 중요하다. 최고의 아이디어, 최상의 코드 혹은 아주 실용적인 발상이 있다고 해도 다른 사람들과 소통할 수 없다면 궁극적으로 아무 효용이 없다. 효과적인 소통 없이는 아무리 훌륭한 아이디어라도 고립되고 만다.

개발자로서 우리는 여러 입장에서 소통해야 한다. 회의하고, 듣고 말하며 많은 시간을 보낸다. 최종 사용자의 요구를 이해하려고 노력하며 그들과 함께 일한다. 코드를 작성하는 것은 우리의 의도를 기계에게 전달하는 것이기도 하지만, 생각을 기록하여 다음 세대의 개발자들에게 전달하는 것이기도 하다. 제안서와 보고서를 작성해서 자원을 요청하고 설득하며, 상태를 보고하고, 새로운 접근법을 제안하기도 한다. 그리고 팀에서 아이디어를 주장하고, 기존의 업무 방식을 수정하거나 새로운 것을 제안하며 나날이 작업한다. 하루 중 많은 시간을 소통하며 보내기 때문에 이를 잘할 필요가 있다.

여러분이 의사소통에 사용하는 언어(그게 한국어든 영어든)도 또 다른 프로그래밍 언어일 뿐이라 여겨라. 사람을 위한 글을 쓰는 것도 코드를 쓰는 것과 똑같다. DRY 원칙이나 ETCEasier to Change, 자동화 등을 지켜야 한다. (DRY와 ETC 설계 원칙은 다음 장에서 다룬다.)

---

**Tip 11** 한국어든 영어든 하나의 프로그래밍 언어일 뿐이다.

---

17 (옮긴이) 미국의 배우, 가수, 극작가, 영화각본가, 희극인. 1920~30년대 당시 극장과 헐리우드에서 관능적인 매력으로 유명했던 배우이다.

유용한 아이디어를 모아 보았다.

## 청중을 알라

그저 말하는 것만으로는 부족하다. 전달하려는 내용을 제대로 전달하고 있
는 경우에만 소통하고 있다고 할 수 있다. 그렇게 하기 위해서는 청중의 요
구와 관심, 능력을 이해할 필요가 있다. 우리 모두는 회의에서 괴짜 개발자가
어떤 난해한 기술의 장점에 대해 긴 독백을 읊조리는 동안, 앉아 있는 마케
팅 부사장의 눈이 점점 흐리멍덩해지는 걸 본 적이 있다. 이것은 소통이 아니
다. 단지 지껄임일 뿐. 짜증 나는 일이다.[18]

예컨대 원격 모니터링 시스템에 상태 메시지를 전파하기 위한 메시지 브로
커가 들어 있는데, 이를 외부 솔루션으로 교체하고 싶다고 해 보자. 여러분
은 이 변경 사항을 청중에 따라 각각 다른 방법으로 제시할 수 있다. 최종 사
용자는 시스템을 외부 솔루션을 사용하는 다른 서비스에도 연동할 수 있다
는 점을 좋아할 것이다. 영업부는 이 사실을 판촉 활동에 사용할 수 있을 것
이다. 개발 운영 부서의 관리자는 더는 시스템의 해당 부분을 신경 쓰고 유지
보수할 필요가 없어진다는 점에 행복해할 것이다. 마지막으로 개발자들은
새로운 API를 써 볼 수 있어서 기뻐할 것이다. 어쩌면 메시지 브로커의 또 다
른 용도를 찾아낼 수도 있다. 각 그룹에 맞는 접근을 통해 모든 사람이 여러
분의 프로젝트에 대해 열광하도록 만들 수 있다.

다른 모든 형태의 의사소통과 마찬가지로 여기서도 비결은 피드백을 모으
는 것이다. 그저 질문을 기다리지 말고 먼저 물어보라. 손짓, 몸짓과 표정을
관찰하라. 신경 언어 프로그래밍Neuro Linguistic Programming의 전제 중 하나는 "당

---

18 영어의 '짜증 나다(annoy)'라는 단어는 고(古)불어 'enui'에서 왔는데, 이 말의 뜻은 '지루하게 하
다(bore)'이다.

신이 한 의사소통의 의미는 당신이 받은 반응이 결정한다."[19]는 것이다. 소통하면서 청중에 대한 지식을 쌓아 나가라.

## 말하고 싶은 게 무언지 알라

비즈니스에서 사용하는 조금 더 격식을 갖춘 형태의 의사소통에서 가장 어려운 부분은 아마도 여러분이 말하고자 하는 것이 정확히 무엇인지 생각해 내는 일일 것이다. 소설가는 글쓰기 전에 책의 줄거리를 먼저 구성한다. 반면에 기술 문서를 작성하는 사람들은 종종 키보드 앞에 앉아서 "1. 서론"을 쳐 넣고는 무엇이건 머리에 떠오르는 대로 입력해 나가는 방식에 안주하고 만다.

무엇을 말할지 미리 계획하라. 개요를 작성하라. 그리고 자문하라. '이렇게 하면 내가 표현하고 싶은 것을 듣는 사람에게 통하는 방법으로 잘 전달할 수 있나?' 그렇게 될 때까지 다듬어라.

문서를 작성할 때만 그런 게 아니다. 중요한 회의를 앞두고 있거나 주요 클라이언트와 대화를 해야 할 때, 의사소통하고 싶은 아이디어들을 적은 다음 제대로 전달하는 데 필요한 전략을 몇 개 세워라.

상대가 무엇을 원하는지 알았다면 원하는 것을 이루어 주자.

## 때를 골라라

회계 감사가 있었던 한 주가 끝나는 금요일 오후 여섯 시다. 직장 상사의 막내는 병원에 있고, 밖에는 비가 퍼붓고, 퇴근길은 보나마나 악몽일 것이다. 아마도 노트북 메모리를 업그레이드 해 달라고 요청하기 좋은 시간은 이때가 아닐 것이다.

청중이 무엇을 듣기 원하는지 이해하려면 그들의 우선순위를 알아야 한다.

---

19 (옮긴이) 여러분이 한 말의 뜻을 상대가 오해할 수 있다. 이때 상대를 비난하기 쉽다. 하지만 신경 언어 프로그래밍에서는 상대가 오해했다면 그건 당신이 전달한 말이 이미 그런 의미였다고 봐야한다는 뜻이다. 참고로 여기에서 반응은 상대의 말뿐 아니라 얼굴 표정, 몸짓, 어조 등을 모두 포함한다.

소스 코드 일부가 사라진 일로 상사에게 막 꾸지람을 들은 관리자를 붙잡고 소스 코드 저장소에 대한 아이디어를 이야기해 주면 경청할 것이다. 말하는 내용뿐 아니라 말하는 시점도 적절하게 하라. 가끔 '……에 대해 이야기할 좋은 때일까?'라는 간단한 질문을 해 보는 것만으로도 충분하다.

### 스타일을 골라라

전달하는 스타일을 청중에 어울리도록 조정하라. 어떤 사람은 좀 격식 있는 그저 '사실'만 전달하는 브리핑을 원하고, 또 어떤 사람은 본론에 들어가기 전에 한참동안 다방면의 한담을 원한다. 이 분야에서 상대의 기술 수준이나 경험이 어떤가? 전문가인가, 아니면 신참인가? 손을 잡고 이끌어 줘야 할까, 아니면 짧게 세 줄 요약만 해주면 될까? 뭐가 좋을지 모르겠거든 물어보라.

하지만 여러분이 의사소통의 나머지 반쪽이라는 사실을 기억하라. 누군가가 뭔가를 짤막하게 설명해 달라고 부탁하는데, 그 설명을 종이 대여섯 장 이하로 줄일 방법이 없다는 생각이 들면, 사실이 그렇다고 말하라. 이런 종류의 피드백 역시 의사소통의 한 가지 형태임을 기억하라.

### 멋져 보이게 하라

여러분의 아이디어는 중요하다. 그러니 마땅히 청중에게 멋지게 전달하기 위한 수단을 준비해야 한다.

너무 많은 개발자-그리고 그들의 관리자-가 문서를 만들 때 내용에만 집중한다. 우리 생각에 이것은 실수다. 요리사-혹은 요리 프로그램 애청자-라면 누구나 알고 있을 것이다. 모양새에 신경 쓰지 않으면 부엌에서 수 시간 뼈 빠지게 일한 노력이 헛수고가 될 수 있다는 것을 말이다.

오늘날 형편없어 보이는 출력물을 만드는 것에 대한 변명은 용납되지 않는다. 현대의 소프트웨어는 여러분이 마크다운Markdown을 사용하든 워드 프로세서를 사용하든 상관없이 눈부신 출력물을 만들어 낼 수 있다. 기본적인 명령 몇 가지만 배우면 된다. 워드 프로세서를 사용한다면 워드 프로세서의 스타일 시트 기능을 사용하여 일관된 결과물을 만들라. (회사에 이미 쉽게 사용할 수 있는 스타일 시트가 정의되어 있을지도 모른다.) 페이지 머리말과 꼬리말을 어떻게 설정하는지 익혀라. 패키지에 포함된 샘플 문서를 참고해서 스타일과 레이아웃에 대한 아이디어를 얻어라. 맞춤법을 확인하라. 우선은 자동으로, 그다음엔 직접 눈으로 검사하라. 검사기가 잡아내지 못하는 맞춤법 실수도 있다.

## 청중을 참여시켜라

우리는 우리가 만드는 문서 자체보다 문서를 만드는 과정이 더 중요해지는 경우를 자주 목도한다. 가능하다면 독자가 문서 초안에 참여하도록 하라. 피드백을 받고 그들의 머릿속을 도용하라. 독자와 더 좋은 관계를 형성하게 될 것이고, 아마 그 과정에서 더 나은 문서를 만들 수 있을 것이다.

## 경청하라

다른 사람들이 여러분이 하는 말을 경청해 주길 바란다면 사용할 수 있는 기법이 하나 있다. 그들의 말을 경청하는 것이다. 아무리 여러분이 모든 정보를 갖고 있다 해도, 아니면 20명의 중역을 앞에 놓고 격식 있는 회의를 진행하는 경우라고 해도, 여러분이 다른 사람들의 말을 귀 기울여 듣지 않는다면 그들 역시 여러분의 말을 듣지 않을 것이다.

질문을 해서 사람들이 이야기를 하도록 북돋우거나, 토론의 내용을 그들 자신의 표현으로 다시 말해 달라고 요청하라. 회의를 대화로 바꾸면 생각을 좀더 효과적으로 전달할 수 있을 것이다. 혹 뭔가 배우게 될지 누가 알겠는가?

## 응답하라

누군가에게 질문을 했는데 아무런 응답도 없다면 그가 무례하다고 느낄 것이다. 하지만 여러분 자신은 사람들이 정보를 요청하거나 어떤 행동을 부탁하는 이메일 혹은 메모를 보냈을 때, 얼마나 자주 응답을 못 하는가? 하루하루 바쁜 삶 속에서 잊어버리고 살기 쉬운 법이다. 언제나 이메일과 음성 메시지에 답을 하라. 심지어 응답이 단순히 "다음에 답해 드리겠습니다."이더라도. 늘 사람들에게 응답해 주면 때때로 저지르는 실수에 대해 훨씬 더 관대해질 것이고, 여러분이 그 사항을 아직 잊지 않았다고 느끼게 할 것이다.

---

**Tip 12** 무엇을 말하는가와 어떻게 말하는가 모두 중요하다.

---

외부와 단절된 환경에서 작업하지 않는 이상 우리는 의사소통을 해야 한다. 그 소통이 더 효과적일수록 좀 더 많은 영향력을 갖게 될 것이다.

## 문서화

마지막으로, 문서를 통한 의사소통의 문제가 있다. 일반적으로 개발자는 문서화를 그리 대단하게 생각하지 않는다. 고작해야 불가피하게 해야 할 일 정도로 여기거나, 최악의 경우에는 프로젝트가 끝날 무렵이면 관리자가 까맣게 잊어버릴지도 모른다는 희망을 품고 우선순위가 낮은 작업으로 취급한다.

실용주의 프로그래머는 문서화를 전체 개발 프로세스의 필요 불가결한 부분으로 받아들인다. 문서 작성은 더 쉬워질 수 있다. 노력을 중복으로 들이거나 시간을 낭비하지 말고 문서를 늘 손에 닿는 가까운 곳에 두면 된다. 바로 코드 안에 말이다. 사실 우리는 코드에 적용하는 모든 실용주의 원칙을 문서에도 적용하길 바란다.

**문서를 애초부터 포함하고, 나중에 집어넣으려고 하지 말라.**

소스 코드의 주석으로 보기 좋은 문서를 쉽게 생성할 수 있다. 모듈과 외부로 노출하는 함수에는 주석을 다는 것을 추천한다. API를 사용하려는 다른 개발 자에게 도움이 될 것이다.

그렇다고 해서 모든 함수나 자료 구조, 타입 정의에 무조건 주석을 달아야 한다는 주장에 동의하는 것은 아니다. 이런 기계적인 주석은 오히려 코드 유 지 보수를 어렵게 만든다. 무언가 바꿀 때마다 두 군데를 수정해야 하기 때문 이다. API가 아닌 코드에 주석을 쓸 때는 왜 이렇게 되어 있는지, 즉 코드의 용 도와 목적을 논해야 한다. 어떻게 동작하는지는 코드가 이미 보여 주기 때문 에 이에 대해 주석을 다는 것은 사족이다. 게다가 이것은 DRY 원칙 위반이다.

소스 코드에 다는 주석은, 프로젝트에서 쉽게 누락되는 다른 곳에서 문서 화할 수 없는 부분을 문서화하기에 최적의 기회다. 예를 들어 기술적인 절충 점, 어떤 결정의 이유, 폐기한 다른 대안 등을 기술할 수 있다.

### 요약

- 청중을 알라.
- 말하고 싶은 게 무언지 알라.
- 때를 골라라.
- 스타일을 골라라.
- 멋져 보이게 하라.
- 청중을 참여시켜라.
- 경청하라.
- 응답하라.
- 코드와 문서를 함께 둬라.

## 관련 항목

- 항목 15. 추정
- 항목 18. 파워 에디팅
- 항목 45. 요구 사항의 구렁텅이
- 항목 49. 실용주의 팀

## 도전해 볼 것

- 《맨먼스 미신》[Bro96]과 《피플웨어》[DL13]를 비롯하여 팀 내의 의사소통에 관한 내용이 실려 있는 훌륭한 책이 몇 권 있다. 앞으로 18개월 이내에 이 책들을 반드시 읽을 수 있도록 노력하라. 거기에 더해서 《Dinosaur Brains: Dealing with All Those Impossible People at Work(파충류의 뇌: 일터에서 만나는 곤란한 사람 상대하기)》[BR89]라는 책에서는 우리가 작업 환경으로 갖고 오는 감정적 태도를 논의한다.
- 다음번 프레젠테이션을 하거나 견해를 주장하는 메모를 쓰기 전에 이번 항목의 조언대로 작업해 보라. 청중이 누구이고 여러분이 말하려는 것이 무엇인지 명확하게 도출하라. 가능하다면 나중에 청중이 원하는 것에 대한 여러분의 판단이 얼마나 정확했는지 그들에게 확인해 보라.

> ☑ **온라인 의사소통**
>
> 글로 써서 하는 의사소통에 대해 우리가 말한 것 모두가 이메일, 소셜 미디어 게시물, 블로그 등에도 똑같이 적용된다. 이메일은 특히 회사에서 의사소통의 근간으로 진화해 왔다. 이메일은 계약을 상의하거나 논쟁을 해결하는 데 사용되고, 법정에서 증거물로도 사용된다. 하지만 초라한 종이 문서는 절대 보내지 않을 사람이 어떤 이유에서인지 앞뒤가 안 맞고 지저분해 보이는 이메일을 전 세계로 스스럼없이 날려 보낸다.
>
> 우리의 팁은 간단하다.

- '보내기' 버튼을 누르기 전에 검토를 하라.
- 맞춤법에 맞는지, 자동 교정이 엉뚱하게 바꾸지는 않았는지 확인하라.
- 형식을 간단하고 명확하게 하라.
- 답장할 때 원본 메시지의 인용은 최소한으로 하라. 자기가 쓴 100줄짜리 이메일 끝에 달랑 '동의'라고 붙어있는 이메일을 되돌려 받고 싶은 사람은 아무도 없다.
- 다른 사람의 이메일을 인용한다면 누구의 것인지 밝히고 본문 속에서 인용하라(첨부로 하지 말고). 소셜 미디어에서 인용할 때도 동일하다.
- 화내고 욕하거나 논란을 부추기는 글을 보내지 말라. 그 욕이 자신에게 돌아와서 끊임없이 따라다닐 것이다. 다른 사람의 면전에서 할 수 없는 말이라면 온라인에서도 하지 말라.
- 보내기 전에 받는 사람 목록을 확인하라. 상사가 참조에 포함된 것을 모르고 부서 이메일로 상사를 비판했다는 이야기는 이제 진부한 사연이 되었다. 사실 상사에 대한 비판은 이메일로는 하지 않는 편이 낫다.

셀 수 없이 많은 큰 회사들과 정치인들이 깨닫고 있듯이, 이메일과 소셜 미디어 게시물은 영원하다. 여타 제안서나 보고서에 기울이는 주의와 관심을 이메일에도 똑같이 기울이도록 노력하라.

# 실용주의 접근법
## A Pragmatic Approach

소프트웨어 개발의 모든 차원에 적용 가능한 요령이 있고, 보편적으로 적용된다고까지 할 수 있는 프로세스나 그 자체로 거의 당연하게 여겨지는 아이디어도 있다. 하지만 이런 접근법들을 정리한 문서는 별로 없다. 설계나 프로젝트 관리, 코딩을 다루는 글 속에 간혹 몇 문장 적혀 있는 것이 고작이다. 여러분을 위하여 이런 아이디어와 프로세스를 여기에 모아 보고자 한다.

아마 가장 중요한 항목일 첫 번째 항목은 소프트웨어 개발의 진수가 담긴 〈항목 8. 좋은 설계의 핵심〉이다. 모든 것이 여기에 뿌리를 두고 있다.

다음 두 항목인 〈항목 9. DRY: 중복의 해악〉과 〈항목 10. 직교성〉은 긴밀한 관계가 있다. 전자는 시스템을 통틀어 어떤 지식을 중복으로 갖지 말라고 경고하고, 후자는 하나의 지식을 시스템의 여러 컴포넌트에 걸쳐 쪼개 놓지 말라고 조언한다.

변화의 속도가 빨라질수록 그 속도에 맞추어 애플리케이션을 유지하는 것은 점점 더 어려워진다. 〈항목 11. 가역성〉에서는 환경의 변화로부터 프로젝트를 보호하는 몇 가지 기법을 볼 것이다.

다음 두 항목 역시 연관이 있다. 〈항목 12. 예광탄〉에서는 동시에 요구 사항도 모으고, 설계도 검증하고, 코드 구현도 가능케 하는 개발 방식에 대해 이야기한다. 이것이 오늘날 삶의 속도를 따라잡을 수 있는 유일한 방법이다.

〈항목 13. 프로토타입과 포스트잇〉에서는 아키텍처, 알고리즘, 인터페이스, 아이디어 등을 테스트하기 위해 프로토타입을 어떻게 사용하는지 살펴본다. 요즘 세상에서는 새로운 아이디어에 전력투구하기 전에 먼저 아이디어를 검증하고 피드백을 받아 보는 것이 매우 중요하다.

컴퓨터 과학이 서서히 성숙하면서 언어 설계자들은 점점 더 높은 추상화 수준의 언어를 만들어 내고 있다. "이렇게 만들어 줘"를 이해하는 컴파일러는 아직 없지만 여러분 스스로 구현할 수 있는 좀 더 현실적인 방안을 〈항목 14. 도메인 언어〉에서 보게 될 것이다.

마지막으로, 우리는 모두 시간과 자원이 제한된 세상에서 일한다. 어떤 일이 얼마나 걸릴지 아는 데 능숙해진다면 이런 제한을 더 잘 극복할 수 있다 (게다가 여러분의 상사나 의뢰인을 더 행복하게 해줄 것이다). 〈항목 15. 추정〉에서는 이에 능숙해지는 방법을 다룬다.

개발 중에 이런 기본적인 원리들을 유념하라. 더 좋은, 더 빠른, 더 강력한 코드를 작성하게 될 것이다. 심지어 코드가 쉬워 보이게도 할 수 있다.

## Topic 8 좋은 설계의 핵심

세상에는 현자와 구루guru가 가득하다. 다들 고생 끝에 깨달은 '소프트웨어 설계 방법'이라는 지혜를 전하고 싶어 안달이 나 있다. 줄임말acronym이나 목록(다섯 개를 좋아하는 듯하다), 패턴, 도표, 동영상, 발표가 넘쳐나고, 심지어는 말없이 춤으로만 설명하는 데메테르 법칙Law of Demeter(182쪽의 〈항목 28. 결합도 줄이기〉 참고)이라는 끝내주는 시리즈도 있지 않을까 싶다(이것이 인터넷이다).

이 책을 쓰고 있으니 우리도 이 죄를 면할 수 없다. 하지만 우리도 꽤 최근에야 깨달은 것을 설명하는 것으로 조금이나마 보상을 하고 싶다. 먼저, 기본 원칙은 다음과 같다.

> **Tip 14** 좋은 설계는 나쁜 설계보다 바꾸기 쉽다.

어떤 게 잘 설계되었다는 건 그 물건이 사용하는 사람에게 적용하여 맞춰진다는 것이다. 이 말을 코드에 적용해 보면, 잘 설계된 코드는 바뀜으로써 사용하는 사람에게 맞춰져야 한다. 그래서 우리는 ETC 원칙을 따른다. 바꾸기 더 쉽게Easier to Change. ETC. 이게 전부다.

우리가 아는 한 세상의 모든 설계 원칙은 ETC의 특수한 경우다.

왜 결합도를 줄이면 좋은가? 관심사를 분리함으로써 각각이 더 바꾸기 쉬워지기 때문이다. ETC.

왜 단일 책임 원칙single responsibility principle[1]이 유용한가? 요구 사항이 바뀌더라도 모듈 하나만 바꿔서 반영할 수 있기 때문이다. ETC.

왜 이름 짓기가 중요한가? 이름이 좋으면 코드가 읽기 쉬워지고, 코드를 바꾸려면 코드를 읽어야 하기 때문이다. ETC!

## ETC는 규칙이 아니라 가치

가치Value는 여러분이 결정을 내리게 도움을 주는 것이다. 이걸 해야 하나 아니면 저걸 해야 하나 같은 결정을 돕는다. 소프트웨어라는 틀에서 생각해 보면 ETC는 선택의 갈림길에서 도움을 주는 안내자다. 여러분이 갖고 있는 다른 가치와 마찬가지로 의식 바로 뒤편에서 부유하다가 여러분을 올바른 방향으로 은근슬쩍 떠밀곤 한다.

그러면 어떻게 가치를 내면화할 수 있을까? 우리의 경험에 따르면 초기에

---

1 (옮긴이) 하나의 모듈은 한 가지 책임만 져야 한다는 설계 원칙이다. SOLID라는 줄임말로 일컫는 5가지 설계 원칙에서 S에 해당한다. 《클린 아키텍처》(인사이트, 2019) 7장을 참고하라.

는 어느 정도 의식적으로 노력해야 한다. 일주일 정도는 걸릴 수 있다. 스스로 자꾸 물어보라. '내가 방금 한 일이 전체 시스템을 바꾸기 쉽게 만들었을까, 어렵게 만들었을까?' 파일을 저장할 때마다 물어보라. 테스트를 쓸 때도, 버그를 수정할 때도 물어보라.

ETC에는 암묵적인 전제가 있다. 바로 여러 길 중 어떤 길이 미래의 변경을 쉽게 만드는지 알 수 있다는 것이다. 상식이 대개 통할 테고, 여러분의 지식을 바탕으로 추측할 수 있을 것이다.

하지만 가끔은 아무 실마리가 없을 수도 있다. 그래도 괜찮다. 이런 경우 다음 두 가지를 해 보라.

첫 번째로, 앞으로 어떤 모습으로 바뀔지 잘 모르겠을 때 언제건 궁극의 '바꾸기 쉽게'라는 길을 선택한다. 바로 여러분이 작성하는 코드를 교체하기 쉽게 만들도록 노력하는 것이다. 교체 가능하다면 미래에 어떤 일이 일어나든 이 코드가 앞길을 가로막지는 않을 것이다. 극단적으로 보이겠지만 사실 여러분은 모든 코드를 교체할 수 있게 작성해야 한다. 교체 가능하게 작성하라는 말은 코드의 결합도를 낮추고 응집도를 높이라는 이야기일 뿐이다.

두 번째는 이런 경우를 여러분의 직관을 발전시키는 기회로 삼으라는 것이다. 엔지니어링 일지에 현재 상황과 여러분의 선택, 그리고 변경 사항에 대한 추측을 정리해 둬라. 그리고 소스 코드에 이에 대한 표시를 남겨 둬라. 나중에 이 코드를 바꿔야 하는 시점이 왔을 때, 뒤를 돌아보고 자신에게 피드백을 줄 수 있을 것이다. 그러면 비슷한 갈림길에 다시 섰을 때 도움이 될 것이다.

이 장의 나머지 항목에서는 설계에 관한 구체적인 아이디어를 다룬다. 하지만 모두 이 하나의 원칙에 바탕을 둔 것이다.

### 관련 항목
- 항목 9. DRY: 중복의 해악

- 항목 10. 직교성
- 항목 11. 가역성
- 항목 14. 도메인 언어
- 항목 28. 결합도 줄이기
- 항목 30. 변환 프로그래밍
- 항목 31. 상속세

**도전해 볼 것**

- 여러분이 일상적으로 사용하는 설계 원칙을 떠올려 보라. 그 원칙이 무언가를 바꾸기 쉽게 만들려는 것인가?
- 언어나 프로그래밍 패러다임(객체 지향, 함수형, 반응형reactive 등)을 떠올려 보라. ETC를 따르는 코드를 작성할 때 큰 도움을 주거나 큰 걸림돌이 되는 부분이 있는가? 둘 다를 가진 경우는 없는가?
  코드를 작성할 때 장애물은 없애고 도움을 주는 부분만 잘 살릴 방법이 있을까?
- 많은 에디터가 내장 기능이나 확장 기능으로 파일을 저장할 때 특정 명령 실행을 지원한다. 파일을 저장할 때마다 "ETC?"라는 내용의 팝업을 띄우도록 설정하라.[2] 그리고 팝업을 볼 때마다 방금 작성한 코드에 대해 생각해 보라. 이 코드가 바꾸기 쉬운가?

## Topic 9 DRY: 중복의 해악

컴퓨터에 모순적인 두 가지 지식을 제공하는 것은 인공 지능의 공격을 무력화하기 위해 제임스 T. 커크 함장[3]이 사용하는 방법이다. 불행히도 동일한

---

2  너무 정신 사납다고 느낀다면 열 번에 한 번이라든지……
3  (옮긴이) SF 영화 및 TV 시리즈인 〈스타 트렉〉에 나오는 엔터프라이즈호의 함장.

원리가 바로 **여러분의** 코드를 무너뜨리는 데에도 효과적일 수 있다.

프로그래머로서 우리는 지식을 수집하고, 조직하고, 유지하며, 통제한다. 우리는 지식을 명세specification로 문서화하고, 실행 코드를 통해 그 지식에 생명을 부여한다. 그리고 그 지식으로부터 테스트 중에 점검할 사항들을 얻는다.

안타깝게도 지식은 고정적이지 않다. 지식은 변화한다. 때로는 급격하게 변화한다. 어떤 요구 사항에 대한 해석이 의뢰인과의 미팅으로 바뀔 수도 있다. 정부가 규제를 바꾸자 어떤 비즈니스 로직은 더 이상 쓸 수 없게 된다. 채택했던 알고리즘이 막상 테스트해 보니 틀렸을지도 모른다. 이러한 불안정성은 모두 우리가 소위 유지 보수 모드에서 시스템에 반영된 지식을 재조직하고 다시 표현하면서 대부분의 시간을 보내게 되리라는 것을 의미한다.

사람들은 대부분 유지 보수란 버그를 고치고 기능을 개선하는 것을 의미하기 때문에, 애플리케이션이 출시되었을 때 비로소 유지 보수가 시작된다고 믿는다. 우리는 이들이 틀렸다고 생각한다. 프로그래머는 늘 유지 보수 모드에 있다. 우리의 이해는 날마다 바뀐다. 우리가 프로젝트에 열중해 있는 동안에도 새로운 요구 사항이 도착하고 기존 요구 사항은 진화한다. 어쩌면 환경이 변할 수도 있다. 이유가 무엇이건, 유지 보수는 별개의 활동이 아니며 전체 개발 과정의 일상적인 부분이다.

유지 보수를 하려면 사물의 표현 양식, 즉 애플리케이션에 표현되어 있는 지식을 찾아내고 또 바꿔야 한다. 문제는 명세와 프로세스, 개발하는 프로그램 안에 지식을 중복해서 넣기 쉽다는 것이다. 그렇게 된다면 애플리케이션이 출시되기 한참 전부터 유지 보수의 악몽이 시작될 것이다.

소프트웨어를 신뢰성 높게 개발하는 유일한 길, 개발을 이해하고 유지 보수하기 쉽게 만드는 유일한 길은 우리가 DRY라 부르는 원칙을 따르는 것이라 생각한다. DRY 원칙은 다음과 같다.

모든 지식은 시스템 내에서 단 한 번만, 애매하지 않고, 권위 있게 표현되어야 한다.

왜 이것을 DRY라고 부르는가?

---

**Tip 15** **DRY: 반복하지 말라**Don't Repeat Yourself

---

DRY를 따르지 않으면 똑같은 것이 두 군데 이상에 표현될 것이다. 하나를 바꾸면 나머지도 바꿔야 함을 기억해야 한다. 그러지 않으면 여러분의 프로그램은 스타 트렉의 외계 컴퓨터와 같이 자기모순 앞에 무릎을 꿇게 될 것이다. 이것은 기억하느냐 마느냐의 문제가 아니다. 단지 언제 잊어버릴 것인가 하는 문제다.

이 책 전반에 걸쳐 DRY 원칙이 몇 번이고 다시 출현하는 것을 보게 될 것이다. 때로는 코딩과 전혀 상관없는 문맥에서도 나올 것이다. 우리는 DRY가 '실용주의 프로그래머'의 도구 상자에서 가장 중요한 도구 중 하나라고 생각한다.

이 항목에서는 중복의 문제를 전반적으로 살펴보고 중복을 다루는 일반적인 전략을 제안하도록 하겠다.

## DRY는 코드 밖에서도

먼저 짚고 넘어갈 것이 있다. 이 책의 1판에서 우리는 "반복하지 말라."라는 말을 통해 전하고 싶었던 의미를 제대로 설명하지 못했다. 많은 사람이 DRY가 코드에만 해당한다고 받아들였다. "소스 코드를 복사-붙여넣기 하지 말라."로 이해한 것이다.

그것도 DRY의 일부인 것은 맞다. 하지만 아주 작고 자명한 부분일 뿐이다.

DRY는 지식의 중복, 의도의 중복에 대한 것이다. 똑같은 개념을 다른 곳 두 군데에서 표현하면 안 된다는 것이다. 경우에 따라서는 중복 표현이 두 가지 완전히 다른 방식으로 이루어질 수도 있다.

DRY 여부를 판별할 수 있는 리트머스 시험지가 있다. 코드의 어떤 측면 하나를 바꿔야 할 때 여러 곳을 바꾸고 있나? 그것도 여러 가지 다른 형태를? 코드를 바꾸고 문서도 바꾸는가? 데이터베이스 스키마와 스키마를 담고 있는 구조 등도? 그렇다면 여러분의 코드는 DRY하지 않다.

이제 중복의 전형적인 예를 살펴보자.

## 코드의 중복

간단한 건데도 코드의 중복은 정말 너무 흔하다. 다음 예제를 보자.

```
def print_balance(account)
  printf "Debits:  %10.2f\n", account.debits
  printf "Credits: %10.2f\n", account.credits
  if account.fees < 0
    printf "Fees:    %10.2f-\n", -account.fees
  else
    printf "Fees:    %10.2f\n", account.fees
  end
  printf "          ----------\n"
  if account.balance < 0
    printf "Balance: %10.2f-\n", -account.balance
  else
    printf "Balance: %10.2f\n", account.balance
  end
end
```

돈을 부동 소수점 타입으로 저장한 초보적인 실수는 잠시 제쳐 두고, 코드의 중복 요소들을 한번 찾아보자. (우리가 보기에는 최소 세 가지 중복이 있는데, 여러분은 더 많이 찾아낼 수도 있을 것이다.)

어떤 중복을 찾았는가? 우리가 찾은 것은 다음과 같다.

먼저 눈에 띄는 것으로, 음수를 다룰 때 복사-붙여넣기를 한 듯한 부분이 있다. 함수를 하나 추가해서 고쳐 보자.

```
def format_amount(value)
  result = sprintf("%10.2f", value.abs)
  if value < 0
    result + "-"
  else
    result + " "
  end
end

def print_balance(account)
  printf "Debits:  %10.2f\n", account.debits
  printf "Credits: %10.2f\n", account.credits
  printf "Fees:    %s\n", format_amount(account.fees)
  printf "         ----------\n"
  printf "Balance: %s\n", format_amount(account.balance)
end
```

printf 호출마다 지정하는 문자열 폭도 중복이다. 상수를 하나 선언한 다음 printf마다 넣어도 되겠지만, 그냥 모두 이미 있는 함수를 사용하도록 바꾸면 어떨까?

```
def format_amount(value)
  result = sprintf("%10.2f", value.abs)
  if value < 0
    result + "-"
  else
    result + " "
  end
end

def print_balance(account)
  printf "Debits:  %s\n", format_amount(account.debits)
  printf "Credits: %s\n", format_amount(account.credits)
```

```
  printf "Fees:    %s\n", format_amount(account.fees)
  printf "          ----------\n"
  printf "Balance: %s\n", format_amount(account.balance)
end
```

또 뭐가 있을까? 만약 클라이언트가 항목 이름과 숫자 사이에 공백을 한 칸 더 넣어 달라고 하면 어떻게 될까? 다섯 군데나 고쳐야 한다. 이 중복을 없애 보자.

```
def format_amount(value)
  result = sprintf("%10.2f", value.abs)
  if value < 0
    result + "-"
  else
    result + " "
  end
end

def print_line(label, value)
  printf "%-9s%s\n", label, value
end

def report_line(label, amount)
  print_line(label + ":", format_amount(amount))
end

def print_balance(account)
  report_line("Debits",  account.debits)
  report_line("Credits", account.credits)
  report_line("Fees",    account.fees)
  print_line("",         "----------")
  report_line("Balance", account.balance)
end
```

이제 숫자 형식을 바꿔야 하면 format_amount를 바꾸면 되고, 항목 이름 형식을 바꾸고 싶으면 report_line을 바꾸면 된다.

　하지만 아직도 DRY 위반 사항이 하나 숨어 있다. 바로 구분선의 빼기 기호 개수가 숫자 형식의 폭에 맞춰져 있는 점이다. 그런데 사실 정확하게 맞지는 않는다. 지금은 format_amount가 반환하는 것보다 한 글자가 짧은데, 그래서 숫자 뒤에 음수 기호가 붙으면 구분선보다 길게 삐져나온다. 이것은 고객의 의도이고, 실제 숫자 형식과는 별개의 의도다.

## 모든 코드 중복이 지식의 중복은 아니다

온라인 와인 주문 프로그램에서 사용자의 연령과 주문 수량을 기록하고 검증하는 기능이 필요하다고 해 보자. 웹 사이트 소유주가 연령과 주문 수량은 모두 숫자이고, 0보다 커야 한다고 알려 주었다. 그래서 다음과 같이 검증 코드를 작성했다.

```
def validate_age(value):
    validate_type(value, :integer)
    validate_min_integer(value, 1)

def validate_quantity(value):
    validate_type(value, :integer)
    validate_min_integer(value, 1)
```

코드 리뷰 도중 어떤 잘난 체 하기 좋아하는 사람이 코드를 반려해 버렸다. 두 함수의 내용이 동일하기 때문에 DRY 위반이라는 것이다.

틀렸다. 코드는 동일하지만 두 함수가 표현하는 지식은 다르다. 두 함수는 각각 서로 다른 것을 검증하고 있지만, 우연히 규칙이 같은 것뿐이다. 이것은 우연이지 중복이 아니다.

## 문서화 중복

왜인지는 모르겠지만 모든 함수에 주석을 달아야 한다는 미신이 생겨났다. 이런 어처구니없는 믿음을 가진 사람은 다음과 같은 코드를 만들어 낸다.

```
# 계좌의 수수료를 계산한다.
#
# * 반려된 수표(returned_check) 하나당 $20
# * 계좌가 3일 넘게 마이너스(overdraft)이면 하루에 $10 부과
# * 평균 잔고가 $2,000보다 높으면 수수료 50% 감면

def fees(a)
  f = 0
  if a.returned_check_count > 0
    f += 20 * a.returned_check_count
  end
  if a.overdraft_days > 3
    f += 10*a.overdraft_days
  end
  if a.average_balance > 2_000
    f /= 2
  end
  f
end
```

이 함수의 의도는 두 번 표현되었다. 한 번은 주석으로, 또 한 번은 코드로. 클라이언트가 수수료를 바꾸면 우리는 두 군데를 함께 고쳐야 한다. 시간이 지남에 따라 주석과 코드의 내용이 서로 어긋나게 될 거라고 거의 확실히 장담할 수 있다.

이 주석이 코드에 어떤 가치를 더하는지 한번 생각해 보라. 우리가 보기에는 이름이나 코드 구조의 부실함을 메꾸는 역할을 하고 있을 뿐이다. 다음과 같이 쓰면 어떨까?

```
def calculate_account_fees(account)
  fees = 20 * account.returned_check_count
  fees += 10 * account.overdraft_days if account.overdraft_days > 3
  fees /= 2                            if account.average_balance > 2_000
  fees
end
```

함수 이름이 함수가 하는 일을 알려준다. 더 자세한 것을 알고 싶다면 소스 코드를 보면 된다. 이것이 DRY다!

## 데이터의 DRY 위반

자료 구조는 지식을 표현한다. 그리고 DRY 원칙을 위배할 수 있다. 선을 표현하는 클래스를 살펴보자.

```
class Line {
  Point  start;
  Point  end;
  double length;
};
```

첫눈에는 이 클래스가 그럴싸해 보일 것이다. 하나의 선에는 분명히 시작과 끝이 있고, 언제나 길이가-심지어 길이가 0일지라도- 있다. 하지만 여기엔 중복이 있다. 시작점과 끝점이 정해지면 길이도 결정된다. 두 점 중 하나라도 바뀌면 길이 역시 변한다. 길이는 계산되는 필드로 만드는 편이 낫다.

```
class Line {
  Point  start;
  Point  end;
  double length() { return start.distanceTo(end); }
};
```

개발을 진행하다 보면 나중에는 성능상의 이유로 DRY 원칙을 위배할 수도 있을 것이다. 비용이 많이 드는 연산을 여러 번 수행하지 않기 위해 데이터를 캐싱할 때 종종 이런 일이 생긴다. 요령은 중복의 영향을 국소화 하는 것이다. 바깥세상에는 DRY 원칙 위배를 노출하지 않는다. 대신 클래스 내의 메서드가 좀 고생하면 된다.

```
class Line {
  private double length;
  private Point  start;
```

```
  private Point  end;

  public Line(Point start, Point end) {
    this.start = start;
    this.end   = end;
    calculateLength();
  }

  // public
  void setStart(Point p) { this.start = p; calculateLength(); }
  void setEnd(Point p)   { this.end   = p; calculateLength(); }

  Point getStart()       { return start; }
  Point getEnd()         { return end;   }

  double getLength()     { return length; }

  private void calculateLength() {
    this.length = start.distanceTo(end);
  }
};
```

이 예는 중요한 시사점을 한 가지 던져준다. 모듈이 자료 구조를 노출하면 언제나 모듈의 구현과 그 자료 구조를 사용하는 코드 사이에 결합이 생긴다. 가능하다면 언제나 객체의 속성을 읽고 쓸 때 접근자accessor 함수를 사용하라. 그러면 나중에 기능을 추가하기 더 쉬워질 것이다.

접근자 함수의 사용은 버트런드 마이어Bertrand Meyer가 《Object-Oriented Software Construction(객체 지향 소프트웨어 구축(건축)》[Mey97]에서 설명한 단일 접근 원칙Uniform Access principal과 연관이 있다. 마이어는 다음과 같이 말한다.

모듈을 통해 제공되는 모든 서비스는 일관된 표기법notation으로 사용할 수 있어야 한다. 저장한 값으로 구현되었건, 계산을 통해 구현되었건 상관없이.[4]

---

4 (옮긴이) 파이썬, C#, 코틀린(Kotlin) 같은 언어에서는 프로퍼티(property)라는 기능을 사용하면 해당 클래스의 클라이언트는 필드처럼 사용하지만, 사실은 메서드로 작동하도록 만들 수 있다. 마이어의 '단일 접근 원칙'을 더 철저히 지킬 수 있는 것이다.

## 표현상의 중복

여러분의 코드는 바깥세상과 연결된다. 다른 라이브러리와는 API로, 다른 서비스와는 원격 호출이나 외부 저장소의 데이터 등으로 연결된다. 그리고 이렇게 연결될 때마다 일종의 DRY 위반을 하게 된다. 외부의 무언가에 표현된 지식인 API나 스키마, 에러 코드의 의미 등을 여러분의 코드도 알아야만 하는 것이다. 여기서는 연결을 표현하는 지식을 여러분의 코드와 외부의 존재 양쪽이 모두 알아야 하기 때문에 중복이 생긴다. 한쪽에서만 바꾸면 다른 쪽은 망가질 것이다.

이런 중복을 아예 피할 수는 없지만 다소 완화할 수는 있다. 다음과 같은 전략을 사용할 수 있다.

## 내부 API에서 생기는 중복

언어나 기술에 중립적인 형식으로 내부 API를 정의할 수 있는 도구를 찾아보라.[5] 이런 도구는 일반적으로 문서와 목mock API, 기능 테스트를 생성해 주고, API 클라이언트도 여러 가지 언어로 생성해 준다. 이상적으로는 이 도구를 이용하여 모든 API 정의를 중앙 저장소에 넣어 두고 여러 팀이 공유할 수 있게 하면 좋다.

## 외부 API에서 생기는 중복

공개 API를 OpenAPI[6] 같은 형식으로 엄밀하게 문서화하는 경우가 점점 많아지고 있다. 이런 형식의 API 명세를 여러분의 API 도구로 불러와서 사용하면 더욱 신뢰성 있게 해당 서비스를 연동할 수 있다.

---

5 (옮긴이) 예를 들어 스웨거(Swagger)나 아파치 스리프트(Thrift), 구글 프로토콜 버퍼(Protocol Buffer) 같은 도구가 있다.

6 *https://github.com/OAI/OpenAPI-Specification*
(옮긴이) OpenAPI 명세를 호스팅하고 있는 GitHub 자체도 다음 링크에서 GitHub API의 명세를 OpenAPI 형식으로 공개하고 있다. *https://github.com/github/rest-api-description*

이런 명세를 찾지 못하겠거든 하나 만들어서 공개하는 것을 고려해 보라. 다른 이들에게 유용할뿐더러 유지 보수하면서 도움을 받을지도 모른다.

### 데이터 저장소와의 중복

많은 데이터 저장소가 데이터 스키마 분석 기능을 제공한다. 이런 기능을 이용하면 데이터 저장소와 코드 간의 중복을 많이 제거할 수 있다. 저장된 데이터를 객체로 옮기기 위한 코드를 손으로 만드는 것이 아니라 스키마로부터 바로 생성해낼 수 있는 것이다. 이렇게 귀찮은 일을 줄여 주는 영속성 프레임워크persistence framework[7]도 많이 있다.

때에 따라서는 더 좋은 다른 방법도 있다. 코드에서 외부 데이터를 고정된 구조(예를 들어 구조체나 클래스의 인스턴스)로 표현하는 대신, 그냥 키-값 데이터 구조(언어에 따라 맵이나 해시, 사전dictionary이라고도 부른다. 자바스크립트처럼 일반 객체가 이런 역할을 하기도 한다.)에 밀어 넣는 것이다.

이 방식에는 위험한 측면도 있다. 필요한 만큼만 데이터에 접근함으로써 생기는 안전장치가 많이 사라진다. 그래서 이 방식을 쓸 때는 데이터를 한 겹 더 감쌀 것을 권장한다. 간단한 표 기반의 검증 도구를 가진 계층을 추가하여, 여러분이 생성한 맵이 필요한 데이터만 최소한으로 가졌는지 그리고 필요한 형식에 맞는지 확인하는 것이다. 여러분의 API 문서화 도구가 이런 검증 도구를 만들어 줄 수도 있다.

### 개발자 간의 중복

아마 발견하거나 없애기 가장 어려운 유형의 중복은 같은 프로젝트에서 일하는 개발자들 사이에서 발생할 것이다. 똑같은 일을 하는 코드가 우연히 중복

---

7 (옮긴이) 영속성이란 프로그램이 종료되더라도 데이터가 사라지지 않고 보존되는 특성을 말한다. 영속성 프레임워크는 데이터를 관계형 데이터베이스 같은 저장소에 쉽게 저장하고 불러올 수 있도록 하여 영속성의 구현을 도와준다. 대표적인 예로 하이버네이트(Hibernate), 마이바티스(MyBatis)가 있다.

으로 추가될 수 있고, 이런 중복은 수년 동안 발견되지 않을 수 있다. 결국 유지 보수 문제로 귀결될 것이다. 우리는 미국 어떤 주 정부 컴퓨터 시스템이 Y2K[8] 호환성 검사를 받은 이야기를 직접 들었다. 호환성 검사 동안 사회 보장 번호 확인 기능이 들어 있는 프로그램을 10,000개 이상 발견했는데, 각각의 프로그램에는 각기 다른 버전의 확인 코드가 있었다.

개발자 간의 중복에 대처하려면 크게는 의사소통을 잘하는 튼튼하고 유대가 돈독한 팀을 만들어야 한다.

그렇지만 모듈 차원에서는 중복 문제를 알아채기 더욱 어렵다. 분명한 책임 영역으로 나누어지지 않는 공통 기능이나 데이터는 여러 번 거듭 구현될 가능성이 있다.

우리가 느끼기에 최선책은 개발자 간에 적극적이고 빈번한 소통을 장려하는 것이다.

일일 스크럼 스탠드업 미팅을 운영해 볼 수 있다. 슬랙Slack 채널같이 공통의 문제를 다루기 위한 공간을 만들라. 이런 소프트웨어를 사용하면 모든 대화 기록을 보존할 수 있고, 방해를 최소화하면서 의사소통이 가능하다. 사무실이 여러 곳으로 나뉘어 있어도 문제없다.

팀원 한 사람을 프로젝트 사서로 임명하라. 프로젝트 사서의 역할은 지식교환을 돕는 것이다. 소스 트리의 한가운데에 유틸리티 루틴과 스크립트를 모아둘 수 있는 장소를 마련하라. 그리고 일상적으로든 코드 리뷰를 통해서든 다른 사람의 소스 코드와 문서를 반드시 읽어라. 다른 사람의 것을 기웃거리는 게 아니고, 거기서 배우는 것이다. 그리고 기억하라. 접근은 상호적이다. 다른 사람이 **여러분의** 코드를 들여다보고 건드린다고 해서 기분 나빠하지 말 일이다.

---

8  (옮긴이) Y는 Year, 2K는 2000을 뜻하는데, 연도를 끝 두 자리 숫자만 저장한 탓에 1900년대에 개발한 프로그램이 2000년 이후에는 제대로 동작하지 않는 문제다. 마이어는 Y2K 문제 역시 일관된 액세스 원칙을 지키지 못해서 생겼다고 말한다.

재사용하기 쉽게 만들어라.

여러분은 뭔가를 직접 만드는 것보다 기존의 것을 찾아내고 재사용하기 쉬운 환경을 조성해야 한다. 사람들은 쉽지 않으면 하지 않을 것이다. 그리고 재사용에 실패한다면 지식 중복의 위험을 감수해야 한다.

### 관련 항목

- 항목 8. 좋은 설계의 핵심
- 항목 28. 결합도 줄이기
- 항목 32. 설정
- 항목 38. 우연에 맡기는 프로그래밍
- 항목 40. 리팩터링

## Topic 10 직교성

직교성orthogonality은 설계와 빌드, 테스트, 확장이 쉬운 시스템을 만드는 데에 있어 매우 중요한 개념이다. 그런데 직교성 개념을 직접 가르치는 경우는 드물다. 종종 여러분이 배우는 여러 다른 방법론과 기법에서 직교성을 암시하는 정도인데, 이건 잘못이다. 직교성의 원칙을 적용하는 방법을 직접 배우면 여러분이 만드는 시스템의 품질을 즉각 개선할 수 있을 것이다.

### 직교성이란

'직교성'은 기하학에서 빌려 온 용어다. 그래프의 축과 같이 두 직선이 직각으로 만나는 경우 직교한다고 말한다. 벡터 용어로 표현해 보면 두 개의 선은 독립적independent이다. 그림에서 숫자 1이 북쪽으로 움직이더라도 동쪽이나 서쪽으로 간 정도는 변하지 않는다. 숫자 2가 동쪽으로 움직이더라도 북쪽이나 남쪽으로는 움직이지 않는다.

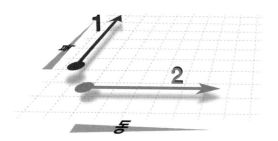

컴퓨터 과학에서 이 용어는 일종의 독립성이나, 결합도 줄이기decoupling를 의미한다. 하나가 바뀌어도 나머지에 어떤 영향도 주지 않으면 서로 직교한다고 할 수 있다. 잘 설계된 시스템에서는 데이터베이스 코드가 사용자 인터페이스와 서로 직교할 것이다. 데이터베이스에 영향을 주지 않으면서 인터페이스를 바꿀 수 있고, 또한 인터페이스를 바꾸지 않으면서 데이터베이스를 교체할 수 있다.

직교적인 시스템의 장점을 보기 전에 직교적이지 못한 시스템을 먼저 보도록 하자.

### 비-직교적인 시스템

헬리콥터를 타고 그랜드 캐니언을 여행하고 있는데, 점심으로 생선을 먹는 명백한 실수를 한 조종사가 갑자기 비명을 지르더니 기절해 버린다. 다행인 것은 지상 100피트 높이에 가만히 떠 있는 채로 당신에게 바통을 넘긴 것이다.

우연히도 여러분은 어젯밤에 위키백과에서 헬리콥터에 대한 글을 읽었다. 덕분에 헬리콥터에는 네 가지 기본 조종간이 있다는 것을 안다. 사이클릭 cyclic은 오른손으로 잡는 조종간으로, 움직이는 방향으로 헬리콥터가 움직인다. 왼손으로는 콜렉티브 피치 레버collective pitch lever를 잡는데, 이걸 당기면 모든 회전 날개의 각도가 바뀌어 헬리콥터가 상승한다. 콜렉티브 피치 레버의 끝에는 조절판throttle이 있다. 마지막으로 두 개의 페달이 있는데, 꼬리 회전 날개의 추력을 조절해서 헬리콥터를 회전시킨다.

'쉽네!'하고 여러분은 생각한다. '천천히 콜렉티브 피치 레버를 밀면 부드럽게 지상으로 하강시킬 수 있을 거야. 천잰데?' 그러나 그렇게 하자마자 삶은 그리 간단하지 않다는 걸 알게 된다. 헬리콥터의 기수가 밑으로 기울어지면서 기체가 왼쪽으로 뱅뱅 돌며 낙하하기 시작한 것이다. 갑자기 당신이 조종 중인 헬리콥터 시스템은 조종간을 움직이는 모든 행동이 그에 따른 파생 효과를 일으킨다는 걸 깨닫는다. 왼쪽 레버를 밀면 이를 상쇄해 주도록 오른쪽 막대기를 뒤로 당기고 오른쪽 페달을 밟아야 한다. 하지만 이 변화 각각이 다시 다른 모든 조종간에 영향을 끼친다. 별안간 당신은 모든 변경 하나하나가 나머지 모든 입력에 영향을 주는 믿을 수 없을 만큼 복잡한 시스템을 가지고 곡예를 부리고 있다. 작업 부하가 엄청나다. 상호 작용하는 모든 힘의 균형을 잡으려고 당신의 손발이 끊임없이 움직인다.

헬리콥터 조종은 단연코 직교적이지 않다.

### 직교성의 장점

헬리콥터 예가 묘사하듯이 비직교적인 시스템은 본질적으로 변경과 조정이 더 복잡하다. 시스템의 컴포넌트들이 고도로 상호 의존적인 경우 특정 부분만 국지적으로 수정하는 방법이란 없다.

---

**Tip 17** 관련 없는 것들 간에 서로 영향이 없도록 하라.

---

우리가 설계하고 싶은 것은 자족적self-contained인 컴포넌트, 즉 단일하고 잘 정의

된 목적을 가진 독립적인 컴포넌트다. 요던Ed. Yourdon과 콘스탄틴Larry Constantine이 《Structured Design: Fundamentals of a Discipline of Computer Program and Systems Design(구조화된 설계: 컴퓨터 프로그램과 시스템 설계 분야의 원칙)》[YC79]에서 '응집cohesion'이라고 부른 것이다. 컴포넌트들이 각기 격리isolate되어 있으면 어느 하나를 바꿀 때 나머지 것들을 걱정하지 않아도 된다. 해당 컴포넌트의 외부 인터페이스를 바꾸지 않는 한 전체 시스템으로 퍼져 나가는 문제를 일으키지는 않으리라고 확신할 수 있다.

직교적인 시스템을 작성하면 두 가지 큰 장점이 있다. 바로 생산성 향상과 리스크 감소다.

## 생산성 향상

- 변화를 국소화해서 개발 시간과 테스트 시간이 줄어든다. 상대적으로 작고, 자족적인 컴포넌트들을 작성하는 것이 하나의 커다란 코드 덩어리를 만드는 것보다 더 쉽다. 간단한 컴포넌트는 설계하고, 코딩하고, 테스트하고, 그러고는 잊어버릴 수 있다. 새로운 코드를 추가할 때마다 기존의 코드를 계속 바꾸지 않아도 된다.

- 직교적인 접근법은 재사용도 촉진한다. 컴포넌트에 명확하고 잘 정의된 책임이 할당되어 있으면 애초의 구현자가 예상하지 못한 방식으로 새로운 컴포넌트와 결합할 수 있다. 시스템이 더 느슨하게 결합되어 있을수록 재조합하고 개량하기 쉽다.

- 직교적인 컴포넌트들을 결합하는 경우 얻을 수 있는 꽤 미묘한 생산성 향상 요소가 있다. 컴포넌트 하나가 $M$가지 서로 다른 일을 하고 또 다른 컴포넌트 하나가 $N$가지 일을 한다고 가정하자. 만약 두 컴포넌트가 직교적이라면 결합했을 때 결과물은 $M \times N$가지 일을 한다. 그렇지만 두 개의 컴포넌트가 직교적이지 않다면 겹치는 부분이 있을 테고, 결과물이 할 수

있는 일은 그보다 적을 것이다. 직교적인 컴포넌트들을 결합함으로써 단위 노력당 더 많은 기능을 얻을 수 있다.

### 리스크 감소

직교적인 접근법은 모든 개발 작업에 존재할 수밖에 없는 위험의 크기를 감소시켜 준다.

- 감염된 코드가 격리되어 있다. 어떤 모듈이 병에 걸렸다 해도 시스템의 나머지 부분으로 증상이 전파될 확률이 낮다. 게다가 그 부분만 도려내고 새롭고 건강한 코드를 이식해 넣기도 쉽다.
- 시스템이 잘 깨지지 않는다. 어떤 부분을 골라서 약간 바꾸고 고쳤을 때 혹시 문제가 생기더라도 문제점은 그 부분으로 한정될 것이다.
- 직교적인 시스템은 그 안의 컴포넌트들에 대해 테스트를 설계하고 실행하기 훨씬 쉽기 때문에, 아무래도 테스트를 더 많이 하게 된다.
- 특정 업체나 제품, 플랫폼에 덜 종속될 것이다. 이들 외부 컴포넌트로 연결되는 인터페이스들을 전체 개발의 작은 부분 안에 격리하기 때문이다.

직교성의 원칙을 여러분의 업무에 적용하는 방법을 알아보자.

### 설계

개발자 대다수는 시스템을 직교적으로 설계해야 한다는 것을 잘 안다. 직교적이라는 것을 설명할 때 '모듈식', '컴포넌트 기반', '계층layer' 같은 다른 용어를 사용하기도 하지만 말이다. 시스템은 서로 협력하는 모듈의 집합으로 구성되어야 하고, 각 모듈은 다른 부분과 독립적인 기능을 구현해야 한다. 때로는 이런 컴포넌트들이 계층으로 묶여서 계층 단위의 추상화를 제공하기도 한다. 계층 구조는 직교적 시스템을 설계하는 강력한 방법이다. 각 계층은 자기 바로 밑에 있는 계층이 제공하는 추상화만을 사용하기 때문에, 다른 코드에 영향을 끼치지 않으면서 기반 구현들을 변경할 수 있게 되어 유연성이 높아진다. 계층 구조는 또한 모듈 간에 의존성이 폭증할 위험을 줄인다. 아마 다음과 같은 계층 구조 그림이 익숙할 것이다.

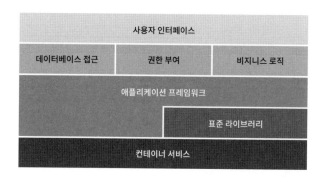

설계가 직교적인지 확인하는 손쉬운 방법이 있다. 컴포넌트들을 나누었을 때 다음과 같이 스스로에게 물어보라. '특정 기능에 대한 요구 사항을 대폭 변경하는 경우 몇 개의 모듈이 영향을 받는가?' 직교적인 시스템에서는 답이 '하나'여야 한다.[9] GUI 상자의 버튼 하나를 옮기는 것 때문에 데이터베이스 스키마가 변경되어서는 안 된다. 맥락을 고려하는 도움말을 추가하기 위해 지불billing 서브시스템을 바꾸어서는 안 된다.

난방 설비를 감시하고 제어하는 복잡한 시스템을 생각해 보자. 원래의 요구 사항은 그래픽 사용자 인터페이스만 필요했지만, 엔지니어가 스마트폰으로 주요 수치를 감시하는 기능이 추가되었다. 직교적으로 설계된 시스템이라면 사용자 인터페이스와 연관된 모듈만 수정해 추가 요구 사항을 수용할 수 있다. 설비를 제어하는 로직은 바꿀 필요가 없다. 사실 시스템을 주의 깊

---

9 하지만 현실에서 이는 순진한 생각이다. 엄청나게 운이 좋지 않은 이상 현실 세계에서 요구 사항 변경은 대부분 시스템의 여러 기능에 영향을 끼친다. 그러나 모듈 변경을 기능의 측면에서 분석하는 경우, 이상적인 상황이라면 하나의 기능을 바꾸는 것은 여전히 단 하나의 모듈에만 영향을 미쳐야 한다.

게 설계했다면 같은 기반 코드를 이용해 두 인터페이스를 모두 지원할 수 있을 것이다.

또한 현실 세계의 변화와 설계 사이의 결합도를 얼마나 줄였는지도 확인해 보기 바란다. 전화번호를 고객 식별자로 사용하고 있는가? 지역 번호 체계가 바뀐다면 어떻게 할 것인가? 주민 등록 번호 같이 정부에서 부여하는 식별자, 우편 번호, 이메일 주소, 도메인 이름 등은 모두 외부의 식별자다. 즉, 여러분이 제어할 수 없고, 언제 어떤 이유로든 바뀔 수 있다.[10] 자신의 힘으로 제어할 수 없는 속성에 의존하지 말라.

## 툴킷과 라이브러리

외부에서 만든 툴킷이나 라이브러리를 도입할 때 시스템의 직교성을 해치지 않는지 주의 깊게 살펴보기 바란다. 기술을 현명하게 선택하라.

툴킷이나 라이브러리를 도입할 때에는 심지어 같은 팀의 다른 멤버가 작성한 것이더라도 이것이 여러분의 코드에 수용해서는 안 될 변화를 강요하지 않는지 검토해 보라. 만약 객체를 저장소에 저장하는 방식이 투명하다면 직교적이다. 하지만 특별한 방식으로 객체를 생성하고 접근해야 한다면 그렇지 않다. 이러한 세부 사항을 코드로부터 분리한다면 미래에 라이브러리가 바뀌더라도 쉽게 대처할 수 있다는 이점이 있다.

엔터프라이즈 자바빈즈EJB 시스템은 직교성에 대한 흥미로운 예제다. 대부분의 트랜잭션 지향 시스템에서는 애플리케이션 코드에 각 트랜잭션의 시작과 끝을 기술해야 한다. 하지만 EJB에서는 이 정보를 실제 작업을 하는 코드 바깥쪽에 애너테이션annotation을 이용하여 선언적으로 표현한다. 그러므로 같

---

10 (옮긴이) 대한민국의 경우 2000년에 전화번호의 지역 번호 체계가 바뀌었다. 우편 번호 체계는 1988년과 2015년에 각각 바뀐 바 있다. 과거에는 주민 등록 번호를 수집하여 고객 식별자로 사용하는 경우가 많았으나, 개인 정보 보호를 위하여 주민 등록 번호 수집이 원칙적으로 금지되면서 한바탕 홍역을 치르기도 했다.

은 애플리케이션 코드를 서로 다른 EJB 트랜잭션 환경에서도 변경 없이 실행할 수 있다.

어떻게 보면 EJB는 내부를 바꾸지 않으면서 기능을 추가하는 장식자 패턴decorator pattern의 예이기도 하다. 이런 방식의 프로그래밍은 모든 프로그래밍 언어에서 가능하고 별도의 프레임워크나 라이브러리가 꼭 필요하지도 않다. 그저 프로그래밍할 때 요령만 조금 있으면 된다.

## 코딩

코드를 작성할 때마다 여러분은 애플리케이션의 직교성을 떨어트릴 위험을 감수하는 셈이다. 현재 코딩하는 부분뿐만 아니라 애플리케이션의 큰 맥락을 끊임없이 살피지 않으면 의도치 않게 다른 모듈에 있는 기능을 또 추가하거나 동일한 지식을 두 번 표현할 수 있다.

직교성을 유지하기 위해 사용할 수 있는 몇 가지 기법이 있다.

### 코드의 결합도를 줄여라

'부끄럼쟁이shy' 코드를 작성하라. 즉, 불필요한 것은 다른 모듈에 보여 주지 않으며, 다른 모듈의 구현에 의존하지 않는 코드를 작성하라. 그리고 182쪽의 〈항목 28. 결합도 줄이기〉에서 논의하는 데메테르 법칙을 따르려 노력해 보자. 객체의 상태를 바꿀 필요가 있다면 여러분을 위해 객체가 직접 상태를 바꾸게 하라. 이렇게 한다면 코드는 다른 코드 구현으로부터 분리된 채로 남아있을 것이며, 계속하여 직교성을 유지할 확률이 높아진다.

### 전역 데이터를 피하라

코드가 전역global 데이터를 참조할 때마다 코드는 해당 데이터를 공유하는 다른 컴포넌트와 묶이게 된다. 전역 데이터를 읽기 전용으로 사용한다고 하더라도 문제가 생길 수 있다. 예를 들어 코드를 갑자기 멀티 스레드로 바꿔야 한다면 어떻게 될까? 일반적으로는 필요한 컨텍스트context를 모듈에 명시적으로 넘겨주면 코드를 이해하고 유지 보수하기 쉬워진다. 객체 지향 애플리케이션에서는 컨텍스트를 객체 생성자의 매개 변수로 넘기기도 한다. 또한 컨텍스트를 포함하는 구조체를 만들어 이를 필요로 하는 모듈에 참조reference로 넘겨줄 수도 있다.

《GoF의 디자인 패턴》[GHJV95]에서 소개하는 싱글턴 패턴singleton pattern은 특정 클래스의 객체가 단 하나의 인스턴스만을 갖도록 보장해 준다. 하지만 많은 개발자가 싱글턴 객체를 일종의 전역 데이터로 남용한다(특히 자바와 같이 전역이라는 개념을 지원하지 않는 언어의 경우에는 더욱 심하다). 싱글턴을 사용할 때는 주의를 기울여라. 싱글턴은 불필요한 결합을 만들 수 있다.[11]

### 유사한 함수를 피하라

종종 유사해 보이는 함수를 여럿 구현해야 할 때가 있다. 아마도 시작과 끝에서는 동일한 코드를 사용하지만, 중간의 알고리즘이 다를 것이다. 중복 코드는 구조에 문제가 있다는 징후다. 《GoF의 디자인 패턴》에서 소개하는 전략 패턴strategy pattern을 사용하여 더 낫게 구현할 수는 없는지 고민해 보기 바란다.

자신이 작성하는 코드를 항상 비판적으로 바라보는 습관을 길러라. 기회가 있을 때마다 코드의 구조와 직교성을 개선하기 위해 노력하라. 이런 과정을 '리팩터링refactoring'이라 부르는데, 너무 중요하기 때문에 별도의 항목을 할당했다.(300쪽의 ⟨항목 40. 리팩터링⟩ 참고.)

---

11 (옮긴이) 싱글턴 패턴은 단일체 패턴이라고도 부른다. 싱글턴의 적절한 사용법에 대해서는 레인스버거(J. B. Rainsberger)의 글 ⟨Use Your Singletons Wisely(싱글턴을 현명하게 사용하라)⟩ (*https://www.ibm.com/developerworks/library/co-single/index.html*)도 참고하라.

## 테스트

직교적으로 설계하고 구현한 시스템은 테스트하기 더 쉽다. 시스템 컴포넌트 간의 상호 작용이 형식을 잘 갖추고 있고 제한적이기 때문에 시스템 테스트 중 많은 부분을 개별 모듈 수준에서 수행할 수 있다. 모듈 수준의 테스트나 단위 테스트가 통합 테스트보다 테스트 케이스를 만들고 수행하기 훨씬 쉬우므로 이는 좋은 소식이라 할 수 있다. 테스트를 정규 빌드 과정의 일부로 수행하는 것을 추천한다. (307쪽의 〈항목 41. 테스트로 코딩하기〉 참고.)

단위 테스트를 작성하는 행위 자체가 직교성을 테스트해 볼 수 있는 기회다. 단위 테스트를 빌드하고 실행하기 위해 어떤 작업이 필요한가? 나머지 시스템 중 상당 부분을 불러와야 하지는 않는가? 만약 그렇다면 모듈과 나머지 시스템 사이의 결합도를 충분히 줄이지 못했다는 뜻이다.

버그 수정은 시스템의 직교성을 총체적으로 점검해 볼 수 있는 값진 시간이다. 문제가 발생했다면 버그 수정을 얼마나 국소화할 수 있는지 평가해 보라. 모듈 하나만 변경하면 되는가? 변화가 시스템 전반에 걸쳐 분산되어 있지는 않은가? 수정하고 나니 모든 것이 제대로 고쳐졌는가, 아니면 생각지도 못한 곳에서 새로운 문제가 또 발생하는가? 이 질문들에 제대로 답하려면 자동화에 힘을 쏟아야 한다. 만약 버전 관리 시스템을 사용한다면(물론 119쪽의 〈항목 19. 버전 관리〉를 읽고 난 후에는 당연히 사용하게 될 것이다), 테스트를 마친 뒤 코드를 병합할 때 버그 수정에 대한 태그를 붙여라. 이렇게 하면 버그 수정마다 수정한 소스 파일 개수를 수집하여 그 경향을 분석한 월 단위 리포트를 만들 수 있을 것이다.

## 문서화

놀랍게도 직교성은 문서에도 적용할 수 있다. 내용과 표현이라는 두 개의 축이 있다. 정말 직교적인 문서라면 내용 변화 없이 모양새를 완전히 바꿀 수 있을 것이다. 워드 프로세서가 제공하는 스타일 시트와 매크로를 사용하면 쉽게 할 수 있다. 우리는 개인적으로 마크다운Markdown 같은 마크업 체계를 좋아한다. 내용을 쓸 때는 내용에만 집중하고, 예쁘게 꾸미는 것은 다른 변환 도구에 맡길 수 있다.[12]

## 직교적으로 살아가기

직교성은 41쪽에서 소개한 DRY 원칙과도 밀접한 관계가 있다. DRY 원칙은 시스템 내부의 중복을 최소화하고, 직교성은 시스템 컴포넌트 간의 상호 의존도를 줄인다. 당연한 말이겠지만 DRY 원칙으로 무장하고 직교성 원칙을 충실히 적용한다면 개발하고 있는 시스템이 더 유연하고 이해하기 쉬워질 것이다. 디버깅, 테스트, 유지 보수 또한 쉬워질 것이다.

만약 사람들이 뭐 하나 변경할 때마다 필사적으로 아등바등해야 하는 프로젝트에 투입되었다면, 혹은 하나를 변경할 때마다 다른 네 가지가 이상해진다면 헬리콥터의 악몽을 생각하라. 그 프로젝트는 아마도 직교적으로 설계되거나 구현되지 않았을 것이다. 이제 리팩터링을 할 시간이다.

그리고 여러분이 헬리콥터 조종사라면 생선을 먹지 말라……

## 관련 항목

- 항목 3. 소프트웨어 엔트로피
- 항목 8. 좋은 설계의 핵심
- 항목 11. 가역성
- 항목 28. 결합도 줄이기
- 항목 31. 상속세
- 항목 33. 시간적 결합 깨트리기

---

12 사실 이 책도 마크다운으로 썼고, 마크다운 파일을 바로 조판(typeset)했다.

- 항목 34. 공유 상태는 틀린 상태
- 항목 36. 칠판

## 도전해 볼 것

- 그래픽 사용자 인터페이스가 있는 프로그램과 셸 프롬프트에서 사용하는 작지만 조합 가능한 명령 줄 유틸리티 간의 차이점을 생각해 보라. 무엇이 직교적이고 왜 그러한가? 무엇이 해당 툴이 의도한 목적을 정확히 수행하기 쉬운가? 무엇이 처음 보는 작업을 할 때 다른 툴과 조합하여 사용하기 편리한가? 무엇이 더 배우기 쉬운가?

- C++는 다중 상속을 지원하고, 자바는 클래스가 여러 인터페이스를 구현하는 것을 허용한다. 루비에는 믹스인Mixin이 있다. 이들이 직교성에 끼치는 영향은 무엇인가? 다중 상속과 다중 인터페이스 사용이 직교성에 끼치는 영향이 다른가? 위임delegation을 사용하는 것과 상속을 사용하는 것에 차이가 있는가?

## 연습 문제

**연습 문제 1** (답 예시는 415쪽에 있다.)

파일에서 데이터를 읽는 클래스를 만들어야 한다. 한 번에 한 줄씩 읽어 들이고, 각 줄은 여러 개의 필드로 쪼개야 한다. 의사 코드로 표현한 다음 두 클래스 중 어떤 것이 더 직교적인가?

```
class Split1 {
  constructor(fileName)      # 읽기 위해 파일을 열기
  def readNextLine()         # 다음 줄로 이동
  def getField(n)            # 현재 줄의 n번째 필드를 반환
}
```

```
class Split2 {
  constructor(line)        # 한 줄을 쪼개기
  def getField(n)          # 현재 줄의 n번째 필드를 반환
}
```

**연습 문제 2** (답 예시는 415쪽에 있다.)

객체 지향 언어와 함수형 언어의 직교성은 어떻게 다를까? 이런 차이가 언어 자체에 내재된 것일까 아니면 사람들이 언어를 사용하는 방법이 다른 것일까?

## Topic 11 가역성

> 당신이 가진 생각이 딱 하나밖에 없다면, 그것만큼 위험한 것은 없다.
>
> – 에밀 오귀스트 샤르티에(Emil-Auguste Chartier), 《Propos sur la religion(종교론)》

엔지니어는 문제를 풀 때 단순한 하나의 해결책을 좋아한다. 프랑스 혁명의 당위성에 대해 무수한 이유를 들어 설명하는 흐릿하나 가슴 벅찬 에세이보다는, $x = 2$라는 사실을 자신 있게 주장할 수 있는 수학 시험을 더 편하게 여긴다. 경영자 역시 스프레드시트와 프로젝트 계획에 멋지게 들어맞는 간단한 하나의 답을 좋아한다는 면에서 엔지니어와 비슷하다.

세상이 엔지니어들 생각 같다면 얼마나 좋을까! 불행히도 $x$ 값이 오늘은 2이지만 내일은 5가 되고, 다음 주에는 3이 될 수 있다. 영원한 것은 없다. 여러분이 어떤 사실을 굳게 믿고 그 사실에 전적으로 의존하고 있다 하더라도 그 사실 역시 언젠가는 변할 것이 뻔하다.

무언가를 구현하는 데는 항상 여러 가지 길이 있고, 한 가지 서드파티 제품도 보통 여러 업체가 판매한다. '이것은 이 방법으로만 해결할 수 있어.'와 같은 근시안적인 생각으로 프로젝트에 참여한다면 아마도 예상치 못했던 경우를 만나 한숨지을 일이 많을 것이다. 많은 프로젝트팀이 프로젝트를 진행하

면서 어쩔 수 없이 고통스럽게 그들의 근시안을 조금씩 수정하게 된다.

"하지만 당신은 우리가 XYZ 데이터베이스를 사용할 거라고 했잖아요! 이미 코딩이 85% 정도 진행됐기 때문에 지금 와서 바꿀 수는 없다고요!"라고 프로그래머는 항의한다. "미안해요. 하지만 전사적으로 모든 프로젝트에서 PDQ 데이터베이스를 사용하는 것으로 표준화하기로 했어요. 이건 제 권한 밖의 일이에요. 다시 코딩해야 합니다. 주말 출근은 불가피할 것 같군요."

이렇게 가혹하거나 돌발적인 변화만 문제를 일으키는 것은 아니다. 시간이 흐르고 프로젝트가 진행되면서 더 이상 참을 수 없는 지경에 다다를 수도 있다. 중요한 결정 하나하나가 프로젝트팀을 점점 더 달성하기 힘든 목표로 몰아넣는다. 선택권이 줄어들고 운신의 폭도 좁아진다.

중요한 결정이 많이 내려졌을 즈음엔 목표가 너무 작아져서 목표가 움직이거나, 바람의 방향이 바뀌거나, 도쿄의 나비가 날갯짓을 한다면[13] 여러분의 겨냥은 빗나갈 것이다. 아마 매우 큰 차이로 빗나갈 것이다.

문제는 중요한 결정은 쉽게 되돌릴 수 없다는 데 있다.

여러분이 특정 업체의 데이터베이스나 아키텍처 패턴, 어떤 배포 모델을 사용하기로 결정했다면 큰 비용을 치르지 않고는 되돌릴 수 없는 행동을 하기로 묶여버린 셈이다.

## 가역성

이 책의 많은 주제는 유연하고 적응 가능한 소프트웨어를 만드는 방법에 초점을 맞추고 있다. 여기서 추천하는 방법들, 특히 DRY 원칙, 결합도 줄이기, 외부 설정 사용하기를 따른다면 중요하면서도 되돌릴 수 없는 결정의 수를

---

13 비선형 혹은 카오스 시뮬레이션 프로그램의 입력값을 조금씩 변화시켜 보라. 작은 입력값의 변화에도 큰 차이가 생기거나 전혀 예상치 못한 결과가 나타날 것이다. 도쿄에 있는 나비의 날갯짓이 어떤 일련의 사건의 원인이 되어 텍사스에 토네이도를 일으킬 수도 있다. 이 이야기가 여러분이 알고 있는 프로젝트와 비슷하게 들리지 않는가?

가능한 한 줄일 수 있을 것이다. 되돌릴 수 없는 결정을 줄여야 하는 까닭은 우리가 프로젝트 초기에 늘 최선의 결정을 내리지는 못하기 때문이다. 특정 기술을 도입하고 보니 정작 필요한 능력을 갖춘 사람을 충분히 채용할 수 없을지도 모른다. 또한 어떤 외부 회사의 제품을 대안도 없이 도입하고 나니 그 회사가 경쟁사에게 인수 합병당해 버리기도 한다. 우리가 소프트웨어를 개발하는 속도는 요구 사항, 사용자, 하드웨어의 변화를 앞지를 수 없다.

프로젝트 초기에 특정 업체의 관계형 데이터베이스를 사용하기로 결정했다고 가정해 보자. 한참 후 성능 테스트를 하면서 데이터베이스가 너무 느리다는 것을 발견했고, B사의 문서 데이터베이스document database[14]가 더 빠르다는 것을 알게 되었다. 대부분의 전형적인 프로젝트라면 운이 없다고 할 수밖에 없을 것이다. 특정 업체의 제품을 이용하는 코드가 코드 전반에 퍼져 있을 것이기 때문이다. 하지만 데이터베이스라는 개념을 올바르게 추상화하여 영속성을 하나의 서비스로 제공하도록 만들었다면 달리는 도중에 말을 갈아탈 수 있는 유연성이 생길 것이다.

마찬가지로 웹 브라우저 기반 애플리케이션으로 시작한 프로젝트가 있다고 해 보자. 프로젝트가 끝날 무렵 마케팅 팀이 진짜로 필요한 것은 모바일 앱이라고 결정한다. 이렇게 바꾸는 것이 얼마나 어려울까? 이상적인 상황이라면 적어도 서버 쪽은 큰 변화가 없어야 한다. HTML 렌더링을 걷어내고 API로 대체하기만 하면 될 것이다.

결정이 바뀌지 않을 것이라 가정하고서 발생할지도 모를 우연한 사건에 대비하지 않는 데에서 실수가 나온다. 결정이 돌에 새겨진 것이 아니라 바닷가의 모래 위에 쓰인 글씨라 생각하라. 언제든지 큰 파도가 글씨를 지워버릴 수 있다.

---

14 (옮긴이) 데이터를 JSON 등의 형식을 사용하여 문서 단위로 저장하는 데이터베이스로, NoSQL 저장소의 일종이다. 몽고DB(MongoDB), 카우치베이스(Couchbase) 등이 그것이다.

> **Tip 18** 최종 결정이란 없다.

## 유연한 아키텍처

많은 사람이 코드를 유연하게 유지하려고 노력한다. 그런데 아키텍처, 배포, 외부 제품과의 통합 영역을 유연하게 유지하는 데에도 관심을 기울일 필요가 있다.

우리는 이 책을 2019년에 쓰고 있다. 21세기가 밝은 이후로만 따져도 서버 측 아키텍처의 '모범 사례'는 다음과 같이 변해 왔다.

- 거대한 쇳덩이iron[15]
- 큰 쇳덩이를 많이 연결한 것
- 일반 상용 하드웨어로 만든 클러스터들로 부하를 분산시키는 것
- 애플리케이션을 구동하는 클라우드 기반 가상 머신
- 서비스를 구동하는 클라우드 기반 가상 머신
- 위의 것을 컨테이너화한 것
- 클라우드 기반 서버리스serverless 애플리케이션
- 아니나 다를까 일부 작업에 대해서는 다시 거대한 쇳덩이로 돌아가는 듯함

대유행하는 최첨단 기술을 계속해서 앞의 목록에 추가하고 경외하라. 이런 환경에서 무언가 작동했다는 것이 기적이다.

이렇게 아키텍처가 변덕스러운 환경에서 어떻게 계획을 세울 수 있겠는가? 못한다.

여러분이 할 수 있는 것은 바꾸기 쉽게 만드는 것이다. 외부의 API를 여러분이 만든 추상화 계층 뒤로 숨겨라. 여러분의 코드를 여러 컴포넌트로 쪼개

---

15 (옮긴이) 메인프레임처럼 거대한 덩치의 컴퓨터를 큰 쇳덩이(big iron)라고 일컫기도 한다.

라. 결국에는 하나의 거대한 서버에 배포하게 되더라도, 이 방식이 거대한 단일 모듈 애플리케이션을 가져다 쪼개는 것보다 훨씬 더 쉽다. (우리도 뼈저린 경험을 통해 배웠다.)

그리고 가역성에 관한 것은 아니지만 마지막으로 조언 한마디 하겠다.

---

`Tip 19` **유행을 좇지 말라.**

---

누구도 어떤 미래가 펼쳐질지 알 수 없으며, 우리 분야는 특히 더 그렇다. 여러분의 코드가 로큰롤rock-n-roll을 할 수 있게 하라. 락을 할 수도 있고 필요한 경우 롤을 할 수도 있게 하는 것이다.[16]

### 관련 항목

- 항목 8. 좋은 설계의 핵심
- 항목 10. 직교성
- 항목 19. 버전 관리
- 항목 28. 결합도 줄이기
- 항목 45. 요구 사항의 구렁텅이
- 항목 51. 실용주의 시작 도구

### 도전해 볼 것

양자 역학 분야의 유명한 메타포인 슈뢰딩거Schrödinger의 고양이 이야기를 소개하려 한다.

고양이 한 마리가 밀폐된 상자에 갇혀 있다. 상자 안에는 1시간에 1/2의 확률로 분열하는 방사성 입자가 함께 들어 있다. 만약 방사성 입자가 분열하

---

16 (옮긴이) 로큰롤이 락(rock)과 롤(roll)의 합성어라는 점에 착안한 말장난이다. 롤에는 '유연한 태도로 대처하다(roll with the punch)'라는 의미가 있다.

면 고양이는 죽는다. 하지만 분열하지 않으면 고양이는 살 수 있다. 1시간 후에 고양이는 살았을까, 죽었을까? 슈뢰딩거에 따르면 둘 다 옳은 답이다. 적어도 상자가 닫혀 있는 동안은 그렇다. 소립자 반응이 일어날 때마다 두 가지 가능한 결과가 있고, 이때마다 우주는 복제된다. 한 곳에서는 입자가 분열하고 한 곳에서는 분열하지 않는다. 그러므로 고양이는 한 우주에서는 살아 있고, 다른 우주에서는 죽는다. 상자를 열어 보았을 때야 비로소 **여러분**이 어떤 우주에 속해 있는지 알 수 있다.

미래에 대비하는 코드를 작성하는 것이 어려울 만하다. 하지만 코드의 진화를 슈뢰딩거의 고양이들로 가득 찬 상자로 생각하라. 각각의 결정은 다른 버전의 미래를 야기한다. 여러분의 코드는 몇 가지 가능한 미래를 지원할 수 있는가? 어떤 미래가 일어날 가능성이 클까? 그 미래가 닥쳤을 때 이를 지원하는 것이 얼마나 어려울까?

상자를 열 용기가 있는가?

## Topic 12 예광탄

준비, 발사, 조준......
- 미상

우리는 소프트웨어 개발을 과녁 맞히기에 비유하고는 한다. 실제로 사격장에서 무언가 쏘지는 않지만 유용하고 머릿속에 쉽게 그려지는 비유다. 특히 복잡하고 끊임없이 변하는 세상에서 **어떻게** 하면 과녁을 맞힐 수 있을지 생각해 보는 것은 흥미로운 일이다.

물론 정답은 여러분이 조준하고 있는 무기의 특성에 따라 다르다는 것이다. 대부분의 총으로는 딱 한 번만 조준해서 쏠 수 있고, 그 후에 명중 여부를 알 수 있다. 하지만 더 나은 방법이 있다.

숱한 영화나 드라마, 비디오 게임에서 기관총 쏘는 장면을 보았을 것이다. 이런 장면에서 총알이 공기 중에 밝은 줄무늬의 궤적을 남기는 것을 볼 수 있는데, 이런 줄무늬는 예광탄tracer bullet이 만드는 것이다.

예광탄은 일반 탄환들 사이에 일정한 간격으로 끼어 있다. 예광탄이 발사되면 그 안에 든 인 성분이 발화하여 총과 총알의 탄착지점 사이에 빛의 궤적을 남긴다. 만약 예광탄이 목표물을 맞힌다면 일반 탄환도 마찬가지로 맞힐 것이다. 군인들은 발사된 예광탄을 사용하여 조준을 재조정한다. 실제 상황에서의 실시간 피드백이기 때문에 매우 실용적이다.

프로젝트에서도 이 원리는 마찬가지다. 전에 만들어진 적이 없는 전혀 새로운 것을 만들고 있다면 더욱 그렇다. 움직이는 목표물을 맞히려면 실제 조건하에서 즉각적인 피드백을 받아야 한다. 우리는 이것을 시각적으로 묘사하기 위해 '예광탄 개발'이라는 말을 쓴다.

기관총 사수와 마찬가지로 여러분도 어둠 속에서 목표물을 맞혀야 한다. 사용자들이 이전에 그런 시스템을 한 번도 본 적이 없기 때문에 요구 사항은 막연할지도 모른다. 익숙하지 않은 알고리즘, 기술, 언어, 라이브러리를 사용하기도 하므로, 여러분은 수많은 미지의 것과 맞닥트리게 된다. 그리고 프로젝트는 완성하는 데 시간이 걸리기 때문에 프로젝트가 끝나기 전에 여러분의 작업을 둘러싼 환경이 변하리라는 것도 거의 장담할 수 있다.

이런 상황에서의 전형적인 반응은 시스템을 극도로 세세히 명세화하는 것이다. 모든 불확실한 점을 잡아매고, 환경 조건을 제약하고, 모든 요구 사항을 일일이 항목으로 만들어서 몇 상자나 되는 명세서를 만든다. 그리고 목표물의 위치를 추측해서 총을 쏜다. 상당한 양의 계산을 우선 하고 나서, 그다음엔 발사하고, 맞기를 비는 것이다.

하지만 실용주의 프로그래머는 소프트웨어 판 예광탄을 선호한다.

## 어둠 속에서 빛을 내는 코드

예광탄이 효과적인 까닭은 일반 탄환과 동일한 환경 및 제약 조건에서 발사되기 때문이다. 탄환이 순식간에 목표물에 도달하기 때문에 기관총 사수는 즉각적인 피드백을 얻을 수 있다. 실용적인 관점에서 봐도 예광탄은 상대적으로 비용이 적게 드는 방법이다.

코딩에서 동일한 효과를 얻으려면 우리를 요구 사항으로부터 최종 시스템의 일부 측면까지 빨리, 눈에 보이게, 반복적으로 도달하게 해 줄 무언가를 찾아야 한다.

시스템을 정의하는 중요한 요구 사항을 찾아라. 의문이 드는 부분이나 가장 위험이 커 보이는 곳을 찾아라. 이런 부분의 코드를 가장 먼저 작성하도록 개발 우선순위를 정하라.

---

Tip 20 **목표물을 찾기 위해 예광탄을 써라.**

---

사실 무수한 외부 라이브러리와 도구에 의존하는 요즘의 프로젝트 초기 설정은 매우 복잡해졌다. 그래서 예광탄은 더욱 중요하다. 우리에게 가장 첫 예광탄은 바로 '프로젝트를 만들고, "hello world!"를 추가한 다음, 컴파일 및 실행시키는 것'이다. 그 후에는 전체 애플리케이션에서 불확실한 곳이 어디인지 찾아보고 해당 부분을 작동시키는데 필요한 뼈대를 추가한다.

다음 쪽 그림을 보자. 이 시스템에는 아키텍처 계층이 다섯 개 있다. 우리는 이들을 어떻게 통합할 수 있을지 걱정이 된다. 그러니 간단한 기능을 골라 통합을 한번 해 보는 것이다. 그림의 화살표는 해당 기능을 위해 구현해야 하는 코드의 경로를 의미한다. 작동하게 만들려면 각 계층의 단색으로 칠해진 부분을 구현해야만 한다. 구불구불한 선 영역은 나중에 할 것이다.

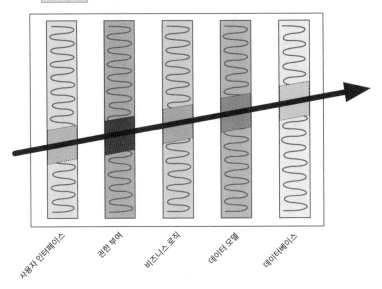

우리는 예전에 복잡한 클라이언트-서버 데이터베이스 마케팅 프로젝트를 맡은 적이 있다. 요구 사항 중에는 시간 조건 쿼리를 지정하고 실행할 수 있어야 한다는 것도 있었다. 서버는 관계형 데이터베이스부터 특화된 데이터베이스까지 다양했고, 특정한 언어로 작성된 클라이언트 UI는 다른 언어로 작성된 라이브러리들을 사용하여 서버와 통신했다. 사용자의 쿼리는 서버에 리스프Lisp 구문과 유사한 형식으로 저장했다가 실행 직전에 최적화된 SQL 구문으로 변환했다. 아직 알 수 없는 것들도 많았고, 환경도 다양했으며, 어떤 방식의 UI를 만들어야 할지에 대해서도 모두 확신이 없었다.

예광탄 코드를 활용할 좋은 기회였다. 우리는 먼저 UI 프런트엔드를 위한 프레임워크, 쿼리를 표현하기 위한 라이브러리, 저장된 쿼리를 데이터베이스별 쿼리로 변환하는 체계를 만들었다. 그런 다음 모든 것을 통합해서 제대로 동작하는지 확인해 보았다. 첫 번째 빌드에서는 테이블의 모든 행을 나열하는 쿼리를 날리는 것이 고작이었지만, 이것으로 UI가 라이브러리들과 이야기할 수 있고, 라이브러리들은 쿼리를 직렬화했다가 다시 풀 수 있으며, 서버는 그것으로부터 SQL을 생성할 수 있다는 것이 확실해졌다. 그 후 몇 달간 우리는 이 기본 구조에 점차 살을 붙여 나갔다. 예광탄 코드의 각 요소를 동시에 키워가는 방식으로 새로운 기능을 추가했다. UI에 새로운 종류의 쿼리를 추가하면, 라이브러리도 발전시키고 SQL 생성도 더 정교하게 만드는 식이었다.

예광탄 코드는 한 번 쓰고 버리려고 만드는 것이 아니다. 앞으로도 계속 사용할 코드다. 예광탄 코드도 다른 제품 코드와 마찬가지로 오류 검사, 올바른 구조, 문서화, 자체 검사self-checking를 갖추어야 한다. 예광탄 코드에는 아직 모든 기능이 들어 있지 않을 뿐이다. 하지만 시스템을 구성하는 요소를 모두 연결해 놓은 후라면 목표물에 얼마나 근접했는지 확인할 수 있으며, 필요하다면 조정도 할 수 있다. 일단 정확하게 조준하고 나면 기능을 추가하는 일은 쉽다.

예광탄 개발 방법은 '프로젝트는 결코 끝나지 않는다.'는 견해와도 일맥상통한다. 변경 요청과 기능 추가 요청은 언제나 계속 들어오기 마련이다. 예광탄 개발 방법은 점진적인 접근 방법이다.

이와 대비되는 전형적인 방법은 일종의 거대 공학적 접근 방식이다. 코드는 모듈로 나뉘고, 각 모듈은 격리된 상태에서 작성된다. 모듈을 조립해서 시스템의 하위 부품들을 만들고, 하위 부품들을 다시 조립해서 언젠가 마침내 전체 애플리케이션이 완성된다. 이때가 되어서야 전체 애플리케이션을 사용자에게 보여주거나 테스트할 수 있다.

예광탄 코드 접근 방법에는 여러 장점이 있다.

### 사용자가 뭔가 작동하는 것을 일찍부터 보게 된다

여러분이 하는 일이 정확히 무엇인지 제대로 설명했다면(402쪽의 〈항목 52. 사용자를 기쁘게 하라〉 참고), 사용자는 지금 보는 것이 아직 완성되지

않았음을 이해할 것이다. 따라서 기능이 없다고 실망하지 않을 뿐더러 오
히려 자신이 쓸 시스템에 진전이 있음을 실제로 보게 되어 매우 기뻐할 것
이다. 또한 프로젝트가 진행됨에 따라 사용자가 직접 기여하기 시작할 것
이며 관심도 커질 것이다. 아마도 이 사용자들이 각 반복 주기마다 여러분
이 얼마나 목표에 가까이 갔는지 알려줄 것이다.

### 개발자가 들어가서 일할 수 있는 구조를 얻는다

아무것도 쓰여 있지 않은 백지가 가장 채우기 힘든 법이다. 일단 애플리케
이션의 모든 요소 간 상호 작용을 다 만들고 코드로 구체화까지 해 놓았다
면, 여러분의 팀은 더 이상 무에서부터 많은 것을 만들어 낼 필요가 없어
진다. 그러면 모두의 생산성이 더 좋아지고, 일관성도 촉진된다.

### 통합integration 작업을 수행할 기반이 생긴다

시스템의 요소들을 모두 연결하고 나면, 새로 작성한 코드를 단위 테스트
가 끝나자마자 붙여 볼 수 있게 된다. 한꺼번에 모든 것을 통합하려고 노
력하는 대신 매일 통합할 수 있다. 하루에도 여러 번 통합하는 경우도 많
다. 새로 도입된 변화가 어떤 영향을 주는지 더욱 명확하게 보이며, 상호
작용의 변경 범위는 더 적을 것이다. 그러므로 더 빠르고 정확하게 디버깅
하고 테스트할 수 있다.

### 보여줄 것이 생긴다

프로젝트 후원자와 고위층 인사들은 가장 껄끄러운 시간에 데모를 보고
싶어 하곤 한다. 예광탄 코드 접근 방법을 사용하면 보여줄 수 있는 것이
언제나 마련되어 있다.

### 진행 상황에 대해 더 정확하게 감을 잡을 수 있다

예광탄 코드 개발 방법에서 개발자는 유스 케이스use case를 한 번에 하나씩

다룬다. 하나가 끝나면 다음으로 넘어간다. 이러면 수행을 평가하기도 쉽고 사용자에게 얼마나 진전되었는지 보여주기도 쉽다. 작은 단위로 개발하기 때문에, 주간 보고 때마다 '95% 완성'에서 진척이 없는 거대한 코드 덩어리가 생기는 상황을 피할 수 있다.

## 예광탄이 언제나 목표물을 맞히는 것은 아니다

예광탄은 지금 맞히고 있는 것이 무엇인지 보여준다. 그러나 그것이 꼭 목표물이라는 보장은 없다. 그럴 경우 목표물에 맞을 때까지 조준을 옮겨야 한다. 이것이 핵심이다.

예광탄 코드도 마찬가지다. 예광탄 코드 기법은 일이 어떻게 될지 100% 확신할 수 없는 상황에서 사용된다. 그러므로 처음 몇 번 시도 때 목표에 맞지 않더라도 놀랄 필요가 없다. 사용자가 "이건 내가 말했던 게 아닌데."라고 이야기하거나, 필요할 때 여러분이 원하는 데이터가 준비되어 있지 않을 수도 있다. 성능에 문제가 있을 확률도 높다. 그러니 지금 있는 것을 목표물에 더 가까워지도록 바꿔라. 그리고 가벼운 개발 방법론을 선택했다는 사실에 감사하라. 코드의 크기가 작으면 관성 역시 약하므로 빠르고 쉽게 바꿀 수 있다. 빠르고 저렴하게 애플리케이션에 대한 반응을 모아서 새롭고 더 정확한 버전을 만들 수 있을 것이다. 그리고 애플리케이션의 모든 주요 요소가 예광탄 코드에도 들어 있기 때문에, 사용자는 지금 보고 있는 것이 단지 종이에 쓰인 명세가 아니라 현실에 기반을 두고 있다는 확신을 얻을 수 있다.

## 예광탄 코드 대 프로토타이핑

어쩌면 예광탄 코드라는 개념은 좀 더 공격적인 이름이 붙었을 뿐 프로토타이핑prototyping과 다를 바 없다고 생각하는 사람도 있을 것이다. 그러나 다른 점이 있다. 프로토타입은 최종 시스템의 어떤 특정한 측면을 탐사해 보는 것이 목표다. 진짜 프로토타입 방식을 따른다면 프로토타입은 어떤 개념을 실험해 보느라 대충 끼워 맞추어 구현한 것이므로 모두 버려야 한다. 그리고 실험 과정에서 얻은 교훈을 바탕으로 코드를 새로 작성한다.

예를 들어 운송업자들이 특이한 모양의 상자들을 컨테이너에 어떤 식으로 넣을지 알려 주는 애플리케이션을 만들고 있다고 해 보자. 여러 가지 문제가 있겠지만 그중에서도 사용자 인터페이스는 직관적이어야 한다는 점, 그리고 최적의 적재 방법을 결정하는 알고리즘은 매우 복잡할 것이라는 점이 관건이다.

UI 도구를 사용해 최종 사용자용 인터페이스의 프로토타입을 만들 수 있을 것이다. UI가 사용자의 행동에 반응을 보이기 위해 꼭 필요한 코드만 작성하면 된다. 사용자와 화면 배치에 합의한 후에는 아마 그 코드를 버리고, 진짜 프로젝트용 언어를 사용해서 이번에는 비즈니스 로직도 뒤에 채워 넣어 새로 코드를 작성할 것이다. 마찬가지로 여러 가지 적재 알고리즘을 프로토타이핑하는 경우를 생각해 보자. 기능 검증을 한다면 아마 파이썬 같이 추상화 수준이 높고 사용하기 쉬운 언어로 코드를 작성하겠지만, 저수준의 성능 검증을 한다면 기계 쪽으로 더 가까이 내려가는 다른 언어로 코드를 작성할 것이다. 어떤 경우든 일단 결정을 내리고 나면 다시 처음부터 시작해, 현실 세계와 상호 작용하는 최종 목표 환경에서 알고리즘을 코드로 작성한다. 바로 이것이 '프로토타이핑'이며 매우 유용한 방법이다.

예광탄 코드 접근 방법은 다른 종류의 문제를 푼다. 애플리케이션이 전체적으로 어떻게 연결되는지를 알고 싶다. 사용자에게 실제로 애플리케이션의 요소들이 어떻게 상호 작용하는지 보여주고 싶고, 개발자에게는 코드를 붙일 아키텍처 골격을 제시하고 싶다. 이 경우 여러분은 (아마 제일 먼저 온 상자를 제일 먼저 넣는 수준 정도로) 대강 구현한 적재 알고리즘과 단순하지만 동작은 하는 사용자 인터페이스로 구성된 예광탄을 만들 것이다. 일단 이렇게 애플리케이션의 모든 요소를 이어 붙이면 사용자와 개발자에게 보여줄 프레임워크가 생긴다. 여러분은 이 프레임워크에 자리만 만들어 두었던 루틴을 채워 나가면서 새로운 기능을 차근차근 추가한다. 하지만 프레임워크는 손대지 않고 그대로 남으며, 첫 번째 예광탄 코드가 완성되었을 때 여러분은 시스템이 앞으로도 그 방식 그대로 동작하리라는 점을 안다.

이 둘의 차이점은 정말 중요하기 때문에 재차 강조하겠다. 프로토타입은 나중에 버리는 코드를 만든다. 예광탄 코드는 기능은 별로 없지만 완결된 코드이며, 최종 시스템 골격 중 일부가 된다. 프로토타입은 예광탄을 발사하기 전에 먼저 수행하는 정찰이나 정보 수집과 같은 것이다.

### 관련 항목

- 항목 13. 프로토타입과 포스트잇
- 항목 27. 헤드라이트를 앞서가지 말라
- 항목 40. 리팩터링
- 항목 49. 실용주의 팀
- 항목 50. 코코넛만으로는 부족하다
- 항목 51. 실용주의 시작 도구
- 항목 52. 사용자를 기쁘게 하라

## Topic 13 프로토타입과 포스트잇

다양한 산업 분야에서 구체적인 아이디어를 실험해 보기 위해 프로토타입을 이용한다. 프로토타입은 실제 제품보다 훨씬 저렴하게 만들 수 있기 때문이다. 예를 들어 자동차 제조업계에서는 신차 설계를 할 때 다양한 프로토타입을 만들어 본다. 이때 각 프로토타입은 공기 역학, 스타일, 구조적 특성 등 자동차의 특정 측면을 검증할 수 있도록 설계한다. 전통적인 방식을 선호한다면 점토 모델을 만들어 풍동風洞 시험[17]을 할 것이고, 디자인 부서라면 나무balsa와 테이프만으로도 충분할 것이다. 낭만을 모르는 사람들은 컴퓨터 모니터나 가상 현실 위에서 모델링을 진행하여 비용을 더 아낄 것이다. 위험 요소나 불확실한 요소를 실제 제품을 만들어 보지 않고도 확인해 볼 수 있는 것이다.

소프트웨어 프로토타입도 같은 이유에서 같은 방식으로 만든다. 즉, 위험 요소를 분석하고 노출시킨 후, 이를 매우 저렴한 비용으로 바로잡을 기회를 얻는 것이다. 자동차와 마찬가지로 각 프로토타입을 만들 때마다 프로젝트의 특정 측면에 중점을 둘 수 있다.

프로토타입을 반드시 코드로 작성해야 한다고 생각하기 쉬운데 꼭 그럴 필요는 없다. 자동차 회사와 마찬가지로 다른 재료를 이용해 프로토타입을 만들 수도 있다. 포스트잇은 작업 흐름이나 애플리케이션 로직과 같이 동적인 것을 프로토타이핑할 수 있는 훌륭한 도구다. 사용자 인터페이스 프로토타입은 화이트보드에 그림을 그려서 만들 수도 있고, 그림판 프로그램, 인터페이스 빌더 등을 이용해 기능은 구현하지 않고 만들어 볼 수도 있다.

프로토타입은 제한된 몇 가지 질문에 답하기 위한 것이므로 실제 제품보다 훨씬 적은 비용으로 빠르게 개발할 수 있다. 여러분에게 당장 중요하지 않은 세부 사항이라면 추후에 사용자에게 매우 중요해질지도 모르지만 일단 무시하면서 코딩할 수 있다. 예를 들어 UI를 프로토타이핑하고 있다면 정확하지 않은 결과나 데이터도 무방할 것이다. 반대로 계산이나 성능 측면을 조사하고 있다면 아주 간단한 UI를 만들거나 아예 UI를 생략해도 괜찮을 것이다.

하지만 세부 사항을 포기할 수 없는 환경에 처해 있다면 진짜로 프로토타입을 만들고 있는 게 맞는지 자문해 보라. 아마도 이런 경우에는 예광탄 방식의 개발이 더 적절할 것이다.(71쪽의 〈항목 12. 예광탄〉 참고)

---

17 (옮긴이) 풍동 시험(wind tunnel test)은 자동차나 비행기 등이 운행 시 받는 바람의 영향을 확인하기 위하여 실물이나 모형을 풍동에 배치하고 인위적으로 바람을 일으켜 보는 시험이다.

**프로토타이핑 대상**

프로토타이핑으로 조사할 대상은 무엇인가? 위험을 수반하는 모든 것이다. 이전에 해 본 적이 없는 것, 최종 시스템에 매우 중요한 것이 프로토타이핑 대상이다. 증명되지 않았거나, 실험적이거나, 의심이 가는 것, 마음이 편하지 않은 것 모두가 프로토타이핑의 대상이 될 수 있다. 예를 들면 다음과 같다.

- 아키텍처
- 기존 시스템에 추가할 새로운 기능
- 외부 데이터의 구조 혹은 내용
- 외부에서 가져온 도구나 컴포넌트
- 성능 문제
- 사용자 인터페이스 설계

프로토타이핑은 학습 경험이다. 프로토타이핑의 가치는 생산한 코드에 있는 것이 아니라 이를 통해 배우는 교훈에 있다. 이것이 프로토타이핑의 진정한 핵심이다.

---

Tip 21    프로토타이핑으로 학습하라.

---

**프로토타입을 어떻게 사용할 것인가?**

프로토타입을 만들 때 무시해도 좋은 세부 사항은 무엇인가?

정확성

    적절히 가짜dummy 데이터를 사용할 수 있다.

완전성completeness

    프로토타입은 제한된 방식으로만 작동하기도 한다. 어쩌면 미리 선정한 입력 데이터 하나와 한 가지 메뉴 항목만 작동해도 될 것이다.

### 안정성

오류 검사를 빼먹거나 아예 무시할 수도 있다. 정해 둔 방법대로 실행시키지 않으면 와장창 망가지고 불꽃놀이를 보여 주면서 타버릴 수도 있지만 괜찮다.

### 스타일

프로토타입 코드에는 주석이나 문서가 많지 않아야 한다. 다만, 프로토타입을 사용해 본 결과를 문서로 많이 작성할 수는 있다.

프로토타입은 세부 사항을 생략하고 시스템의 특정 측면에 초점을 맞추기 때문에 파이썬이나 루비 같은 고수준 스크립트 언어를 이용하여 구현할 수도 있다. 프로젝트에서 실제로 사용하는 언어보다 추상화 수준이 높은 언어를 쓰는 것이 더 수월할 때도 있기 때문이다. 프로토타입을 마친 후에는 해당 언어로 계속 개발할 수도 있고 다른 언어로 바꿀 수도 있다. 어차피 프로토타입은 버려야 하니 언어를 바꿔도 상관없다.

사용자 인터페이스 프로토타입을 만들 때는 외양과 상호 작용에만 집중할 수 있는 도구를 사용하라. 코드나 마크업에 대해서는 고민하지 않아도 된다.

스크립트 언어는 또한 저수준low-level의 요소들을 새로운 조합으로 엮어낼 때 '접착제'로 쓰기 좋다. 이러한 접근 방식을 취한다면 기존의 컴포넌트들을 빠르게 조합해 이들이 어떻게 동작하는지 볼 수 있을 것이다.

## 아키텍처 프로토타이핑

많은 프로토타입이 고려 중인 전체 시스템을 모델링하기 위해 만들어진다. 예광탄과는 달리 프로토타입 시스템의 모듈이 꼭 기능을 가져야 하는 것은 아니다. 사실 아키텍처를 프로토타이핑할 때는 코드를 작성하지 않고 화이트보드, 포스트잇, 인덱스카드 등을 사용해도 된다. 프로토타이핑의 목적은 전체적으로 시스템이 어떻게 동작할지에 대해 감을 잡는 것이다. 다시 말하지만, 세부 사항은 무시한다. 다음은 아키텍처 프로토타이핑에서 규명할 만한 사항이다.

- 주요 영역의 책임이 잘 정의되었고 적절한가?
- 주요 컴포넌트 간의 협력 관계가 잘 정의되었는가?
- 결합도는 최소화했는가?
- 중복이 발생할 만한 곳이 있는가?
- 정의된 인터페이스와 제약 사항은 수용할 만한가?
- 각 모듈이 실행 중에 필요한 데이터에 접근할 수 있는 경로를 갖고 있는 가? 모듈에 데이터가 필요한 시점에 데이터 접근이 가능한가?

이 중 마지막 항목이 가장 놀랍고도 값진 결과를 내놓기 쉽다.

### 프로토타입 코드를 사용하지 않도록 하려면?

프로토타입을 코드로 만들 때는 시작하기 전에 항상 모든 사람에게 여러분이 폐기 처분할 코드를 작성하고 있다는 사실을 이해시켜야 한다. 프로토타입은 그것이 프로토타입임을 모르는 사람에게는 오해를 살 정도로 매력적일 수도 있기 때문이다. 그러므로 코드는 폐기할 것이고, 불완전하며, 완성할 수 없다는 사실을 분명히 주지시켜야 한다.

겉으론 완벽해 보이는 프로토타입 시연을 보고 오해하기 쉽다. 기대치를 적절히 설정해 두지 않으면 프로젝트 후원자나 관리자가 프로토타입 자체 내지는 이를 보완한 결과를 배포하자고 주장할지도 모른다. 그들에게 나무와 테이프로도 멋진 자동차를 만들 수는 있지만, 나무 자동차를 몰고 퇴근길 차량 행렬에 끼어들 수는 없다는 사실을 환기시키기 바란다.

만약 여러분이 작업하는 환경이나 문화에서 프로토타입 코드의 목적이 잘 못 해석될 가능성이 크다고 느낀다면 예광탄 접근 방식을 취하는 편이 나을 것이다. 향후 개발에서 사용할 수 있는 탄탄한 프레임워크가 생길 것이다.

프로토타입을 적절히 사용하면 많은 시간과 돈, 고통과 고생을 줄일 수 있 다. 개발 주기 초기에 잠재적 문제 지점을 발견하고 고칠 수 있기 때문이다. 실수를 적은 비용으로 손쉽게 고칠 수 있는 시기에 말이다.

## 관련 항목

- 항목 12. 예광탄
- 항목 14. 도메인 언어
- 항목 17. 셸 가지고 놀기
- 항목 27. 헤드라이트를 앞서가지 말라
- 항목 37. 파충류의 뇌에 귀 기울이기
- 항목 45. 요구 사항의 구렁텅이
- 항목 52. 사용자를 기쁘게 하라

## 연습 문제

**연습 문제 3** (답 예시는 416쪽에 있다.)

마케팅 부서는 여러분과 함께 웹 페이지 디자인 몇 개를 브레인스토밍하고 싶어 한다. 마케팅 부서에서 생각하는 방식은 클릭할 수 있는 이미지 맵을 만 들어서 다른 페이지들을 연결하는 방식이다. 하지만 어떤 이미지를 사용할 지는 아직 결정하지 못했다. 자동차 사진일 수도 있고 전화기 혹은 집일 수도 있다. 클릭하면 이동할 페이지 목록과 내용을 받았는데 마케팅팀은 프로토타입을 몇 개 보고 싶어 한다. 잠깐, 준비할 시간은 15분밖에 없다. 여러분은 어떤 도구를 사용하겠는가?

## Topic 14 도메인 언어

> 언어의 한계가 곧 자기 세계의 한계다.
>
> – 루트비히 비트겐슈타인(Ludwig Wittgenstein)

컴퓨터 언어는 여러분이 문제에 대해, 또 의사소통에 대해 생각하는 방식에 영향을 미친다. 모든 언어는 제각기 일련의 특징들을 내세운다. 정적 타입 대 동적 타입, 이른 바인딩 대 늦은 바인딩, 함수형 대 객체 지향, 상속 모델, 믹스인, 매크로와 같은 유행어를 들먹인다. 이런 특징들은 모두 어떤 해결 방안을 제시하기도 하지만 가려 버리기도 한다. C++로 어떤 해결 방안을 설계하면 하스켈Haskell 사고방식으로 만든 해결 방안과 다른 결과를 낳으며, 그 반대도 마찬가지다. 거꾸로 문제 도메인domain의 언어가 어떤 프로그래밍 해결 방안을 제안하기도 하는데, 우리 생각에는 이것이 프로그래밍 언어의 사고방식보다 더 중요하다.

우리는 언제나 애플리케이션 도메인(360쪽의 "용어 사전 관리하기" 참고)의 어휘를 사용해서 코드를 작성하려고 노력한다. 실용주의 프로그래머라면 어떤 경우에는 한 차원 더 나아가서 그 도메인의 실제 어휘와 문법, 의미론을-즉, 그 도메인의 언어를-사용해서 프로그래밍할 수도 있다.

---

**Tip 22** 문제 도메인에 가깝게 프로그래밍하라.

## 실세계 도메인 언어의 예

실제로 이 일을 해낸 사례를 몇 가지 살펴보자.

### RSpec

RSpec[18]은 루비Ruby용 테스트 라이브러리로, 대다수 현대 언어에 비슷한 테스트 라이브러리를 만들도록 영감을 주었다. RSpec은 여러분이 코드에서 기대expect하는 동작을 테스트에 표현하도록 만들어졌다.

```
describe BowlingScore do
  it "3점을 네 번 얻으면 총점은 12점" do
    score = BowlingScore.new
    4.times { score.add_pins(3) }
    expect(score.total).to eq(12)
  end
end
```

### 큐컴버

큐컴버Cucumber[19]를 사용하면 프로그래밍 언어에 종속되지 않은 테스트를 정의할 수 있다. 정의한 테스트는 여러분이 사용하는 언어에 맞는 큐컴버 버전을 사용하여 실행시킬 수 있다. 자연어와 유사한 문법[20]을 사용하기 때문에, 정의한 테스트에서 문구를 인식하여 테스트에 필요한 매개 변수를 추출하는 매처matcher도 정의해야 한다.

**기능: 점수 계산**

**배경:**
조건 빈 점수판

---

18 *https://rspec.info*

19 *https://cucumber.io/*

20 (옮긴이) 큐컴버는 게르킨(Gherkin)이라는 표기법을 사용하는데 영어, 한국어, 이모지 등 많은 언어를 지원한다. 게르킨은 작은 오이라는 뜻이다.

**시나리오: 볼링에서 3점을 여러 번 기록하기**
  조건 3점을 득점한다
  그리고 3점을 득점한다
  그리고 3점을 득점한다
  그리고 3점을 득점한다
  그러면 **총점은 12점이다**

큐컴버 테스트는 본래 소프트웨어의 고객도 읽을 수 있도록 만들어진다. 하지만 실제로 읽는 일은 거의 없는데 다음 상자에서 그 이유를 고찰해 보았다.

---

☑ **왜 사업 부서 사람들은 대부분 큐컴버 테스트를 읽지 않을까?**

요구 사항 수집, 설계, 코딩, 출시를 차례대로 수행하는 전통적인 소프트웨어 개발 방식이 제대로 동작하지 않는 이유 중 하나는 이 방법이 우리가 요구 사항을 알고 있다는 전제에 기반하기 때문이다. 실제로는 잘 모른다. 사업 부서 사람들은 달성하려는 목표에 대해 두루뭉술한 생각만 갖고 있을 뿐, 세부 사항에 대해서는 알지도 못하고 신경도 안 쓴다. 사실 이것도 우리의 존재 가치 중 하나다. 우리는 직관적으로 그들의 의도를 이해해서 코드로 바꿔 낸다.

그러니 사업 부서 사람들에게 요구 사항 문서나 큐컴버 테스트 묶음에 결재를 해 달라고 하는 것은 마치 고대 수메르어로 쓴 글의 맞춤법을 확인해 달라고 하는 꼴이다. 면피를 위해 여기저기 대충 바꾸고는, 재깍 결재해서 여러분을 사업부 사무실에서 쫓아낼 것이다.

동작하는 코드를 보여 줘라. 직접 사용해 볼 수 있게 하라. 그러면 그들에게 진짜로 필요한 것이 드러날 것이다.

---

### 피닉스 라우터Phoenix router

대부분의 웹 프레임워크에는 들어오는 HTTP 요청을 코드의 핸들러handler 함수로 전달하는 라우팅 도구가 있다. 여기서는 피닉스의 예를 살펴보겠다.[21]

---

21 *https://phoenixframework.org/*
  (옮긴이) 피닉스는 함수형 언어인 엘릭서(Elixir)로 만든 웹 프레임워크다.

```
scope "/", HelloPhoenix do
  pipe_through :browser # 기본 브라우저 스택을 사용

  get "/", PageController, :index
  resources "/users", UserController
end
```

위 설정을 해석해 보자. "/"로 시작하는 요청에는 브라우저용 응답에 적합한 일련의 필터를 적용한다. "/" 자체에 대한 요청은 `PageController` 모듈의 `index` 함수가 처리한다. `UserController`는 "/users" URL로 접근하는 리소스와 관련된 기능을 구현한다.

### 앤서블

앤서블Ansible[22]은 소프트웨어를 설정하는 도구다. 주로 다수의 원격 서버를 관리할 때 사용하는데, 제공된 명세를 읽어 들인 다음 해당 명세를 반영하기 위하여 필요한 작업을 서버에서 수행한다. 명세는 일반 텍스트로 데이터 구조를 표현하는 언어인 YAML[23]로 작성할 수 있다.

```
---
- name: nginx 설치
  apt: name=nginx state=latest

- name: nginx가 동작 중인 것을 확인(그리고 부팅 시 활성화)
  service: name=nginx state=started enabled=yes

- name: nginx 설정 파일 생성
  template: src=templates/nginx.conf.j2 dest=/etc/nginx/nginx.conf
  notify:
  - restart nginx
```

---

22 *https://www.ansible.com/*

23 *https://yaml.org/*
   (옮긴이) YAML은 설정이나 간단한 데이터 파일 작성 등에 많이 쓰인다. JSON에는 없는 주석이나 앵커 같은 기능이 유용하다.

이 예는 서버에 nginx[24] 최신 버전이 설치되어 있는지 확인하고, 부팅 시 자동으로 시작되는지, 지정한 설정 파일을 사용하는지도 확인한다. 상태가 명세와 다르면 필요한 작업을 수행한다.

## 도메인 언어의 특성

위 사례들을 좀 더 자세히 살펴보자.

RSpec과 피닉스 라우터는 이들을 구현하는 호스트host 언어인 루비와 엘릭서로 원하는 내용을 쓴다. 메타프로그래밍metaprogramming[25]이나 매크로를 포함하여 꽤 색다른 문법을 사용하지만 결국에는 컴파일하고 실행할 수 있는 코드일 뿐이다.

큐컴버 테스트나 앤서블 명세는 그들 자체의 언어를 사용한다. 큐컴버는 큐컴버 테스트를 코드 혹은 데이터 구조로 변환하여 사용한다. 앤서블은 언제나 앤서블 명세를 자체 데이터 구조로 변환한 후 실행시킨다.

결과적으로 RSpec이나 피닉스 라우터 언어는 여러분이 실행시키는 코드 안으로 들어간다. 도메인 언어가 원래 코드의 어휘를 진짜로 확장시키는 것이다. 큐컴버와 앤서블 언어는 별도의 코드가 이 언어를 읽어 들여서 사용할 수 있는 형태로 바꾼다.

우리는 RSpec이나 피닉스 라우터 같은 경우를 '내부internal' 도메인 언어, 큐컴버나 앤서블 같은 경우를 '외부external' 언어라고 부른다.

## 내부와 외부 언어의 장단점

일반적으로 내부 도메인 언어는 호스트 언어의 기능을 쓸 수 있는 장점이 있

---

24 (옮긴이) nginx는 '엔진 엑스'라고 읽는데, 2021년 기준 아파치 웹서버 다음으로 많이 사용되는 웹서버다. 비동기 이벤트 구조에 기반한 높은 성능이 특징으로, 로드 밸런서나 리버스 프록시로도 쓰인다.

25 (옮긴이) 프로그램을 하나의 데이터로 보고 동적으로 수정하는 프로그래밍 기법을 말한다.

다. 여러분이 만드는 도메인 언어를 공짜로 더 강력하게 만들 수 있는 것이다. 예를 들어, 루비 코드를 사용해서 자동으로 RSpec 테스트를 많이 생성할 수 있다. 다음 코드는 볼링에서 스페어나 스트라이크가 없는 경우를 테스트한다.

```
describe BowlingScore do
  (0..4).each do |pins|
    (1..20).each do |throws|
      target = pins * throws

      it "#{pins}점을 #{throws}번 얻으면 총점은 #{target}점" do
        score = BowlingScore.new
        throws.times { score.add_pins(pins) }
        expect(score.total).to eq(target)
      end
    end
  end
end
```

테스트를 100개나 썼다. 이제 오늘은 좀 쉬자.

내부 도메인 언어의 단점은 호스트 언어의 문법과 의미론을 따라야만 한다는 것이다. 이런 부분이 놀라울 정도로 유연한 언어도 있긴 하지만 그래도 여전히 원하는 언어와 구현할 수 있는 언어 사이에서 어느 정도 타협해야만 한다.

궁극적으로는 어떤 형태로 만들더라도 호스트 언어의 문법을 벗어날 수 없다. 엘릭서나 클로저Clojure, 크리스털Crystal 같이 매크로 기능이 있는 언어라면 좀 더 유연성이 생기겠지만, 그래도 어쨌든 문법은 문법이다.

외부 언어는 이런 제약이 없다. 여러분이 정의하려는 언어의 파서parser를 만들기만 하면 된다. YAML을 사용한 앤서블처럼 다른 사람이 만든 파서를 쓸 수도 있지만, 그러면 다시 언어에 제약이 생기므로 타협이 필요한 상황으로 돌아간다.

파서를 만들려면 아마 애플리케이션에 새로운 라이브러리와 도구를 더 추가해야 할 것이다. 좋은 파서를 만드는 것은 만만치 않은 일이기도 하다. 하지만 열정이 있다면 바이슨bison[26]이나 앤틀러ANTLR[27] 같은 파서 생성기를 살펴보라. 아니면 PEG 파서[28] 같은 파싱 프레임워크도 많이 나와 있다.

우리의 제안은 꽤 간단하다. 절약하는 것보다 더 많은 시간을 쏟지는 말라. 도메인 언어를 만들려면 프로젝트에 어느 정도 추가 비용이 발생한다. 그럼에도 이를 상쇄할 만큼 비용을 절감할 수 있으리라는 확신이 있어야 한다. 아마 길게 보고 따져야 할 것이다.

기본적으로는, 가능하다면 YAML이나 JSON, CSV처럼 널리 통용되는 외부 언어를 사용하라. 그게 아니라면 내부 언어를 고려하라. 단, 외부 언어 도입은 애플리케이션의 사용자가 직접 도메인 언어로 코드를 작성하는 경우에만 추천한다.

## 손쉽게 만드는 내부 도메인 언어

마지막으로, 호스트 언어의 문법이 노출되어도 상관없다면 사용할 수 있는 편법이 있다. 메타프로그래밍을 남발하는 대신 그냥 함수를 써서 구현하라. 사실 RSpec도 그런 방식을 쓴다.

```
describe BowlingScore do
  it "3점을 네 번 얻으면 총점은 12점" do
    score = BowlingScore.new
    4.times { score.add_pins(3) }
    expect(score.total).to eq(12)
  end
end
```

26 (옮긴이) 바이슨은 GNU 프로젝트에 속한 파서 생성기다. 파싱할 언어의 문법을 입력받아 검사한 후 그에 해당하는 파서 구현 코드를 C, C++, 자바로 생성한다. 유닉스에서 사용하던 약(yacc)을 대체했으며, 주로 어휘 분석기를 생성하는 플렉스(flex)와 함께 쓰인다.

27 (옮긴이) 앤틀러는 어휘 분석기와 파서를 모두 생성할 수 있고, 플렉스/바이슨보다 더 많은 프로그래밍 언어로 파서를 생성할 수 있다. LALR 파서를 생성하는 플렉스/바이슨과는 달리 LL 파서를 생성한다는 차이도 있다.

28 (옮긴이) PEG는 Parsing Expression Grammar(파싱 표현식 문법)의 약자로 문맥 자유 문법(Context Free Grammar)에 순서 제약을 추가함으로써 CFG보다 프로그래밍 언어의 파싱에 더 적합하게 만든 것이다. 파이썬 기본 구현인 CPython이 3.9 버전부터 PEG 파서를 사용한다.

이 코드에서 describe, it, expect, to, eq는 모두 루비 메서드다. 막후에서 객체를 이리저리 넘기느라 약간의 연결 작업이 있기는 하지만 모두 코드일 뿐이다. 연습 문제에서 이런 방식을 좀 더 탐구해 보자.

## 관련 항목
- 항목 8. 좋은 설계의 핵심
- 항목 13. 프로토타입과 포스트잇
- 항목 32. 설정

## 도전해 볼 것
- 현재 프로젝트의 요구 사항 가운데 DSL[29]로 표현할 수 있는 부분이 있는가? 필요한 코드 대부분을 생성할 수 있는 컴파일러나 변환기를 작성할 수 있을까?
- 문제 도메인에 가깝게 프로그래밍하기 위하여 소형 언어를 도입하기로 했다면, 여러분은 언어 구현에 일정한 노력이 필요하리라는 사실을 받아들이는 것이다. 한 프로젝트를 위해 개발한 프레임워크를 다른 프로젝트에서 재사용할 수 있는 방법이 있을까?

## 연습 문제

**연습 문제 4** (답 예시는 416쪽에 있다.)

간단한 터틀 그래픽 시스템[30]을 제어하기 위해 소형 언어를 하나 구현하려

---

**29** (옮긴이) 도메인 특화 언어(Domain-Specific Language). 이번 항목에서 살펴본 도메인 언어와 같은 뜻이다. 일반적으로는 '도메인 언어'보다 'DSL'이라는 표현을 더 많이 사용한다. DSL 관련해서는 마틴 파울러가 지은 《DSL: 고객과 함께 하는 도메인 특화 언어》(송준이 외 옮김, 인사이트, 2012)도 참고하기 바란다.

**30** (옮긴이) 터틀 그래픽 시스템(turtle-graphics system)은 거북이에게 명령을 내려 화면 위를 기어다니며 그림을 그리게 하는 시스템이다. AI의 아버지 중 한 사람인 마빈 민스키(Marvin Minsky)가 시모어 패퍼트(Seymour Papert)와 함께 교육용 언어인 로고(LOGO)를 사용하여 처음 만들었다.

한다. 이 언어는 한 글자짜리 명령어들로 구성되는데, 어떤 명령어는 뒤에 한 자리 숫자가 따라 나올 수도 있다. 예를 들어 다음 내용을 입력하면 사각형이 하나 그려진다.

```
P 2   # 2번 펜을 선택한다
D     # 펜을 종이에 가져가 댄다
W 2   # 서쪽으로 2cm 이동하며 그린다
N 1   # 그다음 북쪽으로 1cm 이동하며 그린다
E 2   # 그다음 동쪽으로 2cm 이동하며 그린다
S 1   # 그다음 다시 남쪽으로 그린다
U     # 펜을 종이에서 뗀다
```

이 언어를 파싱하는 코드를 구현하라. 새로운 명령어를 추가하기 쉽게 코드를 설계해야 한다.

### 연습 문제 5 (답 예시는 418쪽에 있다.)

앞 문제에서 우리는 외부 도메인 언어인 그리기 언어용 파서를 구현했다. 이번에는 내부 언어로 다시 구현해 보자. 기발한 발상을 떠올릴 필요 없다. 그냥 명령어마다 함수를 만들면 된다. 어쩌면 명령어를 소문자로 바꿔야 할 수도 있고 문맥 정보를 전달하기 위하여 명령어를 무언가로 감싸야 할 수도 있다.

### 연습 문제 6 (답 예시는 418쪽에 있다.)

시간 표현을 파싱하는 BNF[31] 문법을 하나 설계하라. 다음의 예를 모두 파싱할 수 있어야 한다.

```
4pm, 7:38pm, 23:42, 3:16, 3:16am
```

---

[31] (옮긴이) 배커스-나우르 표기법(Backus-Naur form). 컴퓨터 분야에서 여러 가지 언어의 문법을 정의할 때 많이 사용하는 표기법이다. 자세한 내용은 다음 위키백과 항목을 참고하라. *https:// ko.wikipedia.org/wiki/배커스-나우르_표기법*

**연습 문제 7** (답 예시는 419쪽에 있다.)

연습 문제 6의 BNF 문법을 위한 파서를 여러분이 원하는 언어의 PEG 파서 생성기를 사용하여 구현하라. 파서는 자정 이후로 몇 분이나 지났는지를 나타내는 정수를 반환하면 된다.

**연습 문제 8** (답 예시는 420쪽에 있다.)

시간 표현 파서를 이번에는 스크립트 언어와 정규 표현식regular expression을 이용해서 구현하라.

## Topic 15 추정

미국 워싱턴 D.C.의 의회 도서관은 현재 75테라바이트의 디지털 정보를 온라인에 올려 두고 있다고 한다. 빠르게 대답하라! 1Gbps 네트워크로 이 정보를 모두 전송하려면 시간이 얼마나 걸릴까? 백만 개의 이름과 주소를 저장하려면 저장 공간이 얼마나 필요할까? 100Mb의 텍스트를 압축하는 데 시간이 얼마나 필요할까? 프로젝트가 끝나려면 몇 개월이 더 필요할까?

어떤 측면에서 위 질문들은 모두 무의미하다. 정보가 누락되어 있기 때문이다. 하지만 여러분이 추정에 익숙하다면 답할 수 있는 문제이기도 하다. 추정치 산출 과정을 통해 여러분의 프로그램이 살고 있는 세계를 좀 더 이해하게 될 것이다.

추정하는 법을 배우고 추정 능력을 계발하여 무언가의 규모를 직관적으로 짚을 정도가 되면, 추정 대상의 가능성을 가늠하는 마법과 같은 능력을 발휘할 수 있게 될 것이다. 누군가 "우리는 백업한 것을 네트워크로 S3[32]에 전송할 것입니다."라고 이야기할 때 직관적으로 이것이 가능한지 판단할 수 있게 된다. 코딩할 때에도 어떤 서브시스템을 최적화해야 하고, 어떤 서브시스템

---

32 (옮긴이) S3는 아마존 웹 서비스가 제공하는 온라인 데이터 저장 서비스다.

을 그대로 남겨 두어도 될지 알 수 있게 될 것이다.

---

**Tip 23** 추정으로 놀람을 피하라.

---

보너스로 이 항목의 말미에 누군가 추정치를 물을 때 언제나 사용할 수 있는
단 하나의 올바른 답을 알려주겠다.

### 얼마나 정확해야 충분히 정확한가?

어떤 의미에서 모든 답은 추정치다. 단지 어떤 답이 다른 답보다 좀 더 정확
할 뿐이다. 그러므로 누군가 추정치를 물었을 때 스스로 물어보아야 할 첫 번
째 질문은 여러분의 답변이 사용될 상황이 무엇인지다. 질문자가 매우 높은
정확도의 답을 요구하는가, 아니면 단순히 큰 그림만을 요구하는가?

추정에서 한 가지 재미있는 사실은 사용하는 단위가 결과의 해석에 차이를
가져온다는 것이다. 만약 무언가를 끝내는 데 근무일 기준으로 약 130일 동
안 일해야 한다고 말하면 듣는 사람은 실제 소요 기간이 추정과 상당히 비슷
하리라 기대할 것이다. 하지만 "아, 대략 6달 정도 걸리겠군요."라고 말하면
지금부터 5~7달 사이 언젠가쯤 끝날 것이라 여길 것이다. 두 숫자는 같은 기
간을 이야기하지만 '130일'은 실제 여러분의 느낌보다 더 정확도가 높으리라
는 인상을 풍길 수 있다. 우리는 여러분이 기간을 추정할 때 다음과 같은 단
위를 사용하기를 추천한다.

| 기간 | 추정의 단위 |
|---|---|
| 1~15일 | 일 |
| 3~6주 | 주 |
| 8~20주 | 달 |
| 20주 이상 | 추정치를 말하기 전에 다시 한번 생각해 보라. |

즉, 필요한 계산을 모두 해 봤더니 프로젝트에 대략 125근무일, 즉 25주가 소요될 것이라는 결론이 나왔다면 '대략 여섯 달'이 걸릴 거라고 이야기하라.

동일한 원리를 수량이나 분량의 추정치를 말할 때도 적용할 수 있다. 여러분이 전달하려는 정확도를 고려하여 답변의 단위를 선택하라.

### 추정치는 어디에서 나오는가?

모든 추정치는 문제의 모델에 기반한다. 그런데 모델을 작성하는 기술에 대해 깊이 파고들기 전에 항상 좋은 답을 알려주는 기본적인 추정의 비법을 하나 밝히겠다. 이미 그 일을 해본 사람에게 물어보라. 모델 작성에 너무 시간을 많이 쏟기 전에 과거에 비슷한 상황에 처했던 사람이 없는지 주변 사람들에게 문의해 보고, 그들이 어떻게 문제를 해결했는지 알아보자. 똑같은 일을 해 본 사람을 찾기는 어렵겠지만, 놀라울 정도로 자주 다른 사람의 경험을 바탕으로 성공적인 추정치를 낼 수 있을 것이다.

#### 무엇을 묻고 있는지 이해하라

어떤 종류의 추정을 하건 첫 단계는 상대방이 무엇을 묻고 있는지 이해하는 것이다. 앞서 이야기한 정확도뿐 아니라 도메인에 존재하는 조건scope에 대해서도 감을 잡을 필요가 있다. 조건이 질문에 명시적으로 드러나지 않는 경우도 많지만, 여러분은 추정하기 전에 미리 어떤 조건이 있을지 생각하는 습관을 길러야 한다. 종종 여러분이 선택한 조건은 답변의 일부가 되기도 한다. "교통사고가 일어나지 않고, 연료가 떨어지지 않는다면 20분 이내에 도착할 겁니다."

#### 시스템의 모델을 만들어라

여기가 추정의 재미난 부분이다. 의뢰인의 요청을 이해한 후에는 간단하게 기본적인 것만 갖춘 개략적인 모델을 만들어 보라. 만약 응답 시간을 추정하고 있다면 여러분의 모델에는 서버와 서버에 도달하는 몇 가지 트래픽이 있어야 할 것이다. 프로젝트를 진행하고 있다면, 모델은 여러분의 조직이 개발하는 동안 사용할 발판이 될 뿐 아니라 시스템을 어떻게 구현해야 할지에 대한 밑그림을 제공해 줄 것이다.

모델을 만드는 것은 창의적이면서도 동시에 장기적으로 유용한 작업일 수 있다. 모델을 만드는 과정에서 이전에는 표면에 명확히 드러나지 않았던 숨겨진 패턴과 프로세스를 발견하는 경우도 많다. 초기의 질문을 재검토하길 원하게 될 수도 있다. "X를 추정해 달라고 요청하셨습니다만 X의 변종인 Y로 한다면 기간은 반으로 줄일 수 있으면서도 기능은 한 가지만 빼면 됩니다."

모델을 만들어 추정을 하면 그 결과는 부정확해질 수밖에 없다. 하지만 이는 피할 수 없는 일이며, 또한 유익한 일이기도 하다. 우리는 간결함과 정확성을 맞교환하고 있다. 모델을 만드는 데 두 배의 노력을 들이더라도 결과의 정확도는 미미하게 개선되는 정도일 것이다. 어느 수준까지 모델을 정교하게 만들어야 할지는 여러분의 경험이 이야기해 줄 것이다.

### 모델을 컴포넌트로 나눠라

다 만든 모델은 컴포넌트로 분해할 수 있다. 이제 이러한 컴포넌트들이 어떻게 상호 작용하는지를 수식으로 기술해야 한다. 어떤 컴포넌트는 추정 결과에 상수를 더할 것이고, 어떤 컴포넌트는 결과를 몇 배로 만들 것이다. 더 복잡한 영향을 주는 컴포넌트도 있을 수 있다. 예를 들어 노드에서 트래픽의 도착을 시뮬레이션하는 컴포넌트같은 게 그럴 것이다.

이렇게 대부분의 컴포넌트에는 각 컴포넌트가 어떻게 전체 모델에 기여하는지를 나타내는 매개 변수가 있다. 이 단계에서는 일단 매개 변수를 찾기만 하면 된다.

## 각 매개 변수에 값을 할당하라

매개 변수를 찾아냈다면 이제 각 매개 변수에 값을 할당할 차례다. 이 단계에서 약간의 오차가 발생할 수 있다. 이때의 요령은 결과에 가장 큰 영향을 미치는 매개 변수를 찾아서 이 매개 변수의 값을 최대한 정확하게 산출해 내는 것이다. 보통 결과에 단순히 더해지는 값보다는 곱하거나 나누는 값이 결과에 큰 영향을 미친다. 네트워크의 속도를 두 배로 증가시키면 시간당 받을 수 있는 데이터양 역시 두 배가 될 것이다. 반면 5ms 전송 지연은 결과에 눈에 띄는 영향을 미치지 않을 것이다.

이러한 주요 매개 변수를 계산할 때는 나름의 근거가 있어야 한다. 예컨대 대기열 시스템에서 매개 변수를 계산하려면, 현재 시스템에서 일어나고 있는 실제 시간당 요청 수를 측정해 보거나, 측정할 수 있는 비슷한 시스템을 찾아보아야 할 것이다. 이와 비슷하게 현재 요청당 처리 시간을 측정해 보거나 이번 항목에서 기술한 기법들을 이용해 추정치를 낼 수도 있다. 실제로 추정을 하다 보면 다른 하위 추정치를 사용하여 추정치를 계산하는 경우가 있는데, 이때 큰 오차가 슬그머니 기어들어 올 확률이 높다.

## 답을 계산하라

문제가 매우 단순한 경우에만 추정치의 답이 딱 떨어질 것이다. "나는 도심에서 다섯 블록을 십오 분에 걸을 수 있어."와 같이 말할 수 있다면 얼마나 행복하겠는가? 하지만 시스템이 복잡해지면 틀리지 않도록 답을 여러 개 제시하고 싶어질 것이다. 주요 매개 변수들의 값을 변경시켜 가면서 여러 번 계산해보고, 이 가운데 어떤 것이 모델에 잘 들어맞는지 찾아내라. 이때 스프레드시트가 큰 도움이 된다. 그리고 이러한 매개 변수를 답변에 넣어라. "응답 시간은 시스템에 SSD와 32GB 메모리가 있다면 대략 3/4초이고, 16GB 메모리에서는 1초일 것입니다."(이때 3/4초와 750ms는 정확도에 대해 다른 느낌을 준다.)

계산 단계에서 언뜻 이상해 보이는 답을 얻을 수도 있다. 이때 이 값을 너무 쉽게 버리면 안 된다. 만약 계산이 정확하다면 아마 문제를 잘못 이해했거나 모델이 잘못되었을 것이다. 이는 귀중한 정보다.

### 여러분의 추정 실력을 기록하라

여러분이 계산한 추정치를 기록해 놓고, 나중에 이 값이 실제 결과에 얼마나 가까웠는지를 평가해 보면 정말 좋을 것이다. 만약 전체 추정치를 구하기 위해 하위 추정치를 몇 개 계산했다면 이 역시 기록하라. 많은 경우 여러분의 추정치는 꽤 좋을 것이고 점차 평가 시간을 고대하게 될 것이다.

추정치가 틀렸더라도 움츠리거나 도망가지 말라. 왜 틀렸는지 찾아라. 현실과 동떨어진 매개 변숫값을 선택했을 수도 있고, 아니면 모델 자체가 틀렸을 수도 있다. 원인이 무엇이든 시간을 들여 이를 규명하라. 다음 추정치는 훨씬 나아질 것이다.

### 프로젝트 일정 추정하기

여러분은 보통 어떤 일에 걸리는 기간을 추정해 달라는 요청을 받을 것이다. 그 '어떤 일'이 복잡하다면 추정은 매우 어려워진다. 여기서는 불확실성을 줄이는 두 가지 기법을 살펴보자.

### 미사일에 페인트칠하기

"이 집에 페인트를 칠하려면 얼마나 걸릴까요?"

"글쎄요. 아무 문제가 없고 페인트 제품 설명에 나오는 리터당 도포 면적이 정확하다면 10시간 만에도 될 겁니다. 하지만 사실 그보다는 더 걸릴 것 같군요. 18시간이 더 현실적인 숫자인 것 같습니다. 물론 날씨가 나빠지면 30시간 넘게도 걸릴 수 있지요."

실제 상황에서는 사람들이 추정을 이렇게 한다. 숫자 하나로 대답해야만 하는 상황이 아니라면 숫자 하나가 아니라 여러 가지 시나리오로 추정한다.

미 해군이 '폴라리스'라는 잠수함 발사용 탄도 미사일 개발 프로젝트 계획을 세울 때 '프로그램 평가 검토 기법Program Evaluation Review Technique' 혹은 줄여서 PERT라고 부르는 방법론을 만들면서 이런 추정 방식을 도입했다.

모든 PERT 과업은 낙관적 추정치와 가장 가능성이 높은 추정치, 비관적 추정치를 갖는다. 과업을 의존성에 따라 네트워크 형태로 배열한 후, 간단한 통계기법을 사용하여 전체 프로젝트의 예상 최소 및 최대 소요 시간을 계산한다.

값을 범위로 추정하는 건 추정 오류를 피할 수 있는 훌륭한 방법이다. 확신이 없어 숫자를 부풀리는 게 추정 오류의 가장 흔한 원인인데, 값을 범위로 지정하면 이런 부풀리기를 피할 수 있을 뿐 아니라, PERT 속의 통계가 범위로 표현한 불확실성을 분산시켜 주므로, 전체 프로젝트에 대하여 더 나은 추정치를 얻을 수 있다.

하지만 우리는 PERT를 썩 좋아하지 않는다. 사람들은 벽을 가득 채우는 큰 차트에 프로젝트의 모든 과업을 그려 놓고는 은근히 자신들이 정확한 추정치를 갖고 있으리라 믿는다. '수식'을 사용했다는 이유만으로 말이다. 하지만 실제로 이 프로젝트를 수행해 본 적은 없으므로 추정치가 정확할 리는 없다.

## 코끼리 먹기

가끔은 프로젝트의 일정을 정할 수 있는 방법이 해당 프로젝트를 경험해 보는 것뿐일 때가 있다. 모순이라고? 기능을 매우 작은 단위로 나누어 다음과 같은 단계들을 반복하는 점증적 개발incremental development을 실천한다면 꼭 그런 것만은 아니다.

- 요구 사항 확인하기
- 위험을 분석하고 위험도가 높은 부분을 우선 하기

- 설계, 구현, 통합
- 사용자와 함께 검증하기

프로젝트 초기에는 얼마나 많은 반복 주기iteration가 필요할지에 대해 막연한 느낌밖에 없을 것이다. 어떤 방법론은 반복 주기가 몇 번이나 필요한지를 초기 계획 단계에서 정하라고 요구하는데, 아주 간단한 프로젝트가 아닌 바에야 잘못된 방식이다. 완전히 같은 팀원과 완전히 같은 기술을 사용하여 비슷한 애플리케이션을 만들어 본 경험이 있는 것이 아니라면 초기의 계획은 어림짐작에 불과하다.

그러므로 초기 기능의 구현과 테스트를 마친 후, 이를 첫 번째 반복 주기의 끝으로 삼아라. 첫 반복 주기의 경험을 바탕으로 반복 주기의 수와 각 반복 주기에서 무엇을 할지에 대한 처음의 추측을 다듬을 수 있을 것이다. 각 반복 주기가 끝날 때마다 추측을 더 다듬다 보면, 일정에 대한 확신도 이와 함께 커질 것이다. 이런 추정은 보통 각 반복 주기가 끝날 때 팀 리뷰 회의 시간에 한다.

코끼리를 먹는 방법에 대한 케케묵은 농담과 같은 원리다. 한 번에 한입씩.

---

**Tip 24** **코드와 함께 일정도 반복하며 조정하라.**

---

이 방법은 경영진에게 별로 인기가 없다. 경영진은 보통 프로젝트가 시작되기도 전에 하나의 정확한 숫자를 원하기 때문이다. 여러분은 팀, 팀의 생산성 그리고 환경이 일정을 결정한다는 사실을 경영진에게 이해시켜야 한다. 이를 공식화하고 더 정확한 일정을 추정하는 것을 각 반복 주기의 일부로 삼았을 때, 여러분이 추정할 수 있는 가장 정확한 일정을 경영진에게 건넬 수 있을 것이다.

### 누군가 추정해 달라고 하면 뭐라고 대답해야 할까?

"나중에 연락드릴게요."라 말해야 한다.

잠시 손을 멈추고 시간을 내어 이번 항목에서 설명한 단계를 밟아 나간다면 대부분의 경우 더 좋은 추정치를 얻을 수 있을 것이다. 커피 머신 앞에서 허투루 말한 추정치는 커피와 마찬가지로 여러분에게 해를 끼칠 것이다.

### 관련 항목

- 항목 7. 소통하라!
- 항목 39. 알고리즘의 속도

### 도전해 볼 것

여러분이 계산한 추정치를 기록으로 남겨라. 그리고 각 추정치가 얼마나 정확했는지도 기록으로 남겨라. 만약 오차가 50% 이상이라면 잘못된 추정치를 내게 된 원인이 무엇인지 찾아보라.

### 연습 문제

**연습 문제 9** (답 예시는 421쪽에 있다.)

다음과 같은 질문을 받았다고 하자. "어느 쪽의 대역폭이 더 넓을까? 1Gbps 네트워크 연결과 1TB 저장 장치를 주머니에 넣고 두 컴퓨터 사이를 왔다갔다하는 사람 중에서?" 여러분의 대답이 의미가 있으려면 어떤 제약 조건을 달아야 할까? (예를 들어, "저장 장치에 접근하기 위해 필요한 시간은 무시한다면"같이 조건을 달 수 있다.)

**연습 문제 10** (답 예시는 422쪽에 있다.)

그래서 어느 쪽이 대역폭이 더 넓은가?

# 기본 도구
## The Basic Tools

모든 제작자maker는 모두 좋은 품질의 기본 도구 세트를 가지고 자신의 여정을 시작한다. 목수는 자, 측정기, 톱 두어 개, 괜찮은 대패 몇 개, 좋은 끌, 드릴과 브레이스brace, 나무 메mallet, 죔쇠clamp 등이 필요하다. 목수는 애정을 담아 이런 도구들을 고른다. 한번 마련한 도구는 오랫동안 쓸 수 있고, 다른 도구들로는 하기 힘든 특정 작업을 해낼 수 있다. 하지만 가장 중요한 것은 아마 새내기 목수의 손에 꼭 들어맞는 느낌이 든다는 것이 아닐까?

이제 학습과 적응의 과정이 시작된다. 각 도구에는 저마다 개성과 까다로운 면이 있을 것이기에 그에 걸맞게 다루어야 한다. 도구들은 제각기 고유의 방식으로 날카롭게 다듬어야 하고, 또 고유의 방식으로 손에 쥐어야 한다. 시간이 흐르면서 각 도구는 사용 습관에 따라 닳아서, 손잡이 부분은 마치 목수의 손을 본뜬 것처럼 보일 것이고, 자르는 면은 도구를 드는 각도와 완벽히 평행을 이루게 된다. 이 시점에서 도구는 목수의 생각을 완성된 제품으로 끊임없이 전달하는 통로와도 같다. 도구가 손의 연장extension이 된 것이다. 시간이 흐르면서 목수는 비스킷biscuit 절단기, 레이저 각도 절단기, 도브테일 지그dovetail jig 같은 새로운 도구를 추가할 것이다. 모두가 환상적인 기술의 산물이다. 하지만 분명 목수는 처음부터 늘 함께했던 도구를 사용할 때 가장 행복할 것이다. 대패가 나무 위를 노래하듯이 미끄러져 나가는 걸 느끼면서.

도구는 여러분의 재능을 증폭한다. 도구가 더 훌륭하고 여러분이 더 사용법에 능숙해질수록 여러분의 생산성은 더 높아질 것이다. 일반적으로 사용하는 기본 도구들로 시작하라. 점차 경험을 쌓고 특별한 요구 사항을 만나면서 이 기본 세트에 다른 도구를 추가하게 될 것이다. 앞에서 말한 목수처럼 자신의 도구 상자에 주기적으로 뭔가를 추가하게 될 것이라 예상하라. 언제나 일을 하는 데에 더 나은 방법이 없는지 살펴라. 사용하는 도구로 다룰 수 없는 문제를 마주쳤다는 생각이 들면, 도움이 될 만한 뭔가 다른 것이나 더 강력한 것을 찾아보아야 한다는 것을 명심하라. 필요에 따라 도구를 취하도록 하라.

많은 신참 프로그래머가 예컨대 특정 통합 개발 환경IDE 같은 강력한 도구 하나만 고집하는 실수를 저지르고, 그 익숙한 인터페이스에서 떠날 생각을 하지 않는다. 정말로 안타깝다. 여러분은 IDE가 갖는 한계를 넘어설 수 있어야 한다. 유일한 방법은 기본 도구들을 언제나 곧바로 사용할 수 있도록 예리하게 유지하는 것이다.

이번 장에서는 자신의 기본 도구 상자에 어떻게 투자할지에 대해 이야기할 것이다. 도구에 관한 훌륭한 토론이 으레 그렇듯이 먼저 원재료들, 즉 모양을 만들어 나갈 재료를 논의하는 것에서 시작하겠다. 바로 〈항목 16. 일반 텍스트의 힘〉이다. 그다음은 작업대, 우리의 경우 컴퓨터 차례다. 여러분이 사용하는 도구에서 어떻게 효용을 최대한 끌어낼 수 있을까? 〈항목 17. 셸 가지고 놀기〉에서 그 방법을 논의하겠다. 원재료가 있고 작업대도 갖춰졌으므로 그다음으로 아마 여러분이 다른 도구보다 훨씬 자주 사용하는 도구일 텍스트 에디터를 살펴보겠다. 〈항목 18. 파워 에디팅〉에서는 여러분의 효율을 높일 방법을 몇 가지 제안하겠다.

우리의 소중한 작업물을 털끝만큼도 잃어버리지 않기 위해 늘 〈항목 19. 버전 관리〉 시스템을 사용해야 한다. 심지어 요리법이나 메모 같은 개인 자료에도 써야 한다. 그리고 〈항목 20. 디버깅〉의 고수가 되기 전에는 위대한 프로그래머가 될 수 없다. 머피는 사실 낙관적인 사람인 것이다.[1]

여러 마술을 한군데 모아 붙이려면 접착제가 필요할 것이다. 〈항목 21. 텍스트 처리〉에서 몇 가지 후보를 소개한다.

마지막으로, 아무리 흐린 먹물일지라도 가장 훌륭한 기억력보다 낫다는 중국 속담이 있다. 여러분의 생각과 역사를 기록으로 남겨라. 〈항목 22. 엔지니어링 일지〉에서 더 살펴보겠다.

이런 도구들의 사용법을 배우는 데에 시간을 투자하라. 언젠가는 별다른 자각 없이도 손가락이 키보드 위를 움직이면서 텍스트를 조작하고 있다는 사실을 발견하고 놀라게 될 것이다. 도구가 손의 연장extension이 된 것이다.

## Topic 16 일반 텍스트의 힘

실용주의 프로그래머로서 우리의 기본 재료는 나무나 쇠가 아니라 지식이다. 우리가 수집하는 요구 사항은 지식이고, 우리는 그 지식을 설계와 구현, 테스트, 문서로 표현한다. 그리고 우리는 지식을 저장하는 최고의 포맷이 일반 텍스트plain text라고 믿는다. 일반 텍스트를 사용하면 수작업으로든 프로그램으로든 동원 가능한 거의 모든 도구로 지식을 다룰 수 있게 된다.

대부분의 이진binary 포맷은 데이터를 이해하는데 필요한 문맥이 데이터 자체와 별도로 분리되어 있다는 문제가 있다. 인위적으로 데이터와 그 데이터의 의미를 갈라놓은 것이다. 데이터가 암호화되어 있을 수도 있는데, 그러면 이를 해석하는 애플리케이션 없이는 데이터가 무의미하다. 하지만 일반 텍스트라면 데이터 그 자체만으로 의미가 드러나는 데이터를 만들 수 있다. 즉, 데이터가 데이터를 만드는 애플리케이션에 독립적인 것이다.

---

1 (옮긴이) 원하는 일이 늘 틀어져 버리는 것을 두고 '머피의 법칙'이라 하는데, 머피는 늘 낙관적으로 생각한다. 디버깅은 이런 머피의 법칙이 현실이 되었을 때 하는 일이다.

## 일반 텍스트란?

일반 텍스트는 인쇄 가능한 문자로 이루어지고, 정보를 전달하기에 적합한 형식을 갖추어야 한다. 쇼핑 목록처럼 간단할 수도 있다.

```
* 우유
* 양파
* 커피
```

아니면 이 책의 소스 파일 형식처럼 복잡할 수도 있다. (그렇다. 일반 텍스트다. 우리가 워드 프로세서를 쓰기 원했던 출판사는 불만이겠지만 말이다.)

정보를 전달한다는 부분이 중요하다. 다음은 쓸모없는 일반 텍스트다.

```
hlj;uijn bfjxrrctvh jkni'pio6p7gu;vh bjxrdi5rgvhj
```

다음도 그렇다.

```
Field19=467abe
```

이 문자들을 읽어도 467abe의 의미가 뭔지 전혀 알 수 없다. 우리가 만드는 일반 텍스트는 사람이 이해할 수 있어야 한다.

---

**Tip 25**   지식을 일반 텍스트로 저장하라.

---

## 텍스트의 힘

일반 텍스트가 형식이 없는 텍스트를 의미하는 것은 아니다. HTML, JSON, YAML 등은 모두 일반 텍스트다. HTTP, SMTP, IMAP 등 인터넷에서 사용되는 핵심 프로토콜도 대부분 일반 텍스트다. 이렇게 일반 텍스트가 널리 쓰이는 이유는 다음과 같다.

- 지원 중단에 대한 보험
- 기존 도구의 활용
- 더 쉬운 테스트

## 지원 중단에 대한 보험

사람이 읽을 수 있는 형태의 데이터와 그 자체만으로 의미가 드러나는 데이터는 다른 어떤 형태의 데이터보다, 심지어 그 데이터를 생성한 애플리케이션보다 더 오래 살아남을 것이다. 데이터가 남아 있는 한 그걸 사용할 기회가 찾아오기 마련이다. 어쩌면 원래의 애플리케이션이 단종된 지 한참 지난 후라도 말이다.

일반 텍스트 파일은 포맷을 부분적으로밖에 알지 못하더라도 파싱할 수 있다. 이진 파일은 대부분 제대로 파싱하려면 전체 포맷을 세세한 사항까지 모두 알아야만 한다.

어떤 레거시$_{legacy}$ 시스템[2]의 데이터 파일이 있다고 치자. 원래의 애플리케이션에 대해선 아는 바가 거의 없다. 중요한 것은 그 애플리케이션이 고객의 휴대 전화번호 목록을 관리했었고, 여러분은 그 전화번호들을 찾아서 추출해내야 한다는 것뿐이다. 데이터가 다음과 같다고 해보자.

```
<FIELD10>011-123-4567</FIELD10>
...
<FIELD10>010-0123-1234</FIELD10>
...
<FIELD10>010-0987-6543</FIELD10>
```

휴대 전화번호의 형식만 파악하면 그 자료를 추출하는 작은 프로그램 하나 만드는 것은 일도 아니다. 심지어 그 파일의 나머지에 대한 정보가 전혀 없어도 가능하다.

---

2  모든 소프트웨어는 작성되자마자 레거시가 된다.

하지만 파일의 형식이 다음과 같다고 상상해 보라.

```
AC27011X1234567B11P
...
XY4301001231234QTYL
...
6T210100987654388AM
```

여러분은 문자열 속 숫자들의 의미를 아까처럼 쉽게 깨닫지는 못했을 것이다. 사람이 읽을 수 있는 것과 사람이 이해할 수 있는 것에는 차이가 있다.

한마디 더 보태자면 FIELD10도 별 도움이 되지 않는다. 차라리 다음과 같았으면 어땠을까?

```
<휴대전화번호>010-0987-6543</휴대전화번호>
```

애초에 이렇게 되어 있었다면 머리를 전혀 굴리지 않아도 됐을 것이고, 이 자료를 만들어 낸 애초의 프로젝트보다 이 자료가 훨씬 더 오래 살아남을 것이다.


### 기존 도구의 활용

버전 관리 시스템에서 에디터, 명령 줄 도구에 이르기까지 컴퓨터 세계의 거의 모든 도구는 일반 텍스트를 다룰 수 있다.

예를 들어, 대형 애플리케이션을 설치해야 하는데 복잡한 설정 파일이 설치 장소마다 달라진다고 가정하자. 만약 설정 파일이 일반 텍스트로 되어 있다면 그것을 버전 관리 시스템에 넣을 수 있을 것이다.(119쪽의 〈항목 19. 버전 관리〉 참고.) 그러면 버전 관리 시스템이 모든 변경 기록을 자동으로 보존해 줄 것이다. diff나 fc 같은 파일 비교 도구를 사용하면 뭐가 바뀌었는지 단번에 알 수 있고, sum으로는 체크섬checksum을 생성해서 파일이 우연히 혹은 악의적으로 변경되지는 않는지 감시할 수 있다.

> **☑ 유닉스 철학**
>
> 유닉스Unix는 작고 예리한 각각의 도구가 한 가지 일만 잘하도록 만들자는 철학에 따라 설계된 것으로 유명하다. 이 철학은 줄 단위로 처리하는 일반 텍스트 파일을 기반 포맷으로 공유하기 때문에 가능해졌다. 유닉스에서는 사용자, 비밀번호, 네트워크 설정 등 시스템 관리용 데이터베이스를 모두 일반 텍스트 파일로 저장한다. (몇몇 시스템에서는 성능을 높이기 위해 특정 데이터베이스를 이진 형태로 관리하기도 한다. 하지만 여전히 일반 텍스트 버전도 이진 형태에 대한 인터페이스로서 존재한다.)
>
> 시스템이 고장 났을 때 매우 제한적인 환경에서 복구 작업을 해야 하는 경우가 있다(예컨대 그래픽 드라이버를 불러올 수 없다거나). 이런 상황에서 여러분은 일반 텍스트의 단순함에 고마움을 느끼게 될 것이다.
>
> 일반 텍스트는 검색도 더 쉽다. 시스템 백업을 어떤 설정 파일에서 관리하는지 기억이 나지 않더라도 grep -r backup /etc[3]로 순식간에 찾을 수 있다.

### 더 쉬운 테스트

시스템 테스트에 사용할 합성 데이터를 일반 텍스트로 표현하면 특별한 도구를 만들 필요 없이 간단하게 테스트 데이터를 추가하거나 수정할 수 있다. 비슷하게 회귀 테스트[4]가 결과를 일반 텍스트로 내보내면 셸 명령이나 간단한 스크립트로 손쉽게 분석할 수 있다.

### 최소 공통분모

자율적으로 서로 데이터를 교환하면서 거칠고 위험한 인터넷을 여행하는 블록체인 기반 지능형 에이전트의 미래 시대에도 텍스트 파일은 어디에나 존재

---

3 (옮긴이) grep은 여러 파일에서 문자열을 찾는 도구다. 과거 ed라는 편집기에서 비슷한 일을 하는 명령이었던 "g/re/p"에서 유래한 이름이다. 여기서 re는 찾고자 하는 정규표현식을 의미한다.

4 (옮긴이) 회귀 테스트(regression test)는 동일한 테스트를 반복적으로 수행함으로써 새로운 기능이 애플리케이션에 추가되었을 때 기존 기능이 여전히 제대로 작동하는지 검사하는 테스트다. 회귀 테스트에서 찾아낸 문제를 리그레션(regression)이라 부르기도 한다.

하고 여전히 살아남을 것이다. 사실 다양한 시스템이 섞인 환경에서는 일반 텍스트의 장점이 다른 모든 단점을 보상하고도 남는다. 여러분은 모든 참가자가 하나의 공통 표준을 사용해서 소통하도록 해야 한다. 일반 텍스트가 바로 그 표준이다.

**관련 항목**

- 항목 17. 셸 가지고 놀기
- 항목 21. 텍스트 처리
- 항목 32. 설정

**도전해 볼 것**

- 여러분이 원하는 언어를 사용해서 단순한 이진 형식을 사용하는 자그마한 주소록 데이터베이스(이름, 전화번호 등)를 설계해 보라. 다음을 읽기 전에 직접 해 보자.
  - XML이나 JSON을 사용해서 포맷을 일반 텍스트로 바꿔 보라.
  - 이진 형식 버전과 일반 텍스트 버전에 각각 그 사람의 집으로 가는 길을 입력하는 '찾아가는 길'이라는 가변 길이 필드를 새로 추가하라.

  버전 관리와 확장성 면에서 어떤 문제가 생기는가? 어떤 형태가 수정이 용이했는가? 기존 데이터를 변환하는 것은 어땠는가?

## Topic 17 셸 가지고 놀기

모든 목수는 훌륭하고 튼튼하며 믿을 만한 작업대가 필요하다. 모양을 잡아나가는 동안 여러 작업물을 편안한 높이에 올려놓을 수 있는 그런 곳 말이다. 작업물 하나가 모양을 갖춰 감에 따라 목수는 작업대로 계속 왔다갔다하게 되고, 작업대는 목공소의 중심이 된다.

텍스트 파일을 다루는 프로그래머에겐 명령어 셸이 작업대다. 셸 프롬프트에서 모든 종류의 도구를 불러다 쓸 수 있다. 파이프를 이용해 원 개발자가 꿈도 꾸지 못했을 방식으로 도구를 결합할 수도 있다. 셸에서 응용 프로그램이나 디버거, 브라우저, 에디터, 유틸리티를 실행할 수 있다. 파일을 검색할 수 있고, 시스템의 상태를 조회할 수 있으며, 출력을 필터링할 수 있다. 또한 셸을 프로그래밍해서 자주 수행하는 작업을 수월하게 해 주는 복잡한 매크로 명령을 만들 수도 있다.

GUI와 IDE를 사용하며 자란 프로그래머들에게 이건 좀 극단적으로 보일지도 모른다. 그래 봤자 포인터를 움직여 클릭하면 모두 똑같이 잘할 수 있는 것 아닌가?

간단한 대답은 "아니요."다. GUI는 훌륭한 것이고, 몇 가지 간단한 조작에는 더 빠르고 편리할 수도 있다. 파일을 이동하고, 이메일을 읽거나 쓰고, 프로젝트를 빌드하거나 배포하는 것은 모두 그래픽 환경에서 하는 게 더 좋을 수도 있다. 하지만 모든 작업을 GUI로만 하면 여러분이 가진 환경의 능력을 전부 이용할 수 없다. 일반적인 작업을 자동화할 수 없고, 가용한 도구의 역량을 온전히 사용할 수 없다. 게다가 도구를 결합해서 자신에게 꼭 맞는 '매크로 도구'를 만들 수 없다. GUI의 장점은 WYSIWYG<sub>What You See Is What You Get</sub>, 즉 여러분이 보는 것이 여러분이 얻는 것이라는 점이지만, 단점은 WYSIAYG What You See Is All You Get, 즉 여러분이 보는 것이 여러분이 얻는 전부라는 것이다.

GUI 환경의 기능은 일반적으로 설계자가 의도한 범위를 넘어설 수 없다. 설계자가 제공하는 모델 이상이 필요하더라도 대개는 어쩔 수 없다. 그런데 여러분은 자주 그 모델 이상이 필요하다. 실용주의 프로그래머는 오직 코드만 쏟아 내거나, 객체 모델만 개발하거나, 문서만 작성하거나, 빌드 과정 자동화만 하지는 않는다. 이 모든 일을 다 한다. 하지만 GUI 환경에서 이런 작업을 하는 도구의 사용 범위는 보통 그 도구가 사용되리라고 예상되는 작업에 한정된다. 예컨대, 여러분이 계약에 의한 설계design-by-contract, 다중 처리 프라그마multi-processing pragma 등을 구현하기 위해 IDE에 코드 전처리기를 추가해야 한다고 가정해 보자. IDE 설계자가 이런 경우를 위해 명시적으로 훅hook을 제공하지 않았다면 추가가 불가능하다.

---

**Tip 26**  명령어 셸의 힘을 사용하라.

---

셸에 익숙해지면 여러분의 생산성이 급상승할 것이다. 자바 코드에서 명시적으로 import하는 패키지 이름을 중복 없이 모아야 하는가? 다음 명령은 그 목록을 'list'라는 파일에 저장한다.

sh/packages.sh
```
grep '^import ' *.java | \
  sed -e's/.*import *//' -e's/;.*$//' | \
  sort -u > list
```

여러분이 사용하는 시스템의 명령어 셸로 어떤 일을 할 수 있는지 탐험해 본 경험이 많지 않다면 위 예는 좀 무서워 보일 것이다. 그렇지만 셸에 익숙해지는 데 약간만 에너지를 투자하면 곧 하나둘 이해가 될 것이다. 명령어 셸을 갖고 놀다 보면 오르는 생산성을 보며 깜짝 놀라게 될 것이다.

### 자신만의 셸

목수가 작업 공간을 자신에게 맞추어 바꾸듯이 개발자도 셸을 자신에게 맞추어야 한다. 때로는 여러분이 사용하는 터미널 프로그램의 설정을 바꾸어야 할 수도 있다.

보통 다음 사항들을 바꾼다.

- 색깔 조합 설정. 여러분이 쓰는 셸 하나만 하더라도 온라인에 올라와 있는 색깔 조합을 모두 적용해 보다 보면 몇 시간은 훌쩍 지날 것이다.

- 프롬프트 설정. 프롬프트의 원래 역할은 셸이 입력을 받을 준비가 되었음을 알려 주는 것이지만, 그 외에도 여러분이 원하는 정보는 무엇이든 (그리고 여러분이 절대 원하지 않을 만한 것들도 왕창) 표시하도록 프롬프트를 설정할 수 있다. 취향에 따라 마음대로 설정하라. 우리는 간단한 것을 좋아해서 현재 디렉터리 경로를 짧게 줄인 것, 버전 관리 시스템 상태, 시간 정도만 표시하도록 설정한다.

- 별칭alias과 셸 함수. 만날 사용하는 명령어에 간단한 별칭을 만들어서 작업을 단순화하라. 리눅스에서 패키지들을 정기적으로 업데이트하는데, update 다음에 upgrade를 하는 건지 upgrade 다음에 update를 하는 건지 항상 헷갈린다면 별칭을 만들어라.

```
alias apt-up ='sudo apt-get update && sudo apt-get upgrade'
```

만약 실수로 rm 명령어를 사용하여 파일을 지우는 바람에 여러 번 낭패를 보았다면, 다음부터는 삭제할 때 확인 과정을 거치도록 별칭을 만들어라.

```
alias rm ='rm -iv'
```

- 명령어 자동 완성. 대부분의 셸은 명령어와 파일명 자동 완성을 지원한다. 처음 몇 글자를 입력하고 탭 키를 누르면 자동으로 채울 수 있는 부분을 채워준다. 하지만 이 기능을 훨씬 더 확장할 수 있다. 셸이 현재 입력 중인 명령어를 인식하고 문맥을 고려하여 자동 완성을 하도록 설정할 수 있다. 현재 디렉터리를 고려하여 자동 완성을 맞춤으로 제공하는 경우도 있다.

여러분은 셸 안에서 많은 시간을 보내게 될 것이다. 소라게처럼 조개 껍데기shell 그러니까 셸을 여러분의 집으로 만들어라.

**관련 항목**

- 항목 13. 프로토타입과 포스트잇
- 항목 16. 일반 텍스트의 힘
- 항목 21. 텍스트 처리
- 항목 30. 변환 프로그래밍
- 항목 51. 실용주의 시작 도구

**도전해 볼 것**

- 평소 GUI에서 수동으로 하는 작업이 있는가? 동료에게 "이 버튼을 누르세요.", "이 항목을 선택하세요." 같이 여러 단계에 걸친 사용법을 일일이 가르쳐 주는가? 이걸 자동화할 수 있겠는가?
- 새 환경으로 옮겨갈 때면 언제나 어떤 셸을 사용할 수 있는지 먼저 알아보라. 기존에 사용하던 셸을 그대로 이용할 수 있는지 확인하라.
- 현재 사용하는 셸의 대안은 없는지 조사하라. 여러분의 셸로 처리할 수 없는 문제를 만난다면 다른 셸은 좀 더 잘 처리할 수 있는지 알아보라.

## Topic 18 파워 에디팅

우리는 앞에서 도구가 손의 연장이 되는 것에 관해 이야기했다. 이 점은 다른 어떤 소프트웨어 도구보다 특히 에디터에 더 들어맞는 이야기다. 텍스트는 프로그래밍의 기본 원재료이므로 여러분은 텍스트를 최대한 손쉽게 조작할 수 있어야 한다.

이 책의 1판에서 우리는 하나의 에디터로 코딩, 문서 작성, 메모, 시스템 관리 등 모든 작업을 하라고 추천했었다. 하지만 이제는 약간 물러서기로 했다. 여러분이 원한다면 에디터를 몇 개 사용하든 상관없다. 다만 각각의 에디터에 유창해지도록 노력해야 한다.

**Tip 27** 에디터를 유창하게fluency[5] 쓸 수 있게 하라.

왜 에디터에 유창해지는 것이 중요할까? 시간을 많이 절약할 수 있어서일까? 사실 그렇기도 하다. 일주일에 에디터를 20시간 사용한다고 치면 속도가 4% 만 빨라져도 1년이면 일주일만큼의 업무 시간을 아낄 수 있다.

하지만 진짜 중요한 것은 이게 아니다. 유창해지는 것의 가장 큰 이점은 더 는 에디터 사용법을 생각하지 않아도 된다는 것이다. 뭔가를 생각하는 것에서 에디터 화면에 그게 뜰 때까지의 거리가 확 줄어든다. 생각이 자유롭게 흐를 것이고 프로그래밍에 큰 도움이 될 것이다. 다른 사람에게 운전을 가르쳐 본 적이 있다면 그 차이를 알 것이다. 모든 동작을 일일이 생각하면서 운전하는 초보 운전자와 의식하지 않고 차를 모는 경험 많은 운전자는 완전히 다르다.

### 어떤 것이 '유창'한 것인가?

어느 정도 에디터를 써야 유창하다고 볼 수 있을까? 다음 과제들에 도전해 보라.

- 텍스트를 편집할 때 문자, 단어, 줄, 문단 단위로 커서를 이동하거나 내용을 선택하라.
- 코드를 편집할 때 반대쪽 괄호로 이동하거나, 함수, 모듈 등 다양한 문법 단위로 커서를 이동하라.
- 변경한 코드의 들여쓰기indent를 자동으로 맞춰라.
- 여러 줄의 코드를 명령 하나로 주석 처리했다가 다시 주석을 해제하라.
- 실행 취소를 여러 번 했다가 취소한 명령을 재실행 기능으로 다시 수행하라.
- 에디터 창을 여러 구역으로 쪼개라. 그리고 각 구역 사이를 이동하라.

---

5  (옮긴이) fluency는 언어 사용에서 유창함을 말하고, 거기에서 분화되어 능수능란하다는 뜻이 있다. 흐른다는 flow(fluere)에서 연유한 단어로, 생각도 별로 안하고 그냥 나오는 수준으로 쓰라는 의미를 담고 있다.

- 특정 줄 번호로 이동하라.
- 여러 줄을 선택한 후 가나다순으로 정렬하라.
- 문자열로, 또 정규 표현식으로 검색하라. 이전에 검색했던 것을 다시 검색하라.
- 선택 영역이나 패턴 검색을 이용하여 일시적으로 여러 개의 커서를 만든 다음, 동시에 여러 곳의 텍스트를 편집하라.
- 현재 프로젝트의 컴파일 오류를 표시하라.
- 현재 프로젝트의 테스트를 실행하라.

이 과제들을 마우스나 트랙패드 없이 모두 수행할 수 있는가?

여러분이 현재 사용하는 에디터로는 수행 불가능한 것이 몇 가지 있다고 할지도 모르겠다. 그렇다면 에디터를 바꿀 때인 것은 아닐까?

## 유창해지기

강력한 에디터의 모든 명령어를 외우고 있는 사람은 아마 손에 꼽을 정도일 것이다. 우리도 여러분이 명령어를 모두 외우리라 기대하지는 않는다. 대신 우리는 더 실용적인 접근 방법을 제안한다. 여러분의 삶을 편하게 해 주는 명령어를 배워라.

삶이 편해지는 방법은 꽤 간단하다.

먼저 여러분이 에디터를 사용하는 모습을 관찰하라. 무언가 같은 일을 반복하는 것을 발견할 때마다 이렇게 생각하는 습관을 들여라. '분명 더 나은 방법이 있을 텐데.' 그리고 더 나은 방법이 있는지 찾아보라.

유용한 기능을 새로 찾았다면 이 기능을 여러분의 몸이 기억하도록 만들어야 한다. 그래야 반사적으로 사용할 수 있다. 우리가 아는 유일한 방법은 반복이다. 여러분의 새로운 초능력을 활용할 기회를 의식적으로 찾아다녀라.

하루에도 몇 번씩 사용할 수 있다면 이상적이다. 대략 1주일 정도 후면 무의식적으로 사용할 수 있을 것이다.

### 에디터 성장시키기

강력한 프로그래머용 에디터는 대부분 기본이 되는 핵심부 위에 여러 가지 확장 기능을 얹은 형태로 이루어져 있다. 기본으로 들어 있는 확장 기능도 있고, 나중에 확장 기능을 추가할 수도 있다.

사용 중인 에디터에서 명백한 한계에 봉착한다면 필요한 기능을 추가하는 확장 기능을 찾아보라. 그런 기능이 필요한 사람은 아마 여러분만이 아닐 것이고, 운이 좋다면 누군가가 해결책을 만들어 놓았을 것이다.

한 걸음 더 나아가라. 사용하는 에디터의 확장 기능 언어를 파헤쳐 보라. 여러분이 늘 하는 반복적인 일을 자동화할 방법을 연구해 보라. 한두 줄만으로 가능한 경우가 많다.

때로는 더 멀리까지 나아가서 온전한 확장 기능을 만들어 낼 수도 있을 것이다. 그렇다면 그 확장 기능을 공개하라. 여러분이 필요한 것은 다른 사람도 필요할 것이다.

### 관련 항목

• 항목 7. 소통하라!

### 도전해 볼 것

• 자동 반복은 이제 그만.

  마지막으로 입력한 단어를 지우고 싶다고 해 보자. 백스페이스키를 누른 다음 손을 떼지 않은 채로 키보드의 자동 반복이 작동할 때까지 기다릴 것이다. 누구나 이렇게 한다. 아마 자동 반복을 워낙 자주 사용한 탓에 여러분의 뇌는 키보드에서 손을 떼는 타이밍을 정확하게 잴 수 있을 것이다.

이제 자동 반복 기능을 끄자. 대신 문자, 단어, 줄, 문단 단위로 이동하거나 선택, 삭제하는 단축키를 배워라.

- 이번 건 좀 타격이 있을 것이다.

  마우스나 트랙패드를 치워라. 1주일 동안 키보드로만 에디터를 사용하라. 포인터 이동 후 클릭하는 방식 외엔 달리 방법을 모르는 일들이 많이 나타날 것이다. 이제 배움의 시간이다. 새로 배운 단축키를 메모로 남겨라. 구식이지만 종이와 연필 사용을 추천한다.

  며칠간은 생산성이 뚝 떨어질 것이다. 하지만 손을 키보드에서 떼지 않고 일하는 방법을 배워 나갈수록 과거보다 더 빠르고 능숙하게 에디터를 사용할 수 있을 것이다.

- 여러분이 하는 일을 에디터에 통합하는 방법을 찾아라. 이 장을 쓰면서 데이브는 에디터 창에서 최종본 PDF 파일을 미리 확인할 수는 없을지 궁금해했다. 잠시 후, 다운로드가 끝나자 최종본이 원본 파일 옆에 나타났다. 모두 에디터 안에서 확인할 수 있었다. 에디터에 추가하고 싶은 것의 목록을 만들어라. 그리고 찾아보라.

- 더 야심 찬 도전 과제다. 여러분이 원하는 일을 하는 플러그인이나 확장 기능을 찾을 수 없다면 하나 만들어 보라. 앤디는 자신이 좋아하는 에디터마다 맞춤형 로컬 파일 기반 위키 플러그인을 개발하는 것을 좋아한다. 찾을 수 없다면 만들어라!

# Topic 19 버전 관리

> 진보라는 것은 변화와는 거리가 멀고 오히려 기억에 의존한다. 과거를 기억하지 못하는 사
> 람은 과거를 반복할 운명이다.
>
> – 조지 산타야나(George Santayana),《Life of Reason(이성의 삶)》

우리가 사용자 인터페이스에서 중요하게 여기는 것 중에 '실행 취소undo' 키
가 있다. 실수를 용서해 주는 버튼. 여러 단계의 실행 취소와 재실행을 지원
하는 환경이라면 몇 분 전에 발생했던 일도 일어나지 않은 과거 상태로 되돌
릴 수 있으니 금상첨화일 것이다.

하지만 실수가 지난주에 발생했고 그 이후로 컴퓨터를 열 번은 껐다 켰다
면 어떨까? 이것이 바로 버전 관리 시스템version control system, VCS을 사용하는 데
서 생기는 여러 가지 이득 가운데 하나다. 버전 관리 시스템은 일종의 거대한
'실행 취소' 키와 같다. 프로젝트 전체에 걸쳐서 코드가 실제로 컴파일되고
실행되던 지난주의 평화로운 시절로 돌려줄 수 있는 타임머신이다.

이 정도가 VCS 사용의 전부인 이들이 많을 것이다. 하지만 그렇다면 공동
작업과 배포 파이프라인, 이슈 추적에다 일반적인 팀 상호작용까지 아우르는
훨씬 더 큰 세상을 놓치고 있는 것이다.

자, 그럼 VCS를 한번 살펴보자. 먼저 변경 사항을 저장하는 곳으로서, 그다
음에는 여러분의 팀과 코드가 만나는 교차로로서 살펴보겠다.

---

### ☑ 공유 디렉터리는 버전 관리 시스템이 아니다

아직도 가끔씩 프로젝트 소스 파일을 단순하게 네트워크로 공유하는 팀과 마주친다. 내부 네
트워크로 공유하기도 하고, 클라우드 저장소 같은 것을 사용하기도 한다.

이건 지속 불가능하다.

공유 디렉터리를 사용하는 팀은 끊임없이 동료의 작업을 망가트리거나, 변경 사항을 잃어버

---

리거나, 빌드를 깨트리거나 아니면 주차장에서 주먹다짐을 하게 된다. 동시에 작동하는 프로그램이 아무런 동기화 장치 없이 데이터를 공유하는 것과 마찬가지다. 버전 관리를 사용하라.

이게 끝이 아니다! 어떤 이는 버전 관리를 사용하긴 하는데 주 저장소를 네트워크 드라이브나 클라우드에 둔다. 이렇게 하면 양쪽의 장점을 모두 취할 수 있다는 것이다. 어디서나 파일에 접근할 수 있고, 클라우드를 사용하면 원격 백업도 생긴다고 말이다.

실은 이게 더 안 좋다. 자료를 송두리째 잃어버릴 수도 있다. 버전 관리 소프트웨어는 일련의 파일 및 디렉터리들과 상호작용한다. 만약 두 군데에서 동시에 변경이 일어나면 전체 상태가 꼬일 수 있고, 그 후에 어떤 처참한 상황이 벌어질지는 아무도 모른다. 확실한 것은 개발자가 엉엉 우는 모습은 그리 보고 싶지 않다는 것이다.

## 소스 코드부터 시작

버전 관리 시스템은 소스 코드나 문서의 모든 변경 사항을 기억한다. 바르게 설정된 버전 관리 시스템이 있으면 소프트웨어의 이전 버전으로 언제든지 되돌아갈 수 있다.

하지만 버전 관리 시스템은 실수를 되돌리는 것 외에도 아주 많은 일을 한다. 좋은 VCS를 사용하면 변경 사항을 추적하여 다음과 같은 질문에도 답할 수 있다. 코드의 이 줄을 누가 바꿨을까? 현재 버전과 지난주 버전은 어디가 달라졌나? 이번 릴리스에 코드를 몇 줄이나 바꿨을까? 어느 파일이 가장 자주 바뀌나? 이런 종류의 정보는 버그 추적이나, 감사audit, 성능 관리, 품질 관리를 해야 할 때 매우 귀중하다.

VCS를 사용하면 소프트웨어의 특정 릴리스를 찾을 수도 있다. 일단 어떤 릴리스를 찾으면 여러분은 언제나 거꾸로 돌아가서 그 이후에 무엇이 바뀌었든 상관없이 해당 릴리스를 재생산해 낼 수 있다.

버전 관리 시스템이 관리하는 파일들을 중앙 저장소에도 복제해 두면 자료를 장기간 보관하기에 탁월한 도구가 된다.

마지막으로, 버전 관리 시스템을 사용하면 둘 이상의 사용자가 동일한 파일들을 동시에 작업할 수 있다. 심지어 하나의 파일을 동시에 수정할 수도 있다. 파일을 저장소로 다시 보낼 때 시스템이 수정 사항들을 합쳐 준다. 이런 시스템은 일견 위험해 보이지만 다양한 크기의 프로젝트에서 잘 작동한다.

---

**Tip 28** 언제나 버전 관리 시스템을 사용하라.

---

언제나. 혼자서 한 주짜리 프로젝트를 진행하는 경우일지라도, 나중에 '버리기로 한' 프로토타입일지라도, 심지어 여러분이 작업하는 것이 소스 코드가 아닐지라도, 모든 것을 버전 관리 아래에 둬라. 각종 문서, 전화번호 목록, 외부 업체에 보내는 메모, makefile, 빌드와 릴리스 절차, 로그 파일을 정리하는 작은 셸 스크립트까지 모두 다. 우리는 우리가 키보드로 입력하는 거의 모든 것에 대해 일상적으로 버전 관리 시스템을 사용한다. 이 책 원고도 마찬가지다. 우리가 특별한 프로젝트 작업을 하지 않을 때도 일상적인 작업은 저장소에 안전하게 보관된다.

## 브랜치 사용하기

버전 관리 시스템은 프로젝트의 역사 하나를 보관하는데 그치지 않는다. VCS의 매우 강력하고 유용한 기능으로, 개발 중인 내용을 섬처럼 따로 떼어 격리하는 '브랜치branch'가 있다. 프로젝트의 어느 시점에나 브랜치를 만들 수 있다. 브랜치에서 작업한 내용은 다른 브랜치로부터 격리되지만, 작업한 브랜치를 나중에 다른 브랜치로 '병합merge'할 수도 있다. 그러면 브랜치에서 작업한 내용이 다른 브랜치에도 들어간다. 여러 사람이 하나의 브랜치에서 함께 작업할 수도 있다. 브랜치는 프로젝트의 작은 복사본이라고 할 수 있다.

브랜치의 장점 중에 다른 브랜치로부터 격리된다는 것이 있다. 여러분이

브랜치에서 기능 A를 개발하는 동안 동료는 다른 브랜치에서 기능 B를 작업할 수 있다. 둘은 서로를 방해하지 않는다.

또 다른 장점은 다소 놀라울 수도 있을 텐데, 브랜치가 팀의 프로젝트 업무 흐름에서 핵심이 되는 경우가 많다는 것이다.

그리고 바로 이 부분이 좀 혼란스러워지는 부분이기도 하다. 버전 관리에서 브랜치와 테스트 구조는 공통점이 있다. 둘 다 수천 명의 외부인들이 어떻게 하는 게 맞다고 잔소리를 한다는 거다. 그리고 그들의 조언은 대체로 의미가 없다. 왜냐하면 그들이 진짜로 말하고 있는 거는 "나한테는 이게 괜찮았어"이기 때문이다.

그러므로 여러분의 프로젝트에서 버전 관리 시스템을 사용하라. 그리고 업무 흐름에서 문제가 생기면 해결책을 찾아보라. 경험이 좀 더 쌓인 후에 여러분의 사용 방식을 검토하고 조정하는 것을 잊지 말라.

---

☑ 사고 실험

아직 한 모금도 안 마신 밀크티(홍차는 잉글리시 브렉퍼스트가 좋겠다)를 몽땅 노트북 키보드에 쏟아 버렸다. 서비스 센터에 들고 갔더니 얼굴을 찌푸리며 혀를 쯧쯧 찬다. 새 컴퓨터를 사서 집으로 돌아왔다.

운명의 밀크티를 들어 올리던 시점의 컴퓨터와 동일한 상태로 돌아오는데 시간이 얼마나 걸릴까? SSH 키와 에디터 설정, 셸 설정, 설치된 응용 프로그램 등을 모두 복구해야 한다. 우리 둘 중 하나가 최근에 겪은 상황이다.

다행히도 기존 컴퓨터의 설정이나 사용 방식을 표현한 것들이 얼추 다 버전 관리 시스템에 저장되어 있었다. 예를 들면 다음과 같다.

- 모든 사용자 설정 및 "."으로 시작하는 파일[6]
- 에디터 설정

---

6 (옮긴이) 유닉스 계열 운영 체제에서는 사용자 설정이나 프로그램의 상태 정보 등을 "."으로 시작하는 파일이나 디렉터리에 저장하는 경우가 많다. 닷파일(dotfile)이라고도 부른다.

- 홈브루Homebrew[7]로 설치한 소프트웨어 목록
- 애플리케이션을 설정하는 앤서블ansible 스크립트
- 현재 진행 중인 프로젝트 모두

날이 저물기 전에 복구가 끝났다.

## 프로젝트 허브로서의 버전 관리

개인 프로젝트에도 매우 유용하긴 하지만 버전 관리는 팀에서 사용할 때 그 진가가 드러난다. 그리고 그 가치는 대부분 여러분이 저장소를 어떻게 관리하느냐에서 결정된다.

오늘날 버전 관리 시스템은 대부분 꼭 별도로 서버를 두지 않아도 된다. 완전히 분산시켜서 개발자 개개인이 점 대 점 방식으로 협업할 수도 있다. 하지만 이런 시스템에서도 중앙 저장소를 두는 방식을 검토해 보는 게 좋다. 중앙 저장소가 있으면 프로젝트 업무 흐름을 원활하게 해 주는 수많은 확장 기능을 이용할 수 있기 때문이다.

저장소 시스템은 대부분 오픈 소스이므로 여러분이 직접 설치하고 운영할 수 있다. 하지만 저장소 관리가 여러분 회사의 핵심 업무는 아니므로 웬만하면 외부 서비스 이용을 추천한다. 다음과 같은 기능이 있어야 한다.

- 확실한 보안과 권한 관리
- 직관적인 UI
- 명령 줄에서도 모든 작업 수행 가능(작업을 자동화할 때 필요하다.)
- 자동화된 빌드와 테스트
- 브랜치 병합(풀 리퀘스트pull request라고 부르기도 한다)을 잘 지원
- 이슈 관리. 커밋이나 브랜치 병합과 연계가 가능하고 지표도 구할 수 있으

---

7  (옮긴이) 맥OS용 패키지 관리자.

면 이상적이다.

- 적절한 보고서 기능. 칸반 보드Kanban board 형식으로 처리할 이슈나 작업을 표시할 수 있으면 매우 유용하다.
- 원활한 팀 의사소통을 돕는 기능. 변경 사항이 있을 때 이메일 혹은 다른 수단으로 알려준다든지, 위키를 제공한다든지 하는 등등

VCS를 다음과 같이 설정해 놓는 팀이 많다. 특정 브랜치에 푸시push를 하면 시스템을 빌드하고, 테스트를 수행한 다음, 테스트가 성공하면 새로운 코드를 서비스에 배포한다.

무서운 방식 같은가? 버전 관리 시스템을 사용한다면 걱정하지 않아도 된다. 언제든지 롤백rollback, 즉 되돌릴 수 있다.

### 관련 항목

- 항목 11. 가역성
- 항목 49. 실용주의 팀
- 항목 51. 실용주의 시작 도구

### 도전해 볼 것

- VCS를 사용하면 이전의 어떤 상태로든 롤백할 수 있다는 것을 배웠다. 그런데 정말로 롤백할 수 있는가? 안전하게 롤백하는 명령어를 아는가? 사고가 발생했을 때 압박감 속에서 배우려 하지 말고 지금 미리 익혀 둬라.
- 예상치 못한 일이 발생했을 때 여러분의 노트북 환경을 복구하는 것에 대해 시간을 두고 고민해 보라. 무엇을 복구해야 할까? 복구해야 하는 것의 대부분은 그냥 텍스트 파일일 것이다. VCS에 들어 있지 않다면 VCS에 추가하는 방법을 찾아라. 노트북 바깥의 VCS를 사용해야 한다. 그다음으로

설치한 프로그램, 시스템 설정 등 다른 것도 생각해 보자. 어떻게 하면 이 것들도 텍스트 파일로 표현해서 저장할 수 있을까?

재미있는 실험을 해 볼 수도 있다. 어느 정도 작업을 한 것 같으면 더 이상 사용하지 않는 오래된 컴퓨터를 한 대 구한 다음, VCS를 활용한 새로운 방식으로 컴퓨터를 설정할 수 있는지 확인해 보라.

• 지금 사용하고 있는 VCS, 그리고 다른 호스팅 서비스의 기능을 의식적으로 둘러보라. 여러분의 팀이 기능 브랜치를 사용하지 않고 있다면 실험적으로 도입해 보라. 풀 리퀘스트나 병합 요청, 지속적 통합, 빌드 파이프라인, 지속적 배포도 마찬가지다. 위키나 칸반 보드 같은 팀 의사소통 도구도 살펴보라.

이런 도구들을 꼭 사용해야 하는 것은 아니다. 하지만 결정을 내리려면 적어도 이것들이 무엇을 하는 것인지는 알아야 한다.

• 프로젝트 이외의 것에도 버전 관리를 사용하라.

## Topic 20 디버깅

> 참으로 고통스러운 일입니다.
> 자신이 겪는 어려움을 보고는 알게 되죠.
> 다른 누구도 아닌 바로 자신이 문제를 만들었다는 걸.
>
> – 소포클레스(Sophocles) 《아이아스》

'버그'라는 단어는 14세기 이래 '공포의 대상'을 지칭하는 단어로 사용되어 왔다. 코볼COBOL의 창안자인 해군 제독 그레이스 호퍼 박사는 최초로 컴퓨터에서 '버그', 그러니까 벌레를 발견한 것으로도 알려져 있다. 여기서 말하는 벌레는 정말로 옛날 컴퓨터 시스템 기기에 걸린 나방이었다. 기계가 의도대로 움직이지 않는 이유를 물어보자 한 기술자가 '시스템에 버그'가 있었다고 보고하고는 착실하게도 그걸 날개를 비롯해 통째로 업무 일지에 테이프로 붙였다.

비록 날아다니는 종류는 아니지만, 유감스럽게도 여전히 우리 시스템에는 버그가 있다. 그러나 무서운 것bogeyman이라는 14세기의 의미는 그때보다 지금 더 잘 들어맞는다. 소프트웨어 결함은 요구 사항을 오해하는 것부터 코딩 오류에 이르기까지 여러 모습으로 나타난다. 안타깝지만 지금도 컴퓨터 시스템은 여전히 여러분이 **명령하는** 것을 할 뿐, 여러분이 **원하는** 것을 알아서 하지 않는다.

아무도 완벽한 소프트웨어를 작성하지 못하므로 하루 대부분을 디버깅으로 보낼 것이라는 건 기정사실이다. 디버깅에 관련된 몇몇 문제를 살펴보고, 꼭꼭 숨어있는 버그를 찾아내는 일반적인 전략을 몇 가지 알아보도록 하자.

## 디버깅의 심리

디버깅은 많은 개발자에게 예민하고 감성적인 주제다. 디버깅을 풀어야 할 퍼즐로 공략하는 대신 현실 부정이나 손가락질, 어설픈 변명, 무관심으로 대하는 사람과 마주치기도 한다.

디버깅은 단지 문제 풀이일 뿐이라는 사실을 받아들이고, 그런 마음으로 공략하라.

다른 사람의 버그를 발견한 후, 그 버그를 만들어 낸 부정한 범죄자를 비난하는 데에 시간과 노력을 쏟을 수도 있다. 어떤 회사에서는 비난이 문화의 일부고 거기서 카타르시스를 얻기도 할 터이다. 하지만 기술의 전당에서는 남을 비난하기보다 문제를 고치는 데에 집중해야 한다.

---

**Tip 29**  비난 대신 문제를 해결하라.

---

버그가 여러분의 잘못인지 다른 사람의 잘못인지는 중요치 않다. 어쨌거나 그 버그를 해결해야 하는 사람은 여러분이다.

## 디버깅 사고방식

> 가장 속이기 쉬운 사람은 자기 자신이다.
>
> – 에드워드 불워-리턴(Edward Bulwer-Lytton),《The Disowned(의절)》

디버깅을 시작하기에 앞서 올바른 마음가짐이 중요하다. 자신의 자아를 보호하기 위해 늘 켜 놓는 많은 방어막을 꺼 버리고, 여러분을 짓누르고 있는 프로젝트의 압력을 무시해서 자신을 편안하게 만들어야 한다. 무엇보다도 다음 디버깅 제1 법칙을 기억하라.

---

**Tip 30** 당황하지 말라.

---

마감일이 코앞이거나 버그의 원인을 찾는 동안 신경질적인 상사나 의뢰인이 여러분에게 바짝 붙어서 감시하고 있다면 더더욱 당황하기 쉽다. 하지만 한 발짝 뒤로 물러나서 여러분이 버그라고 생각하는 증상의 원인이 무엇일지 진짜로 생각해 보는 것이 정말 중요하다.

버그를 목격하거나 버그 신고를 보는 순간의 첫 반응이 "그건 불가능해."라면 여러분은 두말할 필요 없이 틀렸다. '하지만 정말 그럴 리가 없는데.'로 시작하는 생각의 흐름에 신경 세포 하나도 낭비하지 말라. 왜냐하면 명백히 그런 일은 일어날 수 있으며, 실제로도 일어났기 때문이다.

디버깅할 때 근시안의 함정에 주의하라. 표면에 보이는 증상만 고치려는 욕구를 이겨 내라. 실제 문제는 여러분 눈앞에 있는 것에서 몇 단계 떨어져 있고, 또 다른 여러 가지와 연관되어 있을 확률이 다분하다. 겉으로 드러난 특정한 증상만 고치려고 하지 말고, 항상 문제의 근본 원인을 찾으려고 노력하라.

## 실마리 찾기

버그를 살펴보기 전에 일단 작업 중인 코드가 경고 없이 깨끗하게 빌드되는지부터 확인하라. 우리는 늘 컴파일러의 경고 수준을 최고로 높게 맞춘다. 컴퓨터가 대신 찾아 줄 수 있는 문제를 여러분이 찾느라 시간을 허비한다는 건 말도 안 된다! 우리는 당면한 더 어려운 문제에 집중해야 한다.

어떤 문제건 해결을 하려면 관련 자료를 모두 모아야 한다. 불행히도 버그 보고는 정밀과학이 아니고, 우연에 의해 오도되기 쉽다. 우리는 우연한 사건들을 디버깅하느라 시간을 낭비할 여유가 없다. 일단 정확하게 관찰해야 한다.

외부 업체로부터 인입된 버그 보고서는 정확도가 훨씬 더 떨어진다. 자세한 정보를 충분히 얻으려면 해당 버그를 보고한 사용자가 시연하는 것을 눈으로 직접 확인해야 할 수도 있다.

앤디는 대형 그래픽 애플리케이션 프로젝트에서 일한 적이 있다. 릴리스가 가까워졌을 때 한 테스터가 특정한 붓으로 쓱 긋기만 하면 애플리케이션이 죽어 버린다고 보고했다. 담당 프로그래머는 아무 문제가 없다고 반박했다. 그는 직접 해당 붓으로 선을 쓱 그어 봤고 별 문제 없이 잘 작동했다. 똑같은 실랑이가 며칠간 반복되었고 사람들의 감정은 순식간에 악화되었다.

결국 모든 사람을 같은 방에 모았다. 테스터는 문제의 붓을 선택하고 우상단에서 좌하단으로 쓱 그었고 애플리케이션은 죽어 버렸다. "이런." 프로그래머가 작은 목소리로 말했다. 그는 테스트할 때 언제나 좌하단에서 우상단으로 선을 그었는데 그때는 아무 문제도 없었다며 부끄러워했다.

이 이야기에는 두 가지 교훈이 있다.

- 처음에 받은 자료 이상을 얻기 위해서 버그를 보고한 사용자를 인터뷰할 필요도 있다.
- 인공적인 테스트-예컨대 프로그래머가 밑에서 위로 선을 그은 것 같은 테스트-는 애플리케이션을 충분히 테스트하지 못한다. 경계 조건boundary condition과 실제 최종 사용자의 사용 패턴 모두를 철저히 테스트해야 한다. 그것도 체계적으로 할 필요가 있다.(394쪽의 "가차 없고 지속적인 테스트" 참고)

## 디버깅 전략

여러분이 무슨 일이 벌어지고 있는지 파악했다는 생각이 들었다면, 이번에는 프로그램은 어떻게 생각하는지 알아낼 차례다.

### 버그 재현하기

오해하지 말라. 버그가 번식해서reproduce 수가 늘지는 않는다(비록 그중 몇 개는 정말 새끼를 칠 정도로 오래된 놈일 수 있겠지만). 영어로는 같은 단어지만, 우리가 해야 하는 일은 버그를 재현하는reproduce 것이다.

버그를 고치는 첫걸음으로 가장 좋은 것은 그 버그를 재현할 수 있게 만드는 것이다. 무엇보다, 재현할 수 없다면 어떻게 그 버그를 고쳤다는 것을 확인할 수 있겠는가?

하지만 여러 단계를 거쳐야만 비로소 버그를 재현할 수 있다면 좀 부족하다. 우리는 '명령 하나'로 재현할 수 있기를 바란다. 버그가 출현하는 시점까지 열다섯 단계를 거쳐야 한다면 버그 수정은 훨씬 어렵다.

그래서 디버깅의 가장 중요한 규칙은 이것이다.

---

**Tip 31** 코드를 고치기 전 실패하는 테스트부터.

버그가 발생하는 상황을 다른 것들로부터 분리하다 보면 어떻게 고쳐야 할지에 대한 통찰을 얻기도 한다. 테스트를 작성하는 행위가 해결책을 알려주는 것이다.

## 미지의 세계에 온 프로그래머

버그를 분리한다는 이야기는 다 좋다. 그런데 5만 줄짜리 코드가 눈앞에 있고 시간은 흘러가고 있다면 불쌍한 프로그래머는 무엇을 해야 할까?

먼저 문제가 무엇인지 보자. 프로그램이 죽었는가? 우리가 프로그래밍 실습이 포함된 수업을 할 때면, 빨간색 예외 메시지가 튀어나오면 냅다 탭 키를 눌러서 코드로 직진하는 개발자가 얼마나 많은지 늘 놀라울 따름이다.

---

**Tip 32**  그놈의damn 오류 메시지 좀 읽어라.

---

이 정도면 됐겠지?

### 이상한 결과

프로그램이 죽는 것이 아니라 결과가 이상한 상황이면 어떻게 해야 할까?

디버거를 붙인 다음 여러분의 실패하는 테스트를 이용하여 문제를 재현하라.

무엇보다 먼저 디버거에 잘못된 값이 나타나는지부터 확인하라. 버그 하나를 추적한답시고 수 시간을 허비하고서야 비로소 이번에 코드를 실행했을 때는 해당 코드에 문제가 없었다는 것을 알아차린 경험을 우리 둘 다 갖고 있다.

때로는 문제가 명백한 경우도 있다. 금리를 나타내는 변수에 들어 있는 값이 0.045여야 하는데 4.5인 경우처럼 말이다. 하지만 애초에 이 값이 왜 잘못 들어 있는지 알아내려면 더 깊이 살펴봐야 하는 경우가 더 많다. 디버거에서 호출 스택 위아래로 어떻게 이동하고, 스택의 지역 변수를 어떻게 확인하는지 숙지하라.

옆에 종이와 펜을 가져다 두고 메모를 하면 도움이 될 때가 많다. 우리 경험상 가끔 실마리를 발견하고 쫓아 들어갔지만 결국 허탕을 쳤을 때 메모가 특히 도움이 되었다. 추적을 시작할 때 우리가 어디에 있었는지 메모를 남겨 두지 않았다면 원래 자리로 돌아오느라 시간을 많이 소모했을 것이다.

가끔은 영원히 스크롤 해야 할 것 같은 긴 스택 트레이스stack trace를 만날 때가 있다. 이런 때는 스택 프레임을 일일이 조사하는 것보다 더 빠른 방법이 있다. 바로 '이진 분할binary chop'을 하는 것이다. 이진 분할을 알아보기 전에 다른 흔한 버그 시나리오 두 가지를 먼저 살펴보자.

### 입력값에 따라 바뀜

이런 경험이 있을 것이다. 여러분의 프로그램은 모든 테스트 데이터를 잘 처리했고, 서비스에 적용한 후에도 일주일 동안 훌륭하게 동작했다. 그런데 갑자기 특정한 데이터 세트만 들어오면 죽어 버린다.

프로그램이 죽은 지점부터 거꾸로 추적해 갈 수도 있다. 하지만 데이터에서 시작하는 것이 더 쉬운 경우도 있다. 데이터 세트를 복사한 다음, 개발 환경에서 실행시킨 애플리케이션에 입력해서 여전히 프로그램이 죽는지 확인하라. 프로그램이 죽는다면 이진 분할을 활용해서 정확히 어떤 입력값이 범인인지 찾아내라.

### 릴리스 사이에서 발생한 문제regression

여러분이 훌륭한 팀에 속해 있다고 하자. 소프트웨어를 실제 서비스에 배포한다. 일주일 전에는 괜찮았던 코드에서 언제부터 있었는지 모를 버그가 나타났다. 정확하게 어떤 변경 사항 때문에 버그가 발생했는지 알아낼 수 있다면 좋지 않을까? 그렇다. 이진 분할이 등장할 시간이다.

## 이진 분할

학부 때 컴퓨터 과학을 전공했다면 이진 분할을 짜 보았을 것이다. 종종 이분 탐색, 이진 검색binary search 등으로도 부르는데, 발상은 단순하다. 정렬된 배열에서 특정한 값을 찾고 싶다. 맨 앞부터 하나씩 차례대로 값을 확인할 수도 있겠지만, 그러면 원하는 값 혹은 원하는 값보다 큰 값을 만날 때까지 평균적으로 대략 배열 길이의 절반만큼을 확인해야 한다. 원하는 값보다 큰 값을 만났다는 것은 원하는 값이 배열에 존재하지 않는다는 뜻이다.

하지만 '분할 정복divide and conquer' 방식을 사용하면 더 빠르다. 배열에서 가운데에 위치한 값, 즉 중앙값을 골라라. 이 값이 원하는 값이면 멈춘다. 아니면 중앙값을 기준으로 배열을 둘로 쪼갠다. 원하는 값이 중앙값보다 작으면 앞쪽 배열에 원하는 값이 있을 것이고, 중앙값보다 크면 뒤쪽 배열에 원하는 값이 있을 것이다. 쪼개진 배열 중 맞는 쪽에서 이 과정을 반복한다. 순식간에 결과를 얻을 수 있을 것이다. ('대문자 $O$ 표기법'에 대해 이야기할 때 나오겠지만 순차 검색은 $O(n)$인 반면 이진 검색은 $O(\log n)$이다.)

문제의 크기가 조금만 커지더라도 이진 분할이 훨씬 더 빠르다. 그렇다면 디버깅에는 어떻게 적용할 수 있을까?

거대한 스택 트레이스가 눈앞에 있다. 여러분은 이 중에 정확히 어떤 함수에서 문제가 되는 값을 엉망으로 만들었는지 찾아내려 한다. 검색을 시작하기 위해 여러분은 중간 즈음에서 스택 프레임을 하나 골라서 값이 정상인지 확인한다. 정상이라면 그 위의 프레임들을 확인해야 하고, 아니라면 그 밑의 프레임들을 확인해야 한다. 다시 이진 분할을 반복한다. 스택 트레이스에 프레임이 64개나 있더라도 이 방식을 사용하면 6번 안에 답을 찾아낼 수 있다.

특정 데이터 세트에 대해서만 버그가 나타나는 경우에도 마찬가지로 이진 분할을 사용할 수 있다. 데이터 세트를 둘로 나누고, 각각을 프로그램에 넣었을 때 문제가 발생하는지 살펴보라. 문제가 발생하는 가장 작은 데이터 세트를 만들 때까지 나누기를 반복하라.

현재 릴리스에서 예전 릴리스에는 없었던 버그가 발생했다면 역시 마찬가지 종류의 기법을 사용할 수 있다. 현재 릴리스에서 실패하는 테스트를 만들어라. 문제가 없었던 버전 중 가장 최근 버전과 현재 버전 사이에서 중간 정도에 위치한 릴리스를 골라라. 테스트를 수행한 후, 결과에 따라 어느 쪽을 탐색할지 골라라. 이런 탐색이 가능해지는 것도 여러분이 프로젝트에 좋은 버전 관리 시스템을 사용할 때 얻을 수 있는 많은 혜택 중 하나다. 사실 많은 버전 관리 시스템은 한 발짝 더 나아가서 이 과정을 자동으로 수행한다. 테스트 결과에 따라 문제가 처음 발생하는 릴리스를 자동으로 찾아 준다.

### 로깅과 트레이싱

디버거는 일반적으로 프로그램의 현재 상태에 주목한다. 그러나 때로는 그 이상이 필요하다. 시간에 따라 프로그램이나 데이터 구조의 상태가 변하는 것을 관찰해야 할 때도 있다. 스택 트레이스는 단지 여기에 어떻게 도달했는지를 단편적으로 말해 줄 수 있을 뿐이고, 보통은 스택 트레이스에 나온 함수를 호출하기 전에 여러분이 무엇을 하고 있었는지 알려 줄 수 없다. 특히 이벤트 기반 시스템에서는 더하다.[8]

트레이싱tracing 구문은 '여기까지 도달'이나 '**x값 = 2**'같이 화면 혹은 파일에 출력하는 작은 진단용diagnostic 메시지를 일컫는다. IDE 형태의 디버거에 비하면 원시적인 기법이긴 하지만, 디버거가 진단할 수 없는 몇 가지 종류의 오류를 진단하는 데에는 매우 효과적이다. 트레이싱은 여러 프로세스가 동시에 작동하는 경우, 실시간real-time 시스템, 이벤트 기반 애플리케이션 등, 시간 자체가 중요한 요소가 되는 시스템에서 이루 말할 수 없이 소중하다.

코드 깊숙이 파고 들어가기 위해 트레이싱 구문을 사용할 수 있다. 즉, 호출 트리call tree에서 내려갈 때마다 트레이싱 구문을 추가할 수 있다.

---

8  엘름(Elm) 언어에 시간 여행 디버거가 있기는 하다.

트레이싱 구문으로 남기는 메시지는 규칙적이고 일관된 형식이어야 한다. 메시지를 자동으로 분석해야 할 수도 있기 때문이다. 예를 들어 자원 누수를 찾기 위해 짝이 맞지 않는 open과 close를 추적해 보고 싶다면, open과 close를 호출할 때마다 메시지를 로그 파일에 남겨 볼 수 있다. 로그 파일을 텍스트 처리 도구와 셸 명령어로 처리하면 문제를 일으키는 open을 쉽게 찾아낼 수 있다.

## 고무 오리

문제의 원인을 찾는 매우 단순하지만 꽤 유용한 기법으로 그냥 누군가에게 문제를 설명하는 방법이 있다. 상대방은 여러분의 어깨 너머로 화면을 바라보면서 자기 머리를 계속 끄덕인다. 마치 고무 오리가 욕조 안에서 아래위로 까닥이듯이 말이다. 듣는 사람은 입도 뻥긋할 필요가 없다. 코드가 무엇을 해야 하는지 차근차근 설명해 나가는 단순한 행위 그 자체로 충분할 때가 많다. 그것만으로도 여러분이 찾고 있던 문제가 화면 밖으로 뛰쳐나와 모습을 드러낸다.[9]

간단해 보인다. 하지만 누군가에게 문제를 설명하게 되면 혼자 코드를 살펴볼 때는 당연히 여기고 지나갈 것을 명시적으로 이야기해야 한다. 이런 가정 몇 가지를 입 밖에 내면, 문제에 대한 새로운 통찰을 불현듯이 얻을 수도 있다. 만약 들어 줄 사람이 없다면 고무 오리나 곰 인형, 화분도 괜찮다.[10]

### 소거법

---

9  왜 '고무 오리'인가? 데이브는 런던 임피리얼 대학 학생일 때 그가 아는 최고의 개발자 중 한 명인 그레그 푸(Greg Pugh)라고 하는 연구 조교와 함께 많이 일했다. 몇 개월 동안 그레그는 작은 노란색 고무 오리를 들고 다니면서 코딩할 때마다 자신의 단말기 위에 그 오리를 올려놓았다. 데이브는 그게 뭔지 물어볼 용기를 내기까지 꽤 오랫동안 영문도 모르고 단말기 위의 고무 오리를 보아야 했다.

10  이 책의 예전 버전에는 화분(potted plant)이 아니라 대마초(pot plant)에게 이야기하라고 되어 있었는데, 오타다. 정말로.

대다수의 프로젝트에서 여러분이 디버깅하는 코드에는 자신이나 같은 프로젝트팀 사람들이 작성한 애플리케이션 코드, 외부 제품들(데이터베이스나 네트워크, 웹 프레임워크, 특화된 통신 방식, 알고리즘 등), 플랫폼 환경(운영체제, 시스템 라이브러리, 컴파일러)이 뒤섞여 있을 것이다.

OS나 컴파일러 혹은 외부 제품에 버그가 있을 수도 있다. 하지만 처음부터 그런 생각을 하지는 말라. 개발하고 있는 애플리케이션 코드에 버그가 존재할 가능성이 훨씬 더 크다. 대개 애플리케이션 코드가 라이브러리를 잘못 호출하고 있다고 가정하는 편이 라이브러리 자체에 문제가 있다고 가정하는 것보다 낫다. 설사 외부 제품에 문제가 있더라도 버그 리포트를 제출하기 전에 여러분의 코드에 문제가 없다는 것을 확인해야 하는 것은 마찬가지다.

우리가 맡았던 프로젝트에서 한 고참 엔지니어는 select 시스템 콜[11]이 특정 유닉스 시스템에서 제대로 작동하지 않는다고 확신했었다. 어떤 설득이나 논리도 그의 생각을 바꿀 수 없었다. 같은 컴퓨터에서 다른 네트워킹 애플리케이션이 모두 잘 작동한다는 사실도 신경 쓰지 않았다. 그는 수 주에 걸쳐 우회하는 코드를 작성했지만 뭔가 이상한 이유로 문제를 해결하지 못한 듯 보였다. 결국 자리에 앉아서 select에 관한 문서를 읽을 수밖에 없게 되자 그는 원인을 발견해 냈고, 몇 분 만에 문제를 해결했다. 우리 둘 중 하나가 자신의 실수일 수 있는 일을 시스템의 문제라고 탓하기 시작하면 우리는 그 사건을 떠올리도록 'select가 망가졌어'라는 표현을 사용한다.

---

**Tip 33** "select"는 망가지지 않았다.

---

발굽 모양을 보면 말을 생각해야지 얼룩말부터 떠올리지 말라. OS는 아마 망

---

11 (옮긴이) select는 여러 파일 디스크립터를 감시하면서 입출력 작업을 바로 할 수 있는지 알려주는 시스템 콜이다. 주로 네트워크 프로그래밍에서 사용하는데, 사용법이 복잡하고 몇 가지 기능상의 제약도 있어서 잘못 사용하기 쉽다.

가지지 않았을 것이고, select도 아마 괜찮을 거다.

만약 여러분이 '단 하나만 변경'했는데 시스템이 작동을 멈춘다면 설사 아무 관련이 없어 보여도 십중팔구 직접적이든 간접적이든 변경한 그 하나에 책임이 있다. 때로는 바뀌는 것에 대해 여러분이 할 수 있는 게 아무것도 없는 경우도 있다. OS나 컴파일러, 데이터베이스 혹은 외부 소프트웨어가 새로운 버전으로 바뀌면서 이전에는 잘 돌아가던 코드가 완전히 쑥밭이 될 수도 있다. 새로운 버그가 출현할지도 모른다. 어떤 버그 때문에 추가한 땜질 코드가 그 버그가 고쳐지면서 망가질 수도 있다. API가 바뀌기도 하고 기능이 바뀌기도 한다. 한마디로 말해 딴 세상이 되는 것이고 새 조건하에서 시스템을 다시 테스트해야 한다. 그렇기 때문에 업그레이드를 고려할 때는 일정을 면밀히 살펴라. 다음 릴리스 이후로 업그레이드를 미루고 싶어질지도 모른다.

## 놀라운 구석

어떤 버그로 놀라게 될 때(어쩌면 모기 만한 소리로 "그건 불가능해."라고 중얼거리게 될 때), 애지중지 믿고 있던 진실들을 재평가해야만 한다. 할인가 계산 알고리즘에서 모든 경계 조건을 테스트했던가? 여러분이 정말 완벽하다고 알고 있었고, 이 버그를 일으키리라고는 상상조차 해 본 적 없는 바로 그 알고리즘에서? 수년간 사용하고 있어서 더 이상 버그가 있을 리 없는 그런 코드는 어떨까, 혹시 버그가 있지는 않을까?

물론 버그가 있을 수 있다. 뭔가 잘못될 때 놀라는 정도는 실행되는 코드에 갖는 신뢰와 믿음의 정도에 비례한다. 그렇기 때문에 예상치 못한 '놀라운' 실패를 대면했을 때 자신이 세운 가정이 적어도 하나는 잘못되었다는 것을 받아들여야 한다. 버그와 관련된 루틴이나 코드가 제대로 작동하는 걸 '안다'고 해서 대충 얼버무리고 지나치지 말라. 그것을 증명하라. 이 맥락 안에서, 이 데이터로, 이 경계 조건하에서 증명하라.

**가정하지 말라. 증명하라.**

놀라운 버그를 마주쳤을 때, 단순히 그걸 고치는 것을 넘어서 왜 이 문제가 더 일찍 발견되지 않았을까 생각해 봐야 한다. 버그를 미리 잡을 수 있도록 단위 테스트나 다른 테스트를 수정할 필요가 있는지 고민해 보라.

버그의 원인인 불량 데이터가 폭발을 일으키기 전에 이미 몇 단계를 거쳐온 것일 수도 있다. 그렇다면 거쳐온 루틴 속에서 매개 변수 검사를 좀 더 잘 했더라면 그 문제를 더 일찍 찾아낼 수 있지는 않았을지 살펴보라.(160쪽의 '일찍 작동을 멈춰라'와 162쪽의 '단정문'에 대한 논의를 보라.)

버그를 수정하는 김에, 혹시 이것과 동일한 버그가 있을 법한 다른 코드가 있는지 살펴보자. 바로 지금 그것들을 찾아서 고쳐야 한다. 어떤 일이 일어났든지 간에 똑같은 일이 다시 발생하면 그 사실을 알 수 있도록 하라.

이 버그를 고치는 데 시간이 오래 걸린다면 왜 그런지 자문하라. 무엇을 하면 다음번에는 이 버그를 좀 더 쉽게 고칠 수 있을까? 더 나은 테스트 훅$_{test}$ $hook^{12}$을 만들어 넣거나, 로그 파일 분석기를 작성할 수도 있겠다.

마지막으로, 버그가 누군가의 잘못된 가정으로 발생했다면 이 문제를 전체 팀과 함께 토론하라. 한 사람이 오해했다면 다른 사람들도 그럴 수 있다.

이 모두를 행해서 바라건대 다음번에는 놀라지 않게 되기를.

## 디버깅 체크 리스트

• 보고된 문제가 내재하는 버그의 직접적 결과인가 아니면 단순히 증상일 뿐인가?

• 버그가 정말로 여러분이 사용하는 프레임워크에 있나? OS에? 아니면 여러분 코드에 있나?

---

12 (옮긴이) 테스트 훅(test hook)은 테스트 대상 코드의 동작이 테스트 시에만 달라지도록 하는 메커니즘을 뜻한다.

- 이 문제를 동료에게 상세히 설명한다면 어떻게 말하겠는가?
- 의심 가는 코드가 단위 테스트를 통과한다면 테스트는 충분히 갖춰진 것
  인가? 이 데이터로 테스트를 돌리면 무슨 일이 생기는가?
- 이 버그를 야기한 조건이 시스템의 다른 곳에도 존재하는가? 다른 버그가
  유충 단계에서 성충이 될 날만 기다리고 있는 것은 아닌가?

### 관련 항목
- 항목 24. 죽은 프로그램은 거짓말을 하지 않는다

### 도전해 볼 것
- 디버깅은 그 자체만으로도 충분한 도전 거리다.

## Topic 21 텍스트 처리

실용주의 프로그래머는 목수가 나무를 다루는 것과 똑같은 방식으로 텍스트
를 다룬다. 앞 항목에서는 셸, 에디터, 디버거 같은 몇 가지 특정 도구를 논했
다. 이것들은 목수의 끌, 톱, 대패같이 한두 가지 작업에 특화된 도구들이다.
하지만 가끔은 이런 기본 도구만으로는 해내기 힘든 종류의 변환 작업이 있
다. 범용 텍스트 처리 도구가 필요한 것이다.

프로그래밍에서 텍스트 처리 언어는 목공에서 '루터router'[13]와 같다. 둘 다
시끄럽고, 지저분하며, 어느 정도는 무식하게 완력brute force을 쓰는 것이다.
사용하다가 실수라도 하면 재료 전체를 망가트릴 수 있다. 어떤 사람들은 자
신의 도구 상자에 이따위 도구는 둘 수 없다고 큰소리치기도 한다. 하지만 제
대로 사용하기만 한다면 루터와 텍스트 처리 언어 둘 다 믿기 힘들 정도로 강

---

13 라우터라고도 부르는 이 기계는 절단 날이 엄청나게 빨리 돌아가는 도구를 말하지, 네트워크를
  연결하는 장치를 일컫는 게 아니다.

력하고 쓰임새가 다양하다. 뭔가를 재빨리 원하는 모양으로 잘라 내거나, 연결 부위를 만들고, 또 깎아 낼 수 있다. 적절히 사용하면 이 도구들은 놀라울 정도로 예리하고 섬세하다. 하지만 숙달하는 데에는 시간이 걸린다.

다행히도 훌륭한 텍스트 처리 언어가 많이 있다. 유닉스나 맥을 사용하는 개발자들은 명령어 셸의 능력을 즐겨 활용하는 경우가 많은데, 여기에 awk나 sed와 같은 도구를 결합하여 사용하기도 한다. 좀 더 체계적인 도구를 선호하는 사람들은 파이썬이나 루비 같은 프로그래밍 언어를 더 좋아한다.

이런 언어들은 중요한 기반 기술enabling technology이다. 이들을 사용해서 유틸리티를 뚝딱 만들어 낼 수도 있고, 아이디어를 프로토타입해 볼 수도 있다. 전통적인 언어를 사용하면 다섯 배에서 열 배 가까이 더 오래 걸릴 것이다.[14] 그리고 이 비율은 우리가 무언가를 실험해 볼 때 정말 중요한 의미를 지닌다. 영뚱한 아이디어를 실험해 보는 데는 다섯 시간을 쓰는 것보다 30분을 쓰는 것이 훨씬 낫다. 프로젝트의 중요한 컴포넌트를 자동화하느라 하루를 보내는 것은 괜찮지만, 일주일은 좀 문제가 될 것이다. 커니핸Brian W. Kernighan과 파이크Rob Pike의 《프로그래밍 수련법》[KP99]에서는 동일한 프로그램을 다섯 개의 서로 다른 언어로 구현한다. 펄Perl 버전이 가장 짧다(C는 150줄인 반면 펄은 17줄). 펄을 사용하면 텍스트를 처리하고, 다른 프로그램과 상호 작용하고, 네트워크로 통신하고, 웹 페이지를 작동시키고, 임의의 정확도로 산술 연산을 하고, 만화에서 욕설을 기호로 표시한 것 같은 프로그램[15]도 작성할 수 있다.

---

**Tip 35**　**텍스트 처리 언어를 익혀라.**

---

14 (옮긴이) 이에 대한 실험이 있었다. 〈An empirical comparison of C, C++, Java, Perl, Python, Rexx, and Tcl for a search/string-processing program(검색/문자열 처리 프로그램을 위한 C, C++, 자바, 펄, 파이썬, 렉스, 티클의 실증적 비교)〉(Lutz Prechelt, 2000)을 참고하라.

15 (옮긴이) 펄은 특수 문자로 표기하는 특수 목적 변수가 많아서 @&$^#! 같은 특수 문자가 잔뜩 들어간 프로그램을 만들 수 있다. 다음 위키백과 항목에서 Perl로 만든 희한한 프로그램을 많이 볼 수 있다. *https://en.wikipedia.org/wiki/Just_another_Perl_hacker*

텍스트 처리 언어를 적용할 수 있는 곳이 얼마나 다양한지 보여주기 위해 우리가 이 책을 쓰기 위해 만든 루비와 파이썬 프로그램을 몇 가지 소개하겠다.

### 책 빌드하기

우리가 세운 출판사인 '프래그매틱 북셸프Pragmatic Bookshelf'의 빌드 시스템은 루비로 되어 있다. 저자, 편집자, 레이아웃을 하는 사람, 지원 인력 모두가 Rake[16] 작업으로 PDF나 전자책을 만들어 낸다.

### 코드 넣기 및 강조

우리는 이 책에 나오는 모든 코드를 출판 전에 반드시 테스트해야 한다고 생각했다. 대부분의 코드는 테스트를 거쳤다. 그렇지만 DRY 원칙(41쪽 〈항목 9. DRY: 중복의 해악〉 참고)을 따르기 위하여 테스트한 프로그램에서 책 속으로 코드 뭉치를 복사해 넣지는 않기로 했다. 복사를 한다는 것은 중복이 생긴다는 것이고, 언젠가는 프로그램을 바꾼 후에 책의 내용도 바꾸는 것을 잊을 것이 뻔하다. 몇몇 예제에서는 컴파일하고 실행하는 데 필요한 프레임워크 코드를 지루하게 모두 보여주고 싶지 않기도 했다. 우리는 루비를 골랐다. 우리가 책을 빌드할 때마다 비교적 간단한 스크립트가 실행된다. 이 스크립트는 먼저 소스 파일의 지정된 부분을 발췌하고, 구문 강조를 거친 다음, 그 결과를 우리가 사용하는 조판typesetting 언어로 변환한다.

### 웹사이트 갱신

다음과 같은 일을 하는 간단한 스크립트도 있다. 책을 일부만 빌드해서, 목차를 추출한 다음, 우리 웹사이트에 있는 해당 책 페이지에 업로드한다. 그 외에 책의 일부를 발췌하여 미리 보기용으로 웹사이트에 업로드하는

---

16 (옮긴이) rake는 make와 비슷한 작업 관리 프로그램인데 루비로 만들었다. Makefile과 같은 역할을 하는 Rakefile은 루비 문법으로 작성한다.

스크립트도 있다.

### 수식 넣기

레이텍LaTeX 수식 마크업을 멋진 모양의 수식으로 바꾸는 파이썬 스크립트
가 있다.

### 찾아보기index 생성

대부분의 출판물은 찾아보기를 별도의 문서로 만든다. 그래서 문서 내용
이 바뀌면 관리가 힘들어진다. 우리는 본문 소스 파일에 직접 찾아보기 항
목을 표시한다. 그리고 루비 스크립트로 이들을 모아서 찾아보기 목록을
생성한다.

이 외에도 많다. '프래그매틱 북셸프'는 말 그대로 텍스트 처리를 중심으로
만들어졌다. 우리의 조언을 따라 모든 것을 일반 텍스트로 저장하고, 텍스트
처리 언어로 이를 처리한다면 엄청나게 많은 이점을 누릴 수 있을 것이다.

### 관련 항목

- 항목 16. 일반 텍스트의 힘
- 항목 17. 셸 가지고 놀기

## 연습 문제

### 연습 문제 11

여러분은 설정 파일에 YAML 형식을 사용했던 애플리케이션을 다시 쓰고 있
다. 여러분의 회사가 JSON을 쓰기로 표준을 정했기 때문에 수많은 .yaml 파
일을 .json 파일로 바꾸어야 한다. 디렉터리를 인자로 받아서 그 안의 .yaml
파일들을 각각 그에 해당하는 .json 파일로 바꾸는 스크립트를 작성하라. 예

를 들어 database.yaml은 database.json이 되고, 파일의 내용은 JSON 문법을 따라야 한다.

### 연습 문제 12

여러분의 팀은 원래 변수 이름에 낙타 표기법camelCase을 사용했으나, 단체로 마음을 고쳐먹고 뱀 표기법snake_case으로 바꾸기로 했다. 모든 소스 파일을 검사하여 낙타 표기법을 사용하는 부분을 찾아내는 스크립트를 만들어라.

### 연습 문제 13

앞 문제에서 이어지는 문제다. 낙타 표기법을 찾아내는 데서 그치지 말고 변수 이름을 여러 파일에서 자동으로 바꿔주는 기능을 추가하라. 혹시 끔찍한 일이 벌어질 수도 있으니 변경한 파일의 백업을 만드는 것을 잊지 말라.

## Topic 22 엔지니어링 일지

데이브는 작은 컴퓨터 제조사에서 일했던 적이 있다. 덕분에 때로는 전자 엔지니어와, 때로는 기계 엔지니어와 함께 일할 수 있었다.

그들은 대부분 종이 수첩을 하나 들고 돌아다녔다. 주로 펜 한 자루가 책등 쪽에 꽂혀 있는 그런 수첩 말이다. 그리고 우리가 이야기하는 도중 때때로 수첩을 펴서 무언가 끄적이곤 했다.

결국 데이브가 못 참고 질문을 했다. 알고 보니 그들은 엔지니어링 '일지'를 적도록 수련을 받았었다. 무엇을 했고 무엇을 배웠는지, 떠오르는 생각을 그려본 것, 방금 읽은 계기판의 눈금 등 기본적으로 업무에 관한 건 무엇이든지 적었다. 수첩이 끝까지 가득 차면 책등에 수첩을 사용한 기간을 적은 후 선반의 예전 수첩들 옆에 꽂아 놓았다. 누가 모은 일지들이 선반을 제일 많이 차지하나로 가벼운 경쟁이 있었을 수도 있다.

우리도 일지를 사용한다. 회의에서 메모할 때나 작업하는 내용을 써 놓을 때, 디버깅하다가 변수의 값을 적어 놓을 때, 무엇을 어디 두었는지 기록을 남길 때, 엉뚱한 생각을 기록할 때, 아니면 때로는 그냥 낙서할 때 일지를 쓴다.[17] 일지를 쓰면 좋은 점이 크게 세 가지 있다.

- 기억보다 더 믿을 만하다. 사람들이 이런 질문을 한다고 해 보자. "혹시 지난주에 전원 장치 문제로 전화했었던 회사 이름이 뭐였지?" 수첩을 한두 장만 앞으로 넘기면 이름과 전화번호를 알려줄 수 있을 것이다.
- 진행 중인 작업과 직접적인 관계가 없는 발상을 일단 쌓아 놓을 수 있는 곳이 생긴다. 그러면 위대한 발상을 잊어버릴 걱정 없이 지금 하는 일에 계속해서 집중할 수 있다.
- 134쪽에서 설명한 고무 오리와 같은 역할을 할 수 있다. 무언가를 쓰기 위해 하던 일을 멈추면 여러분의 뇌도 기어를 바꾼다. 누군가에게 이야기를 하는 것과 비슷하다. 하던 일을 돌아보기에 알맞은 기회가 생기는 것이다. 메모를 시작하자마자 메모의 주제인 여러분이 방금 전까지 하던 일이 실은 말도 안 된다는 것을 깨닫게 될 수도 있다.

그 밖의 이점도 있다. 때때로 수년 전에 여러분이 무엇을 하고 있었는지 돌이켜 볼 수 있다. 사람들, 프로젝트, 그 끔찍했던 패션 감각과 헤어스타일이 떠오를 것이다.

그러니 엔지니어링 일지를 남겨 보라. 파일이나 위키말고 종이를 사용하라. 글씨를 쓰는 것은 키보드를 두드리는 것과는 다른 무언가 특별한 것이 있다. 일단 한 달만 써 보고 어떤 이득을 얻었는지 살펴보라.

적어도 훗날 여러분이 성공해서 유명해졌을 때 회고록을 쓰는 데는 도움이 될 것이다.

---

17 낙서가 집중력을 높이고 인지 능력을 증진한다는 근거도 있다. 예를 들어 〈What does doodling do?(낙서는 어떤 일을 하는가?)〉[And10]를 참고하라.

**관련 항목**

- 항목 6. 지식 포트폴리오
- 항목 37. 파충류의 뇌에 귀 기울이기

# 실용주의 편집증
### Pragmatic Paranoia

> **Tip 36**  여러분은 완벽한 소프트웨어를 만들 수 없다.

이 말에 상처 받았는가? 그러면 안 된다. 삶의 공리로 인정하고 받아들여라.
그리고 축하하라. 완벽한 소프트웨어는 존재하지 않기 때문이다. 그리 길지
않은 컴퓨터 역사를 통틀어 어느 누구도 완벽한 소프트웨어를 만들지 못했
다. 여러분이 최초가 될 것 같지도 않다. 이것을 기정사실로 받아들이지 않
는다면 불가능한 꿈을 뒤쫓으며 시간과 노력을 낭비하게 될 것이다.

그렇다면 실용주의 프로그래머는 이런 암울한 현실을 어떻게 자신의 장점
으로 바꿀 수 있을까? 이것이 이번 장의 주제다.

모든 사람은 지구상에서 오직 자신만이 훌륭한 운전자라고 생각한다. 이
세상의 나머지 사람들은 빨간불에도 휙 지나가고, 차선을 이리저리 바꾸고,
깜빡이도 제대로 넣지 않고, 운전 중에 문자를 하는 등 기준에 못 미치는 행
동을 한다. 그래서 우리는 방어적으로 운전한다. 우리는 문제가 생기기 전에
주의하고, 일어나지 않을 법한 일에 대비하며, 절대 자신을 모면하기 힘든 곤
경으로 몰아넣지 않는다.

이 이야기와 코딩에는 분명히 비슷한 면이 있다. 우리는 늘 다른 사람의 코드-우리의 높은 기준에는 못 미칠지도 모르는 코드-를 접하고, 적절한지 아닌지 알 수 없는 입력을 처리하고 있다. 그래서 우리는 방어적으로 코딩하라고 배운다. 만약 조금이라도 의심이 들면 주어진 모든 정보를 확인한다. 잘못된 데이터를 찾아내기 위해 단정문assertion을 사용하고, 공격자나 불량 사용자troll가 만들었을지도 모르는 데이터를 불신한다. 하지만 그래 봐야 일관성을 확인하고 데이터베이스 칼럼에 제약constraint을 거는 정도로 뿌듯해하는 경우가 대부분이다.

하지만 실용주의 프로그래머는 여기서 한 걸음 더 나아간다. 실용주의 프로그래머는 자기 자신 역시 믿지 않는다. 어느 누구도, 심지어는 자기 자신도 완벽한 코드를 작성할 수 없음을 알기 때문에 실용주의 프로그래머는 자신의 실수에 대비한 방어책을 마련한다. 우리는 〈항목 23. 계약에 의한 설계〉에서 첫 번째 방어책을 설명한다. 코드의 공급자와 사용자는 권리와 책임에 대해 동의해야 한다.

〈항목 24. 죽은 프로그램은 거짓말을 하지 않는다〉에서는 버그 상황에서 헤어나는 도중에 어떤 손상도 입히지 않도록 보장해야 한다고 말한다. 그래서 우리는 이것저것 자주 확인하고, 뭔가 일이 틀어지면 프로그램을 종료시킨다.

〈항목 25. 단정적 프로그래밍〉에서는 이런 확인을 쉽게 하는 방법을 소개한다. 여러분의 가정assumption을 적극적으로 검증하는 코드를 작성하는 것이다.

프로그램을 더 역동적으로 바꾸다 보면 메모리, 파일, 디바이스 같은 시스템 리소스 여러 개를 가지고 곡예를 하게 된다. 〈항목 26. 리소스 사용의 균형〉에서는 곡예 중에 공을 하나도 떨어트리지 않는 방법을 제안하겠다.

무엇보다 가장 중요한 것은 〈항목 27. 헤드라이트를 앞서가지 말라〉에서 설명하듯이 언제나 작은 단계들을 고수해야 한다는 것이다. 그래야 절벽에서 추락하지 않을 수 있다.

불완전한 시스템, 어림도 없는 기간, 우스꽝스러운 도구, 불가능한 요구 사항으로 가득 찬 세상에서 안전하게 살아 보자. 우디 앨런이 말했듯이 "모든 사람이 실제로 당신을 잡으려고 한다면, 편집증도 좋은 생각이다."

## Topic 23 계약에 의한 설계

> 상식과 정직만큼 사람을 놀라게 하는 건 없다.
> – 랠프 월도 에머슨(Ralph Waldo Emerson), 《Essays》

컴퓨터 시스템을 다루는 것은 어렵다. 사람을 대하는 것은 더 어렵긴 하지만 우리 인류는 더 오랜 시간 동안 사람 사이의 문제를 해결하는 방법을 고민해 왔다. 지난 수천 년간 우리가 얻은 해법 중 몇 가지는 소프트웨어를 만드는 데에도 적용할 수 있다. 정직한 거래를 보장하는 최선의 해법 중 하나는 '계약contract'이다.

계약은 자신과 상대편의 권리 및 책임을 정의한다. 그뿐만 아니라 한쪽이 계약을 어겼을 경우의 대응도 계약 사항에 포함된다.

아마 여러분은 업무 시간과 따라야 할 행동 규칙을 명시하는 근로 계약을 맺었을 것이다. 그 대가로 회사는 임금과 각종 혜택을 준다. 양자는 모두 자신의 의무를 이행하면 이득을 얻는다.

이것이 사람들이 서로 소통하는 것을 돕기 위해 공식적, 비공식적으로 전 세계에서 사용되는 방식이다. 소프트웨어 모듈이 서로 소통하는 것을 돕기 위해 동일한 개념을 사용할 수 있을까? 대답은 "그렇다."이다.

### DBC

버트런드 마이어Bertrand Meyer는 에펠Eiffel이라는 언어를 만들면서 '계약에 의한 설계Design By Contract, DBC' 개념을 개발했다.[1] DBC는 단순하지만 강력한 기법으로, 프로그램의 정확성을 보장하기 위해 소프트웨어 모듈의 권리와 책임을 문서화하고 합의하는 데에 초점을 맞춘다. 정확한 프로그램이란 무엇인가? 자신이 하는 일이라고 주장하는 것보다 많지도 적지도 않게 딱 그만큼만 하는 프로그램이다. 이 주장을 문서화하고 검증하는 것이 '계약에 의한 설계'의 핵심이다.

소프트웨어 시스템의 모든 함수와 메서드는 뭔가를 한다. 그 뭔가를 시작하기 전에 해당 함수는 세상의 상태에 대해 어떤 전제 조건을 갖고 있을 테고, 루틴이 끝난 후에는 세상의 상태가 어떠할 것이라고 선언할 수 있을 것이다. 마이어는 이런 전제와 선언을 다음과 같이 설명한다.

### 선행 조건precondition

루틴이 호출되기 위해 참이어야 하는 것. 즉, 루틴의 요구 사항이다. 루틴의 선행 조건이 위반된 경우에는 루틴이 호출되어서는 안 된다. 제대로 된 데이터를 전달하는 것은 호출하는 쪽의 책임이다.(155쪽의 상자를 보라.)

### 후행 조건postcondition

루틴이 자기가 할 것이라고 보장하는 것. 즉, 루틴이 완료되었을 때 세상의 상태다. 루틴에 후행 조건이 있다는 것은 곧 루틴이 종국에는 종료될 것이라는 걸 의미한다. 무한 반복은 허용되지 않는다.

### 클래스 불변식class invariant

호출자의 입장에서 볼 때는 이 조건이 언제나 참인 것을 클래스가 보장한다. 루틴의 내부 처리 도중에는 불변식이 참이 아닐 수도 있지만, 루틴이 끝나고 호출자로 제어권이 반환되는 시점에는 불변식이 참이 되어야 한

---

1 《Object-Oriented Software Construction(객체 지향 소프트웨어 구축)》(Prentice Hall, 1997) [Mey97]에서 처음 소개되었는데, 부분적으로는 데이크스트라(Dijkstra), 플로이드(Floyd), 호어(Hoare), 비르트(Wirth) 등의 선행 연구에 기반했다.

다. (따라서 클래스는 불변식에 관여하는 데이터 멤버의 제한 없는 쓰기를 허용할 수 없다.)

루틴과 그 루틴을 호출하려는 코드 간의 계약은 다음과 같다.

만약 호출자가 루틴의 모든 선행 조건을 충족한다면 해당 루틴은 종료 시 모든 후행 조건과 불변식이 참이 되는 것을 보장한다.

만약 계약 당사자 중 어느 한쪽이라도 이 계약 내용을 지키지 못하면 (이전에 양측이 동의한 내용에 따라) 해결 방안이 실행된다. 예외가 발생할 수도 있고 아니면 프로그램을 종료시킬 수도 있다. 무슨 일이 벌어지든지 확실한 점은 계약에 부응하지 못하는 것은 버그라는 것이다. 이것은 결코 발생해서는 안 되는 일이며, 그렇기 때문에 선행 조건을 이용해서 사용자 입력값을 검증한다거나 해서는 안 된다.

이런 개념을 더 잘 지원하는 언어들이 있다. 예를 들어 클로저Clojure는 '스펙spec' 라이브러리에 기반하여 선행 및 후행 조건뿐 아니라 더 포괄적인 도구를 제공한다. 다음은 간단한 선행, 후행 조건을 사용하여 예금을 처리하는 예시다.

```clojure
(defn accept-deposit [account-id amount]
   { :pre [ (> amount 0.00)
             (account-open? account-id) ]
     :post [ (contains? (account-transactions account-id) %) ] }
   "입금을 처리하고 거래 id를 반환"
   ;; 이런저런 처리를 수행...
   ;; 새로 거래를 만들어서 반환.
   (create-transaction account-id :deposit amount))
```

accept-deposit 함수에는 두 가지 선행 조건(:pre)이 있다. 첫 번째는 금액 amount이 0보다 커야 한다는 것이다. 두 번째는 계좌account가 개설되어 있고 유효해야 한다는 것인데 account-open?이라는 다른 함수로 확인하고 있다. 후행 조건(:post)도 있다. 함수가 반환하는 값('%'로 표현한다)인 새로운 거 래transaction를 이 계좌의 거래 목록에서 찾을 수 있다는 것을 보장한다.

accept-deposit을 0보다 큰 입금 금액과 유효한 계좌를 인자로 호출하면 적절한 유형의 거래를 생성하고 필요한 처리를 수행할 것이다. 하지만 프로 그램에 버그가 있어서 어쩌다가 입금 금액으로 음수를 넘기면 런타임 예외 가 발생할 것이다.

```
Exception in thread "main"...
Caused by: java.lang.AssertionError: Assert failed: (> amount 0.0)
```

비슷하게 이 함수에는 개설되어 있고 유효한 계좌를 넘겨야 한다. 그렇지 않 은 계좌를 넘기면 다음과 같이 예외가 발생한다.

```
Exception in thread "main"...
Caused by: java.lang.AssertionError: Assert failed: (account-open? account-id)
```

다른 언어에도 꼭 DBC용은 아니더라도 효과적으로 활용할 수 있는 기능이 있다. 예컨대, 엘릭서에서는 함수 호출 시 몇 가지 가용한 구현체 중에서 적 절한 걸 고르기 위해 가드 절guard clause을 사용한다.

```
defmodule Deposits do
  def accept_deposit(account_id, amount) when (amount > 100000) do
    # 관리자 호출!
  end
  def accept_deposit(account_id, amount) when (amount > 10000) do
    # 정부에 보고할 자료 추가 생성
    # 무언가 처리...
  end
  def accept_deposit(account_id, amount) when (amount > 0) do
    # 무언가 처리...
  end
end
```

위 예에서는 accept_deposit을 큰 금액으로 호출하면 추가적인 작업이 생기거나 아예 다른 방식으로 처리가 이루어진다. 하지만 0 이하의 금액으로 호출하려고 하면 그럴 수 없다는 예외가 발생할 것이다.

```
** (FunctionClauseError) no function clause matching in Deposits.accept_deposit/2
```

단순히 입력만 확인하는 것보다 더 좋은 방식이다. 함수 인자가 범위를 벗어나면 아예 함수 호출이 안 된다.

---

**Tip 37** 계약으로 설계하라.

---

54쪽의 〈항목 10. 직교성〉에서 우리는 '부끄럼쟁이' 코드를 작성하라고 권했다. 이번에는 '게으름뱅이lazy' 코드를 강조하고 싶다. 시작하기 전에 자신이 수용할 것은 엄격하게 확인하고, 내어 줄 것에 대해서는 최소한도를 약속하는 것이다. 무엇이든 수용하고 결과로는 무엇이든 다 준다고 계약에 쓰여 있다면, 여러분은 정말이지 많은 코드를 작성해야 할 것이다!

함수형이든 객체 지향이든 절차형이든 모든 프로그래밍 언어에서 DBC는 여러분을 생각하게 한다.

### 클래스 불변식과 함수형 언어

이름을 잠깐 짚고 넘어가겠다. 에펠이 객체 지향 언어였던 탓에 마이어는 이 개념을 '클래스 불변식'이라고 이름 붙였다. 하지만 사실 그보다 더 일반적인 개념이다. 이 용어가 진짜로 의미하는 것은 상태state다. 객체 지향 언어에서 상태는 클래스의 인스턴스와 관련이 있다. 하지만 다른 언어에도 마찬가지로 상태가 있다.

함수형 언어에서는 보통 상태를 함수에 넘긴 후 바뀐 상태를 결과로 받는다. 불변식이라는 개념은 이런 상황에서도 똑같이 유용하다.

---

> ### ☑ DBC와 테스트 주도 개발
>
> 개발자들이 단위 테스트, 테스트 주도 개발test-driven development, TDD, 속성 기반 테스트, 방어적 프로그래밍을 열심히 실천하는 세상에서도 계약에 의한 설계가 필요할까?
>
> 짧은 답은 "그렇다."이다.
>
> DBC와 테스트는 프로그램의 정확성이라는 보다 넓은 주제에 속하는 서로 다른 접근 방법이다. 둘 다 가치가 있고 각기 다른 상황에서 쓸모가 있다. DBC를 특정한 테스트 접근 방법과 비교해 보면 몇 가지 장점이 있다.
>
> - DBC는 테스트 환경 구성이나 목mock[2]이 필요 없다.
> - DBC는 모든 입력값에 대해 성공과 실패를 정의한다. 반면에 테스트는 하나가 한 가지 경우만 다룬다.
> - TDD와 다른 테스트는 빌드 과정 중 '테스트'할 때만 수행된다. 하지만 DBC와 단정문은 영원하다. 설계, 개발, 배포, 유지 보수 전체에 걸쳐 사용된다.
> - TDD는 테스트 중인 코드 내의 내부 불변식을 확인하는 것에 초점을 두지 않는다. 그보다는 공개 인터페이스를 확인하는 블랙박스 방식에 더 가깝다.
> - DBC는 방어적 프로그래밍보다 더 효율적이고 더 DRY하다. 방어적 프로그래밍에서는 아무도 데이터를 검증하지 않는 상황에 대비하기 위해 모든 사람이 데이터를 검증한다.
>
> TDD는 멋진 기법이다. 하지만 다른 많은 기법과 마찬가지로 '정상 경로'에만 집중하도록 유도하기도 한다. 그러나 바깥세상은 나쁜 데이터와 나쁜 사람들, 나쁜 버전, 나쁜 명세로 가득 차 있다.

---

2 (옮긴이) 목은 모의 객체라고도 하는데, 테스트를 작성할 때 테스트 대상인 모듈 이외의 객체를 대체하기 위해 사용하는 가짜 객체를 말한다. 보통 테스트 수행에 필요한 응답을 미리 설정하여 반환하도록 할 수 있고, 특정 메서드가 예상한 인자와 함께 호출되었는지를 확인할 수도 있다.

## DBC 구현

코드를 작성하기 전에 유효한 입력 범위가 무엇인지, 경계 조건이 무엇인지, 루틴이 뭘 전달한다고 약속하는지, 혹은 더 중요하게는 무엇을 약속하지 않는지 등을 나열하는 것만으로도 더 나은 소프트웨어를 작성하는 데에 엄청난 도움이 된다. 이런 것들을 명시하지 않으면 ⟨항목 38. 우연에 맡기는 프로그래밍⟩(282쪽을 보라)으로 도로 돌아갈 것이고, 여기에서 많은 프로젝트가 시작하고, 끝나고, 그리고 실패한다.

코드에서 DBC를 지원하지 않는 언어에서는 이 정도가 할 수 있는 최선일 것이다. 그다지 나쁜 일은 아니다. DBC는 결국 설계 기법이다. 자동 검사가 없더라도 계약을 코드에 주석이나 단위 테스트로 넣어둘 수 있고, 여전히 실질적인 소득이 있다.

### 단정문

이런 가정들을 문서화하는 것은 꽤 훌륭한 출발이 되겠지만, 컴파일러가 여러분 대신 계약을 검사하도록 한다면 훨씬 더 큰 도움이 될 것이다. 몇몇 언어에서는 조건문을 실행 시점에 확인하는 '단정문'(162쪽의 ⟨항목 25. 단정적 프로그래밍⟩ 참고)을 사용해서 부분적으로나마 흉내 낼 수 있다. 왜 부분적으로밖에 안 되나? 단정문을 이용하면 DBC로 가능한 모든 걸 할 수 있지 않나?

불행히도 답은 "아니요"다. 먼저 객체 지향 언어에서는 아마도 상속 계층을 따라 단정문이 밑으로 전파되도록 할 수 없을 것이다. 이 말은 계약이 있는 부모 클래스 메서드를 재정의하면 해당 계약을 구현하는 단정문은 올바르게 호출되지 않을 것이란 의미다. 따라서 새 코드에 수작업으로 일일이 복사해 넣어야 한다. 메서드에서 빠져나올 때마다 미리 클래스 불변식 검사 및 모든 부모 클래스 불변식 검사를 수작업으로 호출하는 것도 빼먹으면 안 된다. 근본적인 문제는 계약이 자동으로 집행되지 않는다는 것이다.

심지어 어떤 환경에서는 DBC 방식의 단정문에서 발생하는 예외를 통째로 꺼 버리거나 코드에서 무시해 버릴 수도 있다.

게다가 '이전' 값이라는 개념이 내장되어 있지 않다. 여기서 이전 값이라는 것은 메서드 진입 시점에 갖고 있던 값을 말한다. 계약을 집행하기 위해 단정문을 사용했다면 후행 조건에서 사용할 정보를 저장하는 코드를 선행 조건 속에 추가해야만 한다. 언어가 그런 코드를 지원할지는 모르겠지만 말이다. DBC가 태어난 에펠에서는 그냥 'old 표현식'을 쓰면 된다.

마지막으로 일반적인 런타임 시스템과 라이브러리가 계약을 지원하도록 설계되지 않았기 때문에, 이런 코드를 호출할 때는 검사가 이루어지지 않는다. 아주 커다란 구멍이 난 셈인데, 문제의 대다수는 여러분의 코드와 라이브러리 간의 경계에서 발견되기 때문이다. (자세한 논의는 158쪽의 〈항목 24. 죽은 프로그램은 거짓말을 하지 않는다〉를 참고하라.)

### DBC와 일찍 멈추기

DBC는 우리의 "일찍 작동을 멈춰라."라는 개념과 잘 어울린다.(158쪽의 〈항목 24. 죽은 프로그램은 거짓말을 하지 않는다〉 참고.) 단정문이나 DBC 방식을 사용하여 선행 조건과 후행 조건, 불변식을 검증하면 더 일찍 멈추고, 문제에 대한 보다 정확한 정보를 알려줄 수 있을 것이다.

예를 들어 제곱근을 계산하는 sqrt 메서드가 있다고 생각해 보자. 매개 변수 값을 양수로만 제한하는 DBC 선행 조건이 필요하다. DBC를 지원하는 언어에서는 음수를 sqrt에 넘기면 sqrt_arg_must_be_positive(sqrt_인자가_양수여야_함) 같이 유의미한 오류 정보를 스택 트레이스와 함께 얻을 수 있을 것이다.

이는 sqrt에 음수를 전달하면 NaNNot a Number이라는 특별한 값을 반환하는 자바, C, C++ 같은 여타 언어의 방식보다 더 낫다. 프로그램에서 NaN으로 어

떤 연산을 하려고 시도하다가 예상 밖의 결과를 얻는 시점이 한참 나중일 수
도 있다.[3]

문제를 찾고 원인을 밝히기 위해서는 사고가 난 지점에서 일찍 멈추는 것
이 유리하다.

### ☑ 누구의 책임인가?

호출하는 쪽과 호출되는 루틴 중에 선행 조건을 확인하는 것은 누구의 책임인가? DBC가 언
어의 일부로 구현된 경우 대답은 '어느 쪽도 아니다'이다. 선행 조건은 호출자가 루틴을 부른
뒤, 그러나 루틴 자체로 들어가기 전에 보이지 않는 곳에서 검사된다. 따라서 명시적으로 검
증해야 할 매개 변수가 하나라도 있다면 호출자가 검증을 수행해야 한다. 호출되는 루틴은
선행 조건을 위배하는 매개 변수를 결코 보지 못할 것이기 때문이다. (DBC 지원을 내장하지
않은 언어에서는 계약을 검사하는 단정문으로 호출되는 루틴 앞뒤를 감싸줘야 할 것이다.)

명령 줄에서 수를 하나 읽어서 sqrt를 호출하여 제곱근을 계산하고 결과를 출력하는 프로
그램을 생각해 보자. sqrt 함수는 선행 조건이 있다. 인자가 음수면 안 된다. 명령 줄에서 사
용자가 음수를 입력했을 때 그 값이 sqrt로 절대 전달되지 않게 하는 것은 호출하는 코드의
몫이다. 호출하는 코드에게는 많은 선택지가 있다. 종료할 수도 있고, 경고문을 보여 주고 다
른 숫자를 입력 받을 수도 있다. 혹은 숫자를 양수로 바꾼 다음 sqrt의 결괏값에 'i'를 덧붙여
서 허수를 출력할 수도 있다. 뭘 선택하든 그건 절대 sqrt가 신경 쓸 일이 아니다.

제곱근 함수의 입력 범위를 sqrt 루틴의 선행 조건에 표현함으로써 입력의 정확성 확보라
는 짐을 호출자에게 지운다. 호출자가 마땅히 책임을 져야 한다. 그러면 여러분은 입력값이
범위 내에 있다는 전제하에 sqrt 루틴을 안전하게 설계할 수 있게 된다.

### 의미론적 불변식

'의미론적 불변식semantic invariant'을 사용하면 일종의 '철학적 계약'인 절대 어

---

3 (옮긴이) 예를 들어 Java를 비롯한 많은 언어에서 NaN을 임의의 숫자와 >, <, == 연산자로 비교하
면 결과는 언제나 거짓이다. 따라서 리스트에 NaN이 들어 있으면 정렬 결과가 예상과 다를 것이
다. 심지어 C에서는 동작이 명확하게 정의되어 있지 않다.

겨서는 안 되는 요구 사항을 표현할 수 있다.

예전에 신용 카드 거래 분배기switch를 만든 적이 있었다. 신용 카드 사용자의 계좌에 동일한 거래가 절대 두 번 적용되지 않아야 한다는 것이 중요한 요구 사항이었다. 즉, 어떤 종류의 문제가 발생하든 오류가 있다면 거래를 처리하지 않아야지 거래를 중복으로 처리하면 안 된다는 말이었다.

요구 사항에서 직접 도출된 이런 간단한 법칙이 복잡한 오류 복구 시나리오를 정리하는 데에 큰 도움이 되는 것으로 드러났다. 여러 영역의 상세 설계와 구현에도 좋은 지침이 되었다.

어겨서는 안 되는 고정된 규칙인 요구 사항과 경영진이 바뀌면 얼마든지 없어질 수 있는 단순한 정책을 혼동하지 말아야 한다. 의미론적 불변식은 무언가가 품은 진짜 의미의 중심이 되어야 하며, 훨씬 역동적으로 변하는 비즈니스 규칙처럼 일시적인 정책에 영향을 받으면 안 된다. 우리가 의미론적 불변식이라는 용어를 사용하는 것은 이 때문이다.

불변식의 자격이 있는 요구 사항을 찾았다면 여러분이 작성하는 모든 문서에 잘 드러나도록 만들어라. 그게 세 부씩 서명하는 요구 사항 문서의 번호 붙인 목록이든, 혹은 모든 사람이 볼 수 있는 공용 화이트보드에 쓰인 커다란 메모이든 뭐든 모두가 여러분이 찾은 의미론적 불변식을 잘 드러내야 한다. 명확하고 모호한 점이 없게 서술하도록 노력하라. 예를 들어 앞선 신용 카드의 사례라면 다음과 같이 적을 수 있을 것이다.

오류 발생 시 소비자의 입장을 우선하라.

이것은 시스템의 여러 다른 부분에 적용할 수 있는 분명하고 간략하며 명확한 선언이다. 이는 모든 시스템 사용자와 맺는 계약이며 동작에 대한 우리의 보증이다.

## 동적 계약과 에이전트

지금까지 우리는 계약이 고정불변의 명세라고 가정하고 이야기했다. 하지만 자율 에이전트agent의 무대에서라면 이야기는 달라진다. '자율'의 정의에 따르면 에이전트는 자신이 따르길 원치 않는 요구를 거절할 자유가 있다. 계약을 재협상할 자유도 있다. "그걸 제공해 드릴 수는 없어요. 하지만 여러분이 이걸 주신다면 저도 뭔가 다른 걸 드릴 수는 있어요."

에이전트 기술에 의존하는 어떤 시스템이건 계약의 합의가 결정적으로 중요하다는 점은 분명하다. 계약 내용이 매번 동적으로 생성되더라도 마찬가지다.

상상해 보라. 목표를 달성하기 위해 자기네끼리 계약을 협상할 수 있는 컴포넌트와 에이전트가 충분하다면 어떨까? 소프트웨어가 우리 대신 문제를 해결하도록 해서 소프트웨어 생산성 위기를 간단히 해결할 수 있을지도 모른다.

하지만 수동으로 계약을 만들 수 없다면 자동화하는 것은 꿈도 꿀 수 없다. 그러니 나중에 소프트웨어를 설계하게 되면 계약 역시 설계하도록 하라.

## 관련 항목

- 항목 24. 죽은 프로그램은 거짓말을 하지 않는다
- 항목 25. 단정적 프로그래밍
- 항목 38. 우연에 맡기는 프로그래밍
- 항목 42. 속성 기반 테스트
- 항목 43. 바깥에서는 안전에 주의하라
- 항목 45. 요구 사항의 구렁텅이

## 도전해 볼 것

다음은 숙고해 볼 것들이다. 만약 DBC가 그토록 강력하다면 왜 더 많이 사용되지 않을까? 계약을 찾아내기가 어려운가? 그것이 당장은 신경 쓰고 싶지 않은 문제들에 대해 생각하도록 만드는가? 여러분을 '생각'하도록 만드는가? 분명 이건 위험한 도구다!

## 연습 문제

**연습 문제 14** (답 예시는 422쪽에 있다.)

부엌용 믹서의 인터페이스를 설계하라. 이 믹서는 나중에 웹으로 쓸 수 있도록 사물 인터넷IoT으로 연결될 예정이지만, 지금으로서는 믹서를 제어할 수 있는 인터페이스만 있으면 된다. 속도를 열 단계로 설정할 수 있는데 0은 중지를 의미한다. 비어 있는 상태에서는 작동할 수 없고, 한 번에 한 칸씩만 속도를 바꿀 수 있다. 즉 0에서 1, 1에서 2는 되지만, 0에서 2는 안 된다.

다음과 같은 메서드가 있을 때, 적절한 선행, 후행 조건과 불변식을 추가하라.

```
int getSpeed()
void setSpeed(int x)
boolean isFull()
void fill()
void empty()
```

**연습 문제 15** (답 예시는 423쪽에 있다.)

0, 5, 10, 15, ……, 100이라는 수열에 숫자가 몇 개나 있는가?

## Topic 24 죽은 프로그램은 거짓말을 하지 않는다

때때로 여러분에게 일어난 문제를 여러분 스스로 인식하기 전에 다른 사람이 먼저 발견하는 경우가 있다. 코드도 마찬가지다. 우리 프로그램에서 뭔가가 잘못되기 시작했는데 그걸 먼저 잡아내는 것은 라이브러리나 프레임워크의 루틴인 경우가 종종 있다. 어쩌면 널 값이나 빈 리스트를 넘겼을 수도 있다. 해시에 찾는 키가 없거나 아니면 변수에 들어 있는 것이 아예 해시가 아니라 리스트였을 수도 있다. 우리가 처리하지 않은 네트워크 오류나 파일 시스템 오류가 있을 수도 있고, 빈 데이터나 오염된 데이터를 받았을 수도 있다. 수백만 인스트럭션도 전에 발생한 논리적 오류 때문에 케이스case문 선택자selector의 결괏값이 기대했던 1, 2, 3 중 어느 것도 아닌 상황이 되어 버렸다. 그래서 예상치 못한 default 케이스가 실행된다. 이것이 모든 케이스/스위치문에 디폴트 구문을 달아야 하는 이유다. '있을 수 없는 일'이 발생했을 때 우리는 그 사실을 알아야 한다.

'그런 일은 절대 일어날 리 없어.'라는 사고에 빠지기 쉽다. 우리 중 대다수가 코드를 작성할 때 파일이 성공적으로 닫혔는지, 혹은 트레이스 문이 우리 예상대로 찍혔는지 확인하지 않았던 적이 있을 것이다. 그리고 다른 모든 조건이 늘 그대로라면 그럴 필요가 없었을지도 모른다. 문제의 코드는 정상적인 상황에서는 실패하지 않았을 것이다. 하지만 우리는 지금 방어적으로 코딩하고 있다. 데이터가 우리가 생각하는 대로인지, 서비스에서 작동하는 코드가 우리가 생각하는 그 코드인지 확인해야 한다. 필요한 라이브러리들이 올바른 버전으로 실제로 로드됐는지도 확인해야 한다.

모든 오류는 정보를 준다. 여러분은 오류가 발생할 리 없다고 자신을 설득하고선 그걸 무시하기로 할 수도 있다. 반면에 실용주의 프로그래머는 만약 오류가 발생했다면 정말로 뭔가 나쁜 일이 생긴 것이라고 자신에게 이야기한다. 일단 그놈의damn 오류 메시지 좀 읽어라.(130쪽의 "미지의 세계에 온 프로그래머" 참고.)

### 잡은 후 그냥 놓아주는 것은 물고기뿐

어떤 개발자는 모든 예외를 catch나 rescue로 잡은 후 로그 메시지를 좀 찍은 다음 다시 예외를 발생시키는 것이 좋은 방식이라고 여기는 듯하다. 이를테면 다음과 같은 식으로 코드를 쓴다. 여기서 아무 인자 없이 쓴 raise는 현재 예외를 다시 발생시키는 것이다.

```
try do
    add_score_to_board(score);
rescue InvalidScore
    Logger.error("올바르지 않은 점수는 더할 수 없음. 종료합니다");
    raise
rescue BoardServerDown
    Logger.error("점수를 더할 수 없음: 보드가 죽었음. 종료합니다");
    raise
rescue StaleTransaction
    Logger.error("점수를 더할 수 없음: 오래된 트랜잭션. 종료합니다");
    raise
end
```

실용주의 프로그래머라면 다음과 같이 쓸 것이다.

```
add_score_to_board(score);
```

이렇게 코드를 작성하는 이유는 두 가지다. 첫째, 애플리케이션 코드가 오류 처리 코드 사이에 묻히지 않는다. 더 중요한 두 번째 이유는 코드의 결합도를 높이지 않는다는 점이다. 길게 쓴 코드에서는 add_score_to_board 메서드가 발생시킬 수 있는 모든 예외를 다 나열해야 한다. 만약 메서드 저자가 새로운 예외를 추가하면 이 코드도 조금이지만 갱신이 필요한 코드가 되어 버린다. 보다 실용적인 두 번째 코드에서는 새로운 예외가 자동으로 전파된다.

---

Tip 38  일찍 작동을 멈춰라.

---

## 망치지 말고 멈춰라

가능한 한 빨리 문제를 발견하면 좀 더 일찍 시스템을 멈출 수 있으니 더 낫다. 게다가 프로그램을 멈추는 것이 할 수 있는 최선인 경우가 흔하다. 다른 대안이라곤 깨진 데이터를 중요한 데이터베이스에 기록하거나, 세탁기에 스무 번 연속으로 탈수 명령을 내리면서 계속 진행하는 것뿐이다.

얼랭Erlang과 엘릭서[4] 언어는 이 철학을 수용했다. 얼랭을 만들고 《프로그래밍 얼랭》[Arm07]을 쓴 조 암스트롱Joe Armstrong은 이런 말을 자주 했다고 한다. "방어적 프로그래밍은 시간 낭비다. 그냥 멈추는 게 낫다!" 얼랭과 같은 환경에서는 프로그램이 실패하고 멈추도록 설계되어 있는데, 이런 실패는 '슈퍼바이저supervisor'가 관리한다. 슈퍼바이저는 코드를 실행시킬 책임이 있고, 코드가 실패하는 경우 뭘 해야 할지 알고 있다. 예를 들어 뒷청소를 할지, 재시작을 해야 할지 등 말이다. 슈퍼바이저 자체가 실패하면 어떻게 될까? 슈퍼바이저의 슈퍼바이저가 실패를 관리한다. 이렇게 슈퍼바이저가 층층이 '슈퍼바이저 트리'를 이루는 설계로 이어진다. 이 기법은 아주 효과적이어서 고가용성, 결함 감내fault tolerant 시스템에서 얼랭이나 엘릭서를 채택하는 요인이 된다.

어떤 환경에서는 실행 중인 프로그램을 그냥 종료해 버리는 것이 적절치 못할 수도 있다. 해제되지 않은 리소스가 남아 있을 수도 있고, 로그 메시지를 기록해야 할 수도 있고, 열려 있는 트랜잭션을 정리해야 하거나 다른 프로세스와의 상호작용이 필요할지도 모른다.

그렇지만 기본 원칙은 똑같다. 방금 있을 수 없는 일이 발생했다는 것을 코드가 발견했다면 프로그램은 더는 유효하지 않다고 할 수 있다. 이 시점 이후로 하는 일은 모두 수상쩍은 게 된다. 되도록 빨리 종료할 일이다.

일반적으로 죽은 프로그램이 끼치는 피해는 이상한 상태의 프로그램이 끼치는 피해보다 훨씬 적은 법이다.

---

4 (옮긴이) 엘릭서도 얼랭 가상머신인 BEAM 위에서 동작한다.

**관련 항목**

- 항목 20. 디버깅
- 항목 23. 계약에 의한 설계
- 항목 25. 단정적 프로그래밍
- 항목 26. 리소스 사용의 균형
- 항목 43. 바깥에서는 안전에 주의하라

## Topic 25 단정적 프로그래밍

> 자기 비난에는 사치성이 있다. 우리가 자신을 비난할 때, 다른 사람은 우리를 비난할 권리
> 가 없다고 우리는 느낀다.
>
> – 오스카 와일드(Oscar Wilde), 《도리안 그레이의 초상》

모든 프로그래머가 자기 경력을 쌓는 초기부터 암기해야 하는 계명mantra이 있는 것 같다. 요구 사항, 설계, 코드, 주석 등 우리가 하는 거의 모든 것에 적용하도록 배우는 컴퓨팅의 근본 교리이자 핵심적 믿음이다. 그것은 이렇게 시작한다.

그런 일은 절대 일어날 리 없어

"이 애플리케이션을 외국에서 사용하는 일은 절대 없을 텐데 뭐하러 국제화하지?" "count는 음수가 될 수 없어." "로깅은 실패할 리 없어."
이런 식으로 자신을 기만하지 말자, 특히 코딩할 때는.

---

**Tip 39** 단정문으로 불가능한 상황을 예방하라.

---

'하지만 물론 그런 일은 절대 일어나지 않을 거야.'라는 생각이 든다면 그런 일

을 확인하는 코드를 추가하라. 가장 간단하게 추가하는 방법은 단정문assertion
을 사용하는 것이다. 대부분의 언어 구현에서 조건이 참인지 거짓인지 확인
하는 assert의 일종을 찾을 수 있을 것이다.[5] 이런 단정문은 엄청나게 유용하
다. 매개 변수나 결과가 절대 null이어서는 안 된다면 명시적으로 검사하라.

```
assert (result != null);
```

자바나 파이썬의 단정문에는 문자열로 설명을 추가할 수 있다. 꼭 설명을 넣
어라.

```
assert result != null && result.size() > 0 : "XYZ의 결과가 비어 있음";
```

단정은 알고리즘의 동작을 검사하는 데도 유용하다. 여러분이 아주 기발한
정렬 알고리즘인 my_sort를 작성했다면 그것이 제대로 작동하는지 확인하라.

```
books = my_sort(find("SF"))
assert(is_sorted?(books))
```

하지만 진짜 오류 처리를 해야 하는 곳에 단정을 대신 사용하지는 말라. 단정
은 결코 일어나면 안 되는 것들을 검사한다. 다음과 같은 코드를 작성해서는
안 된다.

```
puts("'Y'나 'N'을 입력하시오: ")
ch = gets[0] # 응답의 첫 글자만 분리
assert((ch == 'Y') || (ch == 'N')) # 몹시 나쁜 생각이다!
```

그리고 단정이 실패할 때 대부분의 assert 구현이 프로세스를 종료시킨다고
해서 여러분이 작성하는 버전도 그래야 할 이유는 없다. 만약 리소스를 해제
할 필요가 있다면 단정으로 인해 발생하는 예외를 잡거나 프로그램 종료를

---

5  C나 C++에서는 보통 매크로로 구현한다. 자바에서는 기본 상태에서 단정문이 꺼진다. 자바 VM
   을 실행시킬 때 –enableassertions 플래그를 추가하여 단정문을 켤 수 있다. 언제나 켜 둬라.

중지시키고 여러분의 오류 처리 루틴을 실행하라. 다만, 프로세스가 죽는 몇 밀리초의 시간 동안 여러분의 코드를 실행할 때 애초에 단정을 실패하게 한 잘못된 정보에 의존하지 않도록 하라.

## 단정과 부작용

문제를 발견하려고 넣은 코드가 오히려 새로운 문제를 만드는 결과를 낳는다면 상당히 당황스러울 것이다. 단정문을 쓸 때도 조건을 평가하는 코드에 부작용side effect이 있다면 이런 일이 발생할 수 있다. 예를 들어 코드를 다음과 같이 작성하는 것은 그리 좋은 생각이 아니다.

```
while (iter.hasMoreElements()) {
  assert(iter.nextElement() != null);
  Object obj = iter.nextElement();
  // ....
}
```

단정문 안에 있는 .nextElement() 호출은 이 호출이 반환하는 원소 다음으로 반복자iterator를 이동시키는 부작용이 있다. 그러므로 이 반복문은 컬렉션의 원소 중 절반만 처리하게 된다. 다음과 같이 작성해야 한다.

```
while (iter.hasMoreElements()) {
  Object obj = iter.nextElement();
  assert(obj != null);
  // ....
}
```

이는 디버깅 행위가 디버깅하려는 시스템의 행동을 바꿔 버리는 일종의 '하이젠버그Heisenbug'[6]적인 문제다.

---

6  (옮긴이) 하이젠버그는 하이젠베르크(Heisenberg)를 영어식으로 발음할 때 하이젠버그가 된다는 점에 착안, 이름의 버그(berg) 부분을 프로그램의 버그(bug)로 바꾼 언어유희다. 하이젠베르크는 독일의 물리학자로 관찰자의 행위가 관찰하려는 입자에 영향을 주므로 어떤 입자의 위치와 운동량을 동시에 정확하게 알아낼 수 없다는 불확정성 원리를 밝혀냈다.

(사실 요즘에는 대부분의 언어가 컬렉션을 순회하는 함수들을 잘 제공하고 있으므로 이런 식의 명시적인 루프는 불필요하고 지양해야 한다.)

## 단정 기능을 켜 둬라

단정문에 관한 흔한 오해가 하나 있다. 대략 다음과 비슷하다.

> 단정은 코드를 느리게 만든다. 단정은 일어나서는 안 되는 일들을 검사하기 때문에 코드 속에 버그가 있을 때만 단정 검사가 실패할 것이다. 일단 코드가 테스트되고 배포된 다음에는 더 이상 단정이 필요하지 않다. 그러니 코드 실행이 빨라지도록 단정을 꺼버려야 한다. 단정은 디버깅 도구일 뿐이다.

여기에는 두 가지 명백하게 틀린 가정이 있다. 첫째, 테스트가 모든 버그를 발견한다는 가정이다. 실제로는 프로그램이 조금만 복잡해져도 여러분의 코드가 거칠 수 있는 경로의 전체 조합에서 지극히 적은 비율조차도 테스트하기 힘들다. 둘째, 낙관주의자들은 여러분의 프로그램이 험한 세상에서 돌아간다는 사실을 잊는다. 테스트 중에 쥐가 통신 케이블을 갉아먹는다든가, 누군가가 게임을 해서 메모리를 모두 잡아먹는다든가, 로그 파일이 디스크 파티션을 다 채워 버린다든가 하는 일이 일어나지는 않을 것이다. 그러나 실제 서비스에서 프로그램이 돌아가는 중에는 일어날 수 있는 일들이다. 여러분의 첫 번째 방어선은 가능한 오류를 모두 검사하는 것이고, 그다음은 그러고도 놓친 것을 잡아내기 위해 단정을 사용하는 것이다.

프로그램을 출시할 때 단정 기능을 꺼 버리는 것은 줄타기 곡예를 하면서 연습으로 한 번 건너 봤다고 그물 없이 건너는 것과 비슷하다. 극적인 가치야 있겠지만 생명 보험을 들기는 어렵다.

성능 문제가 있다 하더라도 정말 문제가 되는 단정문만 끄도록 하자. 앞에 나온 정렬 예시가 여러분 애플리케이션의 핵심적인 부분이고 따라서 속도가 빨라야 할지도 모른다. 검사를 추가하는 것은 그 데이터 전체를 한 번 더 처리하는 것을 의미하기에 수용하기 힘들 수도 있다. 그 단정 하나만 끌 수 있게 만들고 나머지는 그대로 둬라.

---

☑ **실 서비스에서 단정을 사용하고 부자가 되자**

앤디의 옛 이웃 중에 네트워크 장비를 만드는 작은 스타트업을 운영하는 사람이 있었다. 그 회사의 성공 비결 중 하나는 서비스 코드에 단정문을 그대로 남겨두기로 한 결정이었다. 이 단정문은 오류가 발생했을 때 관련 데이터를 모두 모아서 보고하도록 정교하게 만들어져 있었다. 심지어 최종 사용자에게 멋진 UI로 보여주기까지 했다. 진짜 사용자가 실제 상황에서 주는 이런 상세한 피드백 덕분에 개발자들은 반복되는 문제를 찾아낸 후, 이해하기 힘들고 재현이 어려운 버그들도 수정할 수 있었다. 그 결과 놀랄 만큼 안정적이고 튼튼한 소프트웨어가 탄생했다.

작고 이름 없는 회사였지만 알찬 제품 덕분에 이 회사는 이내 수천억 원에 인수되었다.

그냥 그랬다는 말이다.

---

## 연습 문제

**연습 문제 16** (답 예시는 423쪽에 있다.)

간단한 현실 점검. 다음 '불가능한' 것들 중 무엇이 실제로 일어날 수 있는가?

1. 한 달이 28일보다 적은 것.
2. 시스템 콜의 오류 메시지: 현재 디렉터리에 접근할 수 없음.
3. C++에서, a = 2; b = 3; 하지만 (a + b)는 5가 아님.
4. 내각의 합이 180도가 아닌 삼각형.
5. 1분이 60초가 아님.
6. (a + 1) <= a

**관련 항목**

- 항목 23. 계약에 의한 설계
- 항목 24. 죽은 프로그램은 거짓말을 하지 않는다
- 항목 42. 속성 기반 테스트
- 항목 43. 바깥에서는 안전에 주의하라

## Topic 26 리소스 사용의 균형

> 촛불 하나를 켜는 건 곧 그림자도 하나 던지는 거란 말이다.
>
> – 어슐러 K. 르 귄(Ursula K. Le Guin), 《어스시의 마법사》

우리는 코딩할 때 언제나 리소스를 관리한다. 메모리, 트랜잭션, 스레드, 네트워크 연결, 파일, 타이머 등 무한히 사용할 수 없는 모든 종류의 것을 관리한다. 대개 리소스 사용은 예상 가능한 패턴을 따른다. 리소스를 할당하고, 사용한 다음, 해제한다.

그렇지만 많은 개발자가 리소스 할당과 해제를 다루는 일관된 방침을 갖고 있지 않다. 그래서 우리는 간단한 팁 하나를 제안하고자 한다.

---

**Tip 40** 자신이 시작한 것은 자신이 끝내라.

---

이 팁은 많은 경우 쉽게 적용할 수 있다. 리소스를 할당하는 함수나 객체가 리소스를 해제하는 책임 역시 져야 한다는 뜻일 뿐이다. 나쁜 코드의 예를 하나 보면서 이것이 어떻게 적용되는지 알아 보자. 파일을 열고 고객 정보를 읽은 다음, 필드 하나를 업데이트하고 결과를 다시 기록하는 루비 프로그램의 일부다. 예를 좀 더 명확하게 하기 위해 오류 처리는 생략했다.

```
def read_customer
  @customer_file = File.open(@name + ".rec", "r+")
  @balance       = BigDecimal(@customer_file.gets)
end

def write_customer
  @customer_file.rewind
  @customer_file.puts @balance.to_s
  @customer_file.close
end

def update_customer(transaction_amount)
  read_customer
  @balance += transaction_amount
  write_customer
end
```

첫눈엔 update_customer 루틴이 괜찮아 보인다. 필요한 로직을 모두 구현하고 있다. 레코드를 읽고, 잔액balance을 갱신하고, 레코드를 다시 기록한다. 하지만 이 깔끔함 이면에는 큰 문제가 숨어 있다. read_customer 루틴과 write_customer 루틴이 긴밀히 결합coupling되어 있다.[7] 두 함수는 인스턴스 변수 customer_file을 공유한다. read_customer는 파일을 열어서 파일 객체를 customer_file에 저장하고, write_customer는 저장된 객체를 사용해서 종료 시 해당 파일을 닫는다. 이 공유된 변수는 update_customer 루틴에서는 보이지조차 않는다.

이게 왜 나쁠까? 명세가 바뀌었다는 이야기를 들은 불운한 유지 보수 프로그래머를 생각해 보자. 잔액은 새로운 값이 음수가 아닌 경우에만 갱신되어야 한다는 조건이 추가되었다. 소스 코드를 찾아서 update_customer를 수정한다.

```
def update_customer(transaction_amount)
  read_customer
  new_balance = @balance + transaction_amount
```

---

7  결합된 코드의 위험성에 대한 논의는 182쪽의 〈항목 28. 결합도 줄이기〉를 참고하라.

```
  if (new_balance >= 0.00)
    @balance = new_balance
    write_customer
  end
end
```

테스트 중에는 모든 것이 괜찮아 보인다. 하지만 코드를 서비스에 배포하자 몇 시간 후에 파일이 너무 많이 열려 있다는 오류와 함께 죽어 버린다. 알고 보니 write_customer가 몇몇 상황에서는 호출되지 않았고, 그런 경우 파일이 닫히지 않았다.

그렇다고 다음과 같이 update_customer에서 특별한 경우를 직접 다루는 방식으로 문제를 푸는 것은 매우 **나쁜** 방법이다.

```
def update_customer(transaction_amount)
  read_customer
  new_balance = @balance + transaction_amount
  if (new_balance >= 0.00)
    @balance = new_balance
    write_customer
  else
    @customer_file.close # 나쁜 방법!
  end
end
```

이렇게 하면 새로운 잔액에 상관없이 파일이 닫히므로 문제는 고칠 수 있다. 하지만 이렇게 바꾸고 나니 이제는 공유되는 변수 customer_file로 세 개의 루틴이 결합되었다. 파일이 열렸는지 닫혔는지를 추적하기가 점점 복잡해진다. 우리는 함정에 빠지고 있다. 이런 식으로 계속 진행되면 곧 걷잡을 수 없어질 것이다. 균형이 깨졌다!

"자신이 시작한 것은 자신이 끝내라." 팁이 가르쳐 주는 것은 이상적으로 말해서 리소스를 할당하는 루틴이 해제 역시 책임져야 한다는 것이다. 코드를 약간 리팩터링하여 이를 적용할 수 있다.

```
def read_customer(file)
  @balance=BigDecimal(file.gets)
end

def write_customer(file)
  file.rewind
  file.puts @balance.to_s
end

def update_customer(transaction_amount)
  file=File.open(@name + ".rec", "r+")   # >--
  read_customer(file)                     #    |
  @balance += transaction_amount          #    |
  write_customer(file)                    #    |
  file.close                              # <--
end
```

파일 객체를 인스턴스 변수에 저장하지 않고 매개 변수로 전달받도록 코드를
바꾸었다.[8] 이제 해당 파일에 대한 모든 책임은 update_customer 루틴에 있
다. 이 루틴은 파일을 열고 루틴을 끝내기 전에 닫는다. 자신이 시작한 것을
끝맺으면서 파일 사용의 균형을 잡은 것이다. 열기와 닫기가 같은 곳에 있고,
모든 열기에 상응하는 닫기가 있다는 것도 분명해 보인다. 리팩터링 덕분에
지저분한 공유 변수까지 제거했다.

여기에 추가로 적용할 수 있는 작지만 중요한 개선 사항이 있다. 많은 현대
언어에서는 리소스의 유효 범위를 블록 같은 것으로 감싸서 지정할 수 있다.
루비에서는 파일 open 함수에 블록을 넘기면 블록 안으로 열린 파일 객체가
넘어온다. 다음 코드의 do와 첫 번째 end 사이에서만 파일이 열려 있다.

```
def update_customer(transaction_amount)
  File.open(@name + ".rec", "r+") do |file| # >--
    read_customer(file)                       #    |
    @balance += transaction_amount            #    |
    write_customer(file)                      #    |
  end                                         # <--
end
```

---

8  216쪽의 팁 "상태를 쌓아 놓지 말고 전달하라."를 보라.

위 예에서는 블록이 끝나면 file 변수가 스코프scope를 벗어나면서 열렸던 파일도 닫힌다. 끝. 파일을 닫고 리소스를 해제하는 것을 기억할 필요가 없다. 알아서 다 처리된다.

잘 모르겠을 땐 언제나 스코프를 줄이는 편이 낫다.

---

**Tip 41** **지역적으로 행동하라.**

## 중첩 할당

리소스 할당의 기본 패턴을 확장해서 한 번에 여러 리소스를 사용하는 루틴에 적용할 수 있다. 두 가지만 더 제안하겠다.

- 리소스를 할당한 순서의 역순으로 해제하라. 이렇게 해야 한 리소스가 다른 리소스를 참조하는 경우에도 참조를 망가트리지 않는다.
- 코드의 여러 곳에서 동일한 구성의 리소스들을 할당하는 경우에는 언제나 같은 순서로 할당해야 교착deadlock 가능성을 줄일 수 있다. 프로세스 A가 resource1을 이미 확보하고서 resource2를 획득하려고 하고 있는데 프로세스 B는 resource2를 확보한 상태로 resource1을 막 요청하려고 한다면, 두 프로세스 모두 영원히 기다리게 될 것이다.

어떤 종류의 리소스를 사용하고 있는지는 중요하지 않다. 트랜잭션이건 네트워크 연결이건 메모리건 파일 혹은 스레드, GUI 요소건 모두 기본 패턴을 적용할 수 있다. 리소스를 할당하는 것이 언제나 그 리소스를 해제할 책임까지 져야 한다. 그렇지만 몇몇 언어에서는 이 개념을 좀 더 발전시킬 수 있다.

이번 항목에서는 여러분이 실행하는 프로세스가 잠깐동안 사용하는 리소스들을 주로 살펴보았다. 하지만 여러분이 그 외에 또 어떤 것들을 남기는지도 검토해 보아야 한다.

예를 들어 로그 파일은 어떻게 관리하는가? 여러분은 데이터를 만들고 있고 따라서 저장 공간을 사용한다. 오래된 로그는 지우고 최근 로그만 남기기 위해 무언가를 돌리고 있는가? 여러분이 임의로 추가한 디버깅용 파일은 어떤가? 데이터베이스에 로그용 레코드를 남기고 있다면 레코드를 삭제하는 비슷한 프로세스도 작동 중인가? 유한한 리소스를 소모하는 것을 만들 때는 언제나 어떻게 균형을 잡을지 고려하라.

여러분은 또 어떤 것을 남기고 있는가?

## 객체와 예외

할당과 해제 사이의 균형은 객체 지향 클래스의 생성자constructor와 소멸자destructor를 연상시킨다. 클래스는 어떤 자원에 해당한다고 할 수 있고, 생성자는 여러분에게 이 자원 타입의 특정 객체를 만들어 주고, 소멸자는 여러분의 스코프에서 그 객체를 제거해 준다고 할 수 있다.

객체 지향 언어로 프로그래밍을 한다면 리소스를 클래스 안에 캡슐화하는 것이 유용할 수 있다. 특정 유형의 리소스가 필요할 때마다 그 클래스의 객체를 생성하면 된다. 그 객체가 스코프를 벗어나거나 가비지 컬렉터가 객체를 수거해 가면 객체의 소멸자가 클래스 안에 들어 있는 리소스를 해제한다.

이 접근법은 예외 때문에 리소스 해제가 제대로 되지 않을 수 있는 언어로 작업할 때에 특히 쓸모 있다.

## 균형 잡기와 예외

예외를 지원하는 언어에서는 리소스 해제가 골치 아플 수 있다. 예외가 던져

진 경우 예외 발생 이전에 할당된 모든 것이 깨끗이 청소된다고 어떻게 보장
할 수 있을까? 이 물음의 답은 어느 정도는 언어가 어떤 기능을 지원하느냐
에 따라 달라지는데, 일반적으로 두 가지 방식이 있다.

1. 변수 스코프를 사용한다. 예를 들어 C++나 러스트Rust의 스택 변수가 있다.
2. try~catch 블록에서 finally 절을 사용한다.

C++나 러스트 같은 언어의 일반적인 스코프 규칙에서는 함수나 블록 종료,
예외 등으로 변수가 스코프를 벗어나면 변수의 메모리가 해제된다. 그런데
이 변수의 소멸자에 외부 리소스를 정리하는 기능을 끼워 넣을 수 있다. 다음
러스트 코드에서 accounts라는 변수는 스코프 밖으로 벗어날 때 관련된 파일
을 자동으로 닫는다.

```
{
  let mut accounts = File::open("mydata.txt")?; // >--
  // 'accounts' 사용                            //    |
  ...                                           //    |
}                                               // <--
// 'accounts'가 스코프를 벗어났으므로 파일은 자동으로 닫힘
```

다른 방법은 만약 언어가 지원한다면 finally 절을 사용하는 것이다. finally
절의 코드는 try~catch 블록에서 예외가 발생하는지와 상관없이 언제나 실
행된다.

```
try
  // 위험한 무언가.
catch
  // 예외가 발생했다.
finally
  // 예외가 발생하든 말든 정리한다.
```

하지만 함정이 있다.

## 나쁜 예외 처리 방식

코드를 다음과 같이 쓰는 사람이 흔하다.

```
begin
  thing = allocate_resource()
  process(thing)
finally
  deallocate(thing)
end
```

무엇이 잘못되었는지 알겠는가?

만약 리소스 할당이 실패해서 예외가 발생하면 어떻게 될까? finally 절이
실행되면서 할당된 적이 없는 thing을 해제하려고 할 것이다.

예외가 발생할 수 있는 경우 리소스를 해제하는 올바른 방식은 다음과 같다.

```
thing = allocate_resource()
begin
  process(thing)
finally
  deallocate(thing)
end
```

## 리소스 사용의 균형을 잡을 수 없는 경우

리소스 할당 기본 패턴이 아예 맞지 않는 경우도 있다. 보통 동적인 자료 구
조를 사용하는 프로그램에서 이런 일이 많이 생긴다. 한 루틴에서 메모리의
일정 영역을 할당한 다음 어떤 더 큰 구조에 그것을 연결한 후, 한동안 그대
로 쓰는 식이다.

이런 경우의 요령은 메모리 할당에 대한 의미론적 불변식을 정하는 것이
다. 한군데 모은 자료 구조 안의 자료를 누가 책임지는지 정해 놓아야 한다.
자료 구조에서 최상위 구조의 메모리 할당을 해제할 경우 어떻게 처리해야
할까? 크게는 다음 세 가지 방법이 있다.

- 최상위 구조가 자기 안에 들어 있는 하위 구조들을 해제할 책임을 진다. 하위 구조들은 또다시 재귀적으로 자기 안에 들어 있는 자료들을 해제할 책임을 지고, 이런 식으로 반복된다.
- 최상위 구조가 그냥 할당 해제된다. 최상위 구조가 참조하던 하위 구조들은 연결이 끊어져서 다른 곳에서 참조하지 않는다면 외톨이가 된다.
- 최상위 구조가 하나라도 하위 구조를 가지고 있으면 자신의 할당 해제를 거부한다.

여기에서 선택은 각 자료 구조의 상황에 따라 달라진다. 하지만 언제나 어떤 것을 선택할지 확실하게 정하고 그에 따라 일관성 있게 구현해야 한다. C와 같은 절차형 언어에서는 세 방법 모두 구현이 어려울 것이다. C에서 자료 구조는 능동적으로 움직이지 못한다. 그런 상황에서 우리가 선호하는 방법은 주요 자료 구조마다 표준적인 할당과 해제 기능을 제공하는 모듈을 하나씩 작성하는 것이다. (이 모듈 안에 디버그용 화면 출력, 직렬화serialization, 역직렬화deserialization, 구조체 안을 순회할 때 불릴 훅hook 등의 기능을 함께 넣어놓을 수도 있다.)

## 균형을 점검하기

실용주의 프로그래머는 자신을 포함해서 아무도 믿지 않는다. 우리는 언제나 정말로 리소스가 적절하게 해제되었는지 실제로 점검하는 코드를 작성하는 것을 좋아한다. 대부분의 애플리케이션에서 이 말은 보통 리소스의 종류별로 래퍼wrapper를 만들고 그 래퍼들이 모든 할당과 해제 기록을 보관하는 것을 뜻한다. 프로그램 논리에 따르자면 자원들이 반드시 특정한 상태에 있어야 한다고 지정할 수 있는 지점들이 코드 속에 있을 것이다. 래퍼를 사용해서 상태가 올바른지 점검하라. 예를 들어 계속 실행 중인 상태에서 들어오는 요청을 처리하는 서버 프로그램을 생각해 보자. 아마 프로그램의 주 처리 루프 맨 위에 다음 요청이 도착하기를 기다리는 단일한 지점이 있을 것이다. 이 지점은 직전 요청을 처리하는 동안 리소스 사용량이 증가하지 않았는지 검사하기에 좋은 장소다.

더 낮은 수준에서는 여러분의 프로그램이 실행될 때 (다른 자원도 있지만) 메모리가 새는지memory leaks 검사해 주는 도구를 사용해 볼 수도 있다. 이런 도구들도 마찬가지로 유용하다.

### 관련 항목

- 항목 24. 죽은 프로그램은 거짓말을 하지 않는다
- 항목 30. 변환 프로그래밍
- 항목 33. 시간적 결합 깨트리기

### 도전해 볼 것

- 자원을 언제나 해제한다는 보장을 해 주는 확실한 방법은 없지만, 몇몇 설계 기법은 일관성 있게 적용한다면 도움이 된다. 우리는 본문에서 어떻게 커다란 자료 구조에 대해 의미론적 불변식을 정해서 메모리 해제 여부를 결정할 수 있는지 논의했다. 147쪽의 〈항목 23. 계약에 의한 설계〉가 이 발상을 더 다듬는 데 어떤 도움이 될지 생각해 보라.

### 연습 문제

**연습 문제 17** (답 예시는 424쪽에 있다.)
일부 C나 C++ 개발자들은 어떤 포인터가 가리키는 메모리를 해제한 다음에는 반드시 그 포인터 값을 NULL로 설정한다. 왜 이것이 좋은 생각일까?

**연습 문제 18** (답 예시는 424쪽에 있다.)

일부 자바 개발자들은 어떤 객체를 사용한 다음에는 반드시 그 객체를 가리켰던 변수를 NULL로 설정한다. 왜 이것이 좋은 생각일까?

## Topic 27 헤드라이트를 앞서가지 말라

> 예측은 힘들다. 특히 미래에 대해서는.
>
> – 요기 베라(Lawrence "Yogi" Berra). 덴마크 속담에서 유래한 말.

캄캄한 늦은 밤, 폭우가 쏟아지고 있다. 스포츠카 한 대가 굽이굽이 이어진 좁은 산길을 거칠게 질주한다. 간신히 코너를 빠져나오나 했는데 그만 다음 급커브를 놓치고 말았다. 부실한 가드레일을 들이받더니 허공을 날아 계곡 아래에 화염을 일으키고 만다. 경찰관들이 현장에 도착한다. 수사관 하나가 고개를 절레절레 흔들며 말한다. "헤드라이트를 앞서간 것이 틀림없어."

스포츠카가 정말로 빛의 속도보다 빠르게 달렸을까? 그럴 리가. 빛의 속도는 고정불변이다. 수사관이 한 말은 운전자가 헤드라이트 불빛이 비춘 것을 보고 반응하여 차를 멈추거나 핸들을 꺾는 능력을 가리킨 것이다.

헤드라이트는 '투사 거리throw distance'라고 부르는 범위까지만 밝힐 수 있다. 이 범위 바깥은 빛이 너무 분산되어 효과가 떨어진다. 또한 헤드라이트는 일직선 모양의 영역을 비추므로 커브나 언덕, 웅덩이처럼 정면을 벗어난 것은 밝히지 못할 수도 있다. 미국 도로교통안전국에 따르면 하향등으로 밝힐 수 있는 거리는 평균 약 50m인데, 안타깝게도 시속 60km로 달릴 때의 정지 거리는 약 52m이고, 시속 100km라면 무려 약 116m다.[9] 따라서 헤드라이트를 앞서가기는 사실 꽤 쉽다.

---

9  미국 도로교통안전국 기준으로 (정지 거리) = (제동 시작 전까지 이동하는 거리) + (제동 거리) 인데, 평균 1.5초 만에 반응하여 제동을 시작하고, 5.2m/s²로 감속한다고 가정하였다.

마찬가지로 소프트웨어 개발에서도 우리의 '헤드라이트'는 제한되어 있다. 우리는 너무 먼 미래는 내다볼 수 없고, 정면에서 벗어난 곳일수록 더 어둡다. 그래서 실용주의 프로그래머에게는 확고한 규칙이 있다.

---

**Tip 42** 작은 단계들을 밟아라. 언제나.

---

언제나 신중하게 작은 단계들을 밟아라. 더 진행하기 전에 피드백을 확인하고 조정하라. 피드백의 빈도를 여러분의 제한 속도라고 생각하라. '너무 큰' 단계나 작업은 하지 않게 될 것이다.[10]

여기서 피드백이란 무엇을 말하는 걸까? 여러분의 행동을 독립적으로 확증하거나 반증하는 것이라면 모두 피드백이다. 예를 들어 다음과 같다.

- REPL[11]의 결과는 API나 알고리즘을 여러분이 제대로 이해하고 있는지 피드백을 준다.
- 단위 테스트는 직전에 고친 코드에 대한 피드백을 준다.
- 사용자 데모 및 사용자와의 대화는 기능이나 사용성에 대한 피드백을 준다.

너무 큰 작업은 무엇일까? '예언'을 해야 하는 모든 작업이다. 자동차 헤드라이트로 비출 수 있는 거리에 한계가 있는 것처럼 우리도 한두 단계 앞의 미래만 내다볼 수 있다. 끽해야 몇 시간이나 며칠 정도일 것이다. 그 너머는 경험에 기반한 추측을 벗어난 무모한 억측의 영역이다. 다음과 같은 과제가 주어진다면 아마도 예언을 하게 될 것이다.

---

10 (옮긴이) 켄트 벡은 《익스트림 프로그래밍》(2006, 인사이트)에서 "아기 발걸음" 원칙을 제시하기도 했다. 올바른 방향으로 움직일 수 있는 일 중 최소한의 일은 무엇일지 생각하면서, 많은 작은 단계를 빠르게 밟아 나가라는 원칙이다. 단계를 잘게 쪼갤 때 생기는 부하(overhead)가 큰 변화를 시도했다가 실패해서 다시 원상태로 돌아갈 때 드는 낭비보다 훨씬 작다고 보는 것이다.

11 (옮긴이) REPL은 Run-Eval-Print Loop의 약자로, 입력한 코드를 바로 실행하여 결과를 출력하는 대화형 환경을 말한다. 랭귀지 셸(language shell)이라고도 한다.

- 몇 달 후의 완료 일정을 추정하기.
- 미래의 유지 보수나 확장 가능성을 미리 고려하여 설계하기.
- 사용자의 미래 요구 사항 예측하기.
- 미래에 어떤 기술을 쓸 수 있을지 추측하기.

여러분의 비명 소리가 들린다. 우리는 미래의 유지 보수를 고려해서 설계해야 하지 않느냐고? 맞다. 하지만 여러분이 볼 수 있는 미래까지만 고려해야 한다. 미래가 어떤 모습일지 더 많이 예측하려 할수록 여러분이 틀릴 가능성은 계속 높아질 것이다. 불확실한 미래에 대비한 설계를 하느라 진을 빼는 대신 언제나 교체 가능한 코드를 작성하여 대비하면 된다. 여러분의 코드를 더 적절한 무언가로 대체하기 쉽게 설계하라. 코드를 교체할 수 있도록 하면 응집도나 결합도, DRY에도 도움이 되고, 전반적으로 더 나은 설계가 탄생할 것이다.

설사 여러분이 미래에 대한 확신이 있더라도 저 모퉁이 너머에 블랙 스완 black swan이 기다리고 있을 수 있다.

## 블랙 스완

나심 니콜라스 탈레브는 그의 책 《블랙 스완》[Tal10]에서 역사상 중대한 사건은 모두 다 세간의 이목을 끌고, 예측하기 어렵고, 드문 사건들로부터 발생하는데, 이 사건들은 일반적normal[12] 예상의 영역을 넘어서는 것이라고 상정했다. 이런 아웃라이어outlier는 통계적으로는 드물더라도 그 여파는 훨씬 더 컸다. 이에 더하여 우리 자신의 인지적 편향이 우리의 눈을 가려서 우리가 하는 일의 가장자리부터 서서히 번져오는 변화를 보지 못하도록 막는다.(11쪽의 〈항목 4. 돌멩이 수프와 삶은 개구리〉 참고.)

---

[12] (옮긴이) 탈레브는 그의 책에서 정규(normal) 분포 곡선에 기초하여 불확실성을 평가해서는 안 된다고 말한다.

이 책의 1판이 나올 무렵 컴퓨터 잡지와 온라인 게시판을 달군 주제는 "데스크톱 GUI 전쟁의 승자는 누구인가? 모티프Motif인가 아니면 오픈룩OpenLook인가?"[13]였다. 질문 자체가 틀렸다. 아마 여러분은 두 기술 모두 들어 본 적이 없을 것이다. 누구도 '승자'가 되지 못했고 브라우저 중심의 웹이 빠르게 중원을 평정했다.

---

**Tip 43** 예언하지 말라.

---

대부분의 경우 내일은 오늘과 거의 같을 것이다. 하지만 확신하지는 말라.

### 관련 항목

- 항목 12. 예광탄
- 항목 13. 프로토타입과 포스트잇
- 항목 40. 리팩터링
- 항목 41. 테스트로 코딩하기
- 항목 48. 애자일의 핵심
- 항목 50. 코코넛만으로는 부족하다

---

13 모티프와 오픈룩은 엑스 윈도(X-Window) 기반의 유닉스 워크스테이션용 GUI 표준이었다.

# 구부러지거나 부러지거나

Bend, or Break

삶은 멈추지 않는다. 우리가 작성하는 코드도 마찬가지다. 현대의 미친 듯이 빠른 변화 속도를 따라가려면 모든 수단을 동원하여 가능한 한 느슨하고 유연한 코드를 작성해야 한다. 그러지 않으면 코드는 금세 낡고 수정하기 어려워지고, 결국 기억 저편으로 사라질 것이다.

66쪽의 〈항목 11. 가역성〉에서 되돌릴 수 없는 결정이 얼마나 위험한지 이야기했다. 이번 장에서는 되돌릴 수 있는 의사 결정을 내리는 구체적인 방법을 설명한다. 이를 잘 활용하면 여러분이 작성하는 코드가 불확실한 세상에서도 유연성과 적응력을 잃지 않을 것이다.

우선 코드 조각 간의 의존 정도를 의미하는 '결합도coupling'를 살펴본다. 〈항목 28. 결합도 줄이기〉에서는 관계없는 개념들을 분리하여 결합도를 낮추는 방법을 알아본다.

다음으로는 〈항목 29. 실세계를 갖고 저글링하기〉에서 유용한 다른 기술들을 살펴본다. '이벤트'는 현대 소프트웨어 애플리케이션의 핵심 요소로 자리 잡았다. 이벤트를 관리하고, 이벤트에 반응하는 네 가지 서로 다른 전략을 검토한다.

전통적인 절차적 코드와 객체지향 코드는 여러분의 목표를 위해서는 지나치게 결합도가 높을 수 있다. 〈항목 30. 변환 프로그래밍〉에서는 함수 파이프라인이라는 보다 유연하고 명쾌한 방식을 활용해 보겠다. 여러분이 사용하는 언어가 이런 방식을 직접적으로 지원하지 않더라도 상관없다.

일반적인 객체 지향 스타일은 여러분을 또 다른 함정으로 유혹할 수 있다. 막대한 〈항목 31. 상속세〉를 내고 싶지 않다면 속아 넘어가서는 안 된다. 유연하고 바꾸기 쉬운 코드를 만들 수 있는 더 나은 대안을 살펴볼 것이다.

유연함을 유지하는 한 가지 좋은 방법은 물론 가능한 한 코드를 적게 작성하는 것이다. 코드 수정은 새로운 버그가 생기는 계기이기도 하다. 〈항목 32. 설정〉에서는 세부 사항을 완전히 코드 밖으로 옮기는 방법에 대해 설명한다. 그렇게 하면 세부 사항을 안전하고도 쉽게 변경할 수 있다.

이런 모든 기법을 활용하면 여러분의 코드가 부러지지 않고 구부러질 것이다.

## Topic 28 결합도 줄이기

> 우리가 어떤 것 하나만을 골라내려고 해도, 그것이 우주의 다른 모든 것과 얽혀 있음을 깨닫게 된다.
>
> – 존 뮤어(John Muir), 《나의 첫 여름》

우리는 38쪽의 〈항목 8. 좋은 설계의 핵심〉에서 좋은 설계 원칙을 따르면 바꾸기 쉬운 코드를 만들 수 있다고 주장했다. 높은 결합도는 변경의 적이다. 결합도가 높으면 이리저리 연결되어 있어서 여러 가지를 동시에 바꿔야 하기 때문이다. 그래서 바꾸기 더 어려워진다. 여러분의 운명은 둘 중 하나다. 바꿔야 하는 곳을 모두 찾아내느라 시간을 들이거나, 아니면 '딱 하나만' 바꾸고 결합된 다른 것들은 잊은 채 왜 프로그램이 죽는지 고민하느라 시간을 들이거나.

다리나 탑같이 무언가를 단단하게 설계해야 할 때, 여러분은 아마 부품들을 서로 결합할 것이다.

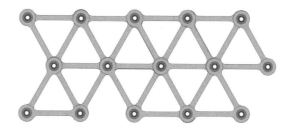

부품 간의 연결이 모여 전체 구조를 단단하게 만든다.

위 그림을 다음 그림과 비교해 보자.

이번에는 구조가 단단하지 않다. 각각의 연결을 움직일 수 있고 그러면 다른 부분도 따라서 움직이게 된다.

다리를 설계할 때는 그 형태가 바뀌지 않기를 바랄 것이다. 따라서 구조가 단단해야 한다. 하지만 소프트웨어를 설계할 때는 언젠가 형태를 바꾸려 할 것이다. 바라는 것이 정확히 반대다. 소프트웨어의 구조는 유연해야 한다. 그리고 유연하려면 각각의 부품이 다른 부품에 가능한 한 조금만 연결되어야 한다.

더 난감한 부분은 결합이 추이적transitive이라는 것이다. 즉 A가 B, C와 결합되어 있고, B는 M, N과, C는 X, Y와 결합되어 있다면, 결국 A는 B, C, M, N, X, Y 모두와 결합되어 있는 것이다.

그러니 다음 간단한 원칙을 따라야 한다.

**결합도가 낮은 코드가 바꾸기 쉽다.**

우리가 강철 빔과 리벳으로 연결하며 코딩을 하는 것도 아닌데 적게 연결하라는 것은 대체 무슨 뜻일까? 이번 항목의 주제는 다음과 같다.

- 열차 사고train wreck[1]: 연쇄 메서드 호출
- 글로벌화: 정적인static 것의 위험함
- 상속: 왜 클래스 상속이 위험한가?

이 목록은 사실 다소 인위적이다. 결합은 두 개의 코드 조각이 무언가를 공유하면 언제나 일어날 수 있다. 그러니 여러분은 이후의 내용을 읽으면서 근본적인 패턴을 찾아보고, 이를 **여러분의** 코드에 적용해야 한다. 또한 여러분의 코드에서 나타나는 다음과 같은 결합의 증상을 놓치지 않도록 주의해야 한다.

- 관계없는 모듈이나 라이브러리 간의 희한한 의존 관계
- 한 모듈의 '간단한' 수정이 이와 관계없는 모듈을 통해 시스템 전역으로 퍼져 나가거나 시스템의 다른 곳에서 무언가를 깨뜨리는 경우
- 개발자가 수정하는 부분이 시스템에 어떤 영향을 미칠지 몰라 코드의 수정을 두려워하는 경우
- 변경 사항에 누가 영향을 받는지 파악하고 있는 사람이 없어서 결국 모든 사람이 참석해야 하는 회의

### 열차 사고

다음과 같은 식의 코드를 본 적이 있을 것이다. 아마 쓴 적도 있으리라.

---

1 (옮긴이) train wreck은 열차 사고라는 원래 뜻 외에 엉망진창이라는 뜻도 있다. 저자는 여기에서 메소드 호출이 연쇄적으로 이어지는 모습이 열차와 외형적으로 유사하다고 하면서 동시에 그게 엉망진창의 상태가 될 수 있다는 암시를 하고 있다.

```
public void applyDiscount(customer, order_id, discount) {
  totals = customer
          .orders
          .find(order_id)
          .getTotals();
  totals.grandTotal = totals.grandTotal - discount;
  totals.discount   = discount;
}
```

고객 객체에서 해당하는 주문 컬렉션의 참조를 얻는다. 거기서 특정한 주문을 찾고, 찾은 주문의 합계total를 얻는다. 이 합계에서 얻은 주문 총액grand total에서 할인액discount을 빼고, 합계에 저장된 할인액도 갱신한다.

이 코드는 고객에서 합계까지 다섯 단계의 추상화를 오간다. 결국 최상위 코드가 모든 것을 알아야 한다. 고객 객체는 주문 컬렉션을 노출하고, 이 주문 컬렉션에는 주문 아이디를 받아서 주문 객체를 반환하는 find 메서드가 있으며, 주문 객체는 totals 객체를 가지고 있는데, 이 totals 객체에는 총액과 할인액을 읽거나 쓸 수 있는 접근자가 있다는 것까지 다 알아야 한다. 코드를 쓰거나 이해하기 위해 알아야 하는 것이 너무 많다. 설상가상으로 이 코드를 계속 지원하기 위해서 앞으로 바꾸면 안 되는 것도 너무 많다. 기차의 모든 객차가 서로 연결되어 있듯이 메서드나 속성들이 모두 연결되어 있다. 이런 코드를 '열차 사고'라고 부른다.

예를 들어, 사업 부서에서 할인율을 최대 40%로 제한하기로 했다고 가정해 보자. 이 규칙을 반영하는 코드를 어디에 넣어야 할까?

우리가 방금 작성한 applyDiscount 함수에 넣어야 할 것 같아 보인다. 당연히 그렇긴 하다. 문제는 지금 형태의 코드에서는 그것으로 충분한지 알 수 없다는 것이다. 어떤 곳에 있는 코드든 totals 객체의 필드 값을 바꿀 수 있다. 필드 값을 바꾸는 다른 코드의 담당자에게 새로운 요구 사항이 제대로 전달되지 않는다면 규칙에 구멍이 생기고 말 것이다.

이것은 책임의 문제라고 볼 수도 있다. 당연히 totals 객체가 합계를 관리하는 책임을 져야 한다. 하지만 그렇게 하고 있지 않다. 실제로는 누구나 질의하고 갱신할 수 있는 다수의 필드를 가진 컨테이너일 뿐이기에 그렇다.

이를 고치려면 다음 원칙을 적용해야 한다.

---

**Tip 45  묻지 말고 말하라**Tell, Don't Ask, TDA.

---

이 원칙은 다른 객체의 내부 상태에 따라 판단을 내리고 그 객체를 갱신해서는 안 된다는 것이다. 객체의 내부 상태를 묻는 것으로 인하여 캡슐화encapsulation의 장점은 완전히 사라지고, 또 그 과정에서 구현에 대한 지식이 코드 여기저기로 퍼져 버린다. 따라서 우리 열차 사고를 고치는 첫 발짝은 할인 처리를 totals 객체에 위임하는 것이다.

```
public void applyDiscount(customer, order_id, discount) {
  customer
    .orders
    .find(order_id)
    .getTotals()
    .applyDiscount(discount);
}
```

똑같은 '묻지 말고 말하라' 문제가 customer 객체와 주문 컬렉션에도 있다. 주문 컬렉션을 가져와서 주문을 찾아서는 안 된다. 고객 객체에서 바로 주문 객체를 얻어 와야 한다.

```
public void applyDiscount(customer, order_id, discount) {
  customer
    .findOrder(order_id)
    .getTotals()
    .applyDiscount(discount);
}
```

마찬가지 논리를 주문 객체와 합계에도 적용할 수 있다. 주문 객체를 구현할 때 합계를 별도의 객체에 저장했다는 사실을 왜 온 세상 사람이 다 알아야 하겠는가?

```
public void applyDiscount(customer, order_id, discount) {
  customer
    .findOrder(order_id)
    .applyDiscount(discount);
}
```

이제 멈춰도 될 것 같다.

여기서 혹시 TDA를 따르려면 고객 객체에 applyDiscountToOrder(order_id, discount) 메서드를 추가해야 되나 하는 생각이 들 것이다. TDA를 맹신한다면 추가할 수도 있다.

하지만 TDA는 자연법칙이 아니다. 문제를 알아볼 수 있게 도와주는 패턴일 뿐이다. 위 예에서는 고객이 주문 객체를 가지고 있고, 고객 객체에 주문 하나를 찾아 달라고 요청할 수 있다는 사실을 노출하는 것도 괜찮아 보인다. 이것은 실용적인 판단이다.

모든 애플리케이션에는 보편적인 최상위 개념들이 있기 마련이다. 예시한 애플리케이션에서는 고객과 주문이 최상위 개념이다. 주문을 고객 객체 안에 완전히 숨기는 것은 좀 이상하다. 따라서 주문 객체를 노출하는 API를 만들어도 문제없다.

## 데메테르 법칙

사람들이 결합도에 대한 이야기를 할 때 '데메테르 법칙Law of Demeter, LoD[2]'이라는 것을 언급하는 경우가 많다. LoD는 80년대 말 이안 홀랜드Ian Holland가 만

---

2 (옮긴이) '디미터 법칙'이라고 부르기도 한다. 데메테르는 그리스 신화에서 농업, 결혼, 사회 질서의 여신이다.

든 일련의 지침[3]이다. 데메테르라는 프로젝트를 수행하는 도중 개발자들에게 보다 깨끗하고 결합도가 낮은 함수를 작성하는 방법을 알려주기 위해 만들었다.

LoD는 어떤 클래스 C에 정의된 메서드가 다음 목록에 속하는 것만 사용할 수 있다고 제한한다.

- C의 다른 인스턴스 메서드
- 메서드의 매개 변수
- 스택이나 힙에 자신이 생성하는 객체의 메서드
- 전역 변수

이 책의 1판에서 우리는 LoD를 공들여 설명했다. 그리고 20년의 세월이 흐르는 동안 LoD의 가치는 빛이 바래고 말았다. 우리는 이제 "전역 변수" 부분이 싫다. 자세한 이유는 뒤에서 설명하겠다. 그리고 이 법칙을 실제로 사용하기 꽤 어렵다는 것도 깨달았다. 메서드를 호출하는 코드를 쓸 때마다 법률 문서를 해독해야 하는 느낌이다.

하지만 기반이 되는 원칙 자체는 유효하다. 그래서 거의 같은 이야기를 다음과 같이 좀 더 쉬운 표현으로 바꿔 보았다.

---

**Tip 46** 메서드 호출을 엮지 말라.

---

무언가에 접근할 때 "."을 딱 하나만 쓰려고 노력해 보라. '무언가에 접근'한다는 건 중간 변수를 사용하는 경우까지 포함해야 한다. 다음 코드를 보자.

```
# 좋지 않은 방식이다.
amount = customer.orders.last().totals().amount;
```

---

3  그러니까 사실 법칙은 아니다. '데메테르의 아주 멋진 생각' 정도다.

```
# 마찬가지로 좋지 않다.
orders = customer.orders;
last   = orders.last();
totals = last.totals();
amount = totals.amount;
```

점 하나 규칙에는 큰 예외가 하나 있다. 엮는 것들이 절대로 바뀌지 않을 것 같다면 이 규칙을 지키지 않아도 된다. 사실 여러분의 애플리케이션에 있는 것은 모두 바뀌리라 생각해야 한다. 외부의 라이브러리 역시 불안정하다고 여겨야 한다. 특히 라이브러리 관리자가 릴리스와 릴리스 사이에 API를 바꾼다고 알려져 있으면 더욱더 그렇다. 하지만 언어에 기본으로 포함된 라이브러리라면 아마 꽤 안정적일 것이고, 다음과 같이 써도 될 것이다.

```
people
  .sort_by {|person| person.age }
  .first(10)
  .map {| person | person.name }
```

위 루비 코드는 우리가 20년 전 이 책의 1판을 쓸 때도 동작했고, 조만간 우리가 프로그래머용 양로원에 들어갈 때도 아마 동작할 것이다.


### 연쇄와 파이프라인

207쪽의 〈항목 30. 변환 프로그래밍〉에서 우리는 함수를 조합하여 파이프라인을 만드는 방법을 알아 볼 것이다. 이 파이프라인은 함수에서 함수로 데이터를 넘겨 가며 데이터를 변환한다. 이런 파이프라인은 메서드 호출로 이루어진 열차 사고와는 다르다. 숨겨진 구현 세부 사항에 의존하지 않기 때문이다.

그렇다고 파이프라인이 결합을 하나도 만들지 않는 것은 아니다. 파이프라인의 함수에서 반환하는 데이터는 반드시 다음 함수가 처리할 수 있는 형식이어야 한다.

우리의 경험상 이런 파이프라인 형태의 결합은 열차 사고로 인한 결합에 비해 코드를 바꿀 때 문제가 생기는 경우가 적었다.

## 글로벌화의 해악

어디서나 접근할 수 있는 데이터는 교묘하게 애플리케이션 컴포넌트 간의 결합을 만들어 낸다. 전역global 데이터 하나하나는 애플리케이션의 모든 메서드에 갑자기 매개 변수가 추가된 것과 같은 효과를 낸다. 전역 데이터는 모든 메서드 안에서 사용할 수 있으니 말이다.

전역 데이터는 여러 가지 방법으로 코드의 결합도를 높인다. 전역 데이터의 구현을 변경할 때 시스템 코드 전체에 영향을 줄 수 있음은 분명하다. 물론 실제 상황에서 그 파급 효과는 제한적이다. 하지만 문제는 바꿔야 하는 곳을 모두 바꿨는지 확인하기 힘들다는 데 있다.

전역 데이터는 코드를 떼어 내는 경우에도 문제를 만든다.

코드 재사용의 장점은 많이 알려져 있다. 코드를 처음 작성하는 시점의 제1 관심사가 코드 재사용이어서는 안 될 것이다. 하지만 우리의 경험에 비추어 볼 때 코드를 재사용할 수 있도록 해야 한다는 생각이 코딩 습관의 일부가 되어야 한다. 코드를 재사용할 수 있게 하려면 깨끗한 인터페이스를 만들고 나머지 코드와의 결합을 없애야 한다. 그래야 나머지 것들이 우르르 딸려 들어오는 일 없이 메서드나 모듈을 뽑아낼 수 있다. 여러분의 코드가 전역 데이터를 사용한다면 나머지로부터 떼어 내기 힘들어질 것이다.

전역 데이터를 쓰는 코드에 단위 테스트를 만들다 보면 이런 문제를 발견하게 된다. 그저 테스트를 실행하려는 것뿐인데 전역 환경을 생성하는 코드를 한참이나 써야 한다.

---

Tip 47 전역 데이터를 피하라.

---

## 싱글턴singleton도 전역 데이터다

앞에서 우리는 일부러 전역 변수가 아니라 전역 데이터라고 계속 말했다. 가끔씩 "이것 보세요. 전역 변수는 없어요. 모두 인스턴스 데이터로 싱글턴이나 전역 모듈 안에 넣었어요."라고 말하는 사람이 있기 때문이다.

그게 아니거든요. 여러분의 코드에 있는 것이 싱글턴뿐이더라도, 외부로 노출된 인스턴스 변수가 잔뜩 있는 싱글턴은 여전히 전역 데이터이다. 그저 이름이 좀 길어졌을 뿐이다.

그러면 또 이 싱글턴에서 모든 데이터를 메서드 안으로 숨기는 이들이 있다. `Config.log_level` 대신에 `Config.log_level()`이나 `Config.getLogLevel()`이라고 쓰는 것이다. 전역 데이터에 한 줌의 지능이 생긴 것이니 메서드가 좀 더 낫긴 하다. 만약 로그 레벨의 표현 단계를 바꾸기로 했다면, `Config`의 API 내에서 기존 레벨과 신규 레벨을 변환하여 호환성을 유지할 수 있을 것이다. 하지만 설정 데이터를 딱 한 벌만 가지고 있는 것에는 변함이 없다.

## 외부 리소스도 전역 데이터다

수정 가능한 외부 리소스는 모두 전역 데이터다. 여러분의 애플리케이션이 데이터베이스나 저장소, 파일 시스템, 서비스 API 등을 사용한다면 전역 데이터의 함정에 빠질 위험이 있는 것이다. 여기서도 해법은 반드시 이 리소스들을 여러분이 작성하는 코드로 모두 감싸는 것이다.

---

**Tip 48**  전역적이어야 할 만큼 중요하다면 API로 감싸라.

---

## 상속은 결합을 늘린다

상속으로 다른 클래스의 상태와 행동을 그대로 가져올 수 있다. 상속을 잘못 사용하는 문제는 너무 중요해서 별도로 항목을 만들었다. 224쪽의 〈항목 31. 상속세〉를 보라.

## 결국은 모두 ETC

결합된 코드는 바꾸기 힘들다. 코드의 한 곳을 바꾸면 다른 곳에 여파가 미칠 수 있다. 가끔은 찾기 힘든 곳에 문제가 생기는 바람에 한 달 후에나 서비스에 오류가 발생하면서 문제의 실상이 드러나기도 한다.

직접적으로 아는 것만 다루는 부끄럼쟁이 코드를 계속 유지하라. 그러면 애플리케이션의 결합도를 낮게 유지할 수 있을 것이고, 결과적으로 코드를 바꾸기 쉬워질 것이다.

### 관련 항목

- 항목 8. 좋은 설계의 핵심
- 항목 9. DRY: 중복의 해악
- 항목 10. 직교성
- 항목 11. 가역성
- 항목 29. 실세계를 갖고 저글링하기
- 항목 30. 변환 프로그래밍
- 항목 31. 상속세
- 항목 32. 설정
- 항목 33. 시간적 결합 깨트리기
- 항목 34. 공유 상태는 틀린 상태
- 항목 35. 액터와 프로세스
- 항목 36. 칠판

- 우리가 연재한 "Software Construction(소프트웨어 구축)" 중 2003년 글 〈The Art of Enbugging(버그 생산의 예술)〉[4]에서 '묻지 말고 말하라.'를 다루었다.

## Topic 29 실세계를 갖고 저글링하기

> 그냥 일어나는 일은 없다. 일어나도록 만들어진 것이다.
> — 존 F. 케네디(John F. Kennedy)

저자들에게 아직 앳된 모습이 남아 있던 시절에는 컴퓨터가 그다지 유연하지 않았다. 그래서 보통 컴퓨터와 상호 작용하기 위해 컴퓨터의 한계에 사람이 맞추어야 했다.

오늘날 우리는 더 많은 것을 기대한다. 사람이 컴퓨터에 맞추기보다는 컴퓨터가 우리 세계 안으로 들어와야 한다. 그리고 우리 세계는 엉망이다. 끊임없이 사건이 일어나고, 물건들은 사방으로 이동하며, 사람들은 생각을 바꾼다. 그리고 우리가 작성하는 애플리케이션은 맡은 일을 어떻게든 수행해야 한다.

이번 항목은 이렇게 반응적인responsive 애플리케이션을 작성하는 법을 다룬다. 먼저 '이벤트event'의 개념부터 시작하겠다.

### 이벤트

**이벤트**는 무언가 정보가 있다는 것을 의미한다. 정보는 사용자가 버튼을 클릭하거나, 주가 정보가 갱신될 때처럼 외부에서 올 수 있다. 정보는 내부에서 생길 수도 있다. 계산 결과가 나왔거나, 검색 작업이 끝났을 수도 있고, 리스트에서 다음 원소를 가져오는 것처럼 사소한 것일 수도 있다.

---

4  *https://media.pragprog.com/articles/jan_03_enbug.pdf*

어디에서 온 것이든 애플리케이션을 이런 이벤트에 반응하도록, 그리고 그에 기반해서 하는 일을 조절하도록 만들면, 진짜 세상에서 더 잘 작동하는 애플리케이션이 탄생할 것이다. 사용자들은 애플리케이션의 상호 작용이 더 원활하다고 느낄 것이고 애플리케이션 자체는 리소스를 더 효율적으로 사용할 것이다.

그런데 어떻게 이벤트에 잘 반응하는 애플리케이션을 만들 수 있을까? 아무 전략이 없다면 우리는 금방 혼란에 빠질 것이고, 우리의 애플리케이션은 서로 긴밀하게 얽힌 엉망진창 코드 덩어리가 되고 말 것이다.

우리를 도와줄 네 가지 전략을 살펴보자.

1. 유한 상태 기계
2. 감시자observer 패턴
3. 게시-구독
4. 반응형 프로그래밍과 스트림

## 유한 상태 기계

데이브는 거의 매주 자신이 유한 상태 기계Finite State Machine, FSM를 사용해서 코드를 작성하고 있다고 느낀다. 대부분의 경우 FSM 구현은 고작 몇 줄에 불과하지만, 그 덕분에 엄청난 난장판을 만들지 않을 수 있다.

FSM은 정말 쓰기 쉬운데도 많은 개발자가 사용을 꺼린다. 아마 FSM이 어렵다고, 혹은 FSM은 하드웨어에서만 쓸 수 있다고 생각하는 듯 하다. 어쩌면 이해하기 힘든 라이브러리를 써야 한다고 생각하는지도 모르겠다. 하지만 모두 사실이 아니다.

### 실용주의 FSM 해부학

기본적으로 상태 기계는 이벤트를 어떻게 처리할지 정의한 명세일 뿐이다. 정해진 상태들이 있고 그중 하나가 '현재 상태'다. 상태마다 그 상태일 때 의미가 있는 이벤트들을 나열하고, 이벤트별로 시스템의 다음 '현재 상태'를 정의한다.

예를 들어, 여러 조각으로 나뉜 메시지를 웹소켓websocket으로 받는다고 하자. 첫 번째 메시지는 헤더header다. 그다음에는 데이터 메시지가 몇 개든 올 수 있다. 마지막으로 끝을 나타내는 트레일러trailer 메시지가 온다. 이를 FSM으로 표현해보면 다음과 같다.

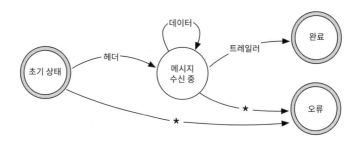

우리는 "초기 상태"에서 시작한다. 헤더 메시지를 받으면 "메시지 수신 중" 상태로 이행한다. 별표가 붙은 선의 의미는 초기 상태에서 헤더가 아닌 메시지를 받으면 "오류" 상태로 이행하고 끝난다는 것이다.

"메시지 수신 중" 상태에서는 두 가지 메시지를 받을 수 있다. 데이터 메시지를 받으면 현 상태에서 계속 메시지를 받고, 트레일러 메시지를 받으면 "완료" 상태로 이행한다. 그 밖의 다른 메시지를 받으면 "오류" 상태로 이행한다.

FSM의 멋진 점은 FSM을 오로지 데이터만으로 표현할 수 있다는 것이다. 우리의 메시지 파서를 표현해 보면 다음 표와 같다.

| 상태 | 이벤트 | | | |
|---|---|---|---|---|
| | 헤더 | 데이터 | 트레일러 | 기타 |
| 초기 | 수신 중 | 오류 | 오류 | 오류 |
| 수신 중 | 오류 | 수신 중 | 완료 | 오류 |

표에서 각 행은 상태를 나타낸다. 이벤트 처리 방법을 알아 내려면 먼저 현재 상태를 나타내는 행을 찾은 다음 발생한 이벤트를 나타내는 열을 찾으면 된다. 찾은 칸의 내용이 다음 상태다.

코드로 표현해도 똑같이 간단하다.

event/simple_fsm.rb
```
Line 1   TRANSITIONS = {
   -       initial: {header: :reading},
   -       reading: {data: :reading, trailer: :done},
   -     }
   5
   -     state = :initial
   -
   -     while state != :done && state != :error
   -       msg = get_next_message()
  10       state = TRANSITIONS[state][msg.msg_type] || :error
   -     end
```

상태 간의 이행을 구현하는 코드는 10번째 줄에 있다. 상태 이행 표에서 현재 상태를 먼저 찾은 후, 그 안에서 메시지 타입을 다시 찾아서 새로운 상태를 구했다. 만약 해당하는 상태가 없다면 상태는 :error로 바뀐다.

### 행동 추가하기

방금까지 살펴본 순수한 FSM은 일련의 이벤트를 파싱한다. 출력은 최종 상태뿐이다. 여기에 특정한 상태 이행이 일어날 때 수행하는 행동action을 추가하여 FSM을 더 강력하게 만들 수 있다.

예를 들어 소스 파일 안의 모든 문자열을 추출하고 싶다고 해 보자. 여기서 문자열은 따옴표 안에 들어 있는 텍스트를 의미한다. 그런데 만약 문자열 안에 역슬래시가 있으면 다음 문자가 따옴표여도 따옴표가 아닌 것처럼 처리해야 한다. 즉, **"이 안의 \"따옴표\"는 무시"** 전체가 하나의 문자열이다. 다음과 같이 FSM을 만들면 된다.

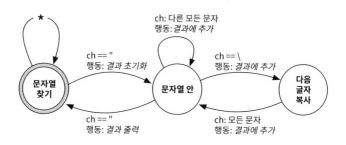

이번에는 상태 이행을 나타내는 선에 두 가지 설명이 붙었다. 위의 것은 상태 이행을 일으키는 이벤트고 밑의 것은 상태를 이행하면서 수행할 행동이다.

이번에도 앞의 예와 마찬가지로 표로 표현할 것이다. 단, 이번에는 표의 각 칸에 길이 2인 리스트를 저장하는데, 이 리스트에는 다음 상태와 수행할 행동의 이름을 저장한다.

event/strings_fsm.rb

```ruby
TRANSITIONS = {
  # 현재 상태            다음 상태                수행할 행동
  #-------------------------------------------------------
  look_for_string: {
    '"'     => [ :in_string,        :start_new_string ],
    :default => [ :look_for_string,  :ignore ],
  },
  in_string: {
    '"'     => [ :look_for_string,  :finish_current_string ],
    '\\'    => [ :copy_next_char,    :add_current_to_string ],
    :default => [ :in_string,        :add_current_to_string ],
  },
```

```
  copy_next_char: {
    :default => [ :in_string,        :add_current_to_string ],
  },
}
```

기본default 상태 이행을 지정하는 기능도 추가했는데, 현재 상태와 발생한 이벤트에 해당하는 상태 이행 정보가 없는 경우에 사용한다.

이제 코드를 보자.

event/strings_fsm.rb ────────────
```
state = :look_for_string
result = []

while ch = STDIN.getc
  state, action = TRANSITIONS[state][ch] || TRANSITIONS[state][:default]
  case action
  when :ignore
  when :start_new_string
    result = []
  when :add_current_to_string
    result << ch
  when :finish_current_string
    puts result.join
  end
end
```

반복문을 돌면서 이벤트(입력 문자들)를 받고 상태를 이행한다는 점은 이전의 메시지 파서와 비슷하다. 하지만 추가된 부분이 있다. 상태 이행이 일어날 때마다 다음 상태와 함께 행동의 이름이 나온다. 이 행동의 이름으로 코드를 선택하여 수행한 후 다시 반복문으로 돌아간다.

매우 기초적인 코드지만 필요한 일을 해낸다. 여기서 좀 더 바꿔 볼 수도 있다. 예를 들어 상태 이행 표에서 행동을 익명 함수나 함수 포인터로 표현할 수도 있다. 상태 기계 구현을 별도의 클래스로 분리해 내서 클래스 안에 상태를 저장할 수도 있다.

상태 이행을 꼭 단번에 끝까지 처리해야 한다는 법도 없다. 여러분이 앱의 회원 가입 절차를 개발한다고 생각해 보라. 사용자에게 신상 정보를 입력받고, 받은 이메일을 인증하고, 법적으로 온라인 앱이 반드시 고지해야 하는 107가지 주의 사항에 동의를 받는 등 여러 단계의 상태 이행을 거쳐야 할 것이다. 상태를 외부 저장소에 저장하면서 상태 기계를 동작시키면 이렇게 작업 흐름이 필요한 요구 사항을 수월하게 처리할 수 있을 것이다.

### 상태 기계는 시작일 뿐

상태 기계는 개발자들에게 저평가되어 있다. 여러분이 상태 기계를 적용할 수 있는 곳을 한번 찾아보면 좋겠다. 하지만 상태 기계가 이벤트와 관련된 모든 문제를 해결하지는 못한다. 그러니 이벤트로 곡예를 펼치는 다른 방법으로 넘어가 보자.

### 감시자 패턴

'감시자 패턴observer pattern'은 이벤트를 발생시키는 쪽인 '감시 대상observable'과 이런 이벤트에 관심이 있는 클라이언트인 '감시자'로 이루어진다.[5]

감시자는 자신이 관심 있는 이벤트를 감시 대상에 등록한다. 보통은 호출될 함수의 참조도 등록할 때 함께 넘긴다. 나중에 해당 이벤트가 발생하면 감시 대상은 등록된 감시자 목록을 보면서 함수들을 일일이 호출한다. 이때, 발생한 이벤트를 감시자 함수의 인자로 넘긴다.

루비로 구현한 간단한 예제를 살펴보자. Terminator 모듈은 애플리케이션을 종료하는 역할을 한다. 하지만 실제로 종료하기 전에 모든 감시자에게 애플리케이션이 곧 끝날 것이라고 알린다.[6] 감시자는 이런 알림을 이용해서 임

---

5  (옮긴이) 감시자 패턴은 '관찰자 패턴' 혹은 '옵서버 패턴'이라고도 부른다. '감시 대상'은 '주제(subject) 객체'라고도 부른다.

6  사실 우리도 안다. 루비에서는 굳이 이런 기능을 구현할 필요 없이 at_exit 함수를 쓰면 된다.

시 리소스 정리나 데이터 커밋 등을 할 수 있다.

event/observer.rb ─────────────────────────────

```ruby
module Terminator
  CALLBACKS = []

  def self.register(callback)
    CALLBACKS << callback
  end

  def self.exit(exit_status)
    CALLBACKS.each { |callback| callback.(exit_status) }
    exit!(exit_status)
  end
end

Terminator.register(-> (status) { puts "callback 1이 #{status} 관측" })
Terminator.register(-> (status) { puts "callback 2가 #{status} 관측" })

Terminator.exit(99)
```

```
$ ruby event/observer.rb
callback 1이 99 관측
callback 2가 99 관측
```

감시 대상을 만드는 코드는 별게 없다. 함수 참조를 리스트에 추가하고, 이벤트가 일어나면 이 함수들을 호출한다. 이런 경우에는 굳이 라이브러리를 쓸 필요가 없다.

'감시자-감시 대상' 패턴은 수십 년간 쓰여 왔고, 잘 작동했다. 특히 사용자 인터페이스 시스템에서 널리 쓰이는데, 어떤 상호 작용이 일어났다는 것을 애플리케이션에 콜백으로 알려주는 방식을 사용한다.

하지만 감시자 패턴에는 문제가 하나 있다. 모든 감시자가 감시 대상에 등록을 해야 하기 때문에 결합이 생긴다. 더군다나 일반적으로 감시 대상이 콜백을 직접 호출하도록 구현하기 때문에 이 부분이 성능 병목이 될 수 있다.

동기적synchronous 처리의 특성상 콜백 실행이 끝날 때까지 감시 대상이 계속 기다려야 하기 때문이다.

이 문제는 다음 전략인 '게시-구독'으로 해결한다.

## 게시-구독

게시Publish-구독Subscribe 혹은 발행-구독 모델은 줄여서 펍섭pubsub이라고도 부르며 감시자 패턴을 일반화한 것이다. 동시에 감시자 모델의 결합도를 높이는 문제와 성능 문제도 해결한다.

게시-구독 모델에는 '게시자publisher'와 '구독자subscriber'가 있고, 이들은 채널channel로 연결된다. 채널은 별도의 코드로 구현되는데, 라이브러리인 경우도 있고 프로세스 혹은 분산 인프라인 경우도 있다. 이런 상세한 구현 내용은 여러분의 코드로부터 숨겨져 있다.

각 채널에는 이름이 있다. 구독자는 관심사를 하나 이상의 채널에 등록하고, 게시자는 채널에 이벤트를 보낸다. 감시자 패턴과는 다르게 게시자와 구독자 사이의 통신은 여러분의 코드 밖에서 일어난다. 아마 비동기적으로 이루어질 것이다.

아주 기초적인 게시-구독 시스템을 직접 구현하는 것도 불가능하지는 않지만 여러분이 진짜로 구현할 일은 없을 것이다. 대부분의 클라우드 서비스가 게시-구독 서비스를 제공한다. 이런 서비스를 이용하면 전 세계의 애플리케이션을 연결할 수 있다. 많이 쓰이는 언어는 모두 게시-구독 라이브러리를 하나쯤은 갖추고 있다.

게시-구독 모델은 추가적인 결합 없이 비동기 이벤트 처리를 구현하기에 아주 좋은 기술이다. 다른 기존 코드를 수정하지 않고 이벤트 처리 코드를 추가하거나 교체할 수 있다. 애플리케이션이 작동하고 있는 도중에 작업이 가능할 수도 있다. 대신 단점은 게시-구독 모델을 아주 많이 사용하는 시스템에서는 현재 어떤 일이 벌어지고 있는지 파악하기가 힘들다는 것이다. 게시자가 메시지를 보내는 것을 확인했더라도 어떤 구독자가 그 메시지를 처리하는지 바로 이어서 볼 수 없다.

감시자 패턴과 비교하면 게시-구독 모델은 공통 인터페이스인 채널을 추상화함으로써 결합도를 줄인 멋진 사례라고 할 수 있다. 하지만 그래 봤자 메시지 전달 시스템일 뿐이다. 이벤트의 특정한 조합에 반응하는 시스템을 만들려면 더 많은 기능이 필요하다. 이벤트 처리에 시간 차원을 추가하는 방법을 알아보자.

## 반응형 프로그래밍과 스트림 그리고 이벤트

혹시 스프레드시트를 사용해 본 적이 있다면 여러분은 '반응형 프로그래밍reactive programming'이라는 개념을 알고 있는 것이다. 어떤 셀에 들어 있는 수식에서 다른 셀을 참조하고 있을 때, 참조된 셀의 값을 바꾸면 첫 번째 셀의 값도 바뀐다. 값이 바뀌면 그 값을 사용하는 다른 값이 '반응하는react' 것이다.

이런 데이터 수준의 반응성을 구현할 수 있는 프레임워크가 많이 있다. 브라우저 세계에서는 현재 리액트React와 뷰Vue.js의 인기가 가장 높다. (하지만 자바스크립트 프레임워크이므로 이 책이 출판되기도 전에 바뀔지 모른다.)

이벤트를 사용하여 코드가 반응하도록 할 수 있다는 것은 명백하다. 하지만 이벤트를 이리저리 연결하는 것도 쉽지만은 않다. 그래서 '스트림stream'이 필요하다.

스트림은 이벤트를 일반적인 자료 구조처럼 다룰 수 있게 해 준다. 이벤트의 리스트를 다룬다고 생각하면 된다. 새로운 이벤트가 도착하면 이 리스트가 길어지는 셈이다. 이런 방식이 좋은 이유는 익숙한 방식으로 스트림을 다룰 수 있기 때문이다. 이벤트를 처리하고, 조합하고, 골라내는 등 우리가 아는 온갖 작업을 일반적인 자료 구조와 마찬가지 방법으로 할 수 있다. 심지어 이벤트 스트림과 일반 자료 구조를 조합할 수도 있다. 또한 스트림은 비동기적으로 작동할 수도 있는데, 이벤트가 도착했을 때 여러분의 코드가 이벤트에 응답할 기회를 얻는다.

2021년 기준으로 반응형 이벤트 처리의 사실상 표준은 *http://reactivex.io* 웹사이트에서 정의했다. 이 웹 사이트는 언어에 무관한 원칙들을 정의하고 몇 가지 공통 구현 사항을 문서화했다. 이 책의 예제에서는 이를 구현한 자바스크립트용 라이브러리인 RxJS를 사용하겠다.

첫 번째 예제는 두 개의 스트림을 받아서 하나로 엮는다<sub>zip</sub>. 그러면 결과로 새로운 스트림이 생기는데, 첫 번째 스트림에서 원소 하나, 두 번째 스트림에서 원소 하나를 가져와서 하나로 묶은 것이 새로운 스트림의 원소가 된다. 다음 예에서 첫 번째 스트림은 그냥 동물 이름 다섯 개다. 두 번째 스트림은 좀 더 흥미로운데, 500ms마다 이벤트를 발생시키는 반복 타이머. 두 스트림이 집으로 엮였기 때문에 둘 모두에 데이터가 있을 때만 엮인 스트림에 결과가 생긴다. 즉, 출력 스트림은 0.5초에 한 번씩 결과를 내보낸다.

event/rx0/index.js
```
import * as Observable from 'rxjs'
import { logValues }    from "../rxcommon/logger.js"

let animals  = Observable.of("ant", "bee", "cat", "dog", "elk")
let ticker   = Observable.interval(500)

let combined = Observable.zip(animals, ticker)

combined.subscribe(next => logValues(JSON.stringify(next)))
```

위 코드는 브라우저 창의 목록에 새로운 항목을 추가하는 간단한 로깅 함수[7]를 사용한다. 각 항목에는 프로그램이 시작된 후부터 흐른 시간을 밀리초 단위로 붙인다. 앞의 코드를 실행한 결과는 다음과 같다.

---

7  *https://media.pragprog.com/titles/tpp20/code/event/rxcommon/logger.js*

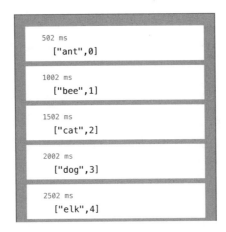

```
502 ms
    ["ant",0]

1002 ms
    ["bee",1]

1502 ms
    ["cat",2]

2002 ms
    ["dog",3]

2502 ms
    ["elk",4]
```

결과에서 프로그램 시작 이후로 흐른 시간을 표시하는 부분을 보라. 500ms
마다 하나씩 스트림에서 이벤트를 받고 있다. 각 이벤트에는 주어진 동물 이
름과 Observable.interval이 생성하는 일련번호가 들어 있다. 브라우저에서
실행해 보면 로그 항목이 정확하게 0.5초마다 나타난다.

일반적으로 이벤트 스트림은 이벤트가 발생할 때마다 채워진다. 이 말은
이벤트를 발생시키는 감시 대상들을 병렬적으로 실행시킬 수 있다는 것이
다. 다음 예에서는 원격의 웹 사이트에서 사용자 정보를 가져온다. 우리가
사용하는 곳은 *https://reqres.in*으로 누구에게나 테스트용 REST 인터페이스를
제공한다. 우리는 여러 API 중에서 users/«id»에 GET 요청을 보내서 가상의
사용자 정보를 가져올 것이다. 사용자 아이디가 3, 2, 1인 사용자의 정보를
가져와 보겠다.

event/rx1/index.js
```
import * as Observable from 'rxjs'
import { mergeMap }    from 'rxjs/operators'
import { ajax }        from 'rxjs/ajax'
import { logValues }   from "../rxcommon/logger.js"

let users = Observable.of(3, 2, 1)
```

```
let result = users.pipe(
  mergeMap((user) => ajax.getJSON(`https://reqres.in/api/users/${user}`))
)

result.subscribe(
  resp => logValues(JSON.stringify(resp.data)),
  err  => console.error(JSON.stringify(err))
)
```

자세한 코드의 내용은 중요치 않다. 흥미로운 것은 결과다. 결과 화면은 다음과 같다.

```
82 ms
    {"id":2,"first_name":"Janet","last_name":"Weaver","avatar":"h

132 ms
    {"id":1,"first_name":"George","last_name":"Bluth","avatar":"h

133 ms
    {"id":3,"first_name":"Emma","last_name":"Wong","avatar":"https
```

역시 시간을 표시하는 부분을 눈여겨보자. 세 개의 요청, 그러니까 세 개의 개별 스트림이 병렬적으로 처리되었다. 첫 번째 결과는 아이디 2에 대한 것으로 82ms 만에 도착했다. 그리고 다른 둘은 그로부터 각각 50ms, 51ms 후 도착했다.

### 이벤트 스트림은 비동기 컬렉션

이전의 예에서 Observable인 users에 담긴 사용자 아이디 목록은 고정되어 있었다. 하지만 꼭 그래야 하는 것은 아니다. 어쩌면 이런 정보를 사용자가 우리 웹 사이트에 로그인할 때 수집하고 싶을 수도 있다. 그렇다면 미리 정해진 사용자 아이디 대신 세션이 만들어질 때마다 사용자의 아이디를 담은

Observable을 생성해서 사용하면 된다. 사용자 아이디를 받을 때마다 사용자의 상세한 정보를 가져온 다음 아마 어딘가에 저장할 것이다.

정말 강력한 추상화다. 더 이상 시간을 어떻게 관리할지 고민할 필요가 없다. 이벤트 스트림은 동기적 처리와 비동기적 처리를 하나의 편리한 공통 API로 감싸서 통합한다.

## 어디에나 이벤트가 있다

이벤트는 모든 곳에 있다. 몇 가지는 뻔하다. 마우스 버튼을 클릭하거나 타이머가 울린다. 하지만 그렇게 뻔하지 않은 경우도 있다. 누군가가 로그인하거나 파일의 특정 줄이 패턴과 일치한다. 하지만 이벤트가 어디서 발생하든 이벤트를 중심으로 공들여 만든 코드는 일직선으로 수행되는 코드보다 더 잘 반응하고 결합도가 더 낮다.

## 관련 항목

- 항목 28. 결합도 줄이기
- 항목 36. 칠판

## 연습 문제

**연습 문제 19** (답 예시는 424쪽에 있다.)
FSM을 설명하면서 우리는 일반적인 상태 기계 구현을 자체 클래스로 분리해 낼 수 있다고 언급했다. 아마 그 클래스는 상태 이행 표와 초기 상태를 넘겨서 초기화할 것이다.

본문의 문자열 추출기를 위 클래스를 사용하여 구현해 보라.

**연습 문제 20** (답 예시는 425쪽에 있다.)

네 가지 전략 중에서 다음 상황에 맞는 것은 각각 어떤 것일까? 여러 전략을 조합해야 할 수도 있다.

- 5분 동안 '네트워크 인터페이스가 꺼짐' 이벤트를 세 번 받으면 운영 직원에게 알려라.
- 일몰 후에 층계 밑에서 동작이 감지된 다음 층계 위에서 동작이 감지되면 위층의 전등을 켜라.
- 다양한 보고 시스템에 주문이 완료되었음을 알리고 싶다.
- 고객에게 자동차 대출을 집행할 수 있는지 평가하기 위하여 애플리케이션이 세 가지 다른 서비스에 요청을 보내고 응답을 기다려야 한다.

## Topic 30 변환 프로그래밍

> 자신이 하고 있는 걸 하나의 과정으로 서술할 수 없다면, 자기가 뭘 하고 있는지 모르는 것이다.
>
> – W. 에드워즈 데밍(W. Edwards Deming)

모든 프로그램은 데이터를 변환한다. 받은 입력을 출력으로 바꾼다. 하지만 우리는 설계를 고민할 때 변환을 만드는 것에 대해서는 거의 생각하지 않는다. 오직 클래스와 모듈, 자료 구조, 알고리즘, 언어, 프레임워크에 대해서만 걱정할 뿐이다.

우리는 이렇게 코드에만 집중하면 핵심을 놓칠 수 있다고 본다. 프로그램이란 입력을 출력으로 바꾸는 것이라는 사고방식으로 돌아갈 필요가 있다. 이렇게 생각하면 그동안 고민하던 많은 세부 사항이 모두 사라진다. 구조는 명확해지고 더 일관적으로 오류를 처리하게 되어 결합도 대폭 줄어들 것이다.

조사를 시작하기 위해 1970년대로 타임머신을 타고 돌아가 보자. 그 시절의 유닉스 프로그래머에게 디렉터리 안에 있는 파일 중에 가장 긴 파일 다섯 개를 찾는 프로그램을 작성해 달라고 부탁해 보자. 여기서 가장 길다는 것은 줄 수가 가장 많다는 뜻이다.

프로그래머가 에디터를 열고 C 코드를 쓰기 시작할 것이라 예상할지도 모르나, 틀렸다. 70년대의 프로그래머는 우리가 가지고 있는 것-디렉터리 이름-과 우리가 원하는 것-긴 파일 목록-이라는 관점으로 생각하기 때문이다. 그냥 터미널을 열고 다음과 같이 입력할 것이다.

```
$ find . -type f | xargs wc -l | sort -n | tail -5
```

이 명령은 여러 변환을 이어 붙인 것이다.

```
find . -type f
```

현재 디렉터리(.)나 그 하위 디렉터리에 있는 모든 일반 파일(-type f)의 목록을 표준 출력STDOUT에 써라.

```
xargs wc -l
```

표준 입력STDIN에서 여러 줄을 읽은 다음 그 내용을 모아서 wc -l 명령의 인자로 넘겨라. wc 프로그램은 -l 옵션을 주면 인자로 받은 파일들의 줄 수를 각각 센 후, 그 결과를 "(줄 수) (파일명)" 형태로 표준 출력에 쓴다.

```
sort -n
```

표준 입력을 각 줄이 숫자로 시작한다고 가정(-n)하고 정렬한 후, 결과를 표준 출력에 써라.

```
tail -5
```

표준 입력을 읽어서 맨 마지막 다섯 줄(-5)만 표준 출력에 써라.

이 책의 원고 파일이 담겨 있는 디렉터리에서 위 명령을 실행시키면 결과는 다음과 같다.

```
 470 ./test_to_build.pml
 487 ./dbc.pml
 719 ./domain_languages.pml
 727 ./dry.pml
9561 total
```

그런데 위에서 마지막 줄에는 전체total 줄 수가 나왔다. 이 줄 수는 위에 나온 파일들의 줄 수만 더한 것이 아니라 디렉터리 안의 모든 파일을 더한 것이다. wc 동작이 원래 그렇다. 이 부분을 없애려면 한 줄을 더 요청한 다음, 마지막 줄을 없애면 된다.

```
$ find . -type f | xargs wc -l | sort -n | tail -6 | head -5
    470 ./debug.pml
    470 ./test_to_build.pml
    487 ./dbc.pml
    719 ./domain_languages.pml
    727 ./dry.pml
```

위 명령을 단계별로 흘러가는 데이터 관점에서 살펴보자. 우리의 원래 요구 사항은 "줄 수 기준으로 가장 긴 파일 5개"였는데, 다음과 같은 일련의 변환으로 바뀌었다. 도식화하면 210쪽의 그림과 같다.

디렉터리 이름

→ 파일명 목록

→ 줄 수와 파일명 목록

→ 정렬된 목록

→ 가장 긴 것 다섯 개와 전체 줄 수

→ 가장 긴 것 다섯 개

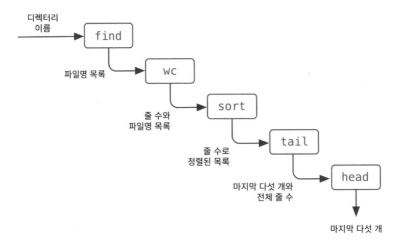

그림 1. 연속된 변환으로 구현한 find 파이프라인

마치 공장 조립 라인 같기도 하다. 한쪽 끝에서 원료 데이터를 공급하면 반대쪽 끝에서 완성 제품인 정보가 나온다.

우리는 모든 코드를 이런 방식으로 생각하고 싶다.

---

**Tip 49** 프로그래밍은 코드에 관한 것이지만, 프로그램은 데이터에 관한 것이다.

---

## 변환 찾기

때에 따라선 요구 사항에서 시작하는 게 변환을 찾는 가장 쉬운 방법이다. 요구 사항에서 입력과 출력이 무엇인지 찾으면 전체 프로그램을 나타내는 함수가 정해진다. 이제 입력을 출력으로 바꿔 가는 단계들을 찾으면 된다. 일종의 '하향식top-down' 접근 방식이다.

예를 들어 단어 찾기 게임을 제공하는 웹 사이트를 만들고 싶다고 하자. 주어진 알파벳들로 만들 수 있는 모든 단어를 찾는 게임이다. 입력은 게임에서 주어지는 몇 개의 알파벳이고, 출력은 세 글자 단어들, 네 글자 단어들 등의 목록이다. 다음 예시를 보자.

```
                       3 => ivy, lin, nil, yin
"lvyin"를 변환하면 → 4 => inly, liny, viny
                       5 => vinyl
```

(놀랍게도 모두 존재하는 단어다. 적어도 맥OS 사전에 따르면 그렇다.)

단어 찾기의 비결은 간단하다. 단어들을 어떤 특성을 기준으로 '특성값 signature'이 같은 단어끼리 모은 사전이 있으면 된다. 이때의 특성은, 같은 알파벳을 가진 단어는 모두 같은 특성값을 갖도록 고른다. 가장 간단한 방법은 아마 단어 안의 글자들을 정렬하여 특성값으로 삼는 방법일 것이다. 그러면 어떤 문자열과 같은 알파벳을 가진 단어를 찾고 싶을 때, 입력 문자열의 특성값을 계산한 다음 사전에서 같은 특성값을 갖는 단어들을 찾으면 된다. 물론 같은 특성값을 갖는 단어가 하나도 없을 수도 있다.

따라서 우리가 만드는 '애너그램[8] 탐색기'는 다음 네 개의 변환으로 나눌 수 있다.

| 단계 | 변환 | 예시 데이터 |
| --- | --- | --- |
| 단계 0: | 초기 입력 | "ylvin" |
| 단계 1: | 세 글자 이상인 모든 조합(combination) | vin, viy, vil, vny, vnl, vyl, iny, inl, iyl, nyl, viny, vinl, viyl, vnyl, inyl, vinyl |
| 단계 2: | 각 조합의 특성값 | inv, ivy, ilv, nvy, lnv, lvy, iny, iln, ily, lny, invy, ilnv, ilvy, lnvy, ilny, ilnvy |
| 단계 3: | 주어진 특성값 중 하나와 특성값이 일치하는 사전의 단어 목록 | ivy, yin, nil, lin, viny, liny, inly, vinyl |
| 단계 4: | 길이에 따라 분류한 단어들 | 3 => ivy, lin, nil, yin<br>4 => inly, liny, viny<br>5 => vinyl |

---

8  (옮긴이) 애너그램(anagram)이란 단어의 철자 순서를 바꾸어서 만든 다른 단어를 말한다.

### 더 작은 변환들로 나누기

먼저 단계 1을 살펴보자. 단어를 받아서 세 글자 이상인 모든 조합의 목록을 만든다. 이 변환 자체도 여러 개의 연결된 변환으로 더 나눌 수 있다.

| 단계 | 변환 | 예시 데이터 |
|------|------|------------|
| 단계 1.0: | 초기 입력 | "vinyl" |
| 단계 1.1: | 글자들로 변환 | v, i, n, y, l |
| 단계 1.2: | 모든 부분집합을 구함 | [], [v], [i], … [v,i], [v,n], [v,y], … [v,i,n], [v,i,y], … [v,n,y,l], [i,n,y,l], [v,i,n,y,l] |
| 단계 1.3: | 글자가 셋 이상인 것만 | [v,i,n], [v,i,y], … [i,n,y,l], [v,i,n,y,l] |
| 단계 1.4: | 문자열로 다시 변환 | [vin,viy, … inyl,vinyl] |

이제 각 단계를 코드로 쉽게 구현할 수 있는 정도에 이르렀다. 이번에는 엘릭서를 사용할 것이다.

function-pipelines/anagrams/lib/anagrams.ex
```
defp all_subsets_longer_than_three_characters(word) do
  word
  |> String.codepoints()
  |> Comb.subsets()
  |> Stream.filter(fn subset -> length(subset) >= 3 end)
  |> Stream.map(&List.to_string(&1))
end
```

### |> 연산자는 무엇이고 왜 쓰는가?

엘릭서에도 다른 많은 함수형 프로그래밍 언어처럼 파이프라인 연산자가 있다. '순방향 파이프forward pipe' 혹은 그냥 '파이프'라고도 부른다.[9] 이 연산자가 하는 일은 왼쪽에 있는 값을 가져다 오른쪽에 있는 함수의 첫 번째 인자로 넣는 것뿐이다. 다음 코드를 보자.

---

9  |> 기호를 파이프로 처음 쓴 시점은 1994년으로 거슬러 올라가는 것 같다. 다음 주소에 남아있는 Isabelle/ML 언어에 대한 논의에서 처음 등장했다. *https://blogs.msdn.microsoft.com/dsyme/2011/05/17/archeological-semiotics-the-birth-of-the-pipeline-symbol-1994/*

```
"vinyl" |> String.codepoints() |> Comb.subsets()
```

위 코드는 다음과 동일하다.

```
Comb.subsets(String.codepoints("vinyl"))
```

(어떤 언어에서는 파이프 왼쪽의 값을 오른쪽 함수의 마지막 인자로 넘기는 경우도 있다. 어떤 동작 방식을 취하는지는 그 언어 내장 라이브러리에서 어떻게 쓰고 있냐에 따라 크게 좌우된다.)

그저 문법적 설탕[10]일 뿐이라고 생각할지도 모르겠다. 하지만 이 파이프라인 연산자는 정말 실질적인 면에서 다르게 생각할 혁신적 기회를 제공한다. 파이프라인을 사용하면 자동으로 데이터 변환의 관점에서 생각하게 된다. 여러분이 |>를 볼 때마다 여러분은 데이터가 한 변환에서 다음 변환으로 흘러가는 것을 실제로 보는 셈이다.

많은 언어에 비슷한 기능이 있다. 엘름Elm, F#, 스위프트는 |>, 클로저는 ->와 ->>(동작이 약간 다르다), R은 %>%를 쓴다. 하스켈은 파이프 연산자도 갖고 있지만 새로운 파이프 연산자를 추가하기도 쉽다. 자바스크립트에 |>를 추가하는 논의도 2021년 현재 진행 중이다.

여러분이 현재 사용하는 언어가 비슷한 걸 지원한다면 운이 좋은 것이다. 만약 그렇지 않다면 215쪽의 "X 언어에는 파이프라인이 없는데요"를 참고하라.

어쨌든 다시 코드로 돌아가자.


**계속 변환 중……**

이제 전체 프로그램의 **단계 2**를 보자. 부분 집합을 특성값으로 바꿔야 한다. 이번에도 단순한 변환이다. 부분 집합 리스트를 특성값 리스트로 변환한다.

---

10 (옮긴이) 문법적 설탕(syntactic sugar)은 프로그래밍 언어를 더 쉽게 읽고 쓰도록 해주지만 언어의 기능 자체를 확장하지는 않는 문법을 말한다.

| 단계 | 변환 | 예시 데이터 |
|------|------|-------------|
| 단계 2.0: | 초기 입력 | vin, viy, … inyl, vinyl |
| 단계 2.1: | 특성값으로 바꿈 | inv, ivy … ilny, inlvy |

엘릭서 코드도 똑같이 단순하다.

function-pipelines/anagrams/lib/anagrams.ex

```elixir
defp as_unique_signatures(subsets) do
  subsets
  |> Stream.map(&Dictionary.signature_of/1)
end
```

단계 3에서는 특성값 리스트가 입력이다. 특성값별로 사전에서 동일한 특성값을 갖는 알려진 단어 리스트를 얻는다. 단어가 없으면 nil이 나온다. 그다음으로는 결과에서 nil을 제거한 후, 특성값별 단어 리스트를 이어 붙여서 concat 하나의 리스트로 만든다.

function-pipelines/anagrams/lib/anagrams.ex

```elixir
defp find_in_dictionary(signatures) do
  signatures
  |> Stream.map(&Dictionary.lookup_by_signature/1)
  |> Stream.reject(&is_nil/1)
  |> Stream.concat()
end
```

단계 4에서는 단어를 길이별로 분류한다. 이것도 리스트를 맵으로 바꾸는 단순한 변환이다. 단어의 길이가 키이고 해당 길이를 갖는 모든 단어를 값으로 하는 맵을 만들기만 하면 된다.

function-pipelines/anagrams/lib/anagrams.ex

```elixir
defp group_by_length(words) do
  words
  |> Enum.sort()
  |> Enum.group_by(&String.length/1)
end
```

**모두 연결하기**

각각의 변환을 작성했다. 이제 우리 메인 함수에서 모두 이어 붙여 보자.

**function-pipelines/anagrams/lib/anagrams.ex**

```
def anagrams_in(word) do
  word
  |> all_subsets_longer_than_three_characters()
  |> as_unique_signatures()
  |> find_in_dictionary()
  |> group_by_length()
end
```

잘 동작할까? 한번 실행해 보자.

```
iex(1)> Anagrams.anagrams_in "lyvin"
%{
  3 => ["ivy", "lin", "nil", "yin"],
  4 => ["inly", "liny", "viny"],
  5 => ["vinyl"]
}
```

---

**☑ X 언어에는 파이프라인이 없는데요**

파이프라인은 탄생한 지 꽤 오래되긴 했지만, 사용자가 많지 않은 언어에서만 쓰였다. 주류로 부상한 것은 최근이고, 널리 쓰이는 언어들은 대부분 아직 이런 개념을 지원하지 않고 있다.

　하지만 실망하지 않아도 된다. 변환을 중심으로 생각하는데 언어의 특별한 문법이 꼭 필요하지는 않다. 사실 변환 프로그래밍은 설계 철학에 가깝다. 변환으로 코드를 구성하면 된다. 다만 단계마다 임시 변수에 값을 저장해야 할 뿐이다.

```
const content = File.read(file_name);
const lines   = find_matching_lines(content, pattern);
const result  = truncate_lines(lines);
```

다소 귀찮아 보이기는 하지만 잘 작동한다.

## 이것이 왜 그리 대단한가?

메인 함수의 코드를 다시 한번 보자.

```
word
|> all_subsets_longer_than_three_characters()
|> as_unique_signatures()
|> find_in_dictionary()
|> group_by_length()
```

요구 사항을 달성하기 위해 필요한 것은 하나로 연결된 변환들뿐이다. 각각은 앞의 변환에서 입력을 받아 처리한 결과를 다음 변환으로 넘겨준다. 이보다 글처럼 읽기 쉬운 코드는 만들기 어려울 것이다.

하지만 더 깊은 의미도 있다. 객체 지향 프로그래밍 경험이 많다면 반사적으로 데이터를 숨기고, 객체 안에 캡슐화해야 한다고 느낄 것이다. 이런 객체들은 서로 이리저리 이야기하며 서로의 상태를 변경한다. 이런 방식은 결합을 많이 만들어 내고, 이는 결국 객체 지향 시스템이 바꾸기 어려워지는 큰 요인이 된다.

---

Tip 50 ) **상태를 쌓아 놓지 말고 전달하라.**

---

변환 모델에서는 이런 사고를 근본적으로 뒤엎는다. 데이터를 전체 시스템 여기저기의 작은 웅덩이에 흩어 놓는 대신, 데이터를 거대한 강으로, 흐름으로 생각하라. 데이터는 기능과 동등해진다. 파이프라인은 코드 → 데이터 → 코드 → 데이터……의 연속이다. 데이터는 더 이상 클래스를 정의할 때처럼 특정한 함수들과 묶이지 않는다. 대신 우리 애플리케이션이 입력을 출력으로 바꾸어 나가는 진행 상황을 데이터로 자유롭게 표현할 수 있다. 이 말인즉슨 결합을 대폭 줄일 수 있다는 것이다. 어떤 함수든 매개 변수가 다른 함수의 출력 결과와 맞기만 하면 어디서나 사용하고 또 재사용할 수 있다.

맞다. 아직도 어느 정도의 결합은 존재한다. 하지만 우리 경험상 변환 모델의 결합은 객체 지향 방식의 지휘 및 통제command and control보다 훨씬 관리하기 쉽다. 그리고 사용하는 언어가 타입 검사를 지원한다면 맞지 않는 것들을 연결했을 때 컴파일 시점에 경고가 발생할 것이다.

## 오류 처리는 어떻게 하나?

지금까지 우리의 변환 함수들은 모든 것이 완벽한 세계에서 작동했다. 하지만 진짜 세상에서는 어떻게 쓸 수 있을까? 연쇄 변환이 일직선으로만 이어진다면 어떻게 오류 검사에 필요한 조건부 논리를 추가할 수 있을까?

여러 가지 방법이 있지만 공통으로 사용하는 기본적인 관례가 하나 있다. 바로 변환 사이에 값을 절대 날것으로 넘기지 않는 것이다. 대신 래퍼wrapper 역할을 하는 자료 구조나 타입으로 값을 싸서 넘긴다. 이런 자료 구조나 타입은 안에 들어 있는 값이 유효한지를 추가로 알려 준다. 예를 들어 하스켈에서는 이런 래퍼를 Maybe라고 부르고, F#과 스칼라에서는 Option이다.

이런 개념을 어떻게 활용하는지는 언어에 따라 다르다. 하지만 코드 작성 방식은 기본적으로 크게 두 가지로 나뉜다. 오류 검사를 변환 안에서 하는 방식과 변환 바깥에서 하는 방식이다.

우리가 그동안 사용한 엘릭서는 오류 검사가 내장되어 있지 않다. 우리 입장에서는 오류 검사를 손수 구현해 볼 수 있으니 차라리 잘된 일이다. 다른 언어에서도 대부분 비슷하게 구현할 수 있을 것이다.

### 표현 방식 정하기

앞에서 설명한 것처럼 값과 오류 여부를 담고 있는 자료 구조인 래퍼를 어떻게 표현할지 정해야 한다. 구조체를 사용할 수도 있지만 엘릭서에는 이미 굳어진 관례가 있다. 함수에서 {:ok, 값} 또는 {:error, 원인} 튜플tuple을 반환하는 것이다. 예를 들어, File.open은 :ok와 엘릭서 IO 프로세스를 반환하거나 :error와 오류 코드를 반환한다.

```
iex(1)> File.open("/etc/passwd")
{:ok, #PID<0.109.0>}
iex(2)> File.open("/etc/wombat")
{:error, :enoent}
```

우리도 파이프라인을 통해 데이터를 전달할 때 :ok나 :error를 포함한 튜플을 래퍼로 사용할 것이다.

### 각 변환 내에서 오류 처리하기

파일에서 주어진 문자열을 포함하는 모든 줄을 반환하는 함수를 만들어 보자. 이때 한 줄의 길이가 너무 길 수도 있으니 출력 내용은 앞쪽 20글자로 제한하자. 우리는 함수를 변환으로 작성하고 싶다. 입력은 파일명과 검색할 문자열이고, 출력은 찾은 줄들이 들어 있는 :ok 튜플이거나 :error와 원인이 들어 있는 튜플이다. 최상위 함수는 아마 다음과 같을 것이다.

function-pipelines/anagrams/lib/grep.ex
```
def find_all(file_name, pattern) do
  File.read(file_name)
  |> find_matching_lines(pattern)
  |> truncate_lines()
end
```

위 코드에는 명시적인 오류 검사가 없다. 하지만 파이프라인의 어느 단계든 :error 튜플을 반환하면 그 이후의 함수들은 수행하지 않고 바로 오류를 반환할 것이다.[11] 우리는 엘릭서의 패턴 매칭으로 이런 동작을 구현한다.

---

11 사실 우리 구현은 조금 다른데, 엄밀히 따지면 이후의 함수들을 수행하기는 한다. 함수 안의 코드를 실행하지 않을 뿐이다.

```elixir
defp find_matching_lines({:ok, content}, pattern) do
  content
  |> String.split(~r/\n/)
  |> Enum.filter(&String.match?(&1, pattern))
  |> ok_unless_empty()
end

defp find_matching_lines(error, _), do: error

# ----------

defp truncate_lines({ :ok, lines }) do
  lines
  |> Enum.map(&String.slice(&1, 0, 20))
  |> ok()
end

defp truncate_lines(error), do: error

# ----------

defp ok_unless_empty([]),      do: error("결과가 없습니다.")
defp ok_unless_empty(result), do: ok(result)

defp ok(result),    do: { :ok,    result }
defp error(reason), do: { :error, reason }
```

find_matching_lines 함수를 보자. 첫 번째 매개 변수는 :ok 튜플이다. 그리고 튜플 안의 내용을 써서 패턴을 포함하는 줄을 찾는다. 하지만 첫 번째 매개 변수가 :ok 튜플이 아니라면 같은 이름을 가진 두 번째 함수가 실행된다. 이 함수는 받은 값을 그대로 반환한다. 이런 방식으로 find_matching_lines 는 오류를 파이프라인의 다음 단계로 그냥 전달한다. truncate_lines도 마찬가지다.

엘릭서 콘솔에서 가지고 놀아 보자.

```
iex> Grep.find_all "/etc/passwd", ~r/www/
{:ok, ["_www:*:70:70:World W", "_wwwproxy:*:252:252:"]}
iex> Grep.find_all "/etc/passwd", ~r/wombat/
{:error, "결과가 없습니다."}
iex> Grep.find_all "/etc/koala", ~r/www/
{:error, :enoent}
```

파이프라인 어디서든 오류가 발생하면 그 오류가 파이프라인 전체의 값이 되는 것을 볼 수 있다.

### 파이프라인에서 오류 처리하기

find_matching_lines와 truncate_lines 함수를 보고서는 오류 처리의 부담을 개별 변환 안으로 떠넘겼다고 생각할지도 모르겠다. 맞다. 엘릭서처럼 함수 호출에 패턴 매칭을 사용하는 언어라면 오류 처리 부담이 다소 줄어들기는 하지만 역시 코드가 아름답지는 않다.

만약 엘릭서의 파이프라인 연산자 |>와 비슷하지만 추가적으로 오류도 처리하는 연산자가 있다면 좋았을 것이다. :ok, :error 튜플을 인식해서 오류가 발생하면 실행을 중단하고 바로 결과를 반환하면 된다.[12] 하지만 이런 연산자가 없기 때문에 우리가 비슷한 기능을 직접 만들어 볼 기회가 생겼다. 다른 언어들에도 동일한 방식을 적용할 수 있을 것이다.

우리가 당면한 문제는 오류가 발생했을 때 파이프라인을 더 이상 실행하고 싶지 않고, 변환 코드들은 무슨 일이 일어나는지도 모르게 하고 싶다는 것이다. 그 말은 파이프라인에 있는 함수들의 실행을 앞 단계가 성공적으로 끝난 것을 확인할 때까지 미루어야 한다는 뜻이다. 따라서 우리는 함수 호출을 나

---

[12] 사실 엘릭서에서도 매크로 기능을 사용하면 이런 연산자를 추가할 수 있다. 엘릭서 패키지 관리자인 헥스(hex)에서 찾을 수 있는 모나드(Monad) 라이브러리가 한 예다. 엘릭서의 with 구문을 사용하는 방법도 있지만 그러면 파이프라인을 사용해서 얻을 수 있는 변환 프로그래밍의 장점을 상당 부분 잃어버린다.
(옮긴이) 이렇게 결과가 이미 정해져서 더 이상의 코드 실행이 불필요한 경우 이후의 코드 실행을 건너뛰는 것을 쇼트서킷(short circuit)이라고 한다.

중에 호출할 수 있는 값 형태로 바꾸어야 한다.

function-pipelines/anagrams/lib/grep1.ex

```elixir
defmodule Grep1 do

  def and_then({ :ok, value }, func), do: func.(value)
  def and_then(anything_else, _func), do: anything_else

  def find_all(file_name, pattern) do
    File.read(file_name)
    |> and_then(&find_matching_lines(&1, pattern))
    |> and_then(&truncate_lines(&1))
  end

  defp find_matching_lines(content, pattern) do
    content
    |> String.split(~r/\n/)
    |> Enum.filter(&String.match?(&1, pattern))
    |> ok_unless_empty()
  end

  defp truncate_lines(lines) do
    lines
    |> Enum.map(&String.slice(&1, 0, 20))
    |> ok()
  end

  defp ok_unless_empty([]),     do: error("결과가 없습니다.")
  defp ok_unless_empty(result), do: ok(result)

  defp ok(result),    do: { :ok, result }
  defp error(reason), do: { :error, reason }
end
```

and_then 함수는 바인드bind 함수의 예다. 이 함수는 뭔가에 포장된 값을 받아
서, 그 값에 어떤 함수를 적용하고, 다시 새롭게 포장된 값을 반환한다. and_
then 함수를 파이프라인에서 사용하려면 함수 이름 말고도 몇 글자를 더 입
력해야 한다. 함수를 직접 호출하지 말고 값 형태로 바꾸어 넘기라고 엘릭서

에게 알려줘야 하기 때문이다. 하지만 그 덕분에 변환 함수의 구현이 간단해졌으니 바꾼 보람이 있다. 변환 함수는 단순하게 값을 (때로는 추가 매개 변수와 함께) 입력으로 받고, {:ok, 새로운_값}이나 {:error, 원인}을 반환한다.

### 변환은 프로그래밍을 변환한다

코드를 일련의 (중첩된) 변환으로 생각하는 접근 방식은 프로그래밍을 해방시킨다. 익숙해지는 데는 시간이 좀 걸리지만, 일단 습관을 들이면 여러분의 코드가 더 명확해지고, 함수는 짧아지며, 설계는 단순해질 것이다.

한번 해 보라.

### 관련 항목

- 항목 8. 좋은 설계의 핵심
- 항목 17. 셸 가지고 놀기
- 항목 26. 리소스 사용의 균형
- 항목 28. 결합도 줄이기
- 항목 35. 액터와 프로세스

### 연습 문제

**연습 문제 21** (답 예시는 426쪽에 있다.)
다음 요구 사항들을 하나의 최상위 변환으로 표현해 보자. 각 변환별로 입력과 출력을 찾아야 한다.

1. 주문에 부가세와 배송비가 더해진다.
2. 정해진 파일 경로에서 애플리케이션의 설정 정보를 읽어 들인다.
3. 웹 애플리케이션에 누군가가 로그인한다.

**연습 문제 22** (답 예시는 427쪽에 있다.)

입력 칸에 들어온 문자열 값을 검증하고 18에서 150 사이의 정수로 바꿔야
하는 상황이다. 전체 변환은 다음과 같다.

**문자열 입력 내용**
  → [검증 및 변환]
    → {:ok, 값} | {:error, 원인}

"검증 및 변환"을 구성하는 개별 변환들을 작성하라.


**연습 문제 23** (답 예시는 427쪽에 있다.)

"X 언어에는 파이프라인이 없는데요"에서 우리는 다음과 같은 코드를 썼다.

```
const content = File.read(file_name);
const lines   = find_matching_lines(content, pattern);
const result  = truncate_lines(lines);
```

많은 사람이 객체 지향 코드를 짤 때 메서드 호출을 연결해서 쓴다. 그래서
어쩌면 위 코드도 다음과 같이 바꾸고 싶을지도 모른다.

```
const result = content_of(file_name)
                .find_matching_lines(pattern)
                .truncate_lines();
```

두 가지 코드의 차이는 무엇인가? 여러분이 보기에 우리는 어느 쪽을 선호할
것 같은가?

# Topic 31 상속세

> 당신이 원한 것은 바나나 하나였지만, 당신이 받은 것은 바나나를 들고 있는 고릴라와 정글 전체다.
>
> – 조 암스트롱(Joe Armstrong)[13]

객체 지향 언어로 프로그래밍하는가? 상속을 사용하는가?

그렇다면 멈춰라! 아마 여러분에게 필요한 것은 상속이 아닐 것이다.

그 이유를 알아보자.

## 약간의 배경지식

상속은 1969년에 시뮬라67Simula67에서 처음 등장했다. 상속은 하나의 리스트에 다양한 종류의 이벤트를 담는 문제를 아주 우아하게 풀어냈다. 시뮬라는 '접두사 클래스prefix class'라는 접근 방법을 택했는데, 다음과 같이 코드를 작성할 수 있었다.

```
link CLASS car;
    ... implementation of car

link CLASS bicycle;
    ... implementation of bicycle
```

여기서 link는 연결 리스트linked list 기능을 추가하는 접두사 클래스의 이름이다. 위 코드 덕분에 car와 bicycle을 모두 하나의 리스트, 예컨대 '신호등을 기다리는 것' 리스트에 추가할 수 있다. 요즘 용어로 표현하자면 link가 부모 클래스라고 할 수 있겠다.

시뮬라 프로그래머의 머릿속에 그려진 상속은 link 클래스의 인스턴스 데

---

13 (옮긴이) 4장에서 소개한 얼랭의 창시자다. 이 문장은 《Coders at Work(일터의 코더)》(Apress, 2009)에서 인용한 것으로, 암스트롱이 객체 지향 언어와 코드의 재사용에 대하여 한 이야기다.

이터와 구현을 car 클래스와 bicycle 클래스의 구현 앞에 덧붙이는 것이었다. link 부분은 car나 bicycle을 싣고 다니는 컨테이너처럼 여겨졌다. 덕분에 일종의 다형성polymorphism을 구현할 수 있었다. link 코드가 car와 bicycle에 모두 들어 있으므로 둘 다 link 인터페이스를 구현한 것이다.

시뮬라 다음으로 스몰토크Smalltalk가 나타났다. 스몰토크의 창시자 중 한 명인 앨런 케이Alan Kay는 2019년에 올린 쿼라Quora 답변[14]에서 스몰토크에 상속을 넣은 이유를 다음과 같이 설명했다.

> 제가 스몰토크-72-스몰토크-71에 대해 고민하는 동안 재미로 딴짓을 하며 만든 변종 스몰토크-를 설계할 때는 시뮬라의 리스프Lisp와 유사한 동작 방식을 활용해서 '차이 프로그래밍differential programming'("이거랑 비슷한 건데 저것만 다른"을 다양한 방법으로 구현한다는 뜻) 실험을 해 보면 재미있을 것 같다고 생각했습니다.

이런 상속은 순전히 동작 때문이다.

그 이후 수십 년간 이 두 가지 방식의 상속이 발전해 왔다. 사실 공통점도 꽤 많긴 하지만 말이다. 상속은 타입을 조합하는 방법이라고 설명하는 시뮬라 방식은 C++나 자바 같은 언어가 계승했다. 상속은 동작을 다양하게 구성하는 방법이라고 설명하는 스몰토크 방식은 루비나 자바스크립트 같은 언어에서 찾아볼 수 있다.

그 결과 우리가 맞닥트린 객체 지향 개발자 세대는 다음 둘 중 하나의 이유로 상속을 사용한다. 타입이 싫어서 아니면 타입이 좋아서.

타입을 싫어하는 이들은 입력하는 글자 수를 줄이기 위해 상속을 쓴다. 상속으로 공통 기능을 기반 클래스base class에서 자식 클래스child class로 넘기는

---

14 *https://www.quora.com/What-does-Alan-Kay-think-about-inheritance-in-object-oriented-programming*
    (옮긴이) 쿼라는 실명 기반 질문 답변 사이트로 프로그래밍 외에도 다양한 주제를 다룬다.

것이다. User 클래스와 Product 클래스는 모두 ActiveRecord::Base의 하위 클래스다.[15]

타입을 좋아하는 이들은 상속으로 클래스 간의 관계를 표현한다. Car는 Vehicle의 일종이다.

안타깝지만 두 가지 상속 모두 문제가 있다.

## 코드를 공유하기 위해 상속을 쓸 때의 문제

상속도 일종의 결합이다. 자식 클래스가 부모 클래스, 부모의 부모, 또 그 부모에게 연결되는 것은 물론이요, 자식 클래스를 사용하는 코드도 이 클래스의 모든 조상과 얽히게 된다. 다음 예를 보자.

```ruby
class Vehicle
  def initialize
    @speed = 0
  end
  def stop
    @speed = 0
  end
  def move_at(speed)
    @speed = speed
  end
end

class Car < Vehicle
  def info
    "#{@speed}의 속도로 주행 중인 차입니다."
  end
end

# 최상위 코드
my_car = Car.new
my_car.move_at(30)
```

---

15 (옮긴이) ActiveRecord는 루비온레일스(Ruby on Rails) 웹 프레임워크의 MVC 패턴에서 M인 모델 부분에 해당한다. 모든 모델 클래스는 ActiveRecord::Base 혹은 이 클래스의 하위 클래스를 상속 하여 만든다.

최상위 코드에서 my_car.move_at을 호출하면 Car의 부모인 Vehicle의 메서드가 수행된다.

Vehicle 담당 프로그래머가 API를 바꾼다고 해 보자. move_at은 set_velocity로, 인스턴스 변수 @speed는 @velocity로 바꾸었다.

API가 바뀌면 Vehicle 클래스를 사용하는 클라이언트가 작동하지 않는 것은 당연하다. 하지만 앞에서 본 최상위 코드의 담당자는 코드가 작동하지 않아 깜짝 놀랄 것이다. 자신은 Car를 쓰고 있다고만 생각하기 때문이다. Car 클래스가 내부적으로 어떻게 구현되어 있는지는 사용자가 신경 쓸 부분이 아니지만, Car를 사용하는 코드까지 함께 망가지고 만다.

비슷하게 인스턴스 변수의 이름은 온전히 내부 구현의 세부 사항이다. 하지만 Vehicle이 변수 이름을 바꾸자 어느새 Car가 망가졌다.

결합이 너무 많다.


**타입을 정의하기 위해 상속을 쓸 때의 문제**

어떤 이들은 상속을 새로운 타입을 정의하는 방법이라고 여긴다. 이들이 설계할 때 가장 좋아하는 그림은 클래스 계층도다. 이들은 빅토리아 시대 독립 과학자들[16]이 자연을 바라보듯, 자꾸 풀어야 할 문제를 종류별로 분류하려고 한다.

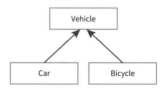

안타깝게도 클래스 사이의 아주 작은 미묘한 차이까지 잡아내서 표현하기 위해 계층 위에 계층을 덧붙이다 보면, 클래스 계층도는 순식간에 벽면 전체를

---

16 (옮긴이) 대학이나 연구 기관 등에 소속되지 않고 활동한 과학자들을 말한다. 빅토리아 시대인 19세기에 활약한 대표적인 인물로는 찰스 다윈이 있고, 최초의 프로그래머라 일컫는 에이다 러브레이스(Ada Lovelace)도 이 시대 인물이다.

덮는 괴물로 자라난다. 이런 복잡도는 애플리케이션을 더 취약하게 만든다. 변경 사항이 위나 아래로 여러 단계에 걸쳐 영향을 미칠 수 있기 때문이다.

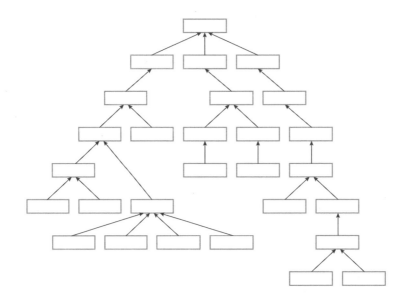

그런데 더 나쁜 것은 다중 상속 문제다. Car는 Vehicle의 일종일 수 있는데 동시에 Asset(자산), InsuredItem(보험 대상), LoanCollateral(대출 담보)의 일종일 수도 있다. 제대로 모델링하려면 다중 상속이 필요할 것이다.

C++는 1990년대에 다중 상속에 오명을 씌웠다. C++의 모호성 해소 방식에 의심스러운 부분들이 있었기 때문이었다. 그 결과 이제는 많은 객체 지향 언어에서 다중 상속을 지원하지 않는다. 따라서 아무리 복잡한 클래스 계층도가 마음에 들더라도 어차피 여러분의 도메인을 정확하게 모델링할 수는 없다.

---

**Tip 51** 상속세를 내지 말라.

---

## 더 나은 대안

더는 상속을 쓸 필요가 없게 해 주는 세 가지 기법을 소개하겠다.

- 인터페이스와 프로토콜
- 위임
- 믹스인과 트레이트

### 인터페이스와 프로토콜

대부분의 객체 지향 언어는 클래스가 특정한 동작을 구현한다고 지정할 수 있다. 여러 동작을 지정할 수도 있는데, 예를 들어 Car 클래스가 Drivable 동작과 Locatable 동작을 구현한다고 할 수 있다. 문법은 언어마다 상이한데, 자바에서는 다음과 같다.

```java
public class Car implements Drivable, Locatable {
  // Car 클래스의 코드. 이 코드는 Drivable과 Locatable이
  // 요구하는 기능을 모두 구현해야 한다.
}
```

Drivable과 Locatable 같은 것을 자바에서는 '인터페이스interface'라고 부른다.[17] '프로토콜protocol'이라고 부르는 언어도 있고 '트레이트trait'라고 부르는 언어도 있다. (뒤에서 이야기할 트레이트와 같은 단어를 사용하지만 다른 개념이다.)

인터페이스는 다음과 같이 정의한다.

```java
public interface Drivable {
  double getSpeed();
  void    stop();
}
```

---

17 (옮긴이) 자바의 인터페이스에는 가능함을 뜻하는 -able로 끝나는 형용사 이름을 붙이는 관례가 있다. 하지만 able이 안 붙은 List 인터페이스나 able로 끝나는 Observable 클래스처럼 이를 따르지 않는 경우도 있다.

```
public interface Locatable {
  Coordinate getLocation();
  boolean    locationIsValid();
}
```

이 선언들은 아무런 코드도 만들지 않는다. 그냥 Drivable을 구현하는 클래스는 모두 getSpeed와 stop 두 개의 메서드를 구현해야 한다고 지시할 뿐이다. Locatable한 클래스는 getLocation과 locationIsValid를 구현해야 한다.

인터페이스나 프로토콜이 강력한 까닭은 이들을 타입으로 사용할 수 있고, 해당 인터페이스를 구현하는 클래스라면 무엇이든 그 타입과 호환되기 때문이다. 만약 Car와 Phone이 모두 Locatable 인터페이스를 구현했다면 둘 다 Locatable한 것을 담는 리스트에 넣을 수 있다.

```
List<Locatable> items = new ArrayList<>();

items.add(new Car(...));
items.add(new Phone(...));
items.add(new Car(...));
// ......
```

이 리스트를 처리할 때는 모든 원소가 getLocation과 locationIsValid를 구현했다는 것을 알고 있으므로 이를 활용할 수 있다.

```
void printLocation(Locatable item) {
  if (item.locationIsValid()) {
    print(item.getLocation().asString());
  }
}

// ...

items.forEach(printLocation);
```

---

Tip 52 다형성은 인터페이스로 표현하는 것이 좋다.

---

인터페이스와 프로토콜은 상속 없이도 다형성을 가져다준다.

## 위임

상속은 개발자들이 점점 더 메서드가 많은 클래스를 만들도록 유도한다. 부모 클래스에 메서드가 20개 있으면 하위 클래스는 그중 딱 두 개만 사용하고 싶더라도 필요 없는 18개의 메서드까지 함께 따라와서 자리를 차지하고 호출되기만을 기다린다. 클래스가 자신의 인터페이스를 제어할 수 없게 되는 것이다. 이런 문제는 흔히 찾아볼 수 있는데, 예를 들어 많은 영속성persistence 프레임워크나 UI 프레임워크에서 애플리케이션 컴포넌트는 특정 기반 클래스를 상속해야만 한다.

```
class Account < PersistenceBaseClass
end
```

이제 Account 클래스는 영속성 클래스 API를 모두 달고 다녀야 한다. 이러는 대신 다음과 같이 위임delegation을 사용하면 어떨지 생각해 보라.

```
class Account
  def initialize(. . .)
    @repo = Persister.for(self)
  end

  def save
    @repo.save()
  end
end
```

이제 Account 클래스는 클라이언트에게 프레임워크의 API를 전혀 노출하지 않는다. 결합이 사라진 것이다. 그뿐 아니라 우리는 더 이상 우리가 사용하는 프레임워크의 API에 제약을 받지 않고, 필요한 API를 마음대로 만들 수 있다. 물론 전에도 API를 만들 수 있었지만, 클라이언트가 우리가 추가한 인터페이스는 건너뛰고 상속받은 영속성 API를 사용할 위험이 있었다. 이제는 우리가 모든 것을 제어한다.[18]

---

**Tip 53**  서비스에 위임하라. Has-A가 Is-A보다 낫다.

---

사실 여기서 한 발짝 더 나아갈 수 있다. Account가 왜 영속성에 관해 알아야 하겠는가? Account 클래스는 계정account에 관한 비즈니스 규칙을 적용하는 것이 원래 할 일 아닌가?

```
class Account
  # 계정에 관련된 일만 함
end

class AccountRecord
  # Account를 감싸서 객체를 저장하거나 불러오는 기능을 더함
end
```

이제는 진짜 결합이 사라졌다. 하지만 여기에는 계산서가 붙는다. 코드를 더 많이 써야 한다. 그중 일부는 틀에 박힌 코드일 것이다. 예를 들어 아마 모든 레코드 클래스에 '찾기' 메서드가 필요할 테니 일일이 메서드를 추가해 주어야 한다.

다행히도 믹스인mixin과 트레이트trait가 하는 일이 바로 이것이다.

### 믹스인, 트레이트, 카테고리category, 프로토콜 확장extension 등

우리 산업 전반에 걸쳐 모두들 이름 짓는 것을 사랑한다. 그러다 보니 똑같은 것에 이름을 여러 개 붙이는 일이 잦다. 다다익선인가?

---

18 (옮긴이)《GoF의 디자인 패턴》(프로텍미디어, 2015)에서도 객체 지향 설계의 주요 원칙으로 상속보다 객체 합성(composition)을 사용하는 것을 꼽는다. 예시와 같이 상속 없이 다른 클래스의 인스턴스를 사용해야 한다는 것이다.《이펙티브 자바 3/E》(인사이트, 2018)의 "아이템 18. 상속보다는 컴포지션을 사용하라"도 참고하라.

믹스인을 언급할 때마다 부딪히는 문제가 바로 이것이다. 기본 발상은 단순하다. 클래스나 객체에 상속을 사용하지 않고 새로운 기능을 추가하여 확장하고 싶다. 그래서 일련의 함수들을 만들고, 여기에 이름을 붙인 다음, 이것으로 어떻게든 클래스나 객체를 확장한다. 이 시점에서 여러분은 기존 클래스와 그에 덧붙이는 믹스인의 동작을 모두 합한 새로운 클래스나 객체를 만든 것이다. 대부분의 경우 확장하려는 클래스의 소스 코드에 접근할 수 없더라도 이런 확장을 만들 수 있다.

이 기능을 구현하는 방법과 명칭은 언어마다 제각각이다. 이 책에서는 보통 '믹스인'이라고 부를 텐데 그렇다고 특정 언어로 논의를 제한하는 것은 아니다. 언어에 무관한 기능이라고 생각해 주면 좋겠다. 중요한 것은 이 기능을 구현했을 때 할 수 있는 일, 바로 기존의 것과 새로운 것의 기능 집합을 합치는 것이다.

앞의 AccountRecord 예제로 다시 돌아가 보자. AccountRecord가 계정과 영속성 프레임워크를 모두 알아야 한다고 하고선 멈추었다. 영속성 계층에서 제공하는 메서드 중 바깥세상에 노출해야 하는 것들을 일일이 위임하는 일도 해야 한다.

믹스인이 대안을 제시한다. 예를 들어 영속성 계층의 찾기 메서드 세 가지 중 두 가지만을 구현하는 믹스인을 만든다고 하자. 그런 다음 AccountRecord에 이 믹스인을 추가할 수 있다. 그리고 Account 말고 다른 객체를 저장하기 위해 새로운 클래스를 만들 때도 이 믹스인을 사용할 수 있다.

```
mixin CommonFinders {
  def find(id) { ... }
  def findAll() { ... }
}

class AccountRecord extends BasicRecord with CommonFinders
class OrderRecord   extends BasicRecord with CommonFinders
```

여기서 더 발전시킬 수 있다. 예를 들어 우리 시스템에 나쁜 데이터가 끼어 들어오는 것을 막아야 하므로 당연히 비즈니스 객체에 검증 코드가 필요하다. 하지만 여기서 '검증validation'이라는 것이 정확히 뭘까?

예를 들어 계정이라면 아마 검증을 적용할 수 있는 여러 가지 서로 다른 계층이 있을 것이다.

- 일방향 암호화한 비밀번호가 사용자가 입력한 것과 일치하는지 검증하기
- 계정을 생성할 때 사용자가 입력한 정보 검증하기
- 관리자가 사용자 상세 정보를 변경할 때 입력한 정보 검증하기
- 다른 시스템 컴포넌트가 계정에 추가한 정보 검증하기
- 데이터베이스에 저장하기 전에 데이터 일관성 검증하기

흔히 쓰이는 접근 방식은 하나의 클래스에–비즈니스 객체 혹은 영속성 객체의 클래스에–모든 검증을 다 가져다 붙인 후, 상황별로 플래그를 추가해서 적용할 검증 사항을 관리하는 것이다. 별로 이상적이지는 않다.

우리는 믹스인을 사용하여 각 상황에 맞는 전문화된 클래스를 만드는 것이 더 낫다고 생각한다.

```
class AccountForCustomer extends Account
    with AccountValidations,AccountCustomerValidations
```

```
class AccountForAdmin extends Account
    with AccountValidations,AccountAdminValidations
```

여기서는 두 파생 클래스 모두 계정 객체에 공통으로 적용해야 할 검증을 포함하고 있다. 고객용 클래스인 AccountForCustomer는 고객이 사용하는 API에 적합한 검증을 추가로 포함하고 있고, 관리자용 클래스인 AccountForAdmin은 아마 제한이 더 느슨할 관리자용 검증을 추가로 포함하고 있다.

이제 AccountForCustomer와 AccountForAdmin의 인스턴스를 이리저리 넘길 때 자동으로 정확한 검증을 수행하리라 보장할 수 있다.

---

**Tip 54** 믹스인으로 기능을 공유하라.

---

## 상속이 답인 경우는 드물다

여기까지 전통적인 클래스 상속의 대안 세 가지를 훑어보았다.

- 인터페이스와 프로토콜
- 위임
- 믹스인과 트레이트

여러분의 상황에 따라 더 나은 방법이 있을 것이다. 타입 정보를 공유하고 싶은 건지, 기능을 더하고 싶은 건지, 메서드를 공유하고 싶은 건지에 따라 다르다. 프로그래밍의 다른 모든 것과 마찬가지로 여러분의 목표는 의도를 가장 잘 드러내는 기법을 사용하는 것이어야 한다.

그리고 정글 전체를 끌어들이지 않도록 조심하라.

## 관련 항목

- 항목 8. 좋은 설계의 핵심
- 항목 10. 직교성
- 항목 28. 결합도 줄이기

## 도전해 볼 것

- 다음번 여러분이 상속을 쓰게 되었을 때 잠시 대안을 검토하는 시간을 가

져 보라. 여러분이 원하는 것을 인터페이스나 위임, 믹스인 혹은 이들의 조합을 사용하여 달성할 수는 없는가? 그렇게 해서 결합을 줄일 수 있는가?

## Topic 32 설정

> 모든 물건은 제자리에 두고, 일은 모두 때를 정해서 하라.
>
> – 벤저민 프랭클린(Benjamin Franklin), 자서전 중 13가지 덕목

애플리케이션이 출시된 이후 바뀔 수도 있는 값에 코드가 의존하고 있다면 그 값을 애플리케이션 외부에서 관리하라. 여러분의 애플리케이션이 여러 환경에서 혹은 여러 고객을 위해 실행된다면 특정 환경이나 특정 고객에게 한정된 값을 애플리케이션 외부에서 관리하라. 이렇게 하면 여러분은 애플리케이션을 조정할 수 있게 된다. 코드가 자신이 실행되는 환경에 적응하는 것이다.

---

Tip 55  **외부 설정으로 애플리케이션을 조정할 수 있게 하라.**

---

일반적으로 설정 데이터 안에 넣는 것은 다음과 같다.

- 데이터베이스나 외부 API 같은 외부 서비스의 인증 정보
- 로그 레벨과 로그 저장 위치
- 애플리케이션이 사용하는 포트 번호, IP 주소, 기계나 클러스터 이름
- 특정 실행 환경에만 적용되는 검증 매개 변수
- 외부에서 지정하는 매개 변수. 예를 들어 배송비
- 지역에 따른 세부 서식
- 라이선스 키

기본적으로 나중에 바뀌리라 알고 있는 것, 소스 코드 본체 바깥에 표현할 수 있는 것을 찾아라. 그리고 설정 더미에 던져 넣어라.

### 정적static 설정

대부분의 프레임워크 그리고 상당수의 애플리케이션이 설정을 일반 파일이나 데이터베이스 테이블로 관리한다. 정보를 일반 파일로 관리할 때는 널리 쓰이는 일반 텍스트 형식을 사용하는 추세다. 2021년 기준으로는 YAML과 JSON이 가장 많이 쓰인다. 스크립트 언어로 작성된 애플리케이션에서는 설정만을 담는 특수 목적 소스 코드를 사용하기도 한다. 만약 정보가 구조화되어 있고 사용자가 바꿀 수도 있는 경우(예컨대 배송비처럼)라면 데이터베이스 테이블에 저장하는 편이 나을 것이다. 물론 둘 다 사용해서 설정 정보를 용도별로 나누어 저장할 수도 있다.

어떤 형태를 사용하든 여러분의 애플리케이션에서는 설정을 자료 구조 형태로 불러온다. 보통 처음 애플리케이션을 시작할 때 읽어올 것이다. 흔히 이 자료 구조를 전역에서 접근할 수 있도록 하는데, 코드의 어느 부분에서든 설정 정보에 쉽게 접근할 수 있도록 하기 위해서일 것이다.

우리는 그렇게 하지 않기를 추천한다. 대신 설정 정보를 (얇은) API 뒤로 숨겨라. 그러면 설정을 표현하는 세부 사항으로부터 여러분의 코드를 떼어 놓을 수 있다.

### 서비스형 설정Configuration-As-A-Service

정적 설정이 많이 쓰이긴 하지만 요즘 우리는 다른 방식을 더 좋아한다. 설정 정보를 애플리케이션 외부에서 관리하는 것은 동일하지만, 일반 파일이나 데이터베이스가 아니라 서비스 API 뒤에서 관리하는 것을 선호한다. 서비스형 설정에는 몇 가지 장점이 있다.

- 여러 애플리케이션이 설정 정보를 공유할 수 있다. 인증과 접근 제어를 붙여서 애플리케이션마다 보이는 정보가 다르게 만들 수도 있다.
- 여러 인스턴스에 걸쳐서 전체 설정을 한번에 바꿀 수 있다.
- 설정 데이터를 전용 UI로 관리할 수 있다.
- 설정 데이터를 동적으로 계속 바꿀 수 있다.

마지막 항목인 설정 데이터를 동적으로 바꿀 수 있다는 점은 우리가 고가용성 애플리케이션을 만들 때 매우 중요하다. 설정값 하나를 바꾸기 위해 전체 애플리케이션을 멈추고 다시 시작해야 하는 상황은 현대인의 삶에 어울리지 않는다. 설정 서비스를 사용하면 애플리케이션의 각 컴포넌트가 자신이 사용하는 설정값이 바뀔 때 알림을 보내 달라고 등록할 수 있다. 그리고 실제로 변경이 일어나면 설정 서비스가 바뀐 값을 담은 메시지를 일일이 보내준다.

어떤 형태를 사용하든지 애플리케이션을 실행시켰을 때 설정 정보가 애플리케이션의 동작을 제어해야 한다. 설정 정보를 바꾸기 위해 코드 빌드가 필요해서는 안 된다.

### 도도 코드를 작성하지 말라

외부 설정을 사용하지 않는다면 코드는 적응성이나 유연성을 어느 정도 포기해야만 한다. 이것이 얼마나 나쁜 일일까? 글쎄, 프로그램의 세계에서 잠시 벗어나 실제 세상의 이야기를 하자면 환경에 적응하지 못하는 생물은 멸종한다.

모리셔스섬의 도도는 인간과 가축의 등장에 적응하지 못했고 순식간에 멸종했

다.[19] 인류에 의한 멸종으로 기록된 첫 번째 사례였다.

여러분의 프로젝트가, 여러분의 경력이 도도의 전철을 밟지 않도록 하라.

## 관련 항목

- 항목 9. DRY: 중복의 해악
- 항목 14. 도메인 언어
- 항목 16. 일반 텍스트의 힘
- 항목 28. 결합도 줄이기

---

### ☑ 지나치게 하지는 말라

이 책의 1판에서 우리는 코드 대신 설정을 사용하라고 비슷하게 제안했다. 하지만 우리의 지침이 조금 더 구체적이어야 했던 모양이다. 어떤 조언이든 극단적으로 받아들여지거나 잘못 사용될 수 있으니 몇 가지 주의를 당부하겠다.

지나치게 하지는 말라. 우리 초기 고객 중 하나는 애플리케이션의 모든 필드를 설정할 수 있어야 한다고 결정했다. 그 결과 아주 작은 것을 하나 바꾸는데도 몇 주가 걸렸다. 각 필드와 그 필드를 편집하고 저장하기 위한 관리자용 코드까지 죄다 구현해야 했기 때문이다. 4만 여 개의 설정 변수가 있었고 그들 앞에는 코딩 지옥이 펼쳐졌다.

게으름 때문에 결정을 내리지 않고 설정을 추가하여 사용자에게 미루지 말라. 어떤 기능이 이래야 하는지 저래야 하는지 아니면 사용자가 바꿀 수 있어야 하는지 진짜로 토론이 벌어졌다면, 한 가지 방법으로 해보고 그 방법이 좋은지 피드백을 구하라.

---

19 정착자들이 그 차분한('아둔한'이라고 읽어라) 도도새들을 운동 삼아 때려죽였다.

# 동시성
## Concurrency

우리가 사용하는 용어의 의미를 확실히 하기 위해 먼저 몇 가지를 정의하고 시작하자.

'동시성concurrency'[1]은 둘 이상의 코드 조각이 실행될 때 동시에 실행 중인 것처럼 행동하는 것이다. 그리고 '병렬성parallelism'이란 실제로 동시에 실행되는 것이다.

동시성을 얻으려면 실행 중에 코드의 다른 부분으로 실행을 전환할 수 있는 환경에서 코드를 구동해야 한다. 보통은 파이버fiber[2]나 스레드, 프로세스 등을 사용하여 동시성을 구현한다.

병렬성을 얻으려면 두 가지 일을 동시에 할 수 있는 하드웨어가 필요하다. CPU 하나에 있는 여러 개의 코어일 수도 있고, 컴퓨터 한 대에 있는 여러 CPU이거나 아니면 네트워크로 연결된 여러 대의 컴퓨터일 수도 있다.

## 모든 일에 동시성이 있다

시스템의 규모가 어느 정도를 넘어가면 동시성을 고려하지 않고 코드를 작성

---

1 (옮긴이) 동시성은 '병행성'이라고도 한다.

2 (옮긴이) 스레드보다 더 가벼운 실행 흐름을 만드는 도구다. 운영 체제의 스케줄러를 사용하지 않아서 사용자 수준 스레드라고도 부른다. 자세한 내용은 위키백과를 참고하라. *https://ko.wikipedia.org/wiki/파이버_(컴퓨터_과학)*

하기란 거의 불가능하다. 동시성이 겉으로 드러날 때도 있지만 라이브러리 안에 묻혀 있는 경우도 있다. 여러분의 애플리케이션이 실제 세상을 다루기 원한다면 동시성은 필수다. 세상은 비동기적이기 때문이다. 사용자와 상호 작용하고, 데이터를 불러오고, 외부 서비스를 호출하는 일을 동시에 해야 한다. 만약 이를 순차적으로 하나를 끝낸 다음에 다음 일을 하는 식으로 수행한다면, 시스템은 거북이처럼 느리게 느껴질 것이고 프로그램을 구동하는 하드웨어의 성능도 최대로 활용하지 못할 것이다.

이번 장에서는 동시성과 병렬성을 살펴본다.

개발자들은 코드 간의 결합에 대하여 자주 이야기한다. 주로 입에 오르는 것은 의존성, 그리고 이런 의존성이 어떻게 코드를 바꾸기 힘들게 하는지다. 그런데 또 다른 형태의 결합이 있다. '시간적 결합temporal coupling'은 당면한 문제 해결에 꼭 필요하지 않은 일 처리 순서를 코드가 강제할 때 생긴다. "딱" 전에 "똑"이 울린다는 사실에 의존하고 있는가? 유연해지려면 그래서는 안 된다. 여러분의 코드가 여러 백엔드 서비스에 한 번에 하나씩 순차적으로 접근하는가? 고객을 지키고 싶다면 그래서는 안 된다. 〈항목 33. 시간적 결합 깨트리기〉에서는 이런 시간적 결합을 찾아내는 방법을 살펴본다.

동시성이나 병렬성을 지원하는 코드를 쓰는 건 왜 그렇게 어려울까? 한 가지 이유는 우리가 프로그래밍을 순차적 시스템으로 배워서다. 그리고 우리가 쓰는 언어의 기능이 순차적으로 사용할 때는 비교적 안전하지만, 동시에 두 가지 일이 일어날 수 있으면 골칫거리로 변해서다. 가장 큰 문제는 '공유 상태shared state'다. 단순히 전역 변수만을 이야기하는 것이 아니다. 둘 이상의 코드 뭉치가 하나의 변경 가능한 데이터를 참조하고 있다면 공유 상태가 존재하는 것이다. 그리고 〈항목 34. 공유 상태는 틀린 상태〉다. 이 항목에서 몇 가지 우회 방법을 설명하겠지만 결국에는 모두 잘못되기 쉽다.

암담한 기분이 드는가? 결코 절망하지 말지어다nil desperandum! 동시성을 갖춘 애플리케이션을 구축하는 더 나은 방법들이 있다. '액터actor 모델'이 그중하나다. 액터 모델에서는 프로세스들이 독립적으로 수행되며 서로 데이터를 공유하지 않는다. 대신 채널을 통해 잘 정의된 단순한 의미론을 사용하여 의사소통한다. 〈항목 35. 액터와 프로세스〉에서는 이 접근 방법의 이론과 실제를 모두 논의한다.

마지막으로 〈항목 36. 칠판〉을 살펴본다. 칠판은 객체 저장소와 똑똑한 게시-구독 중개자broker를 합한 것처럼 동작하는 시스템이다. 칠판 본래의 형태로는 널리 사용되지 못했지만, 요즘은 칠판과 유사한 방식으로 동작하는 미들웨어 계층 구현이 점점 더 눈에 많이 띈다. 제대로 사용한다면 칠판과 같은 유형의 시스템으로 결합을 대폭 줄일 수 있다.

동시에 혹은 병렬로 작동하는 코드가 신기하던 시절도 있었다. 하지만 이제는 필수다.

## Topic 33 시간적 결합 깨트리기

"'시간적 결합temporal coupling'이란 도대체 무엇인가?" 궁금할 것이다. 이것은 시간에 관한 이야기다.

소프트웨어 아키텍처에서 시간이라는 측면은 자주 무시된다. 우리가 신경 쓰는 유일한 시간은 일정, 바로 출시까지 남은 시간뿐이다. 하지만 여기서 이야기할 것은 이런 종류의 시간이 아니다. 그 대신 소프트웨어의 설계 요소로서 시간의 역할에 대해 이야기하려고 한다. 시간에는 우리가 신경 써야 할 측면이 두 가지 있는데, 동시성(동시에 일어나는 일들)과 순서(시간의 흐름 속에서 일들의 상대적인 위치)다.

우리는 보통 프로그래밍할 때 두 측면 모두 특별히 신경 쓰지 않는다. 자리에 앉아 아키텍처를 설계하거나 프로그램을 짜기 시작할 때는 보통 직선적 사고를 하기 마련이다. 사람들의 사고방식이 대개 그렇다. '이것을 하고, 그런 다음에 저것을 하고.' 하지만 이런 식으로 생각하다 보면 시간적 결합을 만들게 된다. 메서드 A는 언제나 반드시 메서드 B보다 먼저 호출해야 한다. 보고서는 한 번에 오직 하나만 생성할 수 있다. 버튼 클릭을 처리하려면 먼저 화면이 갱신되어야 한다. 똑은 딱보다 먼저 일어나야 한다.

이러한 접근 방법은 그다지 유연하지 않고 현실과도 동떨어져 있다.

우리는 동시성을 확보해야 한다. 시간이나 순서에 의존하는 시간적 결합을 끊는 방법을 생각해 내야 한다. 그렇게 함으로써 유연성도 얻을 수 있고, 작업 흐름 분석과 아키텍처, 설계, 배포와 같은 개발의 여러 측면에서 시간과 관련된 의존성도 함께 줄일 수 있다. 결과적으로 분석하기 더 쉽고 응답속도도 더 빠르며 더 안정적인 시스템을 만들 수 있을 것이다.

## 동시성 찾기

많은 프로젝트에서 설계 과정의 일환으로 애플리케이션의 작업 흐름을 모델화하고 분석하는 작업이 필요하다. 우리는 동시에 일어나도 되는 게 뭐고, 반드시 순서대로 일어나야 하는 건 어떤 것인지 찾아내길 원한다. '활동 다이어그램activity diagram[3]' 같은 표기법을 사용해서 작업 흐름을 기록하는 것이 한 방법이다.

---

**Tip 56**  작업 흐름 분석으로 동시성을 개선하라.

---

활동 다이어그램은 모서리가 둥근 상자로 표현하는 활동들로 이루어진다.

---

3  UML이 사라져 가고 있긴 하지만 UML의 개별 다이어그램은 아직 이런저런 형태로 쓰이고 있다. 활동 다이어그램도 그중 하나로 아주 유용하다. 다양한 UML 다이어그램을 모두 알고 싶다면 《UML Distilled: 표준 객체 모델링 언어 입문 2판》[Fow04]을 참고하라.
(옮긴이) 실용적인 관점에서 UML을 다룬 《UML, 실전에서는 이것만 쓴다》(인사이트, 2010)도 참고할 만하다.

한 활동에서 나가는 화살표는 다른 활동으로 갈 수 있는데, 화살표를 받은 활동은 이전 활동이 끝난 후 시작될 수 있다. 화살표는 '동기화 막대synchronization bar'로 갈 수도 있는데, 동기화 막대로 들어오는 활동이 모두 완료된 후에야 막대에서 나가는 화살표를 따라 진행할 수 있다. 자기에게 오는 화살표가 없는 활동은 언제든지 시작할 수 있다.

활동 다이어그램을 사용하면 동시에 수행할 수 있는데도 아직 동시에 하고 있지 않은 활동들을 찾아내서 병렬성을 극대화할 수 있다.

예를 들어 피나 콜라다piña colada 칵테일 제조 로봇용 소프트웨어를 작성한다고 하자. 피나 콜라다를 만드는 순서는 다음과 같다.

1. 믹서를 연다.
2. 피나 콜라다 믹스 병을 연다.
3. 피나 콜라다 믹스를 믹서에 넣는다.
4. 화이트 럼 1/2 컵을 잰다.
5. 럼을 믹서에 붓는다.
6. 얼음 두 컵을 넣는다.
7. 믹서를 닫는다.
8. 1분 동안 돌린다.
9. 믹서를 연다.
10. 잔을 가져온다.
11. 분홍색 우산 장식을 가져온다.
12. 차려 낸다.

하지만 바텐더가 위 순서들을 차례대로 한 번에 하나씩 따라 한다면 아마 금방 실업자가 되고 말 것이다. 사용자가 이 활동들을 순차적으로 기술했다 하더라도 사실 많은 것을 병렬적으로 실행할 수 있다. 다음 활동 다이어그램을 이용하여 동시에 실행할 수 있는 부분을 찾고 따져 보자.

의존성이 실제로 어디에 존재하는지 직접 보면 꽤 놀라울 수도 있다. 피나 콜라다 만들기에서 최상위 작업들(1, 2, 4, 10, 11번)은 제일 먼저 동시에 수행할 수 있는 일들이다. 그 후에 3번, 5번, 6번 작업을 동시에 수행할 수 있다. 피나 콜라다 만들기 대회에 참가하고 있다면 이런 최적화 덕분에 확연히 다른 결과를 얻게 될지도 모른다.

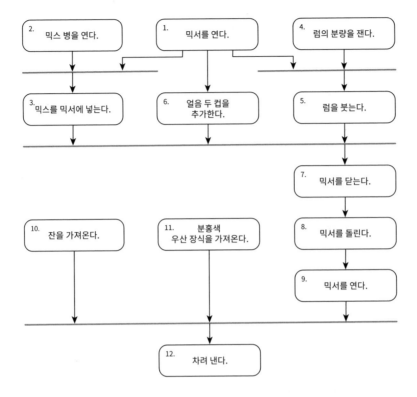

## 동시 작업의 기회

활동 다이어그램은 동시에 작업할 수 있는 부분들을 보여 준다. 하지만 진짜로 동시에 하는 것이 좋은지는 알려주지 않는다. 앞의 피나 콜라다 예시에서 처음에 할 수 있는 작업을 정말로 모두 동시에 하려면 바텐더의 손이 다섯 개는 되어야 할 것이다.

그래서 설계가 필요하다. 작업들을 살펴보면 8번 작업인 믹서 돌리기에 1분이 걸린다는 것을 알 수 있다. 그동안 우리의 바텐더는 잔과 우산 장식을 가져올 수 있을 것(10, 11번)이고, 어쩌면 그러고도 다른 손님을 응대할 시간이 남을 수도 있다.

이것이 동시성을 고려한 설계를 할 때 찾아야 하는 것이다. 우리는 시간이 걸리지만, 우리 코드가 아닌 곳에서 시간이 걸리는 활동을 찾고 싶다. 데이터베이스를 조회할 때나 외부 서비스에 접근할 때, 사용자 입력을 기다릴 때 같이 우리 프로그램이 다른 작업이 끝나기를 기다려야 하는 상황 말이다. 이런 순간이 바로 CPU가 손가락만 빨면서 기다리는 대신 좀 더 생산적인 일을 할 수 있는 기회다.

## 병렬 작업의 기회

다시 한번 차이를 되새겨 보자. 동시성은 소프트웨어 동작 방식이고, 병렬성은 하드웨어가 하는 것이다. 컴퓨터 한 대에 있든 아니면 연결된 여러 대에 있든 우리에게 여러 개의 프로세서가 있다면, 그리고 작업을 프로세서들에게 나누어 줄 수 있다면 전체 소요 시간을 단축할 수 있다.

이런 식으로 나누기에 가장 이상적인 것은 비교적 독립적인 부분 작업들이다. 다른 부분 작업을 기다릴 필요 없이 진행할 수 있으면 좋다. 일반적인 형태는 커다란 작업을 독립적인 부분들로 쪼개서 병렬로 각각 처리한 다음, 결과를 합치는 것이다.

이런 방식을 활용하는 흥미로운 예로 프로그래밍 언어 엘릭서의 컴파일러가 있다. 엘릭서 컴파일러는 시작할 때 빌드하는 프로젝트를 여러 모듈로 쪼갠 후, 각각을 병렬로 컴파일한다. 간혹 모듈 하나가 다른 모듈에 의존하는 경우에는 필요한 모듈의 빌드 결과가 나올 때까지 컴파일을 잠시 멈추고 기다린다. 제일 바깥쪽 모듈의 컴파일이 완료되었다는 것은 필요한 모든 코드가 컴파일되었다는 것이다. 이런 방식 덕분에 모든 가용 코어를 활용한 빠른 컴파일이 가능하다.

## 기회를 찾아 내는 것은 쉽다

여러분의 애플리케이션으로 돌아가자. 동시 작업이나 병렬 작업을 해서 이득을 볼 수 있는 부분을 찾았다. 이제 어려운 부분이 남았다. 어떻게 안전하게 구현할 수 있을까? 이것이 바로 이번 장의 나머지 항목에서 다루는 주제다.

## 관련 항목

- 항목 10. 직교성
- 항목 26. 리소스 사용의 균형
- 항목 28. 결합도 줄이기
- 항목 36. 칠판

## 도전해 볼 것

• 아침에 일어나서 출근 준비를 할 때 얼마나 많은 작업을 동시에 수행하는 가? 출근 준비를 활동 다이어그램으로 표현할 수 있는가? 동시성을 증대 시켜서 더 일찍 준비를 끝낼 수 있는 방법이 있는가?

## Topic 34 공유 상태는 틀린 상태

여러분이 가장 좋아하는 레스토랑에 방문했다. 메인 요리를 모두 먹은 후 종 업원에게 혹시 애플파이가 남아 있는지 묻는다. 종업원은 어깨 너머를 돌아 보더니 진열장display case에 한 조각이 남아 있는 것을 확인하고는 그렇다고 대 답한다. 여러분은 주문을 마치고 안도의 한숨을 내쉰다.

한편 레스토랑의 반대쪽에서도 다른 고객이 종업원에게 같은 질문을 하고 있다. 이 종업원도 진열장을 쳐다보고는 한 조각이 있는 것을 확인하고 주문 을 받는다.

두 고객 중 한 명은 실망하게 될 것이다.

예시를 바꿔서 진열장을 여럿이 함께 쓰는 공동 은행 계좌라고, 종업원을 카드 결제 단말기라고 생각해 보자. 여러분과 여러분의 파트너가 각자 새로 운 핸드폰을 사기로 동시에 결정했다. 그런데 은행 계좌에는 한 대를 살 수 있는 돈밖에 없다. 은행이든 핸드폰 가게든 여러분이든 분명 누군가는 기분 이 나빠질 것이다.

---

> **Tip 57** 공유 상태는 틀린 상태다.

---

문제는 상태가 공유된 것이다. 레스토랑의 종업원들은 서로를 고려하지 않 고 진열장만 확인했다. 카드 결제 단말기들도 서로를 고려하지 않고 은행 잔 고를 확인했다.

## 비-원자적 갱신

레스토랑 예시를 코드로 표현해 보자.

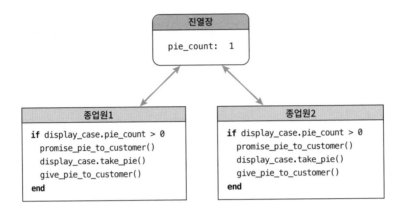

두 종업원이 동시에(그리고 실생활에서는 병렬적으로) 작업을 한다. 코드를
보자.

```
if display_case.pie_count > 0   # 진열장의 파이 조각 수 확인
  promise_pie_to_customer()     # 고객에게 파이를 약속
  display_case.take_pie()       # 진열장에서 파이를 획득
  give_pie_to_customer()        # 고객에게 파이 전달
end
```

종업원1이 현재 파이 조각 수를 조회하고, 1을 얻는다. 그러고는 고객에게 파
이를 약속한다. 하지만 이 시점에 종업원2도 작업을 시작한다. 역시 파이 조
각 수를 조회하여 1을 얻고, 고객에게 똑같은 약속을 한다. 둘 중 하나가 마
지막 남은 파이 조각을 획득하고, 다른 종업원은 일종의 예외 상태에 빠진다.
(아마 허리를 여러 번 굽혀야 할 것이다.)

여기서 문제는 두 프로세스가 같은 메모리 영역에 쓰기가 가능하다는 점이
아니다. 문제는 어느 프로세스도 자신이 보는 메모리가 일관되어 있음을 보
장할 수 없다는 점이다. 사실 종업원이 display_case.pie_count를 실행하는

것은 진열장의 값을 자신의 메모리로 복사하는 것이다. 만약 진열장의 값이 바뀐다면 종업원의 메모리, 즉 결정에 사용한 메모리는 시효가 지난 것이다.

이것은 모두 파이 조각을 가져오고 갱신하는 동작이 원자적atomic이지 않기 때문이다. 실제 값이 그사이에 바뀔 수 있다.

그렇다면 어떻게 원자적으로 바꿀 수 있을까?

### 세마포어 및 다른 상호 배제 방법

세마포어semaphore는 단순히 한 번에 한 사람만이 가질 수 있는 무언가다. 여러분은 세마포어를 만들어서 다른 리소스의 사용을 제어하는 데 쓸 수 있다. 우리 예에서는 진열장 사용을 제어하기 위해 세마포어를 쓸 수 있다. 진열장의 내용물을 바꾸고 싶은 사람은 세마포어를 소유하고 있을 때만 바꿀 수 있다는 규칙을 도입하는 것이다.

레스토랑에서는 물리적인 세마포어로 파이 문제를 해결하기로 했다. 진열장 위에 도깨비 인형을 하나 올려 둔다. 모든 종업원은 파이 주문을 받기 전에 도깨비 인형을 손에 넣어야 한다. 주문을 받고 파이를 접시에 담아 고객에게 낸 후에는 도깨비 인형을 보물 파이를 지키는 원래 위치에 되돌려 놓는다. 다음 주문을 받을 수 있도록 말이다.

코드로 살펴보자. 전통적으로는 세마포어를 획득하는 작업을 'P'로, 반환하는 작업을 'V'로 불렀지만,[4] 요즘은 '잠금lock/잠금 해제unlock', '획득claim/반환release' 등으로 부른다.

```
case_semaphore.lock()

if display_case.pie_count > 0
  promise_pie_to_customer()
```

---

4  P와 V라는 이름은 네덜란드어의 첫 글자에서 왔다. 하지만 정확히 네덜란드어의 어떤 단어인지에 대해서는 논란이 있다. 세마포어 기법을 발명한 에츠허르 데이크스트라(Edsger Dijkstra)는 P에는 'passering'(통과)과 'prolaag'(차감 시도)를, V에는 'vrijgave'(해제)가 아니면 'verhogen'(증가)을 제안했다.

```
    display_case.take_pie()
    give_pie_to_customer()
end

case_semaphore.unlock()
```

위 코드는 이미 세마포어가 만들어져서 case_semaphore 변수에 저장되어 있
다고 가정한 것이다.

두 종업원이 동시에 코드를 실행시켰다고 가정해 보자. 둘 다 세마포어를
얻으려고(lock) 시도하지만 한 명만 성공한다. 세마포어를 확보한 쪽은 평소
처럼 계속 진행한다. 세마포어를 얻지 못한 쪽은 세마포어를 얻을 수 있을 때
까지 멈춰 있는다. 즉, 기다린다. 첫 번째 종업원이 주문을 완료하고 세마포
어의 잠금을 해제하면 다른 종업원이 실행을 재개한다. 하지만 이번에는 진
열장에 파이가 없는 것을 확인하고 고객에게 양해를 구한다.

이 접근 방식에는 몇 가지 문제가 있다. 가장 큰 문제는 진열장에 접근하는
모든 사람이 빠짐없이 세마포어를 사용해야만 제대로 동작한다는 것이다.
만약 누군가가 깜빡한다면, 다시 말해서 어떤 개발자가 약속을 지키지 않는
코드를 쓴다면 다시 혼돈에 빠진다.

### 리소스를 트랜잭션으로 관리하라

현재의 설계가 미흡한 것은 진열장 사용을 보호할 책임을 진열장을 사용하는
사람에게 전가하기 때문이다. 제어를 중앙으로 집중시키자. 그러려면 API를
바꿔서 종업원이 하나의 호출로 파이 조각 수를 확인함과 동시에 파이 조각
을 가져가도록 만들어야 한다.

```
slice = display_case.get_pie_if_available()
if slice
    give_pie_to_customer()
end
```

이렇게 하려면 실행되는 메서드를 진열장 자체에 넣어야 한다.

```
def get_pie_if_available()        ####
  if @slices.size > 0               #
    update_sales_data(:pie)         #
    return @slices.shift            #
  else                            # 틀린 코드!
    return false                    #
  end                               #
end                               ####
```

이 코드는 흔한 오해를 보여 준다. 리소스 접근을 한 곳으로 모으긴 했다. 하지만 이 메서드 자체도 여러 개의 스레드에서 동시에 호출될 수 있으므로 여전히 세마포어로 보호해야 한다.

```
def get_pie_if_available()
  @case_semaphore.lock()

  if @slices.size > 0
    update_sales_data(:pie)
    return @slices.shift
  else
    return false
  end

  @case_semaphore.unlock()
end
```

하지만 이 코드 역시 문제가 있다. 만약 update_sales_data가 예외를 발생시키면 세마포어는 영영 잠금이 풀리지 않을 것이고, 이후로 진열장에 접근하면 하염없이 기다리게 될 것이다.[5] 이 문제를 해결해야 한다.

```
def get_pie_if_available()
  @case_semaphore.lock()
```

---

5  (옮긴이) 사실 이 코드에서는 예외가 발생하지 않더라도 return문에서 함수 실행이 끝나므로 세마포어는 언제나 잠금이 풀리지 않는다.

```
  try {
    if @slices.size > 0
      update_sales_data(:pie)
      return @slices.shift
    else
      return false
    end
  }
  ensure {
    @case_semaphore.unlock()
  }
end
```

이런 실수가 너무 흔하다 보니 많은 언어에서 이런 상황을 처리해 주는 라이브러리를 제공한다. 예를 들어 다음과 같은 식이다.

```
def get_pie_if_available()
  @case_semaphore.protect() {
    if @slices.size > 0
      update_sales_data(:pie)
      return @slices.shift
    else
      return false
    end
  }
end
```

## 여러 리소스와 트랜잭션

우리 레스토랑에서 아이스크림 냉동고를 설치했다. 고객이 파이 위에 아이스크림을 얹은 디저트인 '파이 알라모드pie à la mode'를 주문하면 종업원은 파이와 아이스크림이 둘 다 있는지 확인해야 한다.

   그렇다면 종업원 코드는 다음과 같이 바꿀 수 있을 것이다.

```
slice = display_case.get_pie_if_available()
scoop = freezer.get_ice_cream_if_available()
```

```
if slice && scoop
  give_order_to_customer()
end
```

하지만 이 코드는 제대로 동작하지 않을 것이다. 파이 조각을 꺼낸 후 아이스크림을 한 스쿱 뜨려고 보니 아이스크림이 없으면 어떻게 할 것인가? 우리 손에는 오갈 데 없는 파이 한 조각만이 남아 있다. 이 고객은 반드시 아이스크림도 먹고 싶다고 한다. 그리고 파이가 이미 우리 손에 있기 때문에 아이스크림 없이 파이만 원하는 순수주의자 고객도 그 파이를 받을 수 없다.

이 문제는 진열장에 파이 조각을 다시 반환하는 메서드를 추가하여 해결할 수 있다. 문제가 발생했을 때 리소스를 계속 차지하고 있지 않도록 예외 처리를 추가해야 할 것이다.

```
slice = display_case.get_pie_if_available()

if slice
  try {
    scoop = freezer.get_ice_cream_if_available()
    if scoop
      try {
        give_order_to_customer()
      }
      rescue {
        freezer.give_back(scoop)
      }
    end
  }
  rescue {
    display_case.give_back(slice)
  }
end
```

여전히 이상적인 코드는 아니다. 코드가 정말 지저분하고 실제로 무슨 일을 하는 것인지 알아보기 어렵다. 비즈니스 로직이 이런저런 관리를 위한 코드 속에 파묻혔다.

앞의 예에서는 리소스 관리 코드를 리소스 클래스 안으로 옮겨서 이런 문제를 해결했다. 하지만 여기서는 리소스가 두 가지다. 코드를 진열장으로 옮겨야 할까, 아니면 냉동고로 옮겨야 할까?

우리 생각에는 둘 다 답이 아니다. 실용주의적인 접근 방법은 '애플파이 알라모드' 자체도 우리의 리소스로 보는 것이다. 이 코드를 새로운 모듈로 옮기고, 클라이언트는 그냥 "아이스크림 올린 애플파이 주세요"라고 요청할 수 있어야 한다. 결과는 성공 아니면 실패뿐이다.

물론 실제 상황에서는 이런 조합 메뉴가 더 많이 있을 것이고, 메뉴마다 새로운 모듈을 만들고 싶지는 않을 것이다. 그 대신, 자신의 구성 요소에 대한 참조들을 갖고 있는 메뉴 항목menu item이 있고, 또 그 구성 요소 각각이랑 자원을 주고받는 춤을 추는 일반화된 get_menu_item 메서드가 있는 편이 아마 더 나을 것이다.

### 트랜잭션이 없는 갱신

공유 메모리는 동시성 문제의 원인으로 많이 지목받는다. 하지만 사실 수정 가능한 리소스를 공유하는 애플리케이션 코드 어디에서나 동시성 문제가 발생할 수 있다. 여러분 코드의 인스턴스 둘 이상이 파일, 데이터베이스, 외부 서비스 등 어떤 리소스에 동시에 접근할 수 있다면 여러분은 잠재적인 문제를 안고 있는 것이다.

가끔은 이런 리소스가 그다지 명백하지 않을 수도 있다. 이 책의 개정판을 쓰면서 우리는 스레드를 사용하여 책의 빌드 도구를 더 많이 병렬화했다. 그러자 빌드가 실패했다. 그것도 매번 다른 곳에서 이상한 방식으로 실패했다. 그런데 오류가 발생한 경우에는 늘 스레드가 파일이나 디렉터리를 찾지 못한다는 것을 발견했다. 실제로는 제 위치에 파일이 있는데도 말이다.

문제를 좁혀간 끝에 임시로 현재 작업 디렉터리를 바꾸는 코드가 몇 군데 있다는 것을 발견했다. 병렬 처리를 하지 않을 때는 작업 디렉터리를 다시 원래 위치로 바꾸는 것으로 충분했다. 하지만 병렬로 처리할 때는 한 스레드가 작업 디렉터리를 바꿔서 임시 작업 디렉터리에 있는 도중에 다른 스레드가 작동을 시작할 수 있었다. 이 스레드는 작업 디렉터리가 원래 디렉터리일 것이라고 가정했지만, 스레드들은 현재 작업 디렉터리 값을 공유하므로 그 가정이 어긋나게 되었다.

이런 문제 특성 덕분에 또 하나의 팁이 만들어졌다.

---

**Tip 58** 불규칙한 실패는 동시성 문제인 경우가 많다.

---

## 그 밖의 독점적인 접근

대부분의 언어에는 공유 리소스에 독점적으로 접근하는 것을 도와주는 라이브러리가 있다. 상호 배제mutual exclusion를 의미하는 뮤텍스mutex라고 부르기도 하고, 모니터monitor나 세마포어라고 부르기도 한다. 모두 라이브러리로 제공된다.

하지만 언어 자체에 동시성 지원이 들어 있는 언어도 있다. 예를 들어 러스트Rust는 데이터의 소유권이라는 개념을 강제한다. 변경 가능한 데이터 조각은 어느 한 시점에 단 하나의 변수나 매개 변수만 참조를 가질 수 있다.

함수형 언어들은 모든 데이터를 변경 불가능하게 만드는 경향이 있으므로 동시성 문제를 단순하게 만든다고 주장할 수도 있겠다. 하지만 함수형 언어도 언젠가는 모든 것이 변경 가능한 진짜 세상에 발을 들여야 하므로 똑같은 문제를 겪는 순간이 올 것이다.

**의사 선생님, 아파요……**

혹시 이번 항목에서 얻어 가는 것이 없다면 이것만은 기억하기를 바란다. 리소스를 공유하는 환경에서 동시성은 어렵다. 이 문제를 직접 풀려고 한다면 고난의 연속일 것이다.

그래서 다음 오래된 농담을 음미해보기를 추천하는 것이다.

의사 선생님, 이렇게 하면 아파요.

그러면 그렇게 하지 마세요.

이어지는 두 항목에서는 이런 고통 없이 동시성의 이득을 취할 수 있는 대안을 제시한다.

**관련 항목**

- 항목 10. 직교성
- 항목 28. 결합도 줄이기
- 항목 38. 우연에 맡기는 프로그래밍

## Topic 35 액터와 프로세스

작가가 없다면 이야기는 쓰이지 않을 것이다.
배우(actor)가 없다면 이야기는 생명을 얻지 못할 것이다.

– 앤지-마리 델산테(Angie-Marie Delsante)

액터actor와 프로세스를 사용하면 흥미로운 방식으로 동시성을 구현할 수 있다. 공유 메모리 접근을 동기화하느라 고생할 필요도 없다.

본격적으로 들어가기에 앞서 우리가 쓸 용어를 먼저 정의하자. 잠시 학교로 돌아간 듯한 기분이 들겠지만 금방 끝날 테니 겁먹지 않아도 된다.

- '액터'는 자신만의 비공개 지역 상태state를 가진 독립적인 가상 처리 장치 virtual processor다. 각 액터는 우편함mailbox을 하나씩 보유하고 있다. 액터가 잠자고 있을 때 우편함에 메시지가 도착하면 액터가 깨어나면서 메시지를 처리한다. 처리가 끝나면 우편함의 다른 메시지를 처리한다. 만약 우편함 이 비어 있으면 다시 잠든다.

  메시지를 처리할 때 액터는 다른 액터를 생성하거나, 알고 있는 다른 액 터에게 메시지를 보내거나, 다음 메시지를 처리할 때의 상태가 될 새로운 상태를 생성할 수 있다.

- '프로세스'는 본래 더 일반적인 가상 처리기로, 보통 운영 체제가 동시성을 지원하기 위하여 구현한다. 프로세스를 사용할 때 마치 액터처럼 동작하 도록 관례를 만들어 제한적으로만 사용할 수도 있는데, 이번 항목에서 이 야기하는 프로세스란 바로 이렇게 제한한 것을 말한다.

## 액터는 언제나 동시성을 띤다

액터의 정의에서 찾아볼 수 없는 것이 몇 가지 있다.

- 액터를 관리하는 것이 하나도 없다. 다음에 무엇을 하라고 계획을 세우거나, 정보를 입력 데이터에서 최종 결과로 바꾸는 과정을 조율하는 것이 없다.
- 시스템이 저장하는 상태는 오직 메시지 그리고 각 액터의 지역 상태뿐이 다. 메시지는 수신자가 읽는 것 외에는 확인할 방법이 없고, 지역 상태는 액터 바깥에서는 접근이 불가능하다.
- 모든 메시지는 일방향이다. 답장이란 개념은 없다. 액터에서 답장을 받고 싶다면 처음 메시지를 보낼 때 답장 받을 우편함 주소를 메시지에 포함해 서 보내야 한다. 나중에 이 주소로 보내는 답장도 결국 또 하나의 메시지 일 뿐이다.

- 액터는 각 메시지를 끝날 때까지 처리하고 중간에 다른 일을 하지 않는다. 즉, 한 번에 하나의 메시지만 처리한다.

그 결과 액터들은 아무것도 공유하지 않으면서 비동기적으로 동시에 실행된다. 물리적인 프로세서가 넉넉하다면 각각 액터를 하나씩 돌릴 수 있다. 프로세서가 하나뿐이라면 실행 환경이 액터마다 컨텍스트를 전환해 가면서 실행시킬 수 있다. 어느 쪽이든 액터에서 실행되는 코드는 동일하다.

---

**Tip 59** 공유 상태 없는 동시성을 위하여 액터를 사용하라.

---

### 간단한 액터

우리 레스토랑 예시를 액터로 구현해 보자. 이 경우에는 고객customer, 종업원waiter, 진열장pie case 이렇게 세 가지 액터가 있다.

전체 메시지 흐름은 다음과 같을 것이다.

- 외부에 있는 우리(신과 같은 존재라 치자)가 고객에게 너는 배고프다고 귀띔한다.
- 그러자 고객은 종업원에게 파이를 주문한다.
- 종업원은 고객에게 파이를 주라고 진열장에게 요청한다.
- 진열장에 파이가 있으면 파이 한 조각을 고객에게 보낸다. 종업원에게도 계산서에 추가하라고 알려준다.
- 파이가 없으면 종업원에게 알려준다. 종업원은 고객에게 양해를 구한다.

자바스크립트와 Node.js용 액터 라이브러리인 Nact[6]를 이용하여 구현해 보자. 우리는 단순한 자바스크립트 객체로 액터를 생성하는 간단한 래퍼 함수

---

6  *https://github.com/ncthbrt/nact*

도 따로 추가했다. 자바스크립트의 객체는 맵처럼 사용할 수 있는데, 객체의 키에 액터가 받을 메시지를 지정하고, 값에 해당 메시지가 도착했을 때 실행할 함수를 지정한다. 이 객체를 래퍼 함수에 넘기면 액터를 만들어 준다. 대부분의 액터 시스템이 유사한 구조를 갖는데 세부 사항은 구현 언어에 따라 다르다.

고객부터 시작해보자. 고객은 세 가지 메시지를 받을 수 있다.

- 당신은 파이가 먹고 싶다. (외부에서 보냄)
- 테이블에 파이가 있습니다. (진열장이 보냄)
- 죄송합니다. 파이가 다 떨어졌습니다. (종업원이 보냄)

코드는 다음과 같다.

concurrency/actors/index.js
```js
const customerActor = {
  '파이가 먹고 싶다': (msg, ctx, state) => {
    return dispatch(state.waiter,
                    { type: '주문', customer: ctx.self, wants: '파이' })
  },

  '테이블에 놓다': (msg, ctx, _state) =>
    console.log(`${ctx.self.name}이(가) 테이블에 나타난 "${msg.food}"을(를) 보다.`),

  '남은 파이 없음': (_msg, ctx, _state) =>
    console.log(`${ctx.self.name}이(가) 부루퉁하다……`)
};
```

흥미로운 부분은 '파이가 먹고 싶다' 메시지를 받을 때인데, 이때는 종업원에게 메시지를 보낸다. 고객이 종업원 액터를 어떻게 알게 되는지는 잠시 후에 살펴보겠다.

종업원의 코드는 다음과 같다.

```
const waiterActor = {
  '주문': (msg, ctx, state) => {
    if (msg.wants == '파이') {
      dispatch(state.pieCase,
               { type: '한 조각 꺼내기', customer: msg.customer, waiter: ctx.self });
    }
    else {
      console.log(`${msg.wants}의 주문 방법을 알 수 없습니다.`);
    }
  },

  '주문서에 추가': (msg, ctx) =>
    console.log(`종업원이 ${msg.food}을(를) ${msg.customer.name}의 주문서에 추가합니다.`),

  '오류': (msg, ctx) => {
    dispatch(msg.customer, { type: '남은 파이 없음', msg: msg.msg });
    console.log(`\n종업원이 ${msg.customer.name}에게 양해를 구합니다: ${msg.msg}.`);
  }

};
```

종업원이 **주문** 메시지를 고객에게서 받으면 고객이 '파이'를 주문한 것인지 확인한다. 파이가 맞으면 진열장에 요청을 보낸다. 이때 고객과 자신의 참조를 함께 보낸다.

진열장은 상태를 가지고 있다. 바로 진열된 파이 조각 배열인데, 처음에 어떻게 파이를 진열장에 넣는지도 곧 설명하겠다. 종업원에게서 **한 조각 꺼내기** 메시지를 받으면 남은 파이 조각이 있는지 확인한다. 파이가 있으면 고객에게 전달하고, 종업원에게는 주문서에 기록하라고 알려준다. 마지막으로 한 조각이 줄어든 상태를 기록한다. 코드는 다음과 같다.

```
const pieCaseActor = {
  '한 조각 꺼내기': (msg, context, state) => {
    if (state.slices.length == 0) {
```

```
      dispatch(msg.waiter,
               { type: '오류', msg: '남은 파이 없음', customer: msg.customer });
      return state;
    }
    else {
      var slice = state.slices.shift() + ' 파이 한 조각';
      dispatch(msg.customer,
               { type: '테이블에 놓다', food: slice });
      dispatch(msg.waiter,
               { type: '주문서에 추가', food: slice, customer: msg.customer });
      return state;
    }
  }
};
```

실제 상황에서는 다른 액터를 동적으로 생성하는 액터도 많이 보겠지만, 여기서는 단순하게 액터를 모두 수동으로 생성할 것이다. 또한 각각 초기 상태도 넘겨줘야 한다.

- 진열장은 처음에 갖고 있을 파이 조각 리스트를 받는다.
- 종업원에게는 진열장의 참조를 준다.
- 고객에게는 종업원의 참조를 준다.

concurrency/actors/index.js ─────────────────────────
```
const actorSystem = start();

let pieCase = start_actor(
  actorSystem,
  'pie-case',
  pieCaseActor,
  { slices: ['사과', '복숭아', '체리'] });

let waiter = start_actor(
  actorSystem,
  'waiter',
  waiterActor,
  { pieCase: pieCase });
```

```
let c1 = start_actor(actorSystem, 'customer1',
                     customerActor, { waiter: waiter });
let c2 = start_actor(actorSystem, 'customer2',
                     customerActor, { waiter: waiter });
```

자 이제 실행시켜 보자. 우리 고객들은 욕심이 많다. customer1은 파이를 세

조각 주문하고, customer2는 두 조각을 주문한다.

concurrency/actors/index.js ────────────────────────────────
```
dispatch(c1, { type: '파이가 먹고 싶다' });
dispatch(c2, { type: '파이가 먹고 싶다' });
dispatch(c1, { type: '파이가 먹고 싶다' });
dispatch(c2, { type: '파이가 먹고 싶다' });
dispatch(c1, { type: '파이가 먹고 싶다' });
sleep(500)
  .then(() => {
    stop(actorSystem);
})
```

이제 코드를 실행시키면 액터들이 서로 통신하는 것을 볼 수 있다.[7] 메시지

순서는 아마 좀 다를 것이다.

**$ node index.js**
customer1이(가) 테이블에 나타난 "사과 파이 한 조각"을(를) 보다.
customer2이(가) 테이블에 나타난 "복숭아 파이 한 조각"을(를) 보다.
종업원이 사과 파이 한 조각을(를) customer1의 주문서에 추가합니다.
종업원이 복숭아 파이 한 조각을(를) customer2의 주문서에 추가합니다.
customer1이(가) 테이블에 나타난 "체리 파이 한 조각"을(를) 보다.
종업원이 체리 파이 한 조각을(를) customer1의 주문서에 추가합니다.

종업원이 customer1에게 양해를 구합니다: 남은 파이 없음.
customer1이(가) 부루퉁하다…….

종업원이 customer2에게 양해를 구합니다: 남은 파이 없음.
customer2이(가) 부루퉁하다…….

---

7  이 코드를 실행시키려면 앞에서 언급한 우리가 만든 래퍼 함수도 필요하다. 책에 실려 있지 않
   으나 다음 링크에서 래퍼 함수를 포함한 모든 코드를 다운로드할 수 있다. *https://media.pragprog.*
   *com/titles/tpp20/code/concurrency/actors/index.js*

## 드러나지 않는 동시성

액터 모델에서는 동시성을 다루는 코드를 쓸 필요가 없다. 공유된 상태가 없기 때문이다. 명시적으로 처음부터 끝까지 "이걸 한 다음 저걸 하라"는 코드를 쓸 필요도 없다. 액터가 수신하는 메시지에 따라 알아서 실행되기 때문이다.

기반 아키텍처에 대하여 언급할 필요도 없다. 이렇게 구성된 컴포넌트들은 단일 프로세서든, 멀티 코어든, 여러 컴퓨터가 네트워크로 연결되어 있든 똑같이 잘 작동한다.

## 얼랭이 장을 마련하다

얼랭Erlang 언어와 런타임은 액터 구현의 좋은 사례다. 비록 얼랭을 만든 사람들은 액터 모델을 처음 제안한 논문을 읽어본 적이 없다고 하지만 말이다. 얼랭은 액터를 '프로세스'라고 부르는데 일반적인 운영 체제의 프로세스와는 다르다. 오히려 우리가 여기서 이야기하는 액터에 더 가깝다. 얼랭의 프로세스는 가볍기 때문에 컴퓨터 한 대에서 수백만 개를 실행시킬 수 있고, 프로세스끼리 메시지를 보내서 통신한다. 프로세스들은 각각 격리되어 있어서 상태를 공유하지 않는다.

이에 더하여 얼랭 런타임은 프로세스의 생애 주기를 관리하는 '슈퍼비전supervision' 시스템을 구현했다. 슈퍼비전 시스템의 슈퍼바이저는 문제가 발생하면 프로세스 하나 혹은 일련의 프로세스를 재시작하기도 한다. 게다가 얼랭은 실행 중인 시스템의 코드를 멈추지 않고 바꾸는 핫 코드 로딩hot-code loading을 지원한다. 얼랭은 세계에서 가장 신뢰성 높은 시스템들에도 쓰이며, 99.9999999%의 가용성을 자랑하기도 한다.

그렇다고 얼랭-그리고 얼랭의 후손인 엘릭서-에만 액터가 있는 것은 아니다. 다른 대부분의 언어에도 액터 구현이 있다. 동시에 실행되는 작업을 구현할 때 액터를 사용하라.

**관련 항목**

- 항목 28. 결합도 줄이기
- 항목 30. 변환 프로그래밍
- 항목 36. 칠판

**도전해 볼 것**

- 지금 공유 데이터를 보호하기 위해 상호 배제를 사용하고 있는 코드가 있는가? 동일한 코드를 액터를 사용하여 프로토타이핑해 보면 어떨까?
- 앞에서 본 레스토랑 액터 코드는 오직 파이만 주문할 수 있다. 고객이 파이 알라모드를 주문할 수 있도록 확장하라. 이때 파이 조각과 아이스크림을 별도의 액터가 관리해야 한다. 파이와 아이스크림 둘 중 하나가 다 떨어지는 상황을 처리할 수 있도록 잘 따져 보라.

## Topic 36 칠판

> 벽 위에 글자가 있는데······
>
> – 〈다니엘서〉 5장

형사들이 살인 사건을 조사해서 사건을 해결하기 위해 '칠판blackboard'을 어떻게 사용하는지 한번 생각해 보라. 수사과장이 회의실에 커다란 칠판을 끌어다 놓는 것으로 시작한다. 수사과장은 칠판에 딱 하나의 문제를 적는다.

험프티 덤프티(남성, 달걀)[8]: 사고? 살인?

험프티가 정말 실수로 떨어졌는가, 아니면 누군가 밀었는가? 형사들은 저마다 단서, 증언, 새롭게 드러나는 법의학 증거 등을 추가해서 이 미스터리 살

---

8  (옮긴이) 험프티 덤프티는 영국의 전래 동요에 나오는 캐릭터로, 담장 위에 앉아 있다가 떨어지는 것으로 묘사된다. 루이스 캐럴의 소설 《거울 나라의 앨리스》에는 달걀의 모습으로 등장한다.

인 사건의 해결에 기여할 것이다. 자료가 쌓이면 어떤 형사가 무엇인가 연결 고리를 찾아내서 자신의 관찰이나 추측을 붙이기도 한다. 모든 교대조에 속한 수많은 사람과 요원이 참여하는 이 과정은 사건이 종결될 때까지 계속된다. 아래 그림에 이런 칠판의 예가 하나 나와 있다.

칠판 접근 방법의 몇 가지 주요 특징은 다음과 같다.

- 형사들은 다른 형사의 존재를 알 필요가 없다. 형사들은 칠판을 보며 새로운 정보를 얻고, 자기가 발견한 것을 칠판에 덧붙인다.
- 형사들은 저마다 서로 다른 분야의 훈련을 받았거나, 다른 수준의 학력과 경험을 지녔을 수 있으며, 아예 같은 관할 구역에 속하지 않을 수도 있다. 사건을 해결하고 싶은 마음은 모두에게 있지만, 공통점은 그뿐이다.
- 수사 과정에서 여러 형사가 들어오거나 나갈 수 있고 임무 교대 시간도 제각기 다를 수 있다.
- 칠판에는 제한 없이 어떤 것이든 올릴 수 있다. 사진, 증언, 물리적 증거 등등.

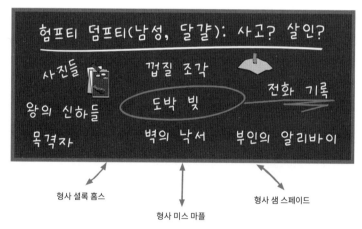

그림 2. 누군가가 험프티의 도박 빚과 전화 기록 사이의 연결 고리를 찾았다. 험프티는 전화로 위협을 받았을지도 모른다.

일종의 '자유방임주의'적 동시성이다. 각 형사는 독립된 프로세스, 에이전트, 액터 등과 같다. 누군가는 칠판에 수집한 사실을 붙이고, 누군가는 떼어 낸다. 사실을 조합하거나 처리할 수도 있고 더 많은 정보를 덧붙일 수도 있다. 칠판은 사람들이 서서히 결론에 도달하도록 돕는다.

컴퓨터 기반의 칠판 시스템은 원래 음성 인식, 지식 기반 추론 시스템 등 해결해야 할 문제의 규모가 크고 복잡한 인공 지능 애플리케이션에서 사용되었다.

최초의 칠판 시스템 중 하나는 데이비드 겔런터David Gelernter가 만든 린다Linda였다. 린다는 수집한 사실을 유형별 튜플로 저장했다. 애플리케이션들은 린다에 새로운 튜플을 쓰거나 저장된 튜플을 패턴 매칭 같은 방법으로 조회할 수 있었다.

나중에는 JavaSpaces나 T Spaces 같이 분산된 칠판 형태의 시스템들이 나왔다. 이런 시스템을 이용하면, 객체의 데이터뿐만 아니라 자바 객체 전체를 칠판에 저장할 수 있고, 템플릿이나 와일드카드를 통한 필드의 부분 일치 검색 또는 유형별 검색으로 다시 불러올 수 있다. 예를 들어 '작가'라는 유형이 있다고 해 보자. '작가'는 '사람'의 하위 유형이다. 그러면 '사람' 객체들이 들어 있는 칠판 시스템에서 '성'의 값이 '셰익스피어'인 '작가' 템플릿으로 검색할 수 있다. 작가 윌리엄 셰익스피어는 받아 오겠지만, 정원사 프레드 셰익스피어는 받아 오지 않을 것이다.

이 시스템들이 실제로 성공하지는 못했다. 우리 생각에는 이런 동시 협력 처리에 대한 수요가 아직 많지 않았던 것도 실패에 한몫했을 것 같다.

## 칠판 사용 사례

주택 담보 대출이나 신용 대출 신청을 받아서 처리하는 프로그램을 작성한다고 가정해 보자. 이 분야를 관장하는 법은 정부, 금융위원회, 지방 자치 단체 모두 자신만의 규정이 있기 때문에 끔찍하게 복잡하다. 대출 기관은 자신이 몇몇 정보를 고지했다는 사실을 증명해야 하고, 어떤 정보를 달라고 요청해야 하는데, 어떤 질문은 하면 안 되는 등이다.

준수해야 할 법이라는 골칫거리 외에도 우리가 씨름해야 할 문제들은 다음과 같다.

- 응답은 정해진 순서 없이 도착한다. 예를 들어 신용 조회나 명의 확인 요청은 상당한 시간이 걸리지만, 이름이나 주소는 바로 확인할 수 있다.
- 여러 표준 시간대에 걸쳐 있는 여러 사무실에 분산된 여러 사람이 데이터를 수집할 수도 있다.
- 어떤 데이터 수집은 다른 시스템이 자동으로 해주기도 한다. 그러나 이 데이터도 비동기적으로 도착할 수 있다는 점은 마찬가지다.
- 그런 데다가 어떤 데이터는 다른 데이터에 의존하기까지 한다. 예를 들어 자동차 명의 조회는 소유 증명서나 보험 증명서를 받은 후에 시작해야 할 수도 있다.
- 새로운 데이터가 도착하면 새로운 질문을 하거나 새로운 정책을 적용해야 할 수도 있다. 신용 평가 결과가 별로 좋지 않게 나왔다고 해보자. 그러면 이제 추가로 서류 다섯 개를 더 작성해야 하고 어쩌면 혈액 표본도 제출해야 할 것이다.

작업 흐름 시스템을 이용해서 가능한 모든 조합과 환경을 통제하려고 할 수도 있다. 실제로 그런 시스템이 존재하기는 하지만, 복잡하고 프로그래머의 노력이 많이 들어간다. 규정이 바뀌면 작업 흐름도 다시 만들어야 한다. 그러면 사람들이 자신의 절차를 바꾸어야 하고, 절차를 그대로 옮겨 놓은 코드 역시 다시 작성해야 할 수도 있다.

칠판 시스템을 법적 요구 사항을 캡슐화하는 규칙 엔진과 함께 사용하면 이러한 어려움을 우아하게 해결할 수 있다. 데이터의 도착 순서는 이제 상관없다. 어떤 사실이 칠판에 올라가면 적절한 규칙이 발동되도록 하면 된다. 결과에 대한 피드백도 마찬가지로 쉽게 다룰 수 있다. 어떤 규칙에서 나온 것이든 그 결과를 다시 칠판에 올려서 다른 규칙들이 발동되도록 하면 된다.

---

> **Tip 60**  칠판으로 작업 흐름을 조율하라.

---

### 메시지 시스템과 칠판의 유사성

이 책의 두 번째 판을 쓰는 2019년 기준으로, 일종의 메시징 시스템messaging system으로 통신하는 작고 분리된 서비스들로 애플리케이션을 구성하는 경우가 많다. 카프카Kafka나 NATS 같은 이런 메시징 시스템은 단순히 데이터를 A에서 B로 보내는 것보다 훨씬 많은 일을 한다. 특히 이벤트 로그의 형태로 영속성을 제공하고, 패턴 매칭 형태로 메시지를 가져오는 것도 지원한다. 이 말은 메시징 시스템을 칠판으로도 사용할 수 있고, 여러 액터를 실행하는 플랫폼으로도 사용할 수 있다는 것이다. 심지어 동시에 둘 모두로 사용할 수도 있다.

### 하지만 그렇게 간단하지 않다……

아키텍처에서 액터와 칠판, 마이크로서비스를 활용하면 애플리케이션에서 생길 수 있는 모든 종류의 동시성 문제를 예방할 수 있을 것이다. 하지만 거기에는 비용이 따른다. 이런 접근 방식을 사용하면 많은 동작이 간접적으로 일어나므로 분석이 더 힘들다. 메시지 형식 및 API를 모아두는 중앙 저장소를 운영하면 도움이 될 것이다. 이 저장소에서 코드나 문서까지 생성해 준다면 더욱 좋다. 시스템에서 처리하는 메시지나 정보를 추적할 수 있는 좋은 도구도 필요할 것이다. 유용한 기법을 하나 소개하겠다. 특정한 비즈니스 작업 처리를 시작할 때 고유한 '추적 아이디trace id'를 만들어서 붙이는 것이다. 그리고 해당 작업에 관여하는 모든 액터로 아이디를 전파하면, 나중에 로그 파일을 뒤져서 어떤 일이 일어났는지 재구성해 볼 수 있을 것이다.

마지막으로 이런 종류의 시스템은 맞춰야 하는 구성 요소 수가 더 많기 때문에 배포하고 관리하기 더 까다롭다. 하지만 그 결과 시스템이 더 잘게 쪼개지고, 전체 시스템이 아니라 개별 액터만 교체하여 시스템을 업데이트할 수 있다는 면에서 어느 정도 보상 받는다.

### 관련 항목

- 항목 28. 결합도 줄이기
- 항목 29. 진짜 세상과 곡예 하기
- 항목 33. 시간적 결합 깨트리기
- 항목 35. 액터와 프로세스

### 연습 문제

**연습 문제 24** (답 예시는 428쪽에 있다.)

다음 애플리케이션 가운데, 칠판 시스템이 적합한 것은 어떤 것이고 적합하지 않은 것은 어떤 것인가? 그리고 그 이유는 무엇인가?

이미지 처리

　한 이미지의 일부를 가져다가 처리한 다음 처리가 완료된 부분을 돌려주는 프로세스 여러 개를 병렬로 작동시키고 싶다.

그룹 일정 관리

　전 세계에 흩어져 있고, 표준 시간대도 다르고, 사용하는 언어도 다른 사람들이 회의 일정을 정할 수 있도록 해 주어야 한다.

네트워크 감시 도구

이 시스템은 성능 통계 자료를 수집하고 문제 발생 기록을 모은다. 모은 정보는 에이전트가 시스템의 문제점을 찾을 때 사용한다.

## 도전해 볼 것

실제 생활에서도 냉장고 문에 붙여 놓은 메모판이나 직장의 큰 화이트보드 같은 칠판 시스템을 사용하는가? 이런 시스템이 효과적인 이유는 무엇일까? 메모를 일정한 형식에 맞추어 작성해 본 적은 있는가? 그런 일관성이 중요한가?

# 코딩하는 동안
## While You Are Coding

일단 코딩에 들어가면 대부분 기계적인 작업, 즉 설계 내용을 컴퓨터가 실행할 수 있는 문장으로 바꾸는 일만 하면 된다고들 많이 생각한다. 우리가 보기에는 이런 태도가 소프트웨어 프로젝트가 실패하는 가장 큰 원인이다. 이런 태도 때문에 많은 시스템이 결국 너저분해지고, 비효율적이 되고, 구조가 망가지고, 유지 보수가 힘들어지고, 한마디로 완전히 잘못되고 만다.

코딩은 기계적인 작업이 아니다. 그랬다면 지난 1980년대 초반에 수많은 사람이 기대를 걸었던 CASE 도구[1]들이 이미 오래전에 프로그래머를 대체했을 것이다. 코딩할 때는 매 순간 결정을 내려야 하는데, 프로그램이 정확하게 생산적으로 작동하면서 천수를 누리도록 하려면 사려 깊은 생각과 판단으로 결정을 내려야 한다.

심지어 모든 결정을 의식적으로 내리는 것도 아니다. 〈항목 37. 파충류의 뇌에 귀 기울이기〉를 하면 여러분의 본능과 무의식적인 생각을 더 잘 활용할 수 있다. 머릿속에 맴돌곤 하는 소리를 더 주의 깊게 듣고 이에 적극적으로 반응하는 방법을 알아보겠다.

---

1  (옮긴이) CASE는 Computer-aided Software Engineering의 약자로, 소프트웨어 제작 도구에 여러 가지 소프트웨어 공학 방법론을 반영하는 것이다. 이로써 소프트웨어의 설계 및 구현 같은 개발자의 작업을 더 빠르고 수월하게 만들 수 있을 것으로 기대를 모았다. 하지만 실제로는 소프트웨어가 복잡해질수록 적용과 관리가 어려웠고, 그 외에도 미비한 표준화 등으로 인해 처음의 기대만큼 널리 사용되지는 못했다.

하지만 본능에 귀 기울인다는 것이 무의식이라는 자동 항법 장치만으로 비행할 수 있다는 뜻은 아니다. 적극적으로 자기 코드에 대해 생각하지 않는 프로그래머는 우연에 맡기는 프로그래밍을 하는 것이다. 코드가 작동하긴 하지만 왜 그렇게 작동하는지 설명은 못한다. 〈항목 38. 우연에 맡기는 프로그래밍〉에서 우리는 프로그래머가 코딩하는 동안 더 적극적으로 행동하는 방법을 이야기한다.

우리가 작성하는 코드는 대부분 충분히 빨리 돌아가지만 가끔은 가장 빠른 프로세서조차 기어가게 만드는 알고리즘을 개발하기도 한다. 〈항목 39. 알고리즘의 속도〉에서는 코드 속도를 추정하는 방법을 논의할 것이다. 성능 문제가 발생하기 전 미리 잠재적인 문제점을 찾아낼 때 유용한 비법도 몇 가지 알려 주겠다.

실용주의 프로그래머는 모든 코드를 비판적인 시각으로 바라본다. 자기 자신의 코드도 예외가 아니다. 우리는 우리가 만든 프로그램과 설계에서 언제나 개선할 여지를 찾아낸다. 〈항목 40. 리팩터링〉에서 프로젝트를 진행하면서도 끊임없이 기존 코드를 개선할 수 있는 기법들을 살펴볼 것이다.

테스트는 버그를 찾는 작업이 아니다. 여러분의 코드에 대한 피드백을 받는 작업이다. 설계 측면에서, API나 결합 측면에서 등 다양한 피드백을 받을 수 있다. 이 말인즉슨 테스트의 긍정적인 효과는 대부분 테스트를 수행할 때 나타나는 것이 아니라, 테스트에 대하여 생각할 때 그리고 테스트를 작성할 때 나타난다는 것이다. 〈항목 41. 테스트로 코딩하기〉에서 이 발상을 더 탐구해 보겠다.

하지만 물론 여러분이 작성한 코드를 직접 테스트할 때는 풀려는 문제에 대한 고정 관념을 떨치기 어렵다. 〈항목 42. 속성 기반 테스트〉에서는 어떻게 컴퓨터에게 넓은 범위의 테스트를 시킬 수 있을지, 그리고 당연하게도 버그가 나타났을 때 어떻게 대처할지를 살펴보겠다.

읽고 분석하기 쉬운 코드를 쓰는 것은 대단히 중요하다. 바깥세상은 가혹하고, 여러분의 시스템에 뚫고 들어와서 해를 끼치려고 애를 쓰는 나쁜 사람들로 가득하다. 여러분에게 도움이 될 만한 매우 기본적인 기법과 접근 방법 몇 가지를 〈항목 43. 바깥에서는 안전에 주의하라〉에서 이야기해 보겠다.

마지막으로, 소프트웨어 개발에서 가장 어려운 일로 손꼽히는 〈항목 44. 이름 짓기〉를 논한다. 우리는 많은 것에 이름을 붙여야 한다. 그리고 우리가 고른 이름이 여러모로 우리가 만드는 현실을 정의한다. 코딩하는 동안 이름의 의미가 변하지는 않는지 늘 경계해야 한다.

우리들 대다수는 차를 운전할 때 굳이 의식적으로 생각하지 않는다. 페달을 밟거나 운전대를 돌릴 때 발이나 팔에 의식적으로 명령을 내리지 않고 그저 '조금 속도를 줄이고 오른쪽으로 돌자.'라고 생각한다. 하지만 운전을 안전하게 잘하는 사람은 언제나 자기 상황을 검토하고, 잠재적인 문제들을 점검하며, 예상하지 못한 일이 생길 때에도 잘 대처한다. 코딩도 똑같다. 대부분은 반복적인 일이지만 정신을 늘 기민하게 유지하면 재앙을 막을 수 있다.

## Topic 37 파충류의 뇌에 귀 기울이기

> 오직 인간만이 무언가를 직접 보고, 정확한 예측에 필요한 모든 정보를 획득하고, 심지어 순간적으로는 정확한 예측을 한 후에도, 그런데 그것이 아니라고 말할 수 있다.
> – 개빈 드 베커(Gavin de Becker), 《서늘한 신호(The Gift of Fear)》

개빈 드 베커는 사람들이 자신을 보호할 수 있도록 돕는 것을 인생의 목표로 삼았다. 그가 쓴 《서늘한 신호》[de 98]는 그의 메시지를 함축하고 있다. 책 전반을 가로지르는 핵심 주제에 따르면 복잡한 존재인 우리 인간은 더 동물적인 부분인 본능, 즉 파충류의 뇌lizard brain를 무시하라고 배워 왔다고 한다. 개빈 드 베커는 길거리에서 폭행을 당한 대부분의 사람이 폭행을 당하기 전 불안감이나 신경이 곤두서는 느낌이 들었다고 말한다. 그들은 그저 자신의 느낌을 터무니없다고 여겼던 것이다. 하지만 그 후에 어두운 출입구에서 그림자가 나타났으니…….

본능이란 우리 뇌의 무의식 속에 채워져 있는 패턴에 대한 단순한 반응이다. 일부는 선천적이고, 나머지는 반복을 통해 습득한다. 프로그래머로서 경험이 늘어 갈수록 여러분의 뇌에는 암묵적인 지식이 켜켜이 쌓인다. 잘 되는 방법, 잘 안되는 방법, 오류 형태별로 가능한 원인 등 일하는 동안 보고 듣고 느끼는 모든 것이 쌓인다. 여러분이 누군가와 대화를 하다가 멈출 때 본능을 관장하는 뇌는 파일 저장 버튼을 누른다. 여러분은 자신의 뇌가 하는 일을 자각하지 못하더라도 뇌는 계속 저장을 하고 있는 것이다.

어디에서 왔는지에 상관없이 모든 본능에는 공통점이 있다. 바로 말로 표현할 수 없다는 것, 생각이 아니라 느낌이라는 점이다. 본능이 반응한다고 머리 위에 반짝이는 전구가 나타나지는 않는다. 오히려 그저 불안하고 초조해지기만 한다. 감당하기 어려운 일처럼 느껴질 수도 있다.

이럴 때의 해결책은 일단 본능이 반응하고 있음을 인지하는 것이다. 그리고 왜 그런 느낌이 드는지 알아내야 한다. 먼저 파충류의 뇌가 여러분에게 무언가를 말하려고 하는 상황 중 흔한 것을 몇 가지 살펴보자. 그러고 나서 여러분의 본능적인 뇌가 내는 소리를 어떻게 보호막 바깥으로 끌어낼지 이야기해 보자.

## 백지의 공포

누구나 텅 빈 화면을 두려워한다. 아무것도 없는 가운데 외로이 깜빡이는 커서를 떠올려 보라. 새로운 프로젝트를 시작하는 일도 두렵기는 마찬가지다. 심지어 이미 있는 프로젝트에 새로운 모듈을 추가하는 일도 그렇다. 많은 사람이 일을 시작하는 첫 발짝을 미루고 싶어 한다.

우리 생각에 이런 문제에는 두 가지 원인이 있는데, 한 가지 방법으로 둘 다 해결할 수 있다.

첫 번째 원인은 파충류의 뇌가 여러분에게 무언가 할 말이 있어서다. 인식의 지평 바로 밑에 도사리고 있는 모종의 의심이 있다. 이런 의심은 중요하다.

여러분은 개발자로서 여러 가지를 시도해 보면서 잘 되는 것과 안되는 것들을 보아 왔다. 경험과 지혜를 축적해 온 것이다. 어떤 작업을 앞두고 마음속에 의심이 계속 남아 있거나 왠지 꺼림칙하다면, 여러분의 경험이 여러분에게 말을 거는 중일지도 모른다. 그 느낌을 따라라. 어떤 것이 문제라고 정확하게 짚지는 못하더라도, 시간을 좀 주면 여러분의 의심은 아마도 좀 더 실체가 있고 대응책을 생각할 수 있는 무엇으로 구체화될 것이다. 직감이 여러분의 역량에 일조하도록 하라.

다른 원인은 좀 더 진부한데, 여러분은 그저 실수할까 봐 두려운 것일 수 있다.

합리적인 두려움이다. 우리 개발자들은 코드에 많은 것을 투자한다. 그래서 코드의 오류를 자신의 부족한 능력 때문이라고 받아들일 수도 있다. 아마 '가면 증후군'[2]의 요소 또한 있을 것이다. 이 프로젝트는 자신의 능력 밖이라고 생각할 수도 있다. 우리는 이 길의 끝에 무엇이 기다리고 있는지 모른다. 어쩌면 너무 멀리까지 가버린 후에 사실은 길을 잃었다는 것을 인정하게 될지도 모른다.


## 자신과 싸우기

가끔은 코드가 여러분의 뇌에서 에디터로 거침없이 술술 옮겨지고, 생각을 비트로 바꾸는 일이 전혀 힘들지 않은 날이 있다.

반면에 코딩이 진창에서 오르막길을 걷는 것처럼 느껴지는 날도 있다. 한

---

2 (옮긴이) 가면 증후군(imposter syndrome)은 자신이 가진 능력이 과대평가를 받았고 자신은 자격이 없는 사람이라고 생각하면서 불안해 하는 것을 말한다.

걸음을 떼려면 어마어마한 노력이 필요하고, 세 걸음 나아갔더니 두 걸음 미끄러지기도 한다.

하지만 전문가라면 여러분은 계속해 나가야 하지 않을까? 진흙 묻은 발을 끌고 또 한 발을 내디뎌서 여러분에게 맡겨진 일을 해야 마땅하지 않을까? 안타깝지만 진짜로 여러분이 해야 하는 일은 정반대다.

여러분의 코드가 무언가 말하려는 것이다. 지금 하는 작업이 필요 이상으로 힘들다고 말이다. 어쩌면 구조나 설계가 틀렸을 수도 있고, 엉뚱한 문제를 붙들고 있을 수도 있다. 아니면 버그가 우글거리는 개미굴을 만들고 있는지도 모른다. 이유가 무엇이든 코드가 보내는 피드백을 파충류의 뇌가 느끼고 있다. 그래서 여러분의 주의를 끌기 위해 필사적으로 노력하는 것이다.

### 파충류와 이야기하는 법

여러분의 본능, 여러분의 무의식, 파충류의 뇌에게 귀 기울이고 또 기울이기 바란다. 비법은 언제나 동일하다.

---

**Tip 61** 여러분 내면의 파충류에게 귀 기울여라.

---

일단, 하고 있는 일을 멈춰라. 여러분의 뇌가 정리를 좀 할 수 있도록 약간의 시간과 공간을 확보하라. 코드에 대해 생각하지 말고 키보드에서 떨어져서 잠깐 머리를 비운 채로 할 수 있는 일을 하라. 산책을 하고 점심을 먹고 다른 사람과 수다를 떨어라. 아예 하룻밤 자면서 생각해 봐도 된다. 생각이 저절로 여러분의 뇌 층층이 스며들도록 놔둬라. 억지로 쑤셔넣을 수는 없다. 언젠가는 다시 생각이 의식의 영역으로 올라와서 '아하!'하는 순간이 찾아올 것이다.

이 방법이 잘 안되면 문제를 표면으로 끄집어내 보라. 작성하는 코드에 대한 그림을 그려 보라. 동료에게 설명해 보라. 프로그래머가 아닌 사람이면 더 좋고 사람이 없으면 고무 오리도 괜찮다. 여러분 뇌의 다른 부위에 문제를 노출하라. 그리고 여러분이 어려움을 겪는 부분을 더 잘 처리할 수 있는 부위가 있는지 보라. 우리 둘 중 하나가 이렇게 다른 사람에게 문제를 설명하다가 갑자기 대화가 중단된 적은 그 수를 헤아릴 수 없을 만큼 많다. 갑자기 "아, 맞다!"라고 외치고선 문제를 고치러 달려가기 일쑤다.

하지만 여러분이 이런 방법들을 시도해 보았는데도 여전히 막혀 있을 수도 있다. 행동해야 할 시간이다. 여러분의 뇌에게 여러분이 하려는 일은 별 문제가 없다고 알려줘야 한다. 바로 프로토타이핑을 하면 된다.

**놀이 시간이다!**

앤디와 데이브 둘 다 빈 에디터 화면을 바라보며 많은 시간을 보냈다. 코드를 좀 입력하고는 천장을 한 번 보고, 마실 거리를 가지러 갔다가, 다시 코드를 좀 더 입력하고는, 꼬리가 둘 달린 고양이에 대한 우스개를 읽다가, 코드를 또 좀 더 입력하고는, 전체를 선택해서 삭제하고 다시 처음부터 시작한다. 또 다시, 또다시.

그리고 수년 만에 우리는 괜찮은 자기기만 방법을 찾아냈다. 바로 무언가를 프로토타이핑해야 한다고 자신에게 말하는 것이다. 빈 스크린을 마주하고 있다면 프로젝트에서 시도해 보고 싶은 특정한 측면을 찾아보라. 새로운 프레임워크를 사용하고 있다면 데이터 바인딩data binding이 어떻게 일어나는지 보고 싶을 수 있다. 아니면 새로운 알고리즘이 특수한 상황에서는 어떻게 되는지 고찰해 보고 싶을 수 있다. 사용자 상호 작용을 몇 가지 다른 방식으로 시도해 보고 싶을지도 모른다.

이미 존재하는 코드 위에서 작업하고 있어서 기존 코드 때문에 문제 해결이 여의치 않다면, 기존 코드를 잠시 다른 곳으로 밀어 두고 비슷한 것을 대신 프로토타이핑으로 만들어라.

다음과 같이 하라.

1. 포스트잇에 "프로토타이핑 중"이라고 써서 모니터 옆에 붙여라.
2. 프로토타이핑은 원래 실패한다고 자신에게 상기시켜라. 실패하지 않더라도 프로토타입은 버리는 것이라는 점도 함께 상기시켜야 한다. 프로토타이핑으로 손해 볼 일은 없다.
3. 텅 빈 에디터 화면에 여러분이 배우고 싶은 것 혹은 하고 싶은 것을 한 문장의 주석으로 표현해 보라.
4. 코딩을 시작하라.

의심이 들기 시작하면 포스트잇을 보라.

꺼림칙했던 느낌이 코딩 도중에 갑자기 명확한 문제로 구체화되면 즉각 해결하라.

실험을 끝마쳤는데도 여전히 불안한 마음이 들면 다시 처음부터 시작하라. 첫 단계는 산책과 수다, 그리고 휴식이다.

하지만 우리 경험에 비추어 볼 때 여러분은 아마 첫 번째 프로토타입을 만드는 도중 콧노래를 흥얼거리는 자신을 발견하고 놀라게 될 것이다. 코드를 만드는 느낌을 즐기고 있는 것이다. 불안함은 사라지고 빨리 해치우고 싶다는 느낌이 그 자리를 대신 채울 것이다. 이 일을 끝내자!

이 단계가 되면 무엇을 해야 하는지 잘 알 것이다. 모든 프로토타입 코드를 지우고, 포스트잇도 떼고, 비워진 에디터 창에 멋지고 빛나는 새 코드를 채워 넣어라.

## '여러분'의 코드뿐이 아니다

우리 일의 상당 부분은 기존 코드를 다루는 것이다. 다른 사람이 작성한 코드를 다루는 경우도 많은데, 사람들은 저마다 다른 본능을 가지고 있으므로 여러분과는 다른 결정들을 내렸을 것이다. 꼭 더 나쁜 것은 아니고 그저 다를 뿐이다.

다른 사람의 코드를 기계적으로 읽으면서 중요해 보이는 대목은 메모해 가며 묵묵히 시간을 투자할 수도 있다. 따분한 일이기는 하지만 가능한 일이다.

아니면 실험을 해 볼 수도 있다. 처리 방식이 이상해 보이는 부분이 눈에 띄면 적어 놓아라. 계속 작업하면서 패턴을 찾아보라. 만약 그런 식으로 코드를 작성해야만 했던 원인을 찾아낼 수 있다면 코드를 이해하는 일이 훨씬 더 쉬워질지도 모른다. 다른 사람들이 은연중에 적용한 패턴을 여러분은 의식적으로 적용할 수도 있다.

그 과정에서 여러분이 새로운 것을 배울 수도 있다.

### 코드뿐이 아니다

직감에 귀 기울이는 방법은 계속 갈고닦아야 할 중요한 기술이다. 그런데 이 기술은 더 많은 일에 적용할 수 있다. 가끔은 설계가 왠지 이상하게 느껴질 수도 있고, 어떤 요구 사항이 마음을 불편하게 할 수도 있다. 하던 일을 멈추고 그 느낌을 분석하라. 여러분의 목소리에 귀를 기울여 주는 환경에 있다면 적극적으로 표현하라. 탐험하라. 어두운 출입구에 무언가가 숨어있을 것이다. 본능에 귀를 기울이고 문제가 여러분 앞에 튀어나오기 전에 미리 대처하라.

### 관련 항목

- 항목 13. 프로토타입과 포스트잇
- 항목 22. 엔지니어링 일지
- 항목 46. 불가능한 퍼즐 풀기

## 도전해 볼 것

여러분이 해야 한다는 것은 알지만 약간 무섭고 어려워 보여서 미뤄둔 일이 있는가? 이번 항목의 기법을 적용해 보라. 시간을 한 시간, 혹은 두 시간으로 제한해 두고 타이머가 울리면 여러분이 만든 것을 모두 지우기로 약속하라. 여러분은 무엇을 배웠는가?

## Topic 38 우연에 맡기는 프로그래밍

혹시 옛날 흑백 전쟁 영화를 본 적이 있는가? 전쟁에 지친 병사 한 명이 조심스럽게 수풀에서 나온다. 앞에는 공터가 펼쳐져 있다. 지뢰가 묻혀 있을까, 아니면 그냥 가도 안전할까? 지뢰를 매설한 흔적은 어디에도 없다. 표지판도 없고, 철조망도 없고, 폭발로 움푹 파인 구멍도 없다. 병사는 땅에 총검을 푹 찌르고 폭발할까 봐 몸을 움찔한다. 폭발하지 않았다. 계속 찌르고 쑤시는 작업을 반복하면서 고통스러울 정도로 천천히 조금씩 전진한다. 마침내 지뢰가 없다고 확신한 병사는 몸을 일으켜 큰 걸음으로 성큼성큼 걷기 시작한다. 그 순간, 지뢰를 밟아 병사의 몸이 산산조각 난다.

지뢰가 있는지 병사가 처음 확인했을 때는 아무것도 나오지 않았지만, 그 것은 순전히 우연이었다. 병사는 잘못된 결론을 내렸고 그 결과는 참혹했다.

개발자인 우리들 역시 지뢰밭에서 일한다. 하루에도 수백 개가 넘는 함정이 우리가 빠지기를 기다리고 있다. 우리는 병사 이야기를 명심하고 잘못된 결론을 내리지 않도록 언제나 주의해야 한다. 우리는 우연에 맡기는 프로그래밍, 곧 행운과 우연한 성공에 의존하는 프로그래밍을 하지 않아야 한다. 대신 '의도적으로 프로그래밍'해야 한다.

### 우연에 맡기는 프로그래밍 하기

프레드라는 프로그래머에게 할 일이 하나 생겼다고 해 보자. 프레드는 키보드를 두들겨 코드를 약간 작성한다. 시험 삼아 돌려보니 잘 돌아가는 것 같다. 코드를 조금 더 덧붙이고, 또 돌려본다. 여전히 잘 돌아가는 듯하다. 이런 식으로 몇 주 동안 계속 코딩을 하는데 갑자기 프로그램이 잘 돌아가지 않는다. 몇 시간 동안 고치려고 노력했지만 프레드는 그래도 원인을 모른다. 코드 구석구석을 살펴보느라 수많은 시간을 쏟아도 여전히 고칠 가능성은 희박해 보인다. 어떤 시도를 해 봐도 코드는 돌아갈 낌새도 보이지 않는다.

왜 코드가 망가졌는지 프레드가 모르는 까닭은 애초에 코드가 왜 잘 돌아가는지도 몰랐기 때문이다. 프레드가 제한적으로 '테스트'를 했을 때는 코드가 잘 돌아가는 것처럼 보였지만, 그것은 단지 그때 운이 좋았을 뿐이다. 근거가 없는 확신을 가지고 프레드는 계속 앞으로 나아갔고, 그 결과 대실패를 맛보았다. 자, 주변에 프레드와 비슷한 사람이 있긴 하지만, 똑똑한 우리는 그들과 다르다. 우리는 우연에 맡기지 않는다. 하지만 정말 그럴까?

우리도 우연에 맡길 때가 있다. 우연한 행운과 주도면밀한 계획을 착각하기 쉬운 경우도 종종 있다. 몇 가지 예를 들어보자.

**구현에서 생기는 우연**

단순히 코드가 지금 작성된 방식이 그렇기 때문에 생기는 우연한 일들이 있다. 이런 우연에 기대다 보면 결국 문서화되지 않은 에러나 예외적인 경우의 동작에 의존하게 되고 만다.

예를 들어 어떤 루틴을 잘못된 데이터를 가지고 호출했다고 해 보자. 루틴은 예상하지 못한 데이터에 특정한 방식으로 반응을 하고, 여러분은 그 반응을 기반으로 코드를 작성한다. 하지만 루틴을 만든 사람의 의도는 그 루틴이 그런 식으로 작동하는 것이 아니었다. 만든 사람이 생각조차 못했던 경우인 것이다. 이 루틴을 '고치면' 여러분의 코드는 작동을 멈출지도 모른다. 가장 극단적인 경우에는 여러분이 호출한 루틴이 실제로는 그렇게 설계된 루틴이 아닌데도 여러분이 원하는 효과를 내는 것처럼 보일 수도 있다. 잘못된 순서로 호출하거나, 잘못된 맥락에서 호출하는 것도 이와 관련된 문제다.

프레드가 GUI 렌더링 프레임워크를 사용하여 화면에 무엇인가 출력하기 위해 필사적으로 노력했던 흔적을 보자.

```
paint();
invalidate();
validate();
revalidate();
repaint();
paintImmediately();
```

하지만 여기 나온 루틴들은 결코 이런 식으로 호출하도록 설계되지 않았으므로 지금은 작동하는 것처럼 보여도 그것은 단지 우연일 뿐이다.

상처에 소금을 뿌리는 격으로, 마침내 화면이 그려지더라도 프레드는 코드로 돌아가 불필요한 호출을 제거하지 않는다. "이제 돌아는 가니까, 그대로 놔두는 편이 더 나을 거야……"

이런 함정에 빠지기 쉽다. 잘 작동하는 데 괜히 건드려서 일을 만들 필요가 있을까? 우리가 보기에는 그래야 할 이유가 몇 가지 있다.

- 정말로 제대로 돌아가는 게 아닐지도 모른다. 그저 돌아가는 듯이 보이는 것일 수도 있다.
- 여러분이 의존하는 조건이 단지 우연인 경우도 있다. 화면 해상도가 다른 경우나 CPU 코어가 더 많은 경우 등 다른 상황에서는 이상하게 작동할지도 모른다.
- 문서화되지 않은 동작은 라이브러리의 다음 릴리스에서 변경될 수도 있다.
- 불필요한 추가 호출은 코드를 더 느리게 만든다.
- 추가로 호출한 루틴에 새로운 버그가 생길 수도 있다.

다른 사람이 호출할 코드를 작성하고 있다면 모듈화를 잘하는 것, 그리고 잘 문서화한 적은 수의 인터페이스 아래에 구현을 숨기는 것 같은 기본 원칙들이 모두 도움이 된다. 잘 정의된 계약(147쪽의 〈항목 23. 계약에 의한 설계〉 참고)도 오해를 막는 데 도움이 될 수 있다.

다른 루틴을 호출할 때도 문서화된 동작에만 의존하라. 어떤 이유로든 그럴 수 없다면 추측을 문서로 상세히 남겨라.

### 비슷하다고 괜찮을 리는 없다

우리가 일했던 한 대형 프로젝트에서는 외부 현장에 설치된 다수의 데이터 수집 하드웨어로부터 인입되는 데이터를 가지고 보고서를 생성해야 했다. 이 수집 기기들은 미국의 여러 주와 시간대에 걸쳐 설치되어 있었는데, 다양한 프로젝트 진행 과정상의 이유와 과거로부터 이어져 온 이유로 인해 기기는 제각기 현지 시각으로 설정되어 있었다.[3] 시간대에 대한 해석이 서로 다른 데다 서머 타임 정책 또한 제각각이다 보니 수집된 결과는 거의 언제나 틀렸다. 하지만 딱 한 시간씩만 틀렸다. 프로젝트의 개발자들은 이런 경우에만 '딱' 한 시간 틀린 거니까 괜찮다며 그냥 1시간을 더하거나 빼서 답을 계산하는 데 익숙해졌다. 그다음 함수에서는 값이 또 반대 방향으로 한 시간 틀려서 시간을 원래대로 되돌렸다.

하지만 사실 특정한 경우에만 '딱' 한 시간 틀리는 것은 그저 우연이었다. 사실은 더 깊고 근본적인 문제가 있었다. 시간을 다루는 적절한 모델이 없었기 때문에 점점 말도 안 되는 양의 +1, −1 명령들이 코드 전체에 퍼져 나갔다. 결국 제대로 맞는 값이 없었고, 프로젝트는 폐기되었다.

---

3  먼저 고난을 겪은 이의 충고다. 협정 세계시(Universal time coordinated, UTC)가 괜히 있는 것이 아니다. UTC를 사용하라.

**유령 패턴**

인간은 언제나 패턴과 인과 관계를 찾으려고 한다. 그저 우연에 불과한 것들 속에서도 그렇다. 예를 들어 러시아는 언제나 머리카락이 없는 사람과 머리숱이 많은 사람이 교대로 국가수반을 차지한다. 지난 200여 년 동안 늘 대머리 내지는 머리가 벗어지는 중인 러시아 국가수반 다음에는 머리숱이 많은 사람이 뒤를 잇고, 그다음은 다시 대머리인 식이었다.[4]

여러분이 다음 러시아 국가수반의 머리카락 유무에 의존하는 코드를 작성할 일이야 없겠지만, 우리가 늘 그런 식으로 생각하는 분야가 몇 가지 있다. 도박꾼은 복권 번호, 주사위 숫자, 룰렛 번호의 패턴을 상상한다. 사실은 모두 통계적으로 독립적인 사건인데도 말이다. 주식과 채권 거래도 비슷한데, 실제로 존재하고 인식할 수 있는 패턴보다는 우연으로 가득하다.

로그 파일에 요청 1,000개당 한 번꼴로 간헐적으로 발생하는 오류가 남아있다면 분석하기 어려운 경합 조건race condition이 있을 수도 있지만 그냥 오래된 버그일 수도 있다. 테스트가 여러분의 장비에서는 통과했던 것 같은데 서버에서는 통과하지 못하는 이유는 두 환경의 차이 때문일 수도 있지만 어쩌면 그저 우연일 수도 있다.

가정하지 말라. 증명하라.

**상황에서 생기는 우연**

특정한 상황에서 빚어지는 우연도 있다. 여러분이 유틸리티 모듈을 짜고 있다고 가정해 보자. GUI 애플리케이션에서 쓰려고 작성하는 모듈이라고 해도, 그 모듈을 GUI가 있는 환경에서만 돌아가도록 만들 필요가 있을까? 여러분은 사용자의 언어가 언제나 한국어이거나 영어일 것이라고 가정하고 있지

---

4  *https://en.wikipedia.org/wiki/Correlation_does_not_imply_causation*
(옮긴이) 2021년 기준으로 러시아 국가수반의 예는 영어 페이지에만 수록되어 있지만, 상관관계와 인과 관계에 대한 설명은 한국어 위키백과도 참고하라. *https://ko.wikipedia.org/wiki/상관관계와_인과관계*

는 않은가? 언제나 사용자가 글을 읽을 수 있다고 생각하는가? 확실한 것이 아닌데도 의존하고 있는 것은 또 무엇이 있을까?

현재 디렉터리에 쓸 수 있다는 것에 의존하고 있지 않은가? 어떤 환경 변수나 설정 파일이 존재한다는 것은? 서버의 시간이 정확하다는 것은? 그런데 얼마나 정확해야 하는가? 네트워크를 쓸 수 있고, 속도가 어느 정도 이상이라는 것에 의존하지는 않는가?

인터넷 검색으로 찾은 첫 번째 답에서 코드를 복사해 올 때 여러분과 동일한 상황이라고 확신하는가? 아니면 의미는 신경 쓰지 않고 그냥 따라 하는 '화물 숭배cargo cult' 코드를 만들고 있나?[5]

잘 되는 듯한 답을 찾는 것과 올바른 답을 찾는 것은 다르다.

---

**Tip 62** 우연에 맡기는 프로그래밍을 하지 말라.

---

### 암묵적인 가정

우연은 여러 단계에서 우리를 오도할 수 있다. 요구 사항을 만들어내는 단계부터 테스팅에 이르기까지 이 모든 단계에서 말이다. 테스트가 특히 가짜 원인과 우연한 결과로 가득 찬 영역이다. X의 원인은 Y라고 가정하기는 쉽다. 하지만 우리가 125쪽의 〈항목 20. 디버깅〉에서 이야기했듯이, 가정하지 말라. 증명하라.

모든 차원에서 사람들은 마음속에 많은 가정을 품고 작업한다. 하지만 이런 가정을 문서화하는 경우는 드물며 개발자마다 가정이 다를 때도 많다. 확고한 사실에 근거하지 않은 가정은 어떤 프로젝트에서든 재앙의 근원이 된다.

---

5   387쪽의 〈항목 50. 코코넛만으로는 부족하다〉를 보라.

## 의도적으로 프로그래밍하기

우리는 코드를 마구 찍어 내는 데에 드는 시간을 줄이고 싶고, 또 가능한 한 개발 주기 초기에 오류를 잡아서 고치고 싶고, 애초부터 오류를 더 적게 만들고 싶어 한다. 그러려면 의도적으로 프로그래밍해야 한다.

- 언제나 여러분이 지금 무엇을 하고 있는지 알아야 한다. 프레드는 일이 서서히 자기 손 밖으로 벗어나도록 내버려 두었고, 결국 11쪽의 〈항목 4. 돌멩이 수프와 삶은 개구리〉에 나오는 개구리처럼 삶아져 버렸다.

- 더 경험이 적은 프로그래머에게 코드를 상세히 설명할 수 있는가? 그렇지 않다면 아마 우연에 기대고 있는 것일 터이다.

- 자신도 잘 모르는 코드를 만들지 말라. 완전히 파악하지 못한 애플리케이션을 빌드하거나, 이해하지 못한 기술을 사용하면 우연의 함정에 빠질 가능성이 높다. 이것이 왜 동작하는지 잘 모른다면 왜 실패하는지도 알 리가 없다.

- 계획을 세우고 그것을 바탕으로 진행하라. 머릿속에 있는 계획이든, 냅킨이나 화이트보드에 적어 놓은 계획이든 상관없다.

- 신뢰할 수 있는 것에만 기대라. 가정에 의존하지 말라. 무언가를 신뢰할 수 있을지 판단하기 어렵다면 일단 최악의 상황을 가정하라.

- 가정을 기록으로 남겨라. 147쪽의 〈항목 23. 계약에 의한 설계〉를 따르면 자신의 마음속에서 가정을 명확하게 하는 데 도움이 될뿐더러, 다른 사람과 그에 대해 소통하는 데에도 도움이 된다.

- 코드뿐 아니라 여러분이 세운 가정도 테스트해 보아야 한다. 어떤 일이든 추측만 하지 말고 실제로 시험해 보라. 여러분의 가정을 시험할 수 있는 단정문을 작성하라.(162쪽의 〈항목 25. 단정적 프로그래밍〉 참고.) 가정이 맞았다면 코드를 더 이해하기 쉽게 만든 셈이고, 가정이 틀렸다면 일찍 발견했으니 운이 좋았다고 생각하라.

- 노력을 기울일 대상의 우선순위를 정하라. 중요한 것에 먼저 시간을 투자하라. 중요한 부분이 가장 어려운 부분이기도 한 경우가 많다. 기본이나 기반 구조가 제대로 되어 있지 않다면 현란한 부가 기능도 다 부질없다.
- 과거의 노예가 되지 말라. 기존 코드가 앞으로 짤 코드를 지배하도록 놓아 두지 말라. 더는 적절한 코드가 아니다 싶으면 어떤 코드라도 교체할 수 있다. 한 프로그램 안에서도 예전에 한 일이 앞으로 할 일을 제약하지 못하도록 하라. 언제나 리팩터링할 자세가 되어 있어야 한다.(300쪽의 〈항목 40. 리팩터링〉 참고.) 이런 결정이 프로젝트 일정에 영향을 줄지도 모른다. 그러니 필요한 변경을 하지 않을 경우의 비용보다 일정이 늦어져서 발생하는 비용이 적어야 한다는 것을 염두에 두어라.[6]

그러므로 앞으로 어떤 것이 잘 돌아가는 듯이 보이기는 하는데 여러분이 그 이유를 모를 경우, 그것이 우연은 아닌지 반드시 확인하라.

**관련 항목**
- 항목 4. 돌멩이 수프와 삶은 개구리
- 항목 9. DRY: 중복의 해악
- 항목 23. 계약에 의한 설계
- 항목 34. 공유 상태는 틀린 상태
- 항목 43. 바깥에서는 안전에 주의하라

**연습 문제**

**연습 문제 25** (답 예시는 429쪽에 있다.)
외부에서 들어오는 데이터에 키-값 쌍을 표현하는 튜플 배열이 들어 있다고

---

6  여기서 얼마든지 극단적으로 나아갈 수도 있다. 우리가 봤던 개발자 중에 자신의 이름 짓기 규칙에 맞추기 위해 자기가 받은 소스 전체를 모조리 재작성한 사람도 있었다.

해 보자. 이 중 DepositAccount 키에는 계좌 번호 문자열이 값으로 들어 있어야 한다.

```
[
    ...
    {:DepositAccount, "564-904-143-00"}
    ...
]
```

개발자의 쿼드 코어 노트북에서 수행한 테스트에서는 완벽하게 작동했다. 12-코어 빌드 장비에서도 마찬가지였다. 그런데 컨테이너에서 돌아가는 실제 서비스 서버에서는 자꾸 잘못된 계좌 번호가 들어온다. 대체 무슨 일일까?

**연습 문제 26** (답 예시는 430쪽에 있다.)

여러분은 음성 알림 시스템용 자동 전화 발신 장치를 만들고 있다. 그래서 연락처 데이터베이스를 관리해야 한다. 국제전기통신연합ITU에서는 전화번호가 15자리 이내여야 한다고 규정하고 있고, 여러분은 전화번호를 15자리까지 저장할 수 있는 숫자 필드에 저장하기로 했다. 여러분은 북아메리카 전체에 걸쳐 철저하게 테스트를 마쳤고 모든 것이 괜찮아 보였다. 그런데 갑자기 지구 반대편에서 항의가 쏟아져 들어온다. 왜일까?

**연습 문제 27** (답 예시는 430쪽에 있다.)

여러분은 가정용 조리법을 5,000석 규모의 크루즈선 레스토랑용 조리법으로 변환하는 프로그램을 만들었다. 하지만 변환이 정확하지 않다고 항의를 받고 있다. 확인해 보았지만, 코드는 16컵이 1갤런이라는 공식을 쓰고 있다. 정확하다. 아닌가?

## Topic 39 알고리즘의 속도

94쪽의 〈항목 15. 추정〉에서 우리는 도심을 걸어서 가로지르는 데 시간이 얼마나 걸릴까, 프로젝트를 끝마치는 데 기간이 얼마나 걸릴까 등을 추정하는 것에 대해 이야기했다. 하지만 실용주의 프로그래머가 거의 날마다 하는 또다른 종류의 추정이 있다. 바로 알고리즘이 사용하는 자원, 곧 시간, 프로세서, 메모리 등을 추정하는 것이다.

이런 추정이 결정적인 경우도 많다. 어떤 일을 하는 두 가지 방법이 주어졌을 때 어떤 것을 고를까? 프로그램이 레코드 천 개를 처리하는 데 시간이 얼마나 걸리는지 알고 있다고 해 보자. 그렇다면 백만 개라면 어떨까? 코드의 어떤 부분을 최적화해야 할까?

보통 이런 질문에 답을 할 때는 상식과 약간의 분석, 그리고 '대문자 $O$ 표기법Big-O notation'이라고 부르는 근삿값을 기록하는 방식을 이용하면 된다.

### 알고리즘을 추정한다는 말의 의미

매우 간단한 몇몇 알고리즘을 제외한 대부분의 알고리즘은 가변적인 입력 데이터를 다룬다. $n$개의 문자열 정렬하기, $m \times n$행렬의 역행렬 만들기, $n$비트 키를 이용해서 메시지 암호화하기 등이 그렇다. 일반적으로 입력의 크기는 알고리즘에 영향을 준다. 입력의 크기가 클수록 알고리즘의 수행 시간이 길어지거나 사용하는 메모리 양이 늘어난다.

이런 관계가 늘 1차 함수처럼 선형적linear이라면, 다시 말해 늘어나는 시간이 $n$에 정비례한다면 이 항목은 그다지 중요하지 않을 것이다. 하지만 중요한 알고리즘은 대부분 선형적이지 않다. 좋은 소식은 많은 알고리즘의 증가폭이 선형보다 작다는 것이다. 예를 들어 이진 검색은 일치하는 항목을 찾을 때 모든 후보를 다 살펴볼 필요가 없다. 나쁜 소식은 나머지 알고리즘들은 증가 폭이 선형보다 훨씬 크다는 것이다. 즉, 수행 시간이나 메모리 요구량이 $n$ 보다 훨씬 빠르게 늘어난다. 10개의 원소를 처리하는 데 1분 걸리는 알고리즘이 100개의 원소를 처리하려면 평생을 기다려도 끝나지 않는 경우도 있다.

우리는 반복문이나 재귀 호출을 담고 있는 코드를 작성할 때면 언제나 무의식적으로 수행 시간과 필요한 메모리 양을 계산한다. 정식 계산은 아니고, 주어진 환경에서 우리가 하는 일이 말이 되는지 가볍게 확인해 보는 정도에 가깝다. 하지만 생각보다 훨씬 상세한 분석을 해야 하는 경우도 종종 실제로 있다. 이럴 때 대문자 $O$ 표기법이 유용하다.

## 대문자 $O$ 표기법

대문자 $O$ 표기법은 근삿값을 다루는 수학적 방법으로 $O()$와 같이 표기한다. 어떤 정렬 루틴이 원소 $n$개를 정렬하는 데 $O(n^2)$ 시간이 걸린다고 말할 때, 이는 그저 최악의 경우에 걸리는 시간이 $n$의 제곱에 비례하여 늘어난다고 얘기하는 것이다. 원소 수가 두 배로 늘어나면 걸리는 시간은 대략 네 배가 된다. $O$가 '...차수로order of'를 뜻한다고 생각하면 된다.

$O()$ 표기법은 우리가 측정하는 값－시간, 메모리 등－의 상한을 기술하는 표기법이다. 예를 들어 어떤 함수가 $O(n^2)$ 시간이 걸린다고 하면, 이 말은 이 함수가 실행되는 데 걸리는 시간의 최댓값이 $n^2$보다 더 빨리 늘어나지 않는다는 뜻이다. 상당히 복잡한 $O()$ 함수가 만들어지는 경우도 있는데, $n$이 커질수록 가장 큰 차수에 비하면 다른 차수는 무시해도 될 정도이기 때문에, 관습적으로 최상위 차수를 제외한 다른 모든 차수는 제거하며, 상수인 계수도 표기하지 않는다.

$$O(\frac{n^2}{2} + 3n)\text{은 } O(\frac{n^2}{2})\text{와 같고, } O(n^2)\text{과도 같다.}$$

사실 이것이 $O()$ 표기법의 특징이다. 어떤 $O(n^2)$ 알고리즘이 다른 $O(n^2)$ 알고리즘보다 천 배나 빠를 수도 있지만 대문자 $O$ 표기법만으로는 그 사실을 알 수 없다. 대문자 $O$ 표기법은 수행 시간이든 메모리든, 아니면 다른 무엇을 나타내든 실제 숫자를 알려주지 않는다. 그저 입력의 크기가 바뀜에 따라 이 값이 어떻게 바뀔지를 알려줄 뿐이다.

다음 그림 3 "다양한 알고리즘의 수행 시간"에는 여러분이 앞으로 자주 보게 될 몇 가지 $O()$ 표기법과 함께 각 종류에 속하는 알고리즘들의 수행 시간을 비교한 그래프가 나와 있다. $O(n^2)$을 넘어서면서부터 걷잡을 수 없을 정도로 시간이 증가하는 모습이 확연하다.

예를 들어, 원소 100개를 처리하는 데 1초 걸리는 루틴이 있다고 해보자. 1,000개를 처리하려면 시간이 얼마나 걸릴까? 코드가 $O(1)$이라면, 여전히 1초만 필요하다. $O(\lg n)$이라면 3초 정도 기다리면 될 것이다. $O(n)$일 때는 원

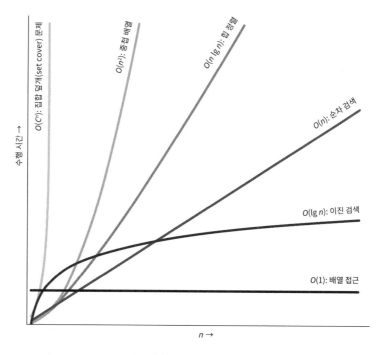

그림 3. 다양한 알고리즘의 수행 시간

소 수와 정비례하므로 10초가 걸리는 반면, $O(n\lg n)$이면 33초가 걸린다. 운이 나빠서 $O(n^2)$인 루틴이라면 멍하니 앉아서 100초 정도 기다려야 한다. 그리고 루틴이 지수적인 알고리즘인 $O(2^n)$이라면 커피 한잔 내리고 싶을 텐데, 작업이 끝나려면 대략 $10^{263}$년 정도 기다려야 하기 때문이다. 작업이 끝나면 우주의 종말이 어떤 모습인지 알려 주면 고맙겠다.

$O()$ 표기법은 시간에만 국한되지 않는다. 알고리즘이 사용하는 어떤 리소스든 $O()$ 표기법으로 표현할 수 있다. 예를 들어 메모리 사용량을 모델링하는 데에도 유용하다(연습 문제에 예시가 있다).

$O(1)$ 상수. (배열의 원소 접근, 단순 명령문)

$O(\lg n)$ 로그. (이진 검색) 로그의 밑은 중요치 않다.

따라서 $O(\log n)$과 동일하다.

$O(n)$ 선형. (순차 검색)

$O(n\lg n)$ 선형보다는 좋지 않지만, 그래도 그렇게 많이 나쁘지는 않음.

(퀵 정렬quicksort와 힙 정렬heapsort의 평균 수행 시간)

$O(n^2)$ 제곱. (선택 정렬과 삽입 정렬)

$O(n^3)$ 세제곱. (두 $n \times n$행렬의 곱)

$O(C^n)$ 지수. (여행하는 외판원 문제, 집합 분할 문제)

## 상식으로 추정하기

상식을 이용해서 간단한 알고리즘들의 차수를 대부분 추정할 수 있다.

### 단순 반복문

만약 단순 반복문 하나가 1부터 $n$까지 돌아간다면 이 알고리즘은 $O(n)$일 가능성이 크다. 즉, 수행 시간은 $n$에 비례해서 증가한다. 대표적인 예로는 소진 탐색exhaustive search, 배열에서 최댓값 찾기, 체크섬 생성하기 등이다.

## 중첩 반복문

반복문 안에 또 반복문이 들어 있다면, 알고리즘은 $O(m \times n)$이 되며, 여기서 $m$과 $n$은 두 반복문의 반복 횟수다. 이런 상황은 보통 버블 정렬처럼 간단한 정렬 알고리즘에서 나타나는데, 여기서 바깥쪽 반복문은 배열의 각 원소를 차례대로 방문하고, 안쪽 반복문은 그 원소를 정렬된 결과 중 어디에 둘 것인지 찾는다. 이런 정렬 알고리즘은 $O(n^2)$이 되기 쉽다.

## 반씩 자르기

반복문을 돌 때마다 작업 대상의 수를 반으로 줄여 나가는 알고리즘이라면 로그적 알고리즘, 즉 $O(\lg n)$이 될 가능성이 크다. 정렬된 목록의 이진 검색이나 이진 트리의 탐색, 정수의 2진수 표현에서 첫 번째 1인 비트를 찾는 문제 등이 모두 $O(\lg n)$이 될 수 있다.

## 분할 정복divide and conquer

입력 데이터를 둘로 나눠서 각각 독립적으로 작업한 다음, 결과를 합치는 알고리즘은 $O(n \lg n)$일 수 있다. 퀵 정렬quicksort이 전형적인 예로, 퀵 정렬은 데이터를 반으로 나누고 각 반쪽에서 재귀적으로 정렬을 수행한다. 이미 정렬된 입력값이 들어올 때는 성능이 떨어지기 때문에 엄밀하게는 $O(n^2)$이지만, 퀵 정렬의 평균 수행 시간은 $O(n \lg n)$이다.

## 조합적combinatoric

알고리즘이 항목의 순열permutation을 다루기 시작하면 대부분의 경우 수행 시간은 걷잡을 수 없이 늘어난다. 순열에는 계승factorial이 따라오기 때문이다. (1부터 5까지의 숫자로 이루어진 순열은 $5! = 5 \times 4 \times 3 \times 2 \times 1 = 120$가지나 있다.) 원소 5개를 처리하는 조합적 알고리즘의 시간을 재 보자. 원소 6개를 처리하려면 시간이 6배나 더 걸릴 것이다. 7개를 처리하려면 시간이 42배 걸린다. '난해hard'하다고 분류되는 문제를 푸는 알고리즘이 대개 여기에 속한다. 여행하는 외판원 문제traveling salesman problem, 상자에 물건을 최적으로 집어넣는 문제bin packing problem, 숫자 집합을 분할해서 각 부분 집합의 원소 합을 모두 같게 만드는 문제partition problem 등[7]이다. 종종 한정된 문제 도메인에서 이런 알고리즘의 수행 시간을 줄이기 위해 휴리스틱을 동원하기도 한다.

## 실전에서의 알고리즘 속도

회사에서는 대개 정렬 루틴을 작성하느라 시간을 많이 쓰지 않는다. 이미 나와 있는 라이브러리에 들어 있는 정렬 루틴이 상당한 노력을 들이지 않는 한 대부분 여러분이 작성하는 것보다 성능이 더 나을 것이다. 하지만 앞에서 설명한 기본적인 알고리즘들은 계속해서 나타난다. 단순 반복문을 작성할 때 여러분은 그것이 $O(n)$ 알고리즘이라는 사실을 안다. 반복문 안에 다른 반복문이 들어 있다면 그것은 $O(m \times n)$이다. 입력값으로 얼마나 큰 숫자가 올 수 있는지 스스로에게 물어봐야 한다. 만약 들어올 수 있는 최댓값이 정해져 있다면 그 코드를 실행하는 데 시간이 얼마나 걸릴지 알 수 있다. 숫자가 외부 요인에 따라 달라진다면(어젯밤 일괄 작업에서 처리된 레코드의 수나, 명단에 있는 이름 개수 등) 잠시 작업을 멈추고 커다란 수가 들어왔을 경우 수행 시간이나 메모리 소모에 어떤 영향을 미칠지 생각해 보는 것이 좋다.

---

**Tip 63** 사용하는 알고리즘의 차수를 추정하라.

---

잠재적인 문제점을 해결하기 위해 생각해 볼 수 있는 방법이 몇 가지 있다. $O(n^2)$ 알고리즘이 있다면 분할 정복을 사용하여 $O(n \lg n)$으로 줄일 수 없는지 시도해 보라.

---

7  (옮긴이) 이 문제들은 NP-난해(hard)이기도 하지만 NP에도 속하므로 NP-완전(complete)이기도 하다. 이 문제들을 다항 시간에 푸는 알고리즘이 있는지를 판정하는 것이 유명한 P-NP 문제다. P-NP 문제에 대해서는 《컴퓨터 과학이 여는 세계》(이광근 지음, 인사이트, 2015) 4.2절 "푸는 솜씨, 알고리즘과 복잡도"에서 흥미롭게 정리하고 있다.

코드의 실행 시간이 얼마나 될지 또는 메모리를 얼마나 사용할지 확실하지 않다면 직접 실행해 보라. 입력 레코드의 수나 혹은 실행 시간에 영향을 줄 것 같은 요소라면 모두 바꾸어 가면서 실행해 본 다음, 결과를 그래프로 그려 보자. 금방 그래프 선이 어떤 모양인지 감을 잡을 수 있을 것이다. 위로 솟아 오르는 커브인가, 직선인가, 아니면 입력의 규모가 커질수록 기울기가 작아 지는가? 점을 서너 번 정도만 찍어 보면 대략적인 답이 나온다.

어떤 일을 하는 코드인지 코드 자체에 대해서도 생각해 보라. 입력값 $n$이 작을 경우, 단순한 $O(n^2)$ 코드가 복잡한 $O(n\lg n)$ 코드보다 더 좋은 성능을 내기도 한다. $O(n\lg n)$ 알고리즘의 반복문 안에 무거운 작업이 들어 있는 경우라면 특히 더 그렇다.

이런 이론적인 이야기 와중이라도 실무에서 고려할 내용 역시 놓쳐서는 안 된다. 입력 데이터 집합이 작을 때는 수행 시간이 선형적으로 늘어나다가도, 수백만 개의 레코드를 입력하면 스래싱thrashing[8]이 발생하면서 갑자기 수행 시간이 폭증하기도 한다. 임의로 생성한 입력 키들로 정렬 루틴을 테스트하 곤 했다면 이미 정렬된 입력을 넣는 순간 깜짝 놀라게 될지도 모른다. 이론적 요인과 실무적 요인을 모두 고려하려고 노력하라. 추정을 이미 했다고 하더 라도 실제 서비스에서 실제 데이터로 돌아가는 코드의 수행 시간만이 정말로 의미 있는 수치다. 이 사실에서 우리의 다음 팁이 나온다.

---

**Tip 64** **여러분의 추정을 테스트하라.**

---

정확하게 시간을 재는 일이 어렵다면 '코드 프로파일러code profiler'를 사용하여 알고리즘이 돌아갈 때 각 단계의 실행 횟수를 센 다음 입력값 크기별 실행 횟 수를 그래프로 그려 보라.

---

8  (옮긴이) 과도한 메모리 사용으로 인하여 지속해서 페이지 폴트가 발생하는 상황을 말한다. 그 결과 시스템의 성능이 급격하게 떨어진다.

## 최고라고 언제나 최고는 아니다

적당한 알고리즘을 선택할 때도 실용적이어야 할 필요가 있다. 가장 빠른 알고리즘이 언제나 가장 좋은 알고리즘은 아니다. 입력값의 규모가 작다면 단순한 삽입 정렬도 퀵 정렬과 비슷한 성능을 낸다. 그러나 삽입 정렬을 작성하고 디버깅하는 데 걸리는 시간은 퀵 정렬보다 적다. 여러분이 선택한 알고리즘이 요구하는 형식으로 입력 데이터를 준비하는 데 비용이 많이 드는 것은 아닌지 주의 깊게 보아야 한다. 입력 데이터의 규모가 작으면 데이터를 준비하는 데 걸리는 시간이 알고리즘을 돌리는 시간보다 오히려 더 길어지는 일이 생기기도 한다. 이렇게 되면 이 알고리즘은 적절한 선택이 아닐 것이다.

그리고 '성급한 최적화premature optimization'[9]를 조심하라. 언제나 어떤 알고리즘을 개선하느라 여러분의 귀중한 시간을 투자하기 전에 그 알고리즘이 정말로 병목인지 먼저 확인하는 것이 좋다.

## 관련 항목

- 항목 15. 추정

## 도전해 볼 것

- 개발자라면 알고리즘을 어떻게 설계하고 분석하는지에 대한 감각이 있어야 한다. 로버트 세지윅Robert Sedgewick은 이 주제에 대해 쉽게 읽을 수 있는 책을 몇 권 썼다.(《알고리즘》[SW11], 《An Introduction to the Analysis of Algorithms(알고리즘 분석 입문)》[SF13]과 다른 책들.) 여러분의 서가에 세지윅의 책 가운데 한 권을 추가하고 반드시 읽기를 권한다.

---

9 (옮긴이) 컴퓨터계의 유명한 격언 중에 "성급한 최적화는 모든 악의 근원이다."라는 말이 있다. 많은 이가 이 말을 도널드 커누스가 했다고 기억하지만, 사실 그는 퀵 정렬의 창안자인 토니 호어(Tony Hoare)의 말을 인용한 것이라고 한다. 또 호어는 다시 데이크스트라(E. W. Dijkstra)가 한 말이라고 한다. 어찌 되었건 컴퓨터계의 전설적인 영웅들이 이 말에 전적으로 동의하는 것만은 틀림없는 것 같다.

- 세지윅이 알려 주는 것보다 더 자세하게 알고 싶다면 다양한 종류의 알고리즘을 분석한 도널드 커누스Donald Knuth의 《The Art of Computer Programming》을 읽어라.
  - 《The Art of Computer Programming 1: 기초 알고리즘》[Knu98]
  - 《The Art of Computer Programming 2: 준수치적 알고리즘》[Knu98a]
  - 《The Art of Computer Programming 3: 정렬과 검색》[Knu98b]
  - 《The Art of Computer Programming 4A: 조합적 알고리즘 1부》[Knu11]
- 다음에 나오는 첫 번째 연습 문제에서는 long integer의 배열을 정렬하는 루틴을 다룬다. 정렬 키가 이것보다 더 복잡해서 키를 비교하는데 걸리는 부하가 크다면 어떤 영향이 있을까? 키의 구조가 정렬 알고리즘의 효율성에 영향을 미칠까, 아니면 가장 빠른 정렬 방법이 언제나 가장 빠른 방법일까?

## 연습 문제

**연습 문제 28** (답 예시는 431쪽에 있다.)
몇 가지 간단한 정렬 루틴을 러스트Rust로 구현해 두었다.[10] 여러분이 사용할 수 있는 다양한 컴퓨터에서 실행해 보라. 측정한 수행 시간 그래프 모양이 여러분의 예상과 일치하는가? 사용한 컴퓨터 간의 속도를 비교하여 무엇을 알 수 있는가? 다양한 컴파일러 최적화 설정의 영향은 어떤가?

**연습 문제 29** (답 예시는 432쪽에 있다.)
294쪽의 "상식으로 추정하기"에서 우리는 '반씩 자르기'가 $O(\lg n)$이라고 말했다. 이 사실을 증명할 수 있는가?

---

10 *https://media.pragprog.com/titles/tpp20/code/algorithm_speed/sort/src/main.rs*

**연습 문제 30** (답 예시는 432쪽에 있다.)

그림 3 "다양한 알고리즘의 수행 시간"에서 우리는 $O(\lg n)$이 $O(\log_{10} n)$과 동일하고 사실 로그의 밑이 무엇이든 모두 동일하다고 말했다. 왜 그런지 설명할 수 있는가?

## Topic 40 리팩터링

> 이 천지 만물 모두 변하나……
>
> – H. F. 라이트(H.F. Lyte), 〈Abide with me(함께 하소서)〉

프로그램이 발전함에 따라 점점 초기에 내린 결정을 다시 고려하고 코드의 일부분을 다시 작성할 일이 생긴다. 이것은 지극히 자연스러운 과정이다. 코드는 정적인 존재가 아니다. 코드는 발전해야 한다.

안타깝게도 소프트웨어 개발의 비유로 가장 널리 쓰이는 메타포는 건축이다. 버트런드 마이어의 고전 《Object-Oriented Software Construction(객체 지향 소프트웨어 구축(건축))》[Mey97]에서도 "소프트웨어 건축"이라는 표현을 사용했다. 심지어 필자들도 2000년대 초 IEEE 소프트웨어 지에 실린 "소프트웨어 건축" 칼럼을 편집했다.[11, 12]

문제는 건축을 생각을 이끄는 메타포로 사용하면 자연스럽게 다음의 단계들을 떠올린다는 것이다.

1. 건축가architect가 설계도를 그린다.
2. 건축업자는 땅에 기초를 놓고, 상부 구조를 세우고, 전선과 배관을 잇고, 최종 마무리를 한다.

---

[11] 사실 우리도 제목에 대한 우려를 표하긴 했었다.

[12] (옮긴이) 통상 소프트웨어 공학에서 construction은 "구축"으로 번역하는데, 개발 과정 중 구체적인 설계를 코드로 구현하는 단계를 가리킨다. 다만 인용된 책에서 마이어가 말하는 construction은 개발 과정 전체를 일컫는 것으로 보인다([MEY97] 28장 참고). 반면 이 책의 저자들이 말하는 construction은 구축 단계를 일컫고 있다(IEEE Software 21, no. 6에 실린 마지막 칼럼 Practice 참고).

3. 입주민들이 건물에 이사 와서 행복하게 산다. 문제가 생기면 건물 관리실에 고쳐 달라고 연락한다.

하지만 소프트웨어 개발은 이런 식으로 돌아가지 않는다. 소프트웨어 개발은 건축보다 정원 가꾸기에 더 가깝다. 딱딱하기보다는 유기적인 활동이다. 정원에는 최초 계획과 조건에 맞추어 여러 가지 식물을 심는다. 몇몇은 잘 자라겠지만, 몇몇은 퇴비가 될 운명이다. 빛과 그림자, 비와 바람의 상호 작용을 더 잘 이용하기 위해 식물들의 상대적인 위치를 옮기기도 한다. 너무 많이 자란 식물은 포기를 나누거나 가지치기를 한다. 식물의 색이 서로 충돌하면 더 아름답게 보이도록 위치를 바꾸기도 한다. 잡초를 뽑고, 특별히 더 돌볼 필요가 있는 식물에는 비료를 주기도 한다. 정원의 건강 상태를 지속적으로 관찰하며, 필요하면 토양, 식물, 정원 배치를 조정한다.

사업 부서 사람들은 건물 건축이라는 메타포를 더 편안하게 여긴다. 정원 일보다 더 과학적이고, 반복 가능하며, 관리를 위한 엄격한 위계질서도 갖추고 있는 등의 이유 때문이다. 하지만 우리가 하는 일은 마천루를 세우는 작업과 다르다. 우리는 물리학과 현실 세계의 제약에서 자유롭다.

소프트웨어 개발의 현실은 정원 가꾸기 메타포에 훨씬 더 가깝다. 어떤 루틴이 너무 크게 자라거나 너무 많은 것을 하려고 할지도 모른다. 그러면 둘로 나눠야 한다. 계획한 대로 잘 되지 않는 것들은 잡초 제거하듯 뽑아내거나 가지치기를 해야 한다.

코드 고쳐쓰기, 다시 작업하기, 다시 아키텍처 만들기는 모두 아울러서 '재구성restructuring'이라고 부른다. 그런데 그런 활동 중 일부를 따로 떼어 '리팩터링refactoring'이라는 이름으로 실천하기도 한다.

《리팩터링》[Fow19]에서 마틴 파울러는 '리팩터링'을 다음과 같이 정의한다.

밖으로 드러나는 동작은 그대로 유지한 채 내부 구조를 변경함으로써 이미 존재하는 코드를 재구성하는 체계적 기법.

이 정의에서 핵심적인 부분은 다음 두 가지다.

1. 이 활동은 체계적이다. 아무렇게나 하는 것이 아니다.
2. 밖으로 드러나는 동작은 바뀌지 않는다. 기능을 추가하는 작업이 아니다.

리팩터링을 식물을 다시 심기 위해 정원 전체를 갈아엎듯이 해서는 안 된다. 특별하고 격식을 갖추어야 하는 활동, 가뭄에 콩 나듯 드물게 하는 활동이어서는 안 된다는 것이다. 리팩터링은 그런 게 아니라 잡초 제거나 갈퀴질처럼 위험하지 않은 작은 단계들을 밟는 일상 활동이다. 무질서하게 대규모로 코드를 다시 쓰는 것이 아니라, 정확한 목적을 가지고 정밀하게 접근하는 활동이다. 그래서 코드를 바꾸기 쉽게 유지하는 것이다.

밖으로 드러나는 동작이 바뀌지 않는다는 것을 보장하려면 코드의 동작을 검증하는 좋은 자동화된 단위 테스트가 필요하다.

### 리팩터링은 언제 하는가?

리팩터링은 여러분이 무언가를 알게 되었을 때 한다. 여러분이 작년이나 어제, 심지어 10분 전과 비교해서 더 많이 알게 되었다면, 리팩터링을 한다.

어쩌면 코드가 더는 잘 맞지 않아서 장애물에 부딪혔을 때, 두 가지가 사실은 하나로 합쳐져 있어야 한다는 것을 발견했을 때, 무엇이든 '잘못'되었다는 생각이 들 때가 있을 것이다. 주저하지 말고 변경하라. 언제나 바로 지금이 최적기다. 코드를 리팩터링할 이유는 아주 많다.

중복
  DRY 원칙 위반을 발견했다.

직교적이지 않은 설계
  더 직교적으로 바꿀 수 있는 무언가를 발견했다.

### 더 이상 유효하지 않은 지식

사물은 변하고, 요구 사항은 변경되며, 지금 처리하고 있는 문제에 대한 여러분의 지식은 점점 늘어난다. 코드는 지금 상황에 뒤떨어지지 않아야 한다.

### 사용 사례

진짜 사람들이 실제 상황에서 시스템을 사용하게 되면, 여러분은 어떤 기능은 예전에 생각했던 것보다 더 중요하고, "꼭 필요하다"고 생각했던 기능은 그렇지 않은 경우도 있다는 것을 깨닫게 될 것이다.

### 성능

성능을 개선하려면 시스템의 한 영역에서 다른 영역으로 기능을 옮겨야 한다.

### 테스트 통과

맞다. 진짜다. 앞에서 설명했듯이 리팩터링은 작은 규모의 활동이고, 좋은 테스트가 뒷받침되어야 한다. 그러니 여러분이 코드를 조금 추가한 후 추가한 테스트가 통과했을 때가, 방금 추가한 코드로 다시 뛰어들어 깔끔하게 정리하기에 최고의 타이밍이다.

여러분의 코드를 리팩터링하는 것-기능을 이리저리 옮기고 이전에 내린 결정을 바꾸는 것-은 사실 '고통 관리pain management'를 실천하는 것이다. 현실을 피하지 말자. 소스 코드를 이곳저곳 변경하는 것은 굉장히 고통스러운 작업일 수도 있다. 작동하는 코드이니 괜히 긁어 부스럼 만들지 않는 편이 나을 수도 있다. 많은 개발자들이 코드에 조금 개선할 부분이 있다는 이유만으로는 다시 돌아가서 코드 열기를 주저한다.

**현실 세계의 복잡한 문제들**

자, 이제 여러분이 동료나 의뢰인에게 가서 말한다. "코드가 이제 돌아가기는 하는데요, 완전히 리팩터링해야 하니까 일주일이 더 필요합니다."

그들의 대답은 차마 문자로 옮길 수가 없다.

일정의 압박은 리팩터링을 하지 않는 단골 핑계다. 하지만 이는 설득력이 떨어진다. 지금 리팩터링을 하지 않으면 일이 더 진척되었을 때, 즉 신경 써야 할 의존성이 더 많아졌을 때 문제를 고쳐야 하고, 따라서 훨씬 더 많은 시간을 투자해야 한다. 그때가 되면 일정에 더 여유가 생길까? 그럴 리가.

다른 사람에게 이 점을 설명할 때는 병에 비유하면 좋다. 리팩터링이 필요한 코드를 일종의 '종양'이라고 생각하자. 종양을 제거하려면 수술이 필요하다. 지금 바로 수술해서 아직 종양이 작을 때 제거할 수도 있다. 아니면 종양이 자라고 다른 곳으로 전이할 때까지 놓아둘 수도 있다. 하지만 그때가 되면 제거하는 데 드는 비용도 더 늘어날뿐더러 위험도 훨씬 커진다. 시간을 더 끌면 환자는 생명을 잃을지도 모른다.

---

Tip 65  **일찍 리팩터링하고, 자주 리팩터링하라.**

---

코드의 부수적인 피해도 시간이 흐르면서 매우 심각해질 수 있다.(8쪽의 〈항목 3. 소프트웨어 엔트로피〉를 보라.) 대부분의 일처럼 리팩터링도 문제가 작을 때, 코딩하는 동안 함께 진행하는 편이 더 쉽다. 코드 한 부분 때문에 '리팩터링만 하는 일주일'이 필요해서는 안 된다. 그건 완전 재작성이다. 만약 이 정도로 시간이 많이 필요하다면 즉시 해치울 수 없는 것도 당연하다. 그 대신 일정에 리팩터링할 시간을 확실히 포함시켜 두도록 하라. 그 코드를 사용하는 사람들이 코드가 조만간 재작성될 것이라는 사실과 재작성이 그들의 코드에 미칠 영향을 인지하도록 해야 한다.

## 리팩터링은 어떻게 하는가?

리팩터링은 스몰토크 공동체에서 시작되었으며, 우리가 이 책의 1판을 썼을 때 막 많은 사람의 마음을 사로잡기 시작하던 참이었다. 아마 리팩터링에 관한 최초의 중요한 책인 《리팩터링》[Fow19](지금은 2판이 나왔다.) 덕분이었을 것이다.[13]

리팩터링의 본질은 재설계다. 여러분 또는 여러분 팀의 다른 사람이 설계한 모든 것은 새로운 사실이 밝혀지거나, 문제에 대한 이해가 더 깊어지거나, 요구 사항이 바뀐다면 언제라도 재설계의 대상이 될 수 있다. 하지만 그렇다고 거대한 규모의 코드를 닥치는 대로 헤집어 놓으면, 나중에는 리팩터링 전보다 더 안 좋은 처지에 놓일지도 모른다.

분명히 리팩터링은 천천히, 신중하게, 조심스럽게 진행해야 하는 작업이다. 마틴 파울러는 오히려 손해 보는 일이 없도록 리팩터링 하는 방법에 대하여 몇 가지 간단한 조언을 해 주었다.[14]

1. 리팩터링과 기능 추가를 동시에 하지 말라.

2. 리팩터링을 시작하기 전 든든한 테스트가 있는지 먼저 확인하라. 할 수 있는 한 자주 테스트를 돌려 보라. 이렇게 하면 여러분이 바꾼 것 때문에 무언가 망가졌을 경우 그 사실을 재빨리 알 수 있다.

3. 단계를 작게 나누어서 신중하게 작업하라. 클래스의 필드 하나를 다른 클래스로 옮기기, 메서드 하나 쪼개기, 변수명 하나 바꾸기 같이 작은 단위로 작업해야 한다. 리팩터링에서는 국지적인 변경들이 많이 모여서 커다란 규모의 변화를 낳는 일이 자주 발생한다. 단계를 작게 나누고, 한 단계가 끝날 때마다 테스트를 돌린다면 기나긴 디버깅 작업을 피할 수 있다.[15]

---

13 (옮긴이) 마틴 파울러의 책 외에도 《리팩터링 워크북》(인사이트, 2006), 《패턴을 활용한 리팩터링》(인사이트, 2011) 등을 참고서로 권한다. 이 외에 《테스트 주도 개발》(인사이트, 2014)도 리팩터링 학습의 필독서다.

14 《UML Distilled: 표준 객체 모델링 언어 입문 2판》[Fow00]에서 인용했다.

15 일반적인 상황에서도 훌륭한 조언이다. 177쪽의 〈항목 27. 헤드라이트를 앞서가지 말라〉를 보라.

> ### ☑ 자동 리팩터링
>
> 이 책의 1판에서 우리는 "이 기술이 아직 스몰토크 세상의 바깥으로 나오지 않았지만, 이러한 정황은 …… 변하게 될 것이다."라고 말했다. 그리고 진짜로 바뀌었다. 많은 IDE가 자동 리팩터링을 지원하고 대부분의 주류 언어에서 사용할 수 있다.
>
> 이런 IDE에서는 변수나 메서드의 이름을 바꾸거나, 긴 루틴을 작은 루틴들로 나누면 자동으로 필요한 변경 사항들을 전파해 준다. 드래그 앤드 드롭으로 쉽게 코드를 옮길 수도 있다.

이런 수준의 테스트에 대해서는 307쪽의 〈항목 41. 테스트로 코딩하기〉에서 더 자세히 이야기하고, 대규모 테스트는 394쪽의 "가차 없고 지속적인 테스트"에서 더 자세히 이야기하겠다. 어쨌든 마틴 파울러가 한 조언의 핵심은 탄탄한 회귀 테스트를 유지하는 것이야말로 안전한 리팩터링의 비결이라는 것이다.

리팩터링만으로는 부족해서 결국 외부에서 보이는 동작이나 API를 바꿔야 한다면, 일부러 빌드를 깨트려 보는 것이 유용할 수도 있다. 리팩터링 대상 코드에 의존하는 옛날 코드들은 컴파일이 안 되게 만드는 것이다. 이렇게 하면 고쳐야 하는 부분이 어디인지 알아낼 수 있다. 다음에 여러분이 기대하는 수준에 못 미치는 코드를 발견하면, 고쳐라. 고통을 관리하라. 지금은 고통스러울지라도 앞으로 더욱 고통스러워질 것 같으면 지금 고치는 편이 낫다. 8쪽의 〈항목 3. 소프트웨어 엔트로피〉에서 배운 교훈을 기억하라. 깨진 창문을 그대로 놓아두지 말라.

### 관련 항목

- 항목 3. 소프트웨어 엔트로피
- 항목 9. DRY: 중복의 해악

- 항목 12. 예광탄
- 항목 27. 헤드라이트를 앞서가지 말라
- 항목 44. 이름 짓기
- 항목 48. 애자일의 핵심

## Topic 41 테스트로 코딩하기

이 책의 1판을 쓰던 시기는 지금보다 원시적이었다. 개발자들은 대부분 아무런 테스트도 쓰지 않았다. 그들의 생각은 이랬다. '왜 귀찮게 테스트를 써야 해? 어차피 세상은 2000년이 되는 순간 Y2K로 멸망할 텐데.'

1판에는 어떻게 테스트하기 쉬운 코드를 작성하는지 설명하는 항목을 넣었었다. 테스트를 실제로 작성하라고 개발자들을 설득하려는 교활한 술수였다.

이제는 다들 깨달음을 얻은 시기다. 여전히 테스트를 쓰지 않는 개발자가 있더라도 적어도 원래는 테스트를 써야 한다는 것 정도는 모두 안다.

하지만 아직도 문제가 있다. 개발자들에게 왜 테스트를 쓰냐고 물어보면 우리가 천공 카드로 코딩하냐고 물어본 것처럼 우리를 쳐다본다. 그리고는 "우리 코드가 잘 작동하는지 확인하려는 거죠."라고 대답한다. 말끝에 차마 입에 담지 못한 "바보같이"가 들리는 듯하다. 하지만 우리는 이 대답이 틀렸다고 생각한다.

그렇다면 우리가 생각하는 테스트의 중요한 가치는 무엇일까? 여러분은 왜 테스트를 해야 한다고 생각하는가?

담대한 선언으로 시작하자.

---

**Tip 66** 테스트는 버그를 찾기 위한 것이 아니다.

---

우리는 테스트의 주요한 이득이 테스트를 실행할 때가 아니라 테스트에 대해 생각하고, 테스트를 작성할 때 생긴다고 믿는다.

## 테스트에 대해 생각하기

월요일 아침이다. 새로운 코드를 조금 쓰려고 자리에 앉았다. 여러분은 "세계에서 제일 웃긴 설거지 동영상" 웹 사이트에서 사용할 데이터베이스 조회 코드를 작성해야 한다. 한 주에 동영상을 10개 넘게 보는 사람 목록을 조회하고 싶다.

에디터를 실행시키고 조회를 하는 함수를 쓰기 시작한다.

```
def return_avid_viewers do
  # ... 흠... 열광적인(avid) 시청자(viewer)...
end
```

잠깐! 지금 여러분이 하려고 하는 일이 올바른지 어떻게 알 수 있는가?

알 수 없다. 누구도 알 수 없다. 하지만 테스트에 대해 생각해 보면 조금은 알 수 있을지도 모른다. 다음과 같이 흘러간다.

일단 함수를 모두 작성했다고 가정해 보자. 이제 테스트를 해야 한다. 어떻게 해야 할까? 일단 테스트 데이터를 사용해야 할 것이다. 아마 여러분이 관리하는 데이터베이스를 연결할 것이다. 요즘 어떤 프레임워크는 이 부분을 자동으로 처리해서 테스트를 수행할 때는 테스트 데이터베이스로 알아서 연결해 주기도 한다. 하지만 우리는 그런 프레임워크를 사용하지 않으므로 데이터베이스 인스턴스를 우리 함수에 넘겨주어야 한다. 전역 데이터베이스 연결을 사용하면 데이터베이스를 테스트하는 부분에서만 바꿀 수가 없기 때문이다.

```
def return_avid_users(db) do
```

그다음으로는 어떻게 테스트 데이터를 채울지 생각해야 한다. 요구 사항은 "한 주에 동영상을 10개 넘게 보는 사람 목록"이다. 그러니 도움이 될 만한 필드가 있는지 데이터베이스 스키마를 확인해 보아야 한다. 시청기록을 저장하는 테이블에서 그럴싸한 필드를 두 개 찾았다. opened_video와 completed_video다. 테스트 데이터를 작성하려면 어떤 필드를 쓸지 알아야 한다. 하지만 우리는 요구 사항이 정확하게 무엇을 의미하는지 모르고 사업 부서 담당자는 연락이 안 된다. 필드 이름을 매개 변수로 넘기는 꼼수를 쓰자. 그러면 일단 현재 코드의 테스트가 가능하다. 필요하면 나중에 바꾸면 될 것이다.

```
def return_avid_users(db, qualifying_field_name) do
```

테스트에 대해 생각하는 것으로 시작했는데 코드 한 줄 쓰지 않고도 두 가지 발견을 했다. 그리고 이를 바탕으로 우리 메서드의 API를 변경했다.

## 테스트가 코딩을 주도한다

이전 예에서 테스트에 대해 생각함으로써 우리 코드의 결합도는 낮추고(전역 데이터베이스 연결을 쓰지 않고 데이터베이스 연결을 넘겨줌) 유연성은 올릴 수 있었다(우리가 테스트하는 필드의 이름을 매개 변수로 지정). 우리 메서드의 테스트 작성에 대해 생각함으로써 코드의 작성자가 아니라 사용자인 것처럼 메서드를 외부의 시선으로 보게 되었다.

---

Tip 67 테스트가 코드의 첫 번째 사용자다.

---

이것이 테스트가 주는 가장 큰 이득일지 모른다. 테스트는 우리의 코딩을 인도하는 필수 피드백이다.

다른 코드와 긴밀하게 결합된 함수나 메서드는 테스트하기 힘들다. 메서드를 실행하기도 전에 온갖 환경 구성을 한참 해야 하기 때문이다. 즉, 무언가를 테스트하기 좋게 만들면 결합도도 낮아진다.

게다가 무언가를 테스트하려면 그것을 이해해야만 한다. 우스꽝스럽게 들리겠지만 현실에서는 우리 모두 우리가 해야 하는 일이 무엇인지 아리송한 채로 코드를 작성해서 출시한 적이 있을 것이다. 우리는 앞으로 진행하면서 차근차근 해결할 것이라고 약속한다. 아, 경계 조건을 다 지원하는 코드도 나중에 추가할 예정이다. 아, 오류 처리도. 결국 코드는 온갖 조건절과 특수한 경우의 처리 때문에 원래 그래야 하는 것보다 다섯 배나 더 길어진다. 하지만 코드에 테스트의 빛을 비추면 모든 것이 명확해진다. 코딩을 시작하기 전에 경계 조건의 테스트와 경계 조건에서 어떻게 동작해야 하는지를 먼저 생각해 본다면, 아마 함수를 단순하게 만드는 코드 패턴을 찾을 수 있을 것이다. 테스트해야 하는 오류 조건에 대해 생각해 본다면 그에 맞게 함수 구조를 잡을 것이다.

### 테스트 주도 개발

테스트를 먼저 생각하는 것의 이점이 이렇게 많다 보니 아예 테스트를 먼저 작성하자고 주장하는 프로그래밍 유파도 있다. 그들은 '테스트 주도 개발test-driven development, TDD'이라고 부르는 기법을 사용한다. '테스트 우선 개발test-first development'이라고 부르기도 한다.[16]

TDD의 기본 주기는 다음과 같다.

1. 추가하고 싶은 작은 기능 하나를 결정한다.
2. 그 기능이 구현되었을 때 통과하게 될 테스트를 하나 작성한다.
3. 테스트를 실행한다. 다른 테스트는 통과하고 방금 추가한 테스트 딱 하나

---

16 테스트 우선과 테스트 주도는 각각의 의도가 다르기 때문에 구별해야 한다고 주장하는 이들도 있다. 하지만 역사적으로 익스트림 프로그래밍(eXtreme Programming)에서 유래한 원래의 테스트 우선 개발은 오늘날 사람들이 TDD라고 부르는 것과 동일하다.

만 실패해야 한다.

4.  실패하는 테스트를 통과시킬 수 있는 최소한의 코드만 작성한다. 그리고
    이제는 모든 테스트가 통과하는지 확인한다.

5.  코드를 리팩터링한다. 방금 작성한 테스트나 함수를 개선할 수 있는 부분
    이 없는지 살펴본다. 개선한 후에도 테스트가 계속 통과하는지 확인한다.

TDD 발상의 핵심은 이 반복 주기가 기껏해야 몇 분 정도로 매우 짧아야 한
다는 것이다. 따라서 끊임없이 테스트 작성과 테스트를 통과하게 만들기를
반복하게 된다.

우리가 보기에 테스트 작성을 이제 막 배우기 시작한 사람에게 TDD는 큰
효과가 있다. TDD 작업 방식을 따르면 여러분의 코드에 언제나 테스트가 있
을 수밖에 없다. 그리고 이는 언제나 테스트에 대해 생각하게 된다는 의미다.

하지만 우리는 TDD의 노예가 된 사람들도 보았다. 다음과 같은 징후로 알
아볼 수 있다.

• 늘 테스트 커버리지 100%를 달성하기 위해 과도하게 많은 시간을 투자한다.

• 많은 수의 중복 테스트가 생긴다. 예를 들어 많은 TDD 지지자들은 클래
  스를 처음으로 작성하기 전에 단순히 클래스 이름만 참조해서 실패하는
  테스트를 만든다. 테스트가 실패하고 나면 그제야 빈 클래스 정의를 작성
  하고, 테스트가 통과하게 된다. 하지만 이제 그 테스트는 아무 일도 하지
  않는 테스트가 되고 만다. 다음으로 작성하는 테스트도 당연히 클래스를
  참조할 것이므로 첫 번째 테스트는 불필요해진다. 나중에 클래스 이름을
  바꿀 때 바꿔야 하는 곳만 많아질 뿐이다. 그리고 이건 중복 테스트의 사
  소한 예일 뿐이다.

• 밑에서부터 시작하여 위로 올라가는 방식으로 설계를 한다. (313쪽의 "상
  향식 대 하향식, 그리고 여러분이 따라야 하는 방식"을 보라.)

어떻게든 TDD를 실천하라. 하지만 도중에 이따금 멈추어 큰 그림을 살피는 것을 잊지 말라. 초록색 "테스트 통과" 메시지에 중독된 나머지 진짜 문제 해결에는 보탬이 안되는 코드를 한 무더기나 쓰게 되기 쉽다.

## TDD: 목표가 어디인지 알아야 한다

"코끼리를 먹는 방법은?"이라는 해묵은 농담이 있다. 답은 "한 번에 한입씩." 이고, 이는 TDD의 장점으로 흔히 언급되곤 한다. 전체 문제를 완전히 파악하기 힘들 때 한 번에 테스트 하나씩 작은 단계들을 밟는 것이다. 하지만 이런 접근 방법이 여러분을 잘못된 길로 인도할 수도 있다. 코딩을 하는 진짜 이유는 무시한 채 계속해서 쉬운 문제들만 만지작거리도록 유도할 수 있다. 2006년에 이를 보여주는 흥미로운 사례가 있었다. 주인공은 애자일 운동의 주요 인물인 론 제프리즈Ron Jeffries였다. 론은 테스트 주도 개발로 스도쿠Sudoku 풀이 프로그램을 제작하는 과정을 블로그에 연재하기 시작했다.[17] 다섯 개의 글을 올리는 동안 론은 내부 보드 표현 방식을 개선했고, 객체 모델이 만족스러울 때까지 여러 번 리팩터링을 했다. 하지만 거기서 론은 프로젝트를 접었다. 그의 블로그 포스팅을 순서대로 읽어보면 흥미로울 것이다. 현명한 사람이 어떻게 사소한 사항들에 대한 반짝이는 테스트 통과 메시지에 홀려서 샛길로 빠지고 마는지 관찰할 수 있다.

이와 반대로 피터 노빅Peter Norvig이 보여주는 접근 방법[18]은 문제를 보는 시각이 아주 다르게 느껴진다. 테스트 주도로 접근하기보다는 이런 종류의 문

---

17 *https://ronjeffries.com/categories/sudoku* 이 이야기를 쓰도록 허락해 준 론에게 깊은 감사를 전한다. (옮긴이) 2021년 기준으로 위 주소에 올라와 있는 글의 순서가 잘못되어 있는데, 다음 순서로 읽어야 한다. "OK, Sudoku" – "Moving On With Sudoku" – "Sudoku: Learning, Thinking and Doing Something About It" – "Sudoku 4: Disaster Narrowly Averted" – "Sudoku 5: Objects Begin to Emerge"
이 중에 3번째 글이 위 주소에서는 보이지 않는데 다음 주소에서 볼 수 있다. *https://ronjeffries. com/xprog/articles/sudokumusings/*

18 *http://norvig.com/sudoku.html*
(옮긴이) 다음 주소에 구종만 님의 한국어 번역이 있다. *https://github.com/jongman/articles/wiki/ solving-every-sudoku-puzzle*

### ☑ 상향식 대 하향식, 그리고 여러분이 따라야 하는 방식

별 근심이 없던 컴퓨터 산업 초창기, 설계 분야에는 두 개의 흐름school이 있었다. 하향식top-down과 상향식bottom-up. 하향식을 따르는 사람들은 해결하려는 문제 전체를 가지고 시작해야 한다고 말했다. 그러고 나서 문제를 몇 개의 조각으로 쪼개고, 또 각각을 더 작은 조각으로 쪼개기를 반복해서 조각을 코드로 표현할 수 있을 만큼 작게 만드는 것이다.

반대로 상향식을 따르는 사람들은 집을 짓듯이 코드를 쌓아 올렸다. 이들은 바닥에서 시작한다. 그리고 풀려는 문제에 가까운 추상적 개념을 만드는 코드 계층을 한 층 쌓아 올린다. 그다음에는 그 위에 좀 더 높은 수준의 추상화 계층을 한 층 더 쌓는다. 그런 식으로, 마지막으로 올리는 계층이 해당 문제를 해결해 주는 추상화가 될 때까지 계속한다. "해결하라." 한 마디로 뚝딱 될 때까지.

두 방식 공히 실제로는 잘 안 된다. 둘 다 소프트웨어 개발의 가장 중요한 측면을 놓치고 있기 때문이다. 바로 개발을 처음 시작할 때는 우리가 무엇을 하고 있는지 모른다는 것이다. 하향식 설계는 전체 요구 사항을 시작할 때 다 알고 있다고 가정하지만 사실은 알 수 없다. 상향식 설계는 추상화 계층을 쌓다 보면 결국에는 하나의 최상위 해결 계층에 도착할 것이라고 가정하지만, 목표가 어디인지 모르는데 어떻게 각 계층의 기능을 결정할 수 있단 말인가?

> **Tip 68** 상향식이나 하향식이 아니라 끝에서 끝까지end-to-end 만들어라.

우리는 소프트웨어를 만드는 유일한 방법이 점진적인 방법이라고 굳게 믿는다. 한쪽 끝과 다른 쪽 끝을 잇는 조그만 기능 조각들을 만들고, 그 과정에서 문제에 대하여 배워라. 코드를 채워 나가면서 배운 것을 적용하고, 각 단계마다 고객을 참여시켜서 전체 과정을 안내하도록 하라.

제를 전통적으로 어떻게 해결해 왔는지에 대하여(제약 조건 전파constraint propagation[19]를 사용한다) 기본적인 이해를 갖추는 것으로 시작한다. 그러고는 스

---

19 (옮긴이) 알아낸 답의 일부와 문제의 조건을 바탕으로 가능한 답의 범위를 점점 좁혀 나가는 방식이다. 스도쿠를 예로 들면 한 칸의 숫자가 정해지면 같은 줄의 다른 칸에는 그 숫자를 가질 수 없다고 표시함으로써 답의 탐색 범위를 줄일 수 있다. 자세한 내용은 앞 쪽 주석 18의 링크 및 《알고리즘 문제 해결 전략》(인사이트, 2012) 11.8장을 참고하라.

도쿠를 푸는 알고리즘을 개선하는 데 집중한다. 알고리즘에서 사용하는 보드 표현 방법은 글 첫머리에서 정의한 용어를 그대로 옮긴 열 줄 남짓한 코드다.

명백히 테스트는 개발을 이끌어 나가는 데 도움이 된다. 하지만 나아갈 때마다 목적지를 떠올리지 않으면 계속 같은 자리만 빙빙 돌게 될 수도 있다.

## 다시 코드로

컴포넌트 기반 개발은 오랫동안 소프트웨어 개발이 추구해 온 고귀한 목표였다.[20] 기본 발상은 일반화된 IC 칩들을 조합하여 회로를 구성하는 것처럼 소프트웨어 컴포넌트들을 가져다 조립해서 쓸 수 있어야 한다는 것이다. 하지만 이것은 여러분이 사용할 컴포넌트가 믿을 만하고, 컴포넌트들이 동일한 전압과 연결 규격, 타이밍 등을 갖추어야 가능한 일이다.

칩은 테스트할 수 있도록 설계된다. 공장에서나 회로에 꼽았을 때뿐만 아니라, 제품으로 설치된 현장에서도 테스트할 수 있도록 설계된다. 더 복잡한 칩과 시스템은 몇 가지 기본적인 수준의 진단을 내부적으로 수행하는 내장 자체 검사Built-In Self Test, BIST 기능이나, 외부 환경에서 칩에 신호를 주고 그 반응을 수집할 수 있는 테스트 장치인 테스트 접근 메커니즘Test Access Mechanism, TAM을 갖추기도 한다.

소프트웨어에서도 똑같이 할 수 있다. 하드웨어 쪽 친구들과 마찬가지로 소프트웨어를 만들 때 맨 처음부터 테스트가 가능하도록 만들고, 코드들을 서로 연결하기 전에 코드를 하나하나 철저하게 테스트해야만 한다.

## 단위 테스트

하드웨어의 칩 차원 테스트는 대체로 소프트웨어의 '단위 테스트unit test'에 해당한다고 볼 수 있다. 두 경우 모두 각 모듈의 동작을 검증하기 위해 다른 것

---

20 우리는 적어도 콕스(Cox)와 노보빌스키(Novobilski)가 그들의 오브젝티브-C 책 《Object-Oriented Programming: An Evolutionary Approach(객체 지향 프로그래밍: 진화적 접근 방법)》[CN91]에서 "소프트웨어 IC"라는 용어를 쓴 1986년 이래로 계속 노력하고 있다.

들로부터 분리isolate시켜 놓고 테스트를 수행한다. 모듈을 통제된 (심지어는 인위적으로 만들어진) 환경에서 철저하게 테스트하고 나면, 넓은 바깥세상에서 그 모듈이 어떻게 행동할지 더 잘 알게 될 것이다.

소프트웨어 단위 테스트란 어떤 모듈에게 이것저것을 시켜보는 코드를 가리킨다. 일반적으로 단위 테스트는 일종의 인위적인 환경을 구축한 다음, 테스트할 모듈의 루틴들을 호출한다. 그런 다음 반환된 결과들을 이미 알고 있는 값과 비교해 보거나 똑같은 테스트를 이전에 돌렸을 때 나온 값과 비교하여 올바른지 검사한다. 동일한 테스트를 코드 수정 후 다시 돌려보는 것을 회귀 테스트regression testing라고 한다.

나중에 이런 '소프트웨어 IC'들을 모아서 완결된 시스템을 조립할 때에도, 우리는 개별 부분이 기대대로 잘 작동할 것이라고 믿을 수 있다. 조립한 다음에 시스템 전체를 하나로 보고 테스트할 때에도 이 단위 테스트 도구를 그대로 이용할 수 있다. 이러한 대규모 시스템 검사에 대해서는 394쪽의 "가차 없고 지속적인 테스트"에서 이야기하겠다.

하지만 거기까지 가기 전에 먼저 하나의 단위unit 차원에서는 어떤 것을 테스트할지 결정해야 한다. 예로부터 프로그래머들은 임의로 아무 데이터나 만들어 코드에 넣어 보고 출력문 결과를 살펴본 다음 테스트했다고 말하곤 한다. 우리는 이보다 훨씬 더 잘 할 수 있다.

## 계약을 지키는지 테스트하기

우리는 단위 테스트를 계약을 잘 지키는지 보는 테스트(147쪽의 〈항목 23. 계약에 의한 설계〉 참고)라고 여긴다. 우리는 어떤 코드 단위가 자신이 맺은 계약을 지키는지 확인하는 테스트 케이스를 작성하고자 한다. 이런 테스트는 우리에게 두 가지를 알려준다. 하나는 코드가 계약을 지키는지 여부고, 다른 하나는 코드로 표현된 계약의 의미가 우리가 생각한 것과 일치하는지 여부다. 우리는 다양한 종류의 테스트 케이스와 경계 조건에서도 모듈이 약속한 대로 기능을 잘 수행하는지 테스트하고 싶다.

그럼 실전에서는 어떻게 적용해야 할까? 먼저 간단한 수학 함수 예제로 제곱근을 구하는 루틴을 살펴보자. 문서에 적혀있는 계약은 단순하다.

```
pre-conditions:
  argument >= 0;

post-conditions:
  ((result * result) - argument).abs <= epsilon*argument;
```

여기서 우리는 무엇을 테스트해야 하는지 알 수 있다.

- 음수를 인자로 주고 거부되는지 확인한다.
- 경곗값인 0을 인자로 주고 받아들이는지 확인한다.
- 0과 표현할 수 있는 최댓값 사이의 값을 인자로 주고, 반환된 값을 다시 제곱한 값과 입력값 사이의 오차 비율이 특정한 작은 값인 엡실론epsilon 이하인지 확인한다.

이런 계약이 갖추어져 있고 우리 루틴이 선행 조건과 후행 조건을 스스로 점검할 수 있다면, 우리는 제곱근 함수에게 이것저것 시켜 보는 간단한 테스트 스크립트를 작성하기만 하면 된다.

그런 다음에는 이 스크립트를 실행시켜서 우리의 제곱근 함수를 테스트한다.

```
assertWithinEpsilon(my_sqrt(0), 0)
assertWithinEpsilon(my_sqrt(2.0), 1.4142135624)
assertWithinEpsilon(my_sqrt(64.0), 8.0)
assertWithinEpsilon(my_sqrt(1.0e7), 3162.2776602)
assertRaisesException fn => my_sqrt(-4.0) end
```

상당히 간단한 테스트다. 현실에서는 아주 사소한 모듈이 아닌 이상 여러 개의 다른 모듈에 의존하고 있을 가능성이 높다. 그렇다면 어떻게 이런 모듈들을 조합하여 테스트할 수 있을까?

A라는 모듈이 DataFeed와 LinearRegression이라는 다른 모듈을 사용한다고 해 보자. 우리는 다음과 같은 순서로 테스트를 진행할 것이다.

1. DataFeed의 계약을 완전히 테스트한다.
2. LinearRegression의 계약을 완전히 테스트한다.
3. A의 계약을 테스트한다. A의 계약은 나머지 모듈의 계약에 의존하지만 그 사실이 직접적으로 드러나 있지는 않다.

어떤 모듈이 있을 때 그 모듈의 하위 컴포넌트들을 먼저 테스트하는 방식이다. 하위 컴포넌트들을 모두 검증한 후에야 해당 모듈을 테스트할 수 있다.

만약 DataFeed와 LinearRegression은 테스트를 통과하는데 A는 통과하지 못한다면, 문제가 A에 있거나, 아니면 A가 하위 컴포넌트를 사용하는 방식에 있다고 거의 확신할 수 있다. 이 기법은 디버깅에 들어가는 노력을 줄여 주는 멋진 방법이다. 우리는 A의 하위 컴포넌트를 다시 검사하는 데 시간을 허비하지 않고 빠르게 문제의 근원일 가능성이 높은 A의 내부에 집중할 수 있다.

왜 이렇게 번잡한 일을 하는 것일까? 무엇보다도 '시한폭탄', 즉 문제가 프로젝트에서 알려지지 않은 채로 숨어 있다가 나중에 곤란한 시점에 터져 버리는 일을 피하고 싶어서다. 계약을 잘 지키는지 확인하는 테스트를 강조함으로써 프로젝트에서 이후에 벌어질지 모를 재앙을 피하려고 노력하는 것이다.

---

Tip 69 테스트할 수 있도록 설계하라.

---

**임시 테스트**

영어 발음이 비슷한 '이상한 꼼수odd hack'와 헷갈리면 안 된다. '임시Ad-hoc 테스트'는 우리가 직접 코드를 이리저리 찔러보는 것이다. `console.log()` 한 줄일 수도 있고, 디버거나 IDE 환경, REPLRead Eval Print Loop에 직접 실행하면서 입력하는 코드 조각일 수도 있다.

디버깅 작업이 끝나면 이런 임시 테스트를 정식 테스트의 형태로 만들어 두어야 한다. 한 번 잘못된 코드라면 다시 잘못될 가능성이 높다. 여러분이 만든 테스트를 그냥 버리지 말고 기존의 단위 테스트 군단에 합류시켜라.

**테스트 접점 만들기**

아무리 테스트를 잘 갖추었어도 모든 버그를 발견할 수는 없다. 실제 서비스의 눅눅하고 후덥지근한 환경에 있는 무언가가 숨어 있던 버그를 기어 나오게 만든다.

이 말은 소프트웨어를 배포한 후에도 테스트할 일이 자주 생긴다는 것이다. 이때 소프트웨어의 혈관을 흐르는 것은 실제 데이터다. 소프트웨어에 회로판이나 칩처럼 '테스트용 핀'은 없지만, 어떤 모듈의 내부 상태를 디버거 없이 다양한 형태로 볼 수 있는 방법을 제공할 수도 있다. (디버거는 이미 출시된 애플리케이션에서는 사용이 불편하거나 아예 불가능할 수도 있다.)

로그 파일에 쌓이는 추적trace 메시지가 이런 메커니즘 가운데 하나다. 로그 메시지는 반드시 규칙적이고 일관된 형식이어야 한다. 프로그램의 처리 시간이나 프로그램이 택한 논리 경로를 추론하기 위해 로그를 자동으로 파싱하고 싶을 때가 있기 때문이다. 형식이 좋지 않거나 일관성이 없다면 진단 메시지는 읽기 어렵고 현실적으로 파싱하기도 힘든 그냥 '내뱉은 것'에 불과하다.

실행 중인 코드의 내부로 들어갈 수 있는 또 다른 메커니즘으로 '단축키' 조합이나 숨겨진 URL 방식이 있다. 어떤 특정한 키 조합을 누르거나 특정 URL

에 접속하면, 상태 정보와 그 외의 것들이 들어 있는 진단 제어 창이 열리게 만드는 것이다. 보통 최종 사용자에게는 이런 것이 있다는 사실을 알리지 않겠지만, 고객 지원실에 있는 사람들에게는 매우 유용한 도구가 될 수 있다.[21]

더 일반적으로는 '기능 스위치feature switch'[22]를 활용하여 특정 사용자나 사용자 집단에 대해서는 진단 메시지를 더 많이 남기도록 할 수도 있다.

## 테스트 문화

여러분이 작성하는 모든 소프트웨어는 언젠가는 테스트된다. 여러분이나 여러분의 팀이 테스트하지 않으면 결과적으로 사용자들이 테스트하게 된다. 그러니 소프트웨어를 철저하게 테스트할 계획을 세우는 것이 좋다. 약간의 선견지명으로 유지 보수 비용과 고객 지원실에 걸려오는 전화 횟수를 크게 줄일 수 있다.

여러분에게 있는 선택지는 그리 많지 않다. "테스트 먼저", "코드와 테스트를 함께", "테스트하지 않음" 셋 중 하나다.

"테스트 먼저"가 대부분의 상황에서 최상의 선택일 것이다. 테스트를 할 수밖에 없기 때문이다. 테스트 주도 설계도 여기에 포함된다. 하지만 때에 따라 테스트를 먼저 쓰기가 어렵거나 의미가 없을 수도 있다. 그렇다면 "코드와 테스트를 함께"가 대안이 될 수 있다. 코드를 조금 작성하고, 이리저리 만지작거리다가 테스트를 작성하라. 그리고 다시 코드로 넘어간다. 최악의 선택은 흔히들 "나중에 테스트"라고 부르는 것인데, 완전 헛소리다. "나중에 테스트"는 사실 "테스트하지 않음"이란 뜻이다.

제대로 된 테스트 문화를 가졌다면 모든 테스트가 언제나 통과해야 한다. "언제나 실패"하는 불량 테스트를 무시하다 보면 모든 테스트를 무시하게 되

---

21 (옮긴이) Go 언어의 pprof 모듈이 좋은 예다. http 서버를 구동할 때 pprof 모듈을 링크해서 넣으면 정해진 URL에서 메모리 사용량이나 동시성 분석, 프로파일링 등을 할 수 있다.

22 (옮긴이) '기능 토글', '기능 플래그'라고도 하는데, 여러 가지 기능을 필요에 따라 쉽게 켜거나 끌수 있도록 구현하는 기법을 말한다.

기 쉽다. 그리고 악순환의 고리가 시작된다.(8쪽의 〈항목 3. 소프트웨어 엔트로피〉를 참고하라.)

테스트 코드를 다른 제품 코드와 마찬가지로 다뤄라. 결합도를 낮추고, 깨끗하고 견고하게 유지하라. GUI 시스템의 위젯 위치나 서버 로그에 찍힌 현재 시간, 에러 메시지의 문구처럼 신뢰할 수 없는 것에 의존하지 말라.(282쪽의 〈항목 38. 우연에 맡기는 프로그래밍〉 참고.) 이런 종류의 것을 테스트하면 테스트가 더 잘 깨지게 된다.

---

**Tip 70** 여러분의 소프트웨어를 테스트하라. 그러지 않으면 사용자가 테스트하게 된다.

---

명심하라. 테스트는 프로그래밍의 일부다. 다른 사람이나 다른 부서에 떠넘길 수 있는 것이 아니다.

테스트, 설계, 코딩, 이 모든 것이 프로그래밍이다.

---

☑ **고백**

나 데이브는 사람들에게 더는 테스트를 쓰지 않는다고 말해 왔다. 테스트를 종교처럼 떠받드는 사람들의 믿음을 흔들기 위한 것도 있고, 또 어느 정도는 테스트를 쓰지 않는 것이 사실이기 때문이기도 하다.

나는 45년간 코딩을 해 왔고, 30년 넘게 늘 자동화 테스트를 써 왔다. 코딩을 시작할 때면 자연스럽게 테스트에 대해 생각한다. 아주 편안하게 느껴진다. 그리고 나는 무언가가 편안하게 느껴지면 또 다른 시도를 해 봐야 하는 천성을 타고났다.

그래서 나는 몇 달 전 테스트 쓰기를 그만두고 내 코드에 무슨 일이 벌어지는지 한번 보기로 했다. 놀랍게도 변화는 '크지 않았다'. 그래서 왜 그런지 곰곰이 생각해 보았다.

내 생각에 나에게 있어 테스트의 이득은 대부분 테스트에 대하여, 그리고 테스트가 코드에 주는 영향에 대하여 고민하는 과정에서 생기는 듯 하다. 그리고 꽤 오래 이 일을 해 오다

---

보니 실제로 테스트를 쓰지 않고도 테스트에 대해 생각할 수 있게 되었다. 내 코드는 여전히 테스트하기 쉽다. 아직 테스트하지 않았을 뿐이다.

하지만 이런 관점은 테스트가 다른 개발자와 소통하는 수단이기도 하다는 측면을 무시한 것이다. 그래서 이제는 다른 사람들과 공유하는 코드 혹은 외부 라이브러리의 어떤 특성에 의존하는 코드만 테스트를 작성한다.

앤디는 이 상자의 내용을 싣지 말자고 했다. 경험이 부족한 개발자들이 괜히 따라서 테스트를 쓰지 않을까 봐 걱정이라는 것이다. 그래서 나의 타협안은 다음과 같다.

여러분이 테스트를 써야 할까? 그렇다. 하지만 테스트 작성 경험이 30년 정도 쌓였다면 테스트가 어떤 면에서 도움이 되는지 직접 실험을 해 봐도 좋을 것이다.

### 관련 항목

- 항목 27. 헤드라이트를 앞서가지 말라
- 항목 51. 실용주의 시작 도구

## Topic 42 속성 기반 테스트

> Доверяй, но проверяй(믿으라, 하지만 확인하라)
>
> – 러시아 속담

우리는 여러분이 함수를 작성할 때 단위 테스트도 작성하기를 추천한다. 여러분은 단위 테스트를 추가하기 위해 테스트 대상에 대한 여러분의 지식을 바탕으로 일반적으로 문제가 될 만한 상황들을 떠올릴 것이다.

자, 위 문단에 작지만 어쩌면 심각할 수도 있는 문제가 하나 숨어 있다. 여러분이 함수의 코드를 쓰고 여러분이 테스트를 작성한다면 여러분의 잘못된 가정이 둘 다에 들어갈 수도 있지 않을까? 여러분의 생각에 비추어 보면 제대로 동작하므로 코드는 테스트를 통과한다.

이 문제를 해결하는 방법 한 가지는 테스트할 코드와 테스트를 서로 다른 사람이 작성하는 것이다. 하지만 우리는 이런 방식을 별로 좋아하지 않는다. 307쪽의 〈항목 41. 테스트로 코딩하기〉에서 말했듯이 테스트에 대해 생각하면 코드를 어떻게 작성할지 알 수 있다는 것이 테스트의 매우 큰 장점이기 때문이다. 코드 작업과 테스트 작업을 쪼개 버리면 이런 장점이 없어져 버린다.

그래서 우리가 선호하는 대안은 컴퓨터에게 테스트를 맡기는 것이다. 컴퓨터는 여러분과 달리 선입견이 없으니 말이다.

## 계약, 불변식, 속성

147쪽의 〈항목 23. 계약에 의한 설계〉에서 우리는 코드가 지켜야 하는 '계약'을 코드에 포함하자고 이야기했다. 선행 조건에 맞추어 입력을 넣으면 코드가 생산하는 출력이 주어진 후행 조건에 맞음을 보장해 준다.

'불변식invariant'이라는 것도 있었는데, 함수 실행 전후로 계속 어떤 부분의 상태에 대하여 참이 되는 조건을 말한다. 예를 들어, 리스트를 정렬했을 때의 결과는 정렬하기 전 리스트와 원소의 수가 같을 것이다. 그렇다면 리스트의 길이가 불변식에 해당한다.

이렇게 코드에 존재하는 계약과 불변식을 뭉뚱그려서 '속성property'이라고 부른다. 코드에서 속성을 찾아내서 테스트 자동화에 사용할 수 있는데, 이것을 '속성 기반 테스트property-based testing'라 한다.

---

**Tip 71** 속성 기반 테스트로 가정을 검증하라.

---

인위적인 예를 하나 생각해 보자면 리스트 정렬 기능의 테스트를 만들 수 있다. 앞에서 한 가지 속성은 찾았다. 바로 정렬된 리스트는 원래 리스트와 길이가 같다는 것이다. 정렬된 리스트에서 모든 원소는 다음 원소보다 클 수 없

다는 속성도 추가할 수 있다.

이제 코드로 표현해 보자. 대부분의 언어는 속성 기반 테스트 프레임워크를 갖추고 있다. 우리가 살펴볼 파이썬 예에서는 Hypothesis 라이브러리와 pytest를 사용할 텐데, 기본 원칙은 거의 모든 언어에서 동일하다.

테스트 전체 소스는 다음과 같다.

proptest/sort.py

```python
from hypothesis import given
import hypothesis.strategies as some

@given(some.lists(some.integers()))
def test_list_size_is_invariant_across_sorting(a_list):
    original_length = len(a_list)
    a_list.sort()
    assert len(a_list) == original_length

@given(some.lists(some.text()))
def test_sorted_result_is_ordered(a_list):
    a_list.sort()
    for i in range(len(a_list) - 1):
        assert a_list[i] <= a_list[i + 1]
```

실행시킨 결과는 다음과 같다.

```
$ pytest sort.py
========================= test session starts =========================
...
plugins: hypothesis-4.14.0
sort.py ..                                                      [100%]
===================== 2 passed in 0.95 seconds =====================
```

예상 가능한 결과다. 하지만 보이지 않는 곳에서 Hypothesis는 우리 테스트를 백 번씩이나 돌렸다. 리스트의 길이도 바꾸고 내용도 바꿔 가면서 매번 다른 리스트를 입력으로 넘겼다. 무작위로 만든 200개의 리스트로 200개의 테스트를 만들어 수행한 셈이다.

## 테스트 데이터 생성

대부분의 속성 기반 테스트 라이브러리가 그렇듯이 Hypothesis에도 데이터를 어떻게 생성할지 지정하는 작은 언어가 있다. 이 언어는 hypothesis. strategies 모듈의 함수들이 핵심인데 앞의 예에서는 읽기 쉽도록 some이라는 별칭을 만들었다.

다음 예를 보자.

```
@given(some.integers())
```

위와 같이 지시하면 테스트 함수는 여러 번 실행되면서 매번 다른 정수integer를 넘길 것이다. 만약 다음과 같이 쓰면 어떨까?

```
@given(some.integers(min_value=5, max_value=10).map(lambda x: x * 2))
```

10에서 20 사이의 짝수가 생성될 것이다.

다음과 같이 타입을 조합할 수도 있다.

```
@given(some.lists(some.integers(min_value=1), max_size=100))
```

길이가 최대 100인 자연수 리스트가 만들어질 것이다.

이 책이 프레임워크 설명서는 아니니 멋진 세부 기능 설명은 이만 여기서 접어 두겠다. 이제는 좀 더 현실적인 예제를 보자.

## 잘못된 가정 찾기

우리는 간단한 주문 처리 및 재고 관리 시스템을 만들고 있다(신규 시스템 도입은 언제나 필요하니 말이다). Warehouse(창고) 객체의 재고 정보를 모델링하려고 한다. 특정 물품의 재고가 있는지 확인하거나 물품을 재고에서 꺼낼 수 있고, 아니면 현재 남아있는 재고량을 조회할 수도 있다.

코드는 다음과 같다.

proptest/stock.py

```python
class Warehouse:
    def __init__(self, stock):
        self.stock = stock

    def in_stock(self, item_name):
        return (item_name in self.stock) and (self.stock[item_name] > 0)

    def take_from_stock(self, item_name, quantity):
        if quantity <= self.stock[item_name]:
            self.stock[item_name] -= quantity
        else:
            raise Exception("{}를(을) 재고보다 많이 팔았음".format(item_name))

    def stock_count(self, item_name):
        return self.stock[item_name]
```

다음과 같이 기본적인 단위 테스트를 작성했고, 잘 통과한다.

proptest/stock.py

```python
def test_warehouse():
    wh = Warehouse({"신발": 10, "모자": 2, "우산": 0})
    assert wh.in_stock("신발")
    assert wh.in_stock("모자")
    assert not wh.in_stock("우산")

    wh.take_from_stock("신발", 2)
    assert wh.in_stock("신발")

    wh.take_from_stock("모자", 2)
    assert not wh.in_stock("모자")
```

다음으로는 재고가 있는 상품의 주문을 처리하는 함수를 썼다. 이 함수는 튜플을 반환하는데, 첫 번째 항목은 **"완료"** 혹은 **"재고 없음"**이고, 그 뒤에 상품 종류와 요청 수량이 들어 있다. 마찬가지로 테스트를 작성했고, 통과한다.

```python
def order(warehouse, item, quantity):
    if warehouse.in_stock(item):
        warehouse.take_from_stock(item, quantity)
        return ( "완료", item, quantity )
    else:
        return ( "재고 없음", item, quantity )
```

```python
def test_order_in_stock():
    wh = Warehouse({"신발": 10, "모자": 2, "우산": 0})
    status, item, quantity = order(wh, "모자", 1)
    assert status == "완료"
    assert item == "모자"
    assert quantity == 1
    assert wh.stock_count("모자") == 1

def test_order_not_in_stock():
    wh = Warehouse({"신발": 10, "모자": 2, "우산": 0})
    status, item, quantity = order(wh, "우산", 1)
    assert status == "재고 없음"
    assert item == "우산"
    assert quantity == 1
    assert wh.stock_count("우산") == 0

def test_order_unknown_item():
    wh = Warehouse({"신발": 10, "모자": 2, "우산": 0})
    status, item, quantity = order(wh, "베이글", 1)
    assert status == "재고 없음"
    assert item == "베이글"
    assert quantity == 1
```

일단은 모두 괜찮아 보인다. 하지만 코드를 출시하기 전에 속성 기반 테스트를 더 추가해 보자.

우리가 어떤 속성을 알고 있을까? 거래가 이루어지는 동안 상품이 생겨나거나 사라질 수는 없다. 즉, 창고에서 어떤 상품을 꺼내 오면 꺼낸 상품 수와 남은 재고 숫자를 더했을 때 원래 창고에 있던 재고 숫자가 되어야 한다. 다

음 테스트에서는 **"모자"**와 **"신발"** 가운데에서 무작위로 선택한 상품을 1~4개
가져온다.

proptest/stock.py

```
@given(item     = some.sampled_from(["신발", "모자"]),
       quantity = some.integers(min_value=1, max_value=4))
def test_stock_level_plus_quantity_equals_original_stock_level(item, quantity):
    wh = Warehouse({"신발": 10, "모자": 2, "우산": 0})
    initial_stock_level = wh.stock_count(item)
    (status, item, quantity) = order(wh, item, quantity)
    if status == "완료":
        assert wh.stock_count(item) + quantity == initial_stock_level
```

실행시켜 보자.

```
$ pytest stock.py
. . .
stock.py:72:
- - - - - - - - - - - - - - - - - - - - - - - - - - - - - - -
stock.py:76: in test_stock_level_plus_quantity_equals_original_stock_level
    (status, item, quantity) = order(wh, item, quantity)
stock.py:40: in order
    warehouse.take_from_stock(item, quantity)
- - - - - - - - - - - - - - - - - - - - - - - - - - - - - - -

self = <stock.Warehouse object at 0x10cf97cf8>, item_name = '모자'
quantity = 3

    def take_from_stock(self, item_name, quantity):
        if quantity <= self.stock[item_name]:
            self.stock[item_name] -= quantity
        else:
>           raise Exception("{}를(을) 재고보다 많이 팔았음".format(item_name))
E           Exception: 모자를(을) 재고보다 많이 팔았음

stock.py:16: Exception
------------------------- Hypothesis -------------------------
Falsifying example:
    test_stock_level_plus_quantity_equals_original_stock_level(
        item='모자', quantity=3)
```

warehouse.take_from_stock 안에서 터져 버렸다. 창고에서 모자를 세 개 꺼내려고 했는데, 재고가 둘밖에 없었다.

속성 기반 테스트가 잘못된 가정을 찾아냈다. 원래 in_stock 함수는 단순히 주어진 물품의 재고가 하나라도 있는지만 확인했었다. 하지만 사실은 주문을 처리할 만큼 충분한 재고가 있는지 확인해야 한다.

proptest/stock1.py
```python
def in_stock(self, item_name, quantity):
    return (item_name in self.stock) and (self.stock[item_name] >= quantity)
```

그래서 order 함수도 다음과 같이 바꾸었다.

proptest/stock1.py
```python
def order(warehouse, item, quantity):
    if warehouse.in_stock(item, quantity):
        warehouse.take_from_stock(item, quantity)
        return ( "완료", item, quantity )
    else:
        return ( "재고 없음", item, quantity )
```

이제 속성 기반 테스트도 통과한다.

## 속성 기반 테스트는 우리를 자주 놀래킨다

이전 예제에서 우리는 재고 숫자가 제대로 조정되는지 확인하기 위해 속성 기반 테스트를 사용했다. 테스트로 버그를 발견했는데, 버그가 있었던 곳은 재고 숫자 조정이 아니라 in_stock 함수였다.

이것이 바로 속성 기반 테스트의 위력임과 동시에 좌절감이다. 속성 기반 테스트가 강력한 까닭은 그저 입력을 생성하는 규칙과 출력을 검증하는 단정문만 설정한 채 제멋대로 작동하도록 놔두기 때문이다. 정확히 어떤 일이 일어날지 절대 알 수 없다. 테스트가 통과할 수도, 단정문이 실패할 수도 있다. 아니면 코드가 주어진 입력을 제대로 처리하지 못하고 중간에 멈춰버릴 수도 있다.

좌절감은 정확히 무엇이 실패했는지 찾아내기 까다로울 수도 있다는 것이다.

속성 기반 테스트가 실패했다면 테스트 함수가 어떤 매개 변수를 사용했는지 알아낸 다음 그 값을 이용하여 별도의 단위 테스트를 정식으로 추가하는 것이 좋다. 이 단위 테스트는 두 가지 역할을 한다. 첫 번째는 속성 기반 테스트의 여러 가지 다른 수행 결과와 상관없이 문제가 발생하는 상황에 집중할 수 있게 해 준다. 두 번째는 단위 테스트가 '회귀 테스트regression test' 역할을 한다. 속성 기반 테스트는 임의의 값을 생성하여 사용하기 때문에 다음번에 실행했을 때 똑같은 값을 테스트 함수에 넘긴다는 보장이 없다. 문제를 일으켰던 값을 사용하는 단위 테스트를 만들어 두면 버그가 완전히 해결되었음을 보장할 수 있다.

## 속성 기반 테스트는 설계에도 도움을 준다

단위 테스트의 주요 장점 중에 코드에 대해 생각하게 만드는 것이 있다고 설명했었다. 단위 테스트가 여러분이 만드는 API의 첫 번째 고객이라고도 했다.

속성 기반 테스트도 마찬가지이긴 한데 그 방법이 살짝 다르다. 속성 기반 테스트는 여러분이 코드를 불변식과 계약이라는 관점으로 바라보게 한다. 여러분은 무엇이 변하지 않아야 하고, 어떤 조건을 만족해야 하는지 생각하게 된다. 이런 관점으로 보면 코드에 마법과 같은 효과가 일어난다. 경계 조건은 줄어들고, 데이터의 일관성을 해치는 함수는 더 도드라진다.

우리는 속성 기반 테스트가 단위 테스트를 보완한다고 믿는다. 둘은 서로 다른 문제를 해결하고 각각의 장점이 있다. 둘 중에 사용하지 않는 것이 있다면 한번 시도해 보라.

## 관련 항목

- 항목 23. 계약에 의한 설계
- 항목 25. 단정적 프로그래밍
- 항목 45. 요구 사항의 구렁텅이

## 연습 문제

**연습 문제 31** (답 예시는 432쪽에 있다.)

다시 앞의 창고 예제를 보자. 테스트할 만한 속성이 더 있는가?

**연습 문제 32** (답 예시는 432쪽에 있다.)

여러분이 기계를 운송하는 회사에 다닌다고 해 보자. 기계는 하나씩 상자에 포장되어 있고, 상자는 모두 직육면체지만 그 크기는 제각각이다. 여러분의 과제는 배송 트럭에 상자를 실을 때 가장 많은 상자를 싣는 방법을 찾는 코드를 작성하는 것이다. 단, 상자 위에 다른 상자를 쌓지 않고 한 층으로만 싣는다. 프로그램의 출력은 실을 상자의 목록인데, 이 목록에는 트럭 내에서 각 상자의 위치와 상자의 가로 및 세로 길이가 들어 있다. 출력의 어떤 속성을 테스트할 수 있겠는가?

## 도전해 볼 것

여러분이 현재 작업 중인 코드에 대하여 생각해 보자. 어떤 속성, 즉 계약과 불변식이 있는가? 속성을 자동으로 검증하기 위해 속성 기반 테스트 프레임 워크를 사용할 수 있는가?

# Topic 43 바깥에서는 안전에 주의하라

> 좋은 울타리가 좋은 이웃을 만든다.
>
> – 로버트 프로스트(Robert Frost), 〈담장 고치기〉

이 책의 1판에서 코드 간의 결합도에 대해 이야기할 때 우리는 "스파이나 반체제자와 같이 지나치게 의심이 많을 필요는 없지 않은가."라고 대담하지만 순진한 말을 했다. 우리가 틀렸다. 사실 우리는 지나칠 정도로 의심을 해야 한다. 매일.

이 책을 쓰는 지금 뉴스에는 엄청난 규모의 데이터 유출과 시스템 해킹, 인터넷 사기 소식들이 가득하다. 단번에 수억 건의 자료가 도난당하고, 수조 원에 달하는 손실과 배상액이 언급된다. 더군다나 이 숫자는 매년 빠르게 증가하고 있다. 대부분의 경우 이런 사고를 일으키는 공격자는 엄청나게 똑똑하지도 않고, 어느 한구석 특별한 능력이 있는 것도 아니다.

모두 개발자가 부주의한 탓이다.

## 나머지 90%

코딩을 할 때 여러분은 "된다!"와 "왜 안 되지?"를 여러 차례 오갈 것이다. 가끔은 "그런 일이 일어날 리 없어……" 상태도 될 것이다.(125쪽의 〈항목 20. 디버깅〉을 보라.) 고된 오르막길을 오르는 동안 고비와 난관을 여럿 거치고 나면 자신에게 이렇게 말하기 일쑤다. "휴, 이제 된다!" 그러고는 코드가 완성되었음을 선포한다. 물론 아직 완성되지 않았다. 여러분은 90% 완성한 것이다. 하지만 이제는 나머지 90%를 고려해야 한다.

여러분이 다음으로 해야 하는 일은 코드가 잘못될 수 있는 경우를 찾아보고, 각 경우에 대한 단위 테스트를 추가하는 것이다. 잘못된 매개 변수를 넘기거나 리소스를 흘리거나 리소스가 모자라는 경우 따위를 생각해 보아야 한다.

평온하던 옛 시절에는 이렇게 내부의 오류만 검토하는 것으로 충분했다. 하지만 오늘날 이건 시작일 뿐이다. 내부에서 발생하는 오류뿐 아니라 외부에서 시스템을 망가트리려 하는 시도까지 고려해야 한다. 여러분은 이렇게 항변할지도 모르겠다. "아무도 이 코드에는 개의치 않을 거예요. 중요하지도 않고, 이 서버가 존재하는지조차 아무도 모를 걸요……." 바깥세상은 거대하고 대부분 연결되어 있다. 지구 반대편에 사는 따분한 시간을 어쩔 줄 몰라 하는 아이일 수도 있고, 테러지원국이나 범죄 조직, 기업 스파이, 헤어진 옛 애인일 수도 있다. 모두 암약하며 당신을 노리고 있다. 패치를 적용하지 않은 구식 시스템이 맨몸으로 인터넷에서 생존할 수 있는 시간은 거우 몇 분 정도다. 그보다 짧을 수도 있다.

조용히 숨어 있는 것으로 보안을 대신하려는 생각은 통하지 않는다.

## 기본 보안 원칙

실용주의 프로그래머는 건전한 정도의 편집증을 갖고 있다. 우리는 우리가 실수도 하고 한계도 있다는 것을 안다. 외부의 공격자가 우리가 남겨 놓은 어떤 틈이든 벌리고 들어와 시스템을 망가트리려 할 것도 안다. 개발하고 배포하는 환경에 따라 제각각 보안을 위해 해야 할 일들이 있겠지만, 우리가 언제나 명심해야 하는 기본 원칙이 몇 가지 있다.

1. 공격 표면을 최소화하라.
2. 최소 권한 원칙.
3. 안전한 기본값.
4. 민감 정보를 암호화하라.
5. 보안 업데이트를 적용하라.

하나씩 살펴보자.

## 공격 표면을 최소화하라

시스템의 '공격 표면attack surface' 영역은 공격자가 데이터를 입력하거나, 데이터를 추출하거나 서비스를 실행시킬 수 있는 모든 접근 지점을 합한 것이다. 몇 가지 예를 보자.

코드의 복잡성은 공격 매개체attack vector를 유발한다.

복잡한 코드는 예상 외의 부작용이 일어날 확률을 높이고, 결과적으로 공격 표면을 넓힌다. 복잡한 코드는 표면을 구멍투성이로 만들고 감염되기 쉽게 열어젖힌다고 생각하라. 다시 한번 말하지만 단순하고 작은 코드가 더 낫다. 코드가 적으면 버그도 적고, 심각한 보안 구멍을 만들 확률도 줄어든다. 더 단순하고, 필요에 딱 맞으며, 덜 복잡한 코드는 이해하기도 쉽고 잠재적 취약점을 발견하기도 쉽다.

입력 데이터는 공격 매개체다.

외부의 데이터를 절대 신뢰하지 말라. 데이터베이스나 화면 렌더링, 그 밖의 다른 처리 루틴에 전달하기 전에 언제나 나쁜 내용을 제거하라sanitize.[23] 이를 특별히 잘 지원하는 언어도 있다. 예를 들어 루비는 외부 입력을 담고 있는 변수는 '오염taint'되었다고 인식해서 수행할 수 있는 처리에 제한을 둔다.[24] 예를 들어 다음 코드는 실행 중에 파일명을 입력받아서 wc 유틸리티로 파일에 들어 있는 글자 수를 센다.

safety/taint.rb
```
puts "글자 수를 셀 파일명을 입력하시오: "
name = gets
system("wc -c #{name}")
```

---

23 xkcd 만화에 나온 우리의 좋은 친구 꼬마 보비 테이블스(little Bobby Tables)를 아는가? 다음 웹 사이트에서 만화도 보고 데이터를 데이터베이스에 안전하게 넘기는 방법도 살펴보기 바란다. *https://bobby-tables.com*

24 (옮긴이) 2019년 크리스마스에 릴리스된 루비 2.7에서 오염 관련 기능이 사용 저조 등의 이유로 삭제되었다. 본문의 예제는 2.7 이전 버전에서만 작동한다.

어떤 악독한 사용자가 다음과 같이 시스템을 망가트리려고 할 수 있다.

**글자 수를 셀 파일명을 입력하시오:**
```
test.dat; rm -rf /
```

하지만 SAFE 수준을 1로 설정하면 외부 데이터는 오염된 것으로 인식되어 위험할 수도 있는 상황에서는 사용할 수 없게 된다.

**safety/taint.rb**
```
$SAFE = 1

puts "글자 수를 셀 파일명을 입력하시오: "
name = gets
system("wc -c #{name}")

$ ruby taint.rb
글자 수를 셀 파일명을 입력하시오:
test.dat; rm -rf /

code/safety/taint.rb:5:in `system': Insecure operation - system
(SecurityError)
from code/safety/taint.rb:5:in `main'
```

## 인증이 없는 서비스는 공격 매개체다

본질적으로 인증이 없는 서비스는 전 세계 누구든지 호출할 수 있다. 따라서 별도로 처리하거나 제한을 두는 조치를 하지 않으면 최소한 '서비스 거부 공격Denial-of-Service, DoS'은 가능해진다. 또한 최근 데이터가 공개적으로 유출된 사고 중 상당수가 개발자가 실수로 데이터를 인증 없이 누구나 접근할 수 있는 클라우드 저장소에 두었기 때문에 발생했다.

## 인증을 요구하는 서비스도 공격 매개체다

인증 받은 사용자의 수를 언제나 최소로 유지하라. 쓰이지 않거나, 오래되고, 유효하지 않은 사용자나 서비스를 정리하라. 인터넷에 연결된 장치 중 많은 수가 간단한 기본 비밀번호를 사용하거나, 아예 비밀번호 없이 접근 가능한 관리자 계정을 사용하는 것으로 나타났다. 배포 시스템의 인증 정보를 가진 계정이 유출되었다면 여러분 제품 전체가 유출된 것이나 다름없다.

### 출력 데이터는 공격 매개체다

사실이 아닐 것 같긴 하지만, 시스템에 비밀번호를 등록하려고 했더니 "다른 사용자가 사용 중인 비밀번호입니다."라는 오류 메시지를 출력했다는 전설이 있다. 정보를 누설하지 말라. 응답에 들어 있는 데이터가 사용자의 권한에 적절한지 늘 확인하라. 주민 등록 번호나 다른 신원 정보처럼 위험도가 높은 정보는 일부만 노출하거나 알아볼 수 없게 변형하라.

### 디버깅 정보는 공격 매개체다

ATM 기계 화면이나 공항 키오스크, 웹 브라우저 화면에 난데없이 긴 스택 트레이스와 데이터가 가득 나타난다. 참 흐뭇한 광경이다. 여러분의 디버깅을 돕기 위한 정보는 해커가 뚫고 들어오는 것도 도와줄 것이다. "테스트 접점 만들기"(318쪽을 보라)에서 노출하는 정보나 실행 시점 예외 정보가 훔쳐보는 이들의 눈에 띄지 않도록 잘 보호하라.[25]

---

> **Tip 72** 단순함을 유지하고 공격 표면을 최소화하라.

---

### 최소 권한 원칙

최소한의 권한만을 꼭 필요한 시간만큼만 제일 **짧게** 부여하라는 게 또다른 핵심 원칙이다. 다시 말하자면 아무 생각 없이 root나 Administrator 같은 최

---

**25** 이 기법은 CPU 칩 수준에서 효과적인 것으로 밝혀졌다. 잘 알려진 취약점 공격 방법들은 이 수준에서 디버깅 및 관리용 기능을 목표로 삼는다. 이렇게 일단 해킹되면 기계 전체가 무방비로 노출된다.
(옮긴이) 2017년 인텔 CPU의 관리 엔진(Management Engine)에 있는 보안 문제가 발표된 바 있다.

고 수준 권한을 사용하지 말라는 것이다. 더 높은 권한이 필요하다면 권한을 얻은 후 최소한의 필요한 일만 수행하고 바로 권한을 파기하여 위험을 줄여야 한다. 이 원칙의 기원은 1970년대 초까지 거슬러 올라간다.

> 시스템의 모든 프로그램과 모든 특수 권한 사용자는 과업을 마치기 위해 필요한 최소한의 권한만을 사용하여 운용해야 한다.
> — 제롬 살처Jerome Saltzer, Communications of the ACM, 1974.

유닉스 계열 시스템의 login 프로그램을 보자. login은 처음에는 루트 즉 관리자 권한으로 실행된다. 하지만 로그인하는 사용자의 신원을 확인하자마자 루트 권한을 내려놓고 해당 사용자의 권한을 사용한다.

이 원칙은 운영 체제의 권한 체계에만 적용되는 것이 아니다. 여러분의 애플리케이션이 여러 단계의 접근 권한을 구현하는가? 아니면 "관리자" 외에는 모두 그냥 "사용자"인 초보적인 도구인가? 그렇다면 더 상세하게 제어하는 시스템을 고민해 보라. 여러분의 민감한 리소스를 종류별로 분류한 다음 각 사용자에게 필요한 종류만 권한을 부여하면 어떨까?[26]

이 기법은 공격 표면을 최소화한다는 발상과도 일맥상통한다. 시간과 권한 차원에서 공격 매개체의 유효 범위를 줄이는 것이다. 권한이야말로 '적을수록 낫다less is more'.

## 안전한 기본값

여러분의 애플리케이션 혹은 웹 사이트 사용자의 기본 설정은 가장 안전한 값이어야 한다. 가장 안전한 값이 가장 사용자 친화적인 값이나 편리한 값은 아닐 수 있겠지만, 각 사용자가 직접 보안과 편리함 사이에서 고르도록 하는 편이 낫다.

---

26 (옮긴이) 이럴 때 역할 기반 접근 제어(Role-based access control, RBAC)라는 방식을 많이 사용한다. 역할별로 할 수 있는 일의 권한을 부여하고, 각 사람에게는 필요한 역할들을 임명하는 식이다.

예를 들어 비밀번호를 입력할 때의 기본값은 입력한 글자를 별표로 바꾸어서 비밀번호를 숨기는 것이어야 한다. 여러분이 비밀번호를 사람이 많은 곳에서 입력하고 있거나, 많은 사람 앞에서 화면을 보여 주고 있다면 이 기본값이 더 좋을 것이다. 하지만 어떤 사용자는 접근성을 높이기 위하여 입력한 비밀번호를 눈으로 확인하고 싶을 수도 있다. 누군가가 어깨 너머로 훔쳐볼 가능성이 별로 없다면 그 역시 말이 되는 선택이다.

### 민감 정보를 암호화하라

개인 식별 정보나 금융 데이터, 비밀번호, 다른 인증 정보를 일반 텍스트로 남기지 말라. 데이터베이스든 다른 파일이든 동일하다. 설사 데이터가 유출되더라도 암호화가 안전장치 역할을 할 수 있어야 한다.

119쪽의 〈항목 19. 버전 관리〉에서 우리는 프로젝트에 필요한 모든 것을 버전 관리 시스템에 넣으라고 강력히 추천했다. 사실 거의 모든 것이다. 이 규칙에 중요한 예외가 하나 있다.

암호나 API 키, SSH 키, 암호화 비밀번호, 그 밖의 다른 인증 정보를 소스 코드용 버전 관리 시스템에 넣지 말라.

키나 암호는 다른 방법으로 관리해야 한다. 보통 빌드나 배포 프로세스 내에서 설정 파일이나 환경 변수로 관리한다.[27]

### 보안 업데이트를 적용하라

컴퓨터 시스템을 업데이트하는 것은 아주 고통스러운 일이다. 보안 패치는 물론 필요하지만, 패치의 부작용으로 여러분 애플리케이션의 일부가 망가진다. 여러분은 일단 기다리기로 하고 업데이트를 나중으로 미룰지도 모른다.

---

27 (옮긴이) 더 좋은 방법은 암호화 키를 별도의 도구나 서비스로 관리하는 것이다. 형태에 따라 키 관리 시스템(Key management system, KMS) 혹은 키 관리 서비스라고 부르는 제품들이 있다.

하지만 끔찍한 생각이다. 이제 여러분의 시스템은 알려진 공격 방법으로 뚫릴 수 있다.

---

**Tip 73** 보안 패치를 신속히 적용하라.

---

이 팁은 인터넷에 연결된 모든 장비에 해당한다. 전화, 자동차, 가전, 개인 노트북, 개발용 컴퓨터, 빌드 장비, 실제 서비스용 서버, 컨테이너 이미지 등 모든 것을 업데이트하라. 꼭 업데이트를 해야 하나 싶은 생각이 든다면, 지금까지 발생한 데이터 유출 사고 중 가장 큰 사고는 업데이트를 하지 않은 시스템 때문에 발생했다는 사실만 기억하기 바란다.

여러분에게 이런 사고가 터지지 않게 하라.

> ☑ **잘못된 비밀번호 사례**
>
> 근본적으로 보안이 어려운 원인은 좋은 보안 지침이 일반 상식이나 관행에 어긋날 때가 많기 때문이다. 예를 들어 여러분은 까다로운 비밀번호 요구 사항을 적용하면 여러분의 애플리케이션이나 웹 사이트가 더 안전해진다고 생각할지도 모르겠다. 하지만 틀렸다.
>
> 까다로운 비밀번호 정책은 실제로는 보안 수준을 낮춘다. 몹시 나쁜 정책 몇 가지를 미국 표준기술연구소NIST의 권고[28]도 곁들여서 살펴보자.
>
> - 비밀번호 길이를 64자 이하로 제한하지 말라. NIST는 비밀번호 최대 길이로 256자를 추천한다.
> - 사용자가 고른 비밀번호를 잘라서 일부만 사용하지 말라.

---

28 〈NIST Special Publication 800-63B: Digital Identity Guidelines: Authentication and Lifecycle Management(디지털 신원 가이드라인: 인증과 생애주기 관리)〉 다음 주소에서 무료로 볼 수 있다. *https://doi.org/10.6028/NIST.SP.800-63b*
(옮긴이) 한국인터넷진흥원에서도 〈패스워드 선택 및 이용 안내서〉를 발간하고 있다. 2019년 6월 개정안 기준으로 이 책의 내용과 다소 충돌하는 부분도 있지만, 비밀번호 변경 주기에 대한 권고를 삭제하는 등 최근의 보안 흐름에 맞추어 개정된 부분도 있다. "암호이용활성화" 웹 사이트에서 볼 수 있다. *https://seed.kisa.or.kr*

- [ ]( );&%$#/ 같은 특수 문자를 제한하지 말라. 앞에서 언급한 보비 테이블스 이야기도 참고하라. 비밀번호에 있는 특수 문자 때문에 시스템이 위험에 처한다면 여러분에게는 더 큰 문제가 있는 것이다. NIST는 출력 가능한 ASCII 문자와 공백, 유니코드 문자를 모두 허용하라고 권한다.
- 인증되지 않은 사용자에게 비밀번호 힌트를 제공하거나 "당신의 첫 번째 애완동물의 이름은 무엇인가요?" 같이 특정한 정보를 물어보지 말라.
- 브라우저의 붙여넣기 기능을 막지 말라. 브라우저나 비밀번호 관리자의 기능을 막는다고 시스템이 더 안전해지지는 않는다. 오히려 사용자가 더 짧고 단순한 비밀번호를 만들도록 유도해서 더 취약해지게 할 뿐이다. 이 때문에 미국의 NIST와 영국 사이버 안전 센터 National Cyber Security Centre 공히 붙여넣기를 허용하라고 요구한다.
- 특별한 조합 규칙을 도입하지 말라. 예를 들어 대문자와 소문자, 숫자와 특수 문자를 반드시 섞어서 써야 한다거나 반복되는 문자는 쓰면 안 된다거나 하는 식으로 강제하지 말라.[29]
- 다른 이유 없이 일정 기간이 지났다는 이유만으로 사용자에게 비밀번호를 바꾸라고 요구하지 말라. 데이터 유출 사고가 발생한 경우 같이 합당한 이유가 있을 때만 비밀번호 변경을 요구해야 한다.

높은 무작위도를 갖는 길고 이해하기 힘든 암호를 권하고 싶을 것이다. 하지만 인위적인 제약을 걸면 무작위도를 낮추고 나쁜 비밀번호 습관을 부추겨서 사용자 계정 탈취를 도와주는 꼴이 될 뿐이다.

## 상식 대 암호

암호학cryptography에 있어서는 여러분의 상식이 맞지 않을 수 있다는 점을 명심해야 한다. 암호화에 있어서 첫 번째 규칙이자 가장 중요한 규칙은 절대 직

---

29 (옮긴이) 한국인터넷진흥원에서는 안전한 비밀번호를 위하여 문자 종류를 혼합하고, 특수문자는 맨 앞이나 뒤가 아니라 중간에 삽입하라고 권고하고 있다. 단, 이를 강제하라고 서비스 관리자에게 권고하지는 않는다. 본문에 인용된 NIST 권고 중 Appendix A에 따르면 복잡한 비밀번호 조합을 강제하는 경우 사람들은 "Password1!"처럼 맨 끝에 특수문자를 붙이는 예측이 쉬운 형태로 비밀번호를 만들거나, 아니면 외우기 힘든 복잡한 비밀번호를 만든 후 종이 등에 적어서 보관함으로써 오히려 보안에 취약해지는 경우가 더 많다고 한다.

접 만들지 말라는 것이다.[30] 비밀번호처럼 간단한 것마저도 일반적인 관행이 틀렸을 수 있다.(338쪽의 "잘못된 비밀번호 사례" 상자를 보라.) 암호의 세계에서는 엄청나게 작고 아주 사소해 보이는 오류가 전체 암호화를 무용지물로 만들어 버릴 수 있다. 여러분이 만든 기발한 수제 암호화 알고리즘은 전문가가 몇 분 내로 풀어 버릴 것이다. 암호화는 직접 하지 않는 편이 낫다.

다른 곳에서도 말했지만, 신뢰할 수 있는 것에만 의지하라. 많이 검토하고, 철저하게 검사하고, 잘 유지 보수되며 자주 업데이트되는 라이브러리와 프레임워크를 사용하라. 가급적 오픈 소스가 좋다.

간단한 암호화 작업 외에도 여러분의 웹 사이트나 애플리케이션의 보안 관련 기능을 주의 깊게 검토하라. 예를 들어 사용자 인증authentication을 보자.

비밀번호나 생체 정보를 이용한 로그인 인증을 구현하려면 해시와 솔트salt가 어떻게 동작하는지, 해커가 레인보 테이블rainbow table 같은 도구를 어떻게 사용하는지, 왜 MD5나 SHA1을 더는 쓰면 안 되는지 등 다양한 문제를 이해해야 한다.[31] 제대로 구현했다 하더라도 계속해서 데이터를 관리하고 안전하게 유지할 책임은 여전히 여러분에게 있다. 새로운 법령이나 법적 의무에 대한 대응도 여러분 몫이다.

아니면 실용주의적 접근 방법을 선택하여 다른 사람이 대신 고민하도록 할 수도 있다. 외부의 인증 서비스를 사용하는 것이다. 여러분의 조직 내에서 운영하는 인증 서비스를 함께 사용할 수도 있고, 외부 클라우드가 제공하는 것을 사용할 수도 있다. 이메일, 전화, 소셜 미디어 등을 운영하는 회사가 주로 인증 서비스를 제공하는데, 어떤 것이 여러분의 애플리케이션에 적절할지는 그때그때 다르다. 이런 회사들은 온종일 자신의 시스템을 더 안전하게 만

---

30 여러분이 암호학 박사 학위가 있는 게 아니라면 말이다. 설사 그렇다고 해도 주요한 상호 평가를 거쳤고, 취약점 제보 포상을 포함한 광범위한 현장 시험을 했고, 장기 유지 보수를 위한 예산을 갖췄을 때에만 말이다.

31 (옮긴이) 앞에서 소개한 한국인터넷진흥원 "암호이용활성화" 웹 사이트에서 제공하는 〈암호기술 구현 안내서〉에서 인증 정보 관리의 기본적인 내용을 배울 수 있다.

들 방법만 고민할 것이므로 어떤 서비스를 사용하든 아마 여러분보다 더 나을 것이다.

바깥에서는 안전에 주의하라.

## 관련 항목

- 항목 23. 계약에 의한 설계
- 항목 24. 죽은 프로그램은 거짓말을 하지 않는다
- 항목 25. 단정적 프로그래밍
- 항목 38. 우연에 맡기는 프로그래밍
- 항목 45. 요구 사항의 구렁텅이

## Topic 44 이름 짓기

> 올바른 이름으로 부르는 것이 지혜의 시작이다.
>
> – 공자

이름이란 게 무슨 의미가 있나?[32] 프로그래밍에서는 이름이 "모든 것!"이다.

우리는 이름을 붙인다. 애플리케이션, 서브시스템, 모듈, 함수, 변수 등 새로운 것을 끊임없이 만들고 그것에 이름을 부여한다. 그리고 이름은 아주아주 중요하다. 이름은 여러분의 의도와 믿음을 잔뜩 드러내기 때문이다.

우리는 코드에서 하는 역할에 따라 이름을 지어야 한다고 믿는다. 이 말은 무언가를 만들 때마다 잠시 멈춰서 '내가 이것을 왜 만드는 거지?'하고 생각해야 한다는 뜻이다.

이 질문은 아주 효과적이다. 여러분이 문제 풀이 사고방식에서 벗어나 더 큰 그림을 보도록 하기 때문이다. 변수나 함수의 역할을 고려하려면 그 변수

---

32 (옮긴이) 원문은 "What's in a name?"으로 셰익스피어의 《로미오와 줄리엣》에서 줄리엣이 하는 대사다.

나 함수가 무엇이 특별한지, 무엇을 할 수 있는지, 무엇과 상호작용하는지를 생각해야만 한다. 우리도 가끔은 우리가 만들려고 했던 것이 사실은 말도 안 된다는 것을 이름을 고민하다가 깨닫기도 한다. 아무리 해도 적절한 이름을 떠올릴 수 없었던 것이다.

이름에 깊은 의미가 있음을 보여 주는 과학 연구도 있다. 우리의 뇌가 단어를 읽고 이해하는 속도는 엄청나게 빨라서 다른 대부분의 활동보다 빠르다고 한다. 이 말은 무언가를 이해하려고 할 때 단어의 우선순위가 높다는 것이다. 스트루프 효과Stroop effect[33]를 사용해서 실험해 볼 수 있다.

다음 상자를 보라. 색깔 이름이 각각 여러 가지 색깔로 쓰여 있다. 하지만 색깔 이름과 글자의 색깔이 꼭 일치하지는 않는다. 자, 첫 번째 도전 과제다. 단어가 쓰인 대로 색깔 이름을 큰소리로 읽어 보라.

| 하얀색 | 하얀색 | 회색 |
| 하얀색 | 회색 | 회색 |
| 회색 | 하얀색 | 검은색 |
| 검은색 | 하얀색 | 하얀색 |
| 검은색 | 회색 | 회색 |

다시 한번 해 보자. 그런데 이번에는 글씨의 색깔을 크게 말해 보자.

더 어렵지 않은가? 그냥 읽을 때는 술술 읽히지만 색깔을 말하려고 하면 훨씬 힘들다. 여러분의 뇌는 단어를 꼭 지켜야 하는 것으로 인식한다. 그렇다면 이에 걸맞게 우리가 사용하는 이름을 잘 지어야 한다.

몇 가지 예제를 살펴보자.

- 우리는 낡은 그래픽 카드로 액세서리를 만들어 파는 웹 사이트를 운영 중이다. 사이트에 접속하는 사람을 인증하려고 한다.

---

33 〈Studies of Interference in Serial Verbal Reactions(시열언어반응과제에서의 간섭에 대한 연구)〉 [Str35]

```
let user = authenticate(credentials)
```

변수명은 user다. 언제나 user니까. 하지만 왜 그래야 할까? user에는 아무런 의미가 없다. customer나 buyer는 어떤가? 이런 이름을 사용하면 코딩을 할 때마다 이 사람이 무엇을 하려고 하는지, 우리에게 어떤 의미가 있는지 계속 되새기게 될 것이다.

• 주문에 할인을 적용하는 인스턴스 메서드가 있다.

```
public void deductPercent(double amount)
    // ...
```

두 가지가 눈에 띈다. 먼저, deductPercent는 '이 함수가 하는 일'이지 '왜 이 일을 하는지'가 아니다. 다음으로 매개 변수인 amount는 헷갈린다는 비난을 면하기 힘들다. 할인 금액인가 아니면 할인율인가?

다음과 같이 쓰면 더 나을 것이다.

```
public void applyDiscount(Percentage discount)
    // ...
```

이제 메서드 이름에 의도가 명확하게 드러난다. 매개 변수의 타입도 double에서 우리가 정의한 타입인 Percentage로 변경했다. 여러분은 어떤지 모르겠지만, 우리는 백분율을 다룰 때 값이 0에서 100 사이인지, 아니면 0.0에서 1.0 사이인지 늘 헷갈린다. 전용 타입을 사용하면 함수에 어떤 값을 넘겨야 하는지 명시할 수 있다.

• 피보나치수열로 흥미로운 일들을 하는 모듈이 있다. 그중 한 가지는 수열의 n번째 숫자를 계산하는 것이다. 잠시 읽기를 멈추고 이 함수를 뭐라고 부를지 생각해 보라.

우리가 물어본 사람들은 대부분 fib이라고 대답했다. 괜찮아 보인다.

하지만 기억해야 할 점은 이 함수는 대부분 모듈 이름과 함께 호출될 것이고, 그러면 함수 호출은 `Fib.fib(n)`이 된다는 것이다. 함수 이름을 of나 nth(n번째)로 하면 어떨까?

```
Fib.of(0)    # => 0
Fib.nth(20)  # => 4181
```

이름을 지을 때는 여러분이 표현하고 싶은 것을 더 명확하게 다듬기 위해 끊임없이 노력해야 한다. 이렇게 명확하게 다듬는 작업이 여러분이 코드를 작성할 때 코드를 더 잘 이해할 수 있도록 도울 것이다.

하지만 모든 이름이 문학상 후보에 올라야 하는 것은 아니다.

---

**☑ 예외 없는 규칙은 없다**

우리가 코드에서는 명확성을 끊임없이 추구하지만 브랜드brand는 완전히 다른 문제다.

프로젝트명이나 프로젝트팀의 이름은 의미가 모호하면서도 "기발한" 이름이어야 한다는 전통이 확립되어 있다. 포켓몬이나 마블의 슈퍼히어로, 귀여운 포유동물, 반지의 제왕 캐릭터 등에서 마음에 드는 이름을 골라라.

정말이다.

---

## 문화를 존중하라

컴퓨터 과학에는 어려운 문제가 딱 두 개 있다. 캐시 무효화와 이름 짓기.

대부분의 컴퓨터 입문용 교재는 i, j, k 같은 한 글자 변수명을 절대 사용하지 말라고 강조한다.[34]

우리는 이런 견해가 조금은 틀렸다고 생각한다.

---

34 왜 i가 반복문 변수로 자주 사용되는지 혹시 아는가? 답을 찾으려면 60년 넘게 거슬러 올라가야 한다. 원래 포트란(FORTRAN)에서 I부터 N 사이의 알파벳으로 시작하는 변수는 정수 변수였다. 이런 알파벳을 고른 것은 대수학의 영향을 받아서다.

사실 이는 각 프로그래밍 언어나 환경의 문화에 달린 것이다. C 프로그래밍 언어에서 i, j, k는 전통적으로 반복문에서 증가하는 변수로 쓰여 왔다. s는 문자열을 의미하고, 그 밖에도 여러 관습이 있다. 이런 환경에서 프로그래밍한다면 이런 코드와 계속 맞닥트리게 될 것이고, 이 관습을 어긴다면 문제가 될-그리고 아마 틀린 것일-수 있다. 반면에 이런 관습이 없는 환경이라면 당연히 한 글자 변수명을 사용하면 안 된다. 다음 클로저Clojure 예제처럼 변수 i에 문자열을 저장하는 악랄한 짓은 절대 하면 안 된다.

```clojure
(let [i "Hello World"]
     (println i))
```

어떤 언어 사용자들은 이름 가운데에 대문자를 넣는 낙타 표기법camelCase을 선호하고, 다른 언어 사용자들은 밑줄로 단어를 구분하는 뱀 표기법snake_case을 선호한다. 언어 자체의 문법에선 어느 쪽이든 상관없다고 하더라도 아무 것이나 쓰면 안 된다. 그 분야의 문화를 존중하라.

어떤 언어는 이름에 일부 유니코드 문자를 허용하기도 한다. 귀엽기 짝이 없는 ɹəsn나 **할인적용()** 같은 이름을 사용하기 전에 다른 이들은 어떻게 생각하는지 눈치를 살펴라.

## 일관성

랠프 월도 에머슨은 "어리석은 일관성은 소인배의 말썽꾸러기 도깨비hobgoblin다."라는 말을 한 것으로 유명하다. 에머슨은 19세기 사람이므로 당연히 프로그래밍 팀에 속하지는 않았지만 말이다.

모든 프로젝트에는 팀 내에서 특별한 의미가 있는 용어들을 비롯하여 고유의 어휘들이 있다. "Order"가 온라인 상점을 만드는 팀에게는 '주문'이겠지만, 종교 단체의 역사를 보여주는 앱을 만드는 팀에게는 '교단'을 의미할 것이다.

반드시 팀의 모든 사람이 각 단어의 뜻을 알고 일관성 있게 사용해야 한다.

한 가지 방법은 많은 의사소통을 장려하는 것이다. 모든 사람이 짝 프로그래밍을 하고 자주 짝을 바꾼다면 용어의 의미는 자연스럽게 퍼져 나갈 것이다.

팀에게 특별한 의미가 있는 단어를 모두 모은 프로젝트 용어 사전을 만드는 방법도 있다. 이 문서에 따로 형식을 정해 둘 필요는 없다. 위키로 관리할 수도 있고, 벽 같은 곳에 인덱스카드를 붙여서 만들 수도 있다.

시간이 흐르다 보면 프로젝트 용어들은 자리를 잡아 나갈 것이다. 모든 사람이 어휘에 익숙해지면 짧은 단어를 말하는 것만으로도 많은 의미를 정확하고 짧게 전달할 수 있게 된다. (사실 이것이 디자인 패턴 같은 '패턴 언어'가 하는 일이다.)

## 이름 바꾸기는 더 어렵다

> 컴퓨터 과학에는 어려운 문제가 딱 두 개 있다. 캐시 무효화, 이름 짓기, 그리고 하나 차이
> (off-by-one) 오류.[35]

아무리 좋은 이름을 짓기 위해 노력하더라도 모든 것은 변한다. 코드는 리팩터링되고, 사용 방식은 바뀌고, 의미는 미묘하게 달라진다. 부지런히 이름을 계속 바꾸지 않으면 악몽 같은 상황에 빠지게 된다. 무의미한 이름보다 더 고약한 잘못된 이름을 사용하는 코드가 되는 것이다. 누군가가 "getData라는 루틴은 사실 데이터를 압축 파일에 쓰는 거죠."라고 레거시 코드에 존재하는 잘못된 이름을 설명하는 걸 들어 본 적 있는가?

8쪽의 〈항목 3. 소프트웨어 엔트로피〉에서 이야기했듯이 문제를 발견했으면 고쳐라. 당장 바로 그 자리에서. 의도를 제대로 표현하지 못하거나 오해를 부를 수 있거나 헷갈리는 이름을 발견했다면 고쳐야 한다. 혹시 이름 바꾸

---

35 (옮긴이) 다음 웹사이트에서 비슷한 농담을 더 볼 수 있다. *https://martinfowler.com/bliki/TwoHard Things.html*

는 것을 빼먹은 곳이 있더라도 회귀 테스트가 있으니 여러분의 실수를 발견해 줄 것이다.

---

**Tip 74** **이름을 잘 지어라. 필요하면 이름을 바꿔라.**

---

잘못된 이름을 바꿀 수 없는 상황이라면 더 큰 문제가 있는 것이다. 바로 ETC 위반이다.(38쪽의 〈항목 8. 좋은 설계의 핵심〉을 보라.) 그 문제를 고치고 나서 잘못된 이름을 바꿔라. 이름을 바꾸기 쉽게 만들고, 자주 이름을 바꿔라.

그러지 않으면 팀에 새로운 사람이 올 때마다 시치미를 뚝 떼고 getData가 사실은 데이터를 파일에 쓴다는 것을 설명해야 할 것이다.

### 관련 항목

- 항목 3. 소프트웨어 엔트로피
- 항목 40. 리팩터링
- 항목 45. 요구 사항의 구렁텅이

### 도전해 볼 것

- 지나치게 일반적인 이름을 가진 함수나 메서드를 발견했다면 실제로 하는 일을 모두 반영하도록 이름을 바꿔 보라. 리팩터링하기 더 쉬워질 것이다.
- 본문의 예에서 더 전통적이고 일반적인 이름인 user 대신 더 구체적인 이름인 buyer 같은 것을 사용하라고 권했었다. 비슷하게 습관적으로 사용하는 이름 중 개선할 만한 것이 있을까?
- 시스템에서 사용하는 이름이 해당 도메인의 사용자들이 사용하는 용어와 일치하는가? 그렇지 않다면 왜인가? 일치하지 않는 이름 때문에 팀 내에

서 스트루프 효과와 같이 인식에 부조화가 발생하지는 않는가?

- 여러분의 시스템에 있는 이름을 바꾸기 힘든가? 이 깨진 창문을 고치기 위
해 어떤 일을 할 수 있을까?

# 프로젝트 전에

Before the Project

여러분 그리고 여러분의 팀은 프로젝트를 시작할 때 요구 사항을 파악해야 한다. 단순히 할 일을 전달받거나, 사용자의 이야기를 듣는 것만으로는 부족하다. 〈항목 45. 요구 사항의 구렁텅이〉를 읽고 흔한 함정이나 곤란한 상황에 빠지지 않는 법을 익혀라.

일반 통념과 제약 조건 관리constraint management가 〈항목 46. 불가능한 퍼즐 풀기〉의 주제다. 요구 사항이나 분석, 코딩, 테스팅 등 무엇을 하든 어려운 문제는 생기기 마련이다. 하지만 대개 첫눈에 보고 생각했던 것만큼 어렵지는 않다.

불가능한 프로젝트와 맞닥뜨렸다면 우리의 비밀 무기인 〈항목 47. 함께 일하기〉를 꺼내야 한다. '함께 일하기'는 두꺼운 요구 사항 문서를 공유하거나, 참조자가 무한히 늘어나는 이메일을 뿌리거나, 끝없는 회의를 견디는 것이 아니다. 우리가 생각하는 함께 일하기는 코딩하는 동안 문제를 함께 푸는 것이다. 누구와 함께 어떻게 시작하는지 보여 주겠다.

애자일 선언Agile Manifesto은 "공정process과 도구보다 개인과 상호 작용"으로 시작한다. 하지만 역설적이게도 거의 모든 "애자일" 프로젝트가 어떤 공정과 도구를 사용할지에 대한 논의로 시작한다. 하지만 아무리 세심하게 계획하거나, 최고의 "모범 사례"를 따라 하더라도, 생각하기를 대신할 수는 없다. 여러분에게 필요한 것은 특정한 공정이나 도구가 아니다. 바로 〈항목 48. 애자일의 핵심〉이다.

프로젝트가 닻을 올리기 전에 이런 중요한 문제들이 잘 정리되어야 '분석 마비증analysis paralysis'을 모면할 수 있다. 프로젝트를 정말로 시작하고, 성공적으로 마칠 수 있다.

## Topic 45 요구 사항의 구렁텅이

> 완성이라는 것은 더 이상 더할 것이 없을 때가 아니라, 더 이상 뺄 것이 없을 때 달성되는 것이다.
>
> – 앙투안 드 생텍쥐페리(Antoine de St. Exupery), 《바람과 모래와 별들》

많은 책과 튜토리얼에 따르면 '요구 사항 수집'은 프로젝트의 초기에 이뤄진다. '수집gathering'이라는 말은 왠지 베토벤의 전원 교향곡이 배경 음악으로 부드럽게 울려 퍼지는 가운데 행복한 분석가들이 주변에 널려 있는 지식 덩어리를 주워 담는 장면을 연상케 한다. 요구 사항이 이미 널려 있다는, 고로 그것들을 쉽게 찾아서 바구니에 주워 담고 행복하게 가던 길을 계속 갈 수 있다는 느낌을 풍긴다.

사실은 그렇지 않다. 요구 사항이 땅 위에 놓여 있는 경우는 드물다. 보통은 가정과 오해, 정치politics의 지층 속 깊숙이 묻혀 있다. 심지어 아예 존재하지 않을 때도 있다.

---

**Tip 75** 자신이 뭘 원하는지 정확히 아는 사람은 아무도 없다.

---

## 요구 사항 미신

소프트웨어 산업 초창기, 시간당 비용 기준으로 컴퓨터가 컴퓨터를 다루는 사람보다 훨씬 비싸던 시절이 있었다. 우리의 목표는 단번에 제대로 동작하게 만들어서 비용을 절약하는 것이었다. 그 노력의 일환으로 기계가 해야 할 일을 정확하게 기술하려고 애썼다. 먼저 요구 사항의 명세를 구하는 것으로 시작해서 이를 잘 활용하여 설계 문서를 만들고, 순서도와 의사 코드를 만들고, 마지막으로 코드로 바꿔 낸다. 그리고 나서도 컴퓨터에 입력하기 전 사람이 한 번 더 코드를 검사했다.

이렇게 하려면 돈이 많이 든다. 그러다 보니 사람들은 자신이 원하는 것을 정확히 알 때만 자동화를 시도하게 되었다. 초기의 컴퓨터는 기능이 충분치 않아서 컴퓨터로 해결할 수 있는 문제의 폭도 제한적이었다. 그래서 전체 문제를 먼저 다 이해한 후에 작업을 시작하는 것이 실제로 가능했다.

하지만 진짜 세상은 다르다. 진짜 세상은 엉망이고 갈등이 넘쳐나며 알 수 없는 점도 많다. 무엇을 다루든 정확한 명세란 것은 거의 불가능하다고 볼 수 있다.

그래서 우리 프로그래머들이 등장한다. 우리의 일은 사람들이 자신이 원하는 바를 깨닫도록 돕는 것이다. 사실 이게 우리의 가치가 가장 빛나는 부분일 것이다. 그러니 다시 한번 반복하겠다.

---

**Tip 76**  프로그래머는 사람들이 자신이 원하는 바를 깨닫도록 돕는다.

---

## 상담 치료로서의 프로그래밍

우리에게 소프트웨어 작성을 요청하는 사람을 우리 의뢰인이라고 부르자.

일반적으로 의뢰인은 필요한 것이 있어서 우리에게 찾아온다. 그 필요가 전략적일 수도 있으나, 단지 바로 현재 발생한 문제를 푸는 전술적 사안에 불과할 수도 있다. 기존 시스템을 변경해야 하거나, 새로운 것을 요청할 수도 있다. 요청을 비즈니스 용어로 표현하기도 하고 기술적인 용어로 표현하기도 한다.

신입 개발자들이 자주 범하는 실수는 이런 요청 사항을 받았을 때 바로 해결책을 구현해 버리는 것이다.

우리의 경험상 최초의 요청 사항은 궁극적인 요구 사항이 아니다. 의뢰인은 인식하지 못할 수도 있지만, 의뢰인의 요청 사항은 사실 함께 탐험을 떠나자는 초대장이다.

간단한 예를 들어 보자. 여러분은 종이책과 전자책을 파는 온라인 서점에서 일한다. 새로운 요구 사항을 받았다.

5만 원 이상인 모든 주문은 배송비가 무료입니다.

잠시 멈춰서 이런 요구 사항을 받았다고 상상해 보라. 어떤 생각이 가장 먼저 떠오르는가?

아마 이런 의문점들이 떠올랐을 것이다.

- 어떤 종류의 배송이 무료인가? 당일 배송, 아니면 일반 배송?
- 국제 배송은 어떤가?
- 5만 원에 현재 고객이 선택한 배송 방법의 배송비도 포함인가?
- 5만 원에 세금도 포함인가?
- 5만 원이 모두 종이책이어야 하나, 아니면 전자책을 포함해도 되나?
- 나중에 5만 원 기준이 또 바뀔까?

이것이 우리가 하는 일이다. 간단해 보이는 무언가를 받으면 특이한 경우에 대해 캐물어서 사람들을 화나게 하는 것 말이다.

의뢰인이 이미 생각해 본 문제일 수도 있다. 그렇다면 이미 어떤 식으로 구현해야 한다는 계획이 있을 것이므로 질문으로 정보를 끄집어내기만 하면 된다.

하지만 의뢰인이 미처 고려해 보지 않은 문제도 있을 것이다. 여기가 바로 일이 재미있어지는 부분이다. 좋은 개발자라면 협상 능력을 키울 수 있는 상황이기도 하다.

여러분: 총 5만 원에 대해 궁금한 점이 있습니다. 여기에 우리가 원래 부과하는 배송비도 포함됩니까?

의뢰인: 물론이죠. 고객이 지불하는 금액 전체를 말하는 겁니다.

여러분: 고객이 이해하기 쉽고 좋네요. 반응이 좋겠는데요? 그런데 일부 비양심적인 고객이 이 시스템을 이상하게 사용하려고 할 것 같은데요.

의뢰인: 어떻게요?

여러분: 음. 예를 들어 2만 5천 원짜리 책을 하나 사고, 가장 비싼 당일 배송을 고른다고 해 보죠. 당일 배송 비용은 3만 원이니까 총 5만 5천 원이 되는데요. 그러면 결제금액이 5만원이 넘으므로 배송이 무료로 바뀝니다. 따라서 고객은 2만 5천 원만 내면 되고, 배송비 없이 2만 5천 원짜리 책을 당일 배송으로 받을 수 있게 되겠지요.

(이 지점에서 경험이 많은 개발자는 멈출 것이다. 사실을 전달하고 의뢰인이 결정을 내리도록 한다.)

의뢰인: 아이코. 그건 제가 의도한 것이 아닌데요. 그러면 우리가 손해예요. 어떻게 해야 할까요?

이렇게 탐험이 시작된다. 여러분의 역할은 의뢰인의 말을 해석해서 그로 인한 영향을 다시 알려주는 것이다. 이 탐험은 지적이고 창의적인 과정이다. 여러분은 순간적으로 판단을 내리며 해결책을 만드는 데 참여한다. 이 해결책은 여러분이나 의뢰인이 혼자서 만들어 내는 것보다 아마 더 좋을 것이다.

## 요구 사항은 과정이다

앞의 예에서 개발자는 요구 사항을 받은 다음 그로 인한 결과를 의뢰인에게 다시 제시했다. 그리고 탐험이 시작되었다. 탐험 도중 의뢰인이 다른 해법을 꺼낼 때마다 여러분은 아마 계속해서 피드백을 제공할 것이다. 모든 요구 사항 수집의 실상은 바로 다음과 같다.

---

**Tip 77** 요구 사항은 피드백을 반복하며 알게 된다.

---

여러분의 임무는 의뢰인에게 그들이 제시한 요구 사항의 여파를 깨우쳐 주는 것이다. 여러분은 피드백을 주고 의뢰인은 피드백을 바탕으로 자기 생각을 더 가다듬는다.

앞의 예에서는 피드백을 말로 표현하기가 쉬웠다. 하지만 그렇지 않을 때도 많다. 가끔은 여러분이 익숙하지 않은 분야여서 구체적으로 피드백을 주기 어려울 수도 있다.

그럴 때 실용주의 프로그래머는 "말씀하신 게 이런 것입니까?" 부류의 피드백에 의존한다. 우리는 모형mockup이나 프로토타입을 만들어서 의뢰인이 직접 다루어 볼 수 있도록 한다. 만든 모형이나 프로토타입이 이리저리 바꾸기 쉬워서 의뢰인과 대화하는 도중에도 계속 바꿀 수 있다면 이상적이다. "이건 제가 원한 것이 아닌데요."라고 할 때 "그러면 이런 식일까요?"라고 다시 물어볼 수 있다면 좋을 것이다.

종종 이런 모형은 한 시간 남짓이면 후다닥 만들어 낼 수 있다. 공들여 만들지 않아도 생각을 전달할 수만 있으면 된다.

그런데 사실 우리가 하는 모든 일은 일종의 모형을 만드는 것이다. 프로젝트가 막바지에 이르러서도 우리는 의뢰인이 원하는 것을 계속 해석해야 한다. 사실 프로젝트 막바지가 되면 의뢰인의 수가 늘어난다. QA 사람들, 운영 팀, 마케팅, 어쩌면 고객사의 테스트 조직까지 모두 의뢰인이 된다.

그러니 실용주의 프로그래머는 프로젝트 전체를 요구 사항 수집 과정으로 보아야 한다. 그래서 우리는 짧은 주기로 반복하는 것을 선호한다. 반복 주기가 끝날 때마다 직접 의뢰인에게 피드백을 받는다. 그러면 우리가 궤도에서 벗어나지 않을 수 있다. 혹시 우리가 정말로 잘못된 방향으로 가더라도 잃어버리는 시간을 최소화할 수 있다.

### 의뢰인의 입장에서 보라

많이 활용되지는 않지만 의뢰인의 머릿속 깊숙이 들어갈 수 있는 단순한 기법이 있다. 의뢰인이 되어 보는 것이다. 고객 상담을 위한 시스템을 작성하고 있는가? 경험 많은 고객 상담원을 며칠간 관찰하라. 수작업 재고 관리 시스템을 자동화하고 있는가? 창고에서 일주일만 일해 보라.[1]

시스템이 실제로 어떻게 사용될지 통찰을 얻을 수 있을 뿐 아니라, "일하시는 데 일주일만 옆에 앉아 있어도 될까요?"라고 부탁하는 것이 의뢰인과 신뢰를 구축하고 의사소통의 기반을 다지는 데 얼마나 도움이 되는지 놀라게 될 것이다. 단, 방해하지 않도록 주의하라.

---

**Tip 78**  사용자처럼 생각하기 위해 사용자와 함께 일하라.

---

피드백 수집은 의뢰인과의 관계를 쌓아 나가는 시작점이기도 하다. 그들이 여러분이 만드는 시스템에 어떤 것을 기대하고 바라는지 들을 수 있다. 자세한 내용은 402쪽의 〈항목 52. 사용자를 기쁘게 하라〉를 참조하라.

---

[1] 일주일이 긴 시간처럼 들리는가? 별로 그렇지 않다. 특히 여러분이 관찰하는 프로세스에서 경영진과 노동자들이 서로 다른 세계로 나뉘어져 있을 때는 더 그렇다. 경영진이 어떻게 일이 돌아가는지 한 가지 측면을 보여 주긴 하겠지만, 일단 여러분이 말단 현장에 내려와 보면 전혀 다른 현실을 만나게 될 것이다. 현실을 이해하고 흡수하려면 꽤나 시간이 걸린다.

**요구 사항 대 정책**

신규 인사 관리 시스템에 대하여 상의하는 도중 의뢰인이 다음과 같이 말했다고 해 보자. "직원의 기록은 해당 직원의 관리자와 인사팀만 열람할 수 있습니다." 이 진술이 진짜로 요구 사항일까? 오늘은 그럴 수도 있다. 하지만 이 단언하는 진술 속엔 사업 정책이 포함되어 있다.

사업 정책인가, 요구 사항인가? 그 차이는 비교적 미묘하다. 하지만 이 차이가 개발자에게는 중대한 의미가 있다. 만약 요구 사항이 "인사팀에서만 직원 기록을 열람할 수 있다."는 식으로 되어 있다면 개발자는 애플리케이션이 이 데이터에 접근할 때마다 인사팀인지 확인하는 코드를 작성할 것이다. 하지만 요구 사항이 "권한이 있는 사용자만이 직원 기록에 접근할 수 있다."는 식이라면 개발자는 아마도 일종의 접근 관리 시스템을 설계하고 구현할 것이다. 그러면 정책이 바뀔 때(실제로 바뀐다) 시스템의 메타데이터Metadata만 업데이트하면 된다. 실제로 이런 식으로 요구 사항을 수집하면 자연스럽게 메타데이터를 지원하는 잘 분리된 시스템이 만들어질 것이다.

사실 여기엔 일반 원칙이 있다.

---

Tip 79 | **정책은 메타데이터다.**

---

현재의 정책 정보는 시스템이 지원하는 것들 중 한 사례일 뿐이고, 시스템은 다양한 정책을 처리할 수 있도록 일반적으로 구현해야 한다.

**요구 사항 대 현실**

잡지 와이어드Wired 1999년 1월 호의 한 기사[2]에서 프로듀서이자 음악가인 브라이언 이노Brian Eno는 궁극의 믹싱 보드를 소개했다. 이 믹싱 보드는 소리를 갖고 할 수 있는 것은 무엇이든 할 수 있는 정말 대단한 기술의 집합체였다.

---

2 _https://www.wired.com/1999/01/eno/_

하지만 음악가들이 더 나은 음악을 만들고 녹음을 더 빨리 혹은 더 값싸게 할 수 있도록 도와주기는커녕 오히려 방해하며 그 창조적인 과정을 망가트려 버렸다.

왜 그렇게 되었는지 알려면 녹음 엔지니어가 어떤 식으로 일하는지 봐야 한다. 그들은 소리를 직관적으로 조절한다. 수년에 걸쳐 자신의 귀와 손가락(조절 장치인 페이더fader를 밀고, 노브knob를 돌리고 한다.) 간에 피드백 고리를 만들어 발전시켰다. 하지만 그 새로운 믹싱 보드의 인터페이스에서는 이런 능력을 쓸 수 없었다. 그 대신에 키보드를 누르고 마우스를 클릭해야 했다. 믹싱 보드가 제공하는 기능은 모자람이 없었지만 사용하기가 매우 생소하고 어색했다. 엔지니어가 사용하려는 기능이 모호한 이름 밑에 숨어 있기도 했고, 때로는 원하는 작업을 하기 위해 기본적인 기능을 비직관적으로 조합해야만 했다.

이 예는 도구가 성공하려면 사용하는 사람의 손에 적응할 수 있어야 한다는 우리의 믿음을 잘 보여 준다. 이 점도 염두에 두어야 성공적으로 요구 사항을 수집할 수 있다. 그래서 프로토타입이나 예광탄을 이용한 빠른 피드백으로 의뢰인으로부터 "네. 이것이 원하는 것이 맞긴 한데 제가 원하는 방식은 아니네요."라는 반응을 얻어야 하는 것이다.

## 요구 사항 문서화

우리는 최고의 요구 사항 문서, 아니 아마 유일한 요구 사항 문서는 작동하는 코드라고 믿는다.

그렇다고 의뢰인이 원하는 바를 여러분이 어떻게 이해했는지 문서로 정리하지 않아도 된다는 뜻은 아니다. 그저 문서는 목표가 아니고, 의뢰인에게 승인해 달라고 들이밀 수 있는 것도 아니라는 뜻일 뿐이다. 문서는 구현 과정에서 안내 역할을 하는 이정표일 뿐이다.

## 요구 사항 문서는 의뢰인을 위한 것이 아니다

과거에 앤디와 데이브 모두 요구 사항을 엄청나게 상세하게 작성하는 프로젝트에서 일했던 적이 있다. 의뢰인이 2분 정도 원하는 것을 설명하면, 그것을 확장하여 그림과 표로 가득 찬 손가락 한 마디 두께의 걸작을 만들어 냈다. 구현하면서 모호한 부분이 거의 없을 정도로 모든 것을 상세하게 정의했다. 충분히 강력한 도구만 있었다면 정말로 문서를 프로그램으로 **변환할** 수도 있었을 것이다.

이런 문서를 만든 것은 두 가지 면에서 틀렸다. 첫째는 우리가 논의했듯이 의뢰인은 자신이 원하는 것을 처음에는 잘 모른다. 따라서 의뢰인이 말한 것을 확장하여 법률 문서에 준하는 수준으로 만든 문서는 그저 사상누각에 불과하다.

여러분이 이렇게 항변할지도 모르겠다. "하지만 우리가 의뢰인에게 요구 사항 문서를 가져갔더니 도장을 찍어 주었단 말입니다. 우리는 피드백을 받았어요." 이것이 바로 요구 사항 명세의 두 번째 문제다. 의뢰인은 절대 그걸 읽지 않는다.

의뢰인이 프로그래머를 고용하는 이유는 의뢰인은 고차원적이고 모호한 측면이 있는 문제를 풀고 싶어 하는 반면, 프로그래머는 세부 사항과 미묘한 차이 하나하나에 관심을 두기 때문이다. 요구 사항 문서는 개발자를 위해서 쓰는 것이다. 의뢰인이 보기에는 이해하기 어려운 부분도 많고, 온통 지루하기만 한 정보와 세부 요소들을 담고 있다.

200쪽짜리 요구 사항 문서를 건네 보라. 의뢰인은 중요하다는 느낌이 들 만큼 무거운지 한번 들어는 볼 것이다. 처음 한두 문단만 읽어본 다음 (그래서 늘 첫 두 문단에 '경영진 요약'을 넣는 것이다.) 나머지는 휙휙 넘겨볼 것이다. 멋진 그림이 있으면 가끔 멈출 수도 있겠지만.

의뢰인을 폄하하는 것이 아니다. 의뢰인에게 두꺼운 기술 문서를 들이미는 것은 평범한 개발자에게 고대 그리스어로 된 《일리아스》를 한 권 주면서 이 걸로 비디오 게임을 만들라고 하는 것이나 마찬가지다.

### 요구 사항 문서는 계획을 위한 것이다

자, 우리는 황소를 때려잡을 정도로 거대하고 두툼한 요구 사항 문서 뭉치는 필요 없다고 믿는다. 하지만 그래도 요구 사항을 적기는 해야 할 것이다. 팀 의 개발자들이 자기 할 일이 무엇인지는 알아야 하지 않겠는가?

어떤 형식으로 적어야 할까? 우리는 진짜 인덱스카드 혹은 가상의 인덱스 카드에 들어갈 정도로 적는 방식을 선호한다. 이런 짧은 설명을 '사용자 스토 리user story'라고도 부른다. 여기에는 애플리케이션의 작은 일부가 그 기능을 쓰는 사용자 관점에서 어떻게 작동해야 하는지를 적는다.[3]

이렇게 적으면 요구 사항을 화이트보드에 붙일 수도 있고, 상태나 우선순 위를 표현하기 위해 이리저리 옮길 수도 있다.

인덱스카드 한 장에 애플리케이션의 컴포넌트를 구현하는데 필요한 정보 를 모두 담지 못할 거라는 생각이 들 수도 있겠다. 맞다. 이 점이 중요하다. 요구 사항 설명을 짧게 제한하면 개발자들이 명확하지 않은 점을 물어보도록 유도할 수 있다. 코드를 작성하기 전이나 작성하는 도중에 일어나는 의뢰인 과 개발자 간의 피드백 과정이 더 활발해지는 것이다.

### 지나치게 자세한 명세

요구 사항 문서를 만들 때 생기는 또 다른 심각한 문제는 지나치게 자세히 서 술하는 것이다. 좋은 요구 사항은 추상적이다. 요구 사항을 기술할 때는 사 업에 필요한 사항을 정확히 반영하는 가장 간단한 표현이 최고다. 그렇다고

---

3  (옮긴이) 《사용자 스토리》(인사이트, 2006)를 비롯하여 많은 애자일 관련 도서에서 사용자 스토 리를 다룬다. 사용자 스토리들로 전체 프로젝트를 이끄는 방법을 제안하는 《사용자 스토리 맵 만들기》(인사이트, 2018)도 참고하라.

해서 모호하게 적어도 된다는 말은 아니다. 밑에 깔려 있는 의미론적 불변식을 요구 사항으로 잘 갈무리하고, 구체적인 작업 방식이나 현재의 작업 방식은 정책으로 문서화해야 한다.

요구 사항은 아키텍처가 아니다. 요구 사항은 설계가 아니며 사용자 인터페이스도 아니다. 요구 사항은 필요를 표현하는 것이다.

### 딱 하나만 더……

많은 프로젝트가 범위scope의 증가 때문에 실패한다고 알려져 있다. '기능 블로트'나 '기능 크리프creep', '요구 사항 크리프'라고도 한다. 이것은 11쪽의 〈항목 4. 돌멩이 수프와 삶은 개구리〉에서 이야기하는 삶은 개구리 증후군이라고도 볼 수 있다. 요구 사항이 슬금슬금 추가되는 것을 어떻게 막을 수 있을까?

해답은 다시 한번 피드백이다. 반복 주기를 거치며 의뢰인과 정기적으로 피드백을 주고받는다면, "딱 한 기능만 더"란 요청이 미치는 영향을 의뢰인이 직접 체험할 것이다. 화이트보드에 또 다른 스토리 카드를 올리겠지만, 그 카드를 구현할 시간을 확보하기 위해 다음 반복 주기로 미룰 카드 선택을 도와주게 될 것이다. 피드백은 서로 주고받는 것이다.

### 용어 사전 관리하기

요구 사항에 대한 토론을 시작하자마자 사용자나 도메인 전문가들은 그들에게 특별한 의미가 있는 용어들을 사용할 것이다. 이를테면 그들은 '의뢰인'과 '고객'을 구분하여 사용할 수 있다. 그렇다면 시스템에서 이 두 단어를 혼용해서는 안 될 것이다.

'프로젝트 용어 사전glossary'을 만들고 관리하라. 프로젝트에서 사용하는 모든 용어와 어휘를 모아 놓은 단 하나의 장소여야 한다. 최종 사용자에서 지원 부서 직원까지 프로젝트에 참가하는 모든 사람이 일관성을 위해 동일한 용어 사전을 사용해야 한다. 이렇게 되려면 용어 사전에 여러 사람이 접근하기 쉬워야 한다. 따라서 온라인 문서가 적합하다.

---

**Tip 80** **프로젝트 용어 사전을 사용하라.**

---

사용자와 개발자가 동일한 것을 다른 이름으로 부른다면 프로젝트는 성공하기 힘들다. 같은 이름으로 서로 다른 것을 지칭한다면 더더욱 힘들다.

## 관련 항목

- 항목 5. 적당히 괜찮은 소프트웨어
- 항목 7. 소통하라!
- 항목 11. 가역성
- 항목 13. 프로토타입과 포스트잇
- 항목 23. 계약에 의한 설계
- 항목 43. 바깥에서는 안전에 주의하라
- 항목 44. 이름 짓기
- 항목 46. 불가능한 퍼즐 풀기
- 항목 52. 사용자를 기쁘게 하라

## 연습 문제

**연습 문제 33** (답 예시는 433쪽에 있다.)

다음 문장들이 진정한 요구 사항인가? 가능하다면 진정한 요구 사항이 아닌 것을 좀 더 유용하게 고쳐 써 보라.

1. 응답 시간은 500ms 이하여야 한다.

2. 모달 창modal window[4]의 바탕색은 회색이다.

3. 애플리케이션은 프론트엔드 프로세스 몇 개와 백엔드 서버로 구성된다.

4. 사용자가 숫자가 아닌 글자를 숫자 필드에 입력하면 시스템은 입력 필드를 깜빡이고 입력을 거부한다.

5. 이 임베디드 애플리케이션의 코드와 데이터 크기는 32Mb 이내여야 한다.

## 도전해 볼 것

• 만들고 있는 소프트웨어를 직접 사용할 수 있는가? 직접 소프트웨어를 사용하지 못하는데 요구 사항에 대해 감을 잡을 수 있을까?

• 현재 여러분이 해결해야 할 문제 중 컴퓨터와 상관없는 문제를 하나 골라라. 컴퓨터 없이 해결하기 위한 요구 사항을 만들어 보라.

## Topic 46 불가능한 퍼즐 풀기

> 프리기아Phrygia의 왕 고르디우스Gordius는 아무도 풀 수 없는 매듭을 묶었다. 고르디우스의 매듭을 푸는 자가 아시아 전체를 지배하리라는 이야기가 전해졌다. 알렉산더 대왕은 검으로 그 매듭을 베어 버렸다. 요구 사항에 대한 조금 다른 해석, 그것이 다였다. 그는 결국 아시아의 대부분을 다스리게 되었다.

프로젝트 진행 도중 때때로 정말 어려운 퍼즐을 붙잡고 씨름할 일이 생길 것이다. 도무지 이해가 안 되는 엔지니어링 문제일 수도 있고, 혹은 생각했던 것보다 훨씬 작성하기 어려운 코드일 수도 있다. 어쩌면 불가능해 보일지도 모르겠다. 하지만 보이는 것만큼 실제로도 정말 그렇게 어려울까?

---

4 (옮긴이) 모달 창이란 GUI 애플리케이션에서 새로이 보여 주는 창의 일종으로, 자신이 사라지기 전에는 기존 창으로의 접근을 막는 특성이 있다. 저장이나 인쇄 대화상자 등이 주로 모달 창으로 구현된다.

실제 세상의 퍼즐을 생각해 보자. 크리스마스 선물로 받거나 중고 장터에서 볼 수 있는 그 구불구불한 쇳조각이나 나뭇조각, 플라스틱 조각으로 된 퍼즐 말이다. 퍼즐을 풀려면 고리를 빼내거나 T자 모양의 조각들을 틀 속에 잘 끼워 맞추어야 한다.

여러분은 고리를 잡아당기거나 T자를 틀 속에 집어넣으려고 노력하다가, 이내 뻔해 보이는 해법이 실은 답이 아니었다는 걸 깨닫는다. 그런 식으로는 퍼즐을 풀 수 없다. 이 사실이 명확함에도 사람들은 똑같은 것을 거듭 시도하면서 어떻게든 풀 수 있으리라 생각한다.

물론 풀릴 리가 없다. 해법은 다른 곳에 있다. 이런 퍼즐을 푸는 비법은 상상 속이 아닌 실제 제약 조건을 알아내고, 그 속에서 해법을 찾는 것이다. 어떤 제약 조건은 절대적이지만, 다른 것들은 단순한 지레짐작에 불과하다. 절대적 제약 조건은 그것이 아무리 불쾌하거나 어리석어 보여도 꼭 따라야 한다.

반면에 알렉산더가 증명했듯이 그럴싸해 보이는 제약 조건이 사실은 전혀 제약 조건이 아닐 수도 있다. 많은 소프트웨어 문제가 이런 속임수 같은 것일지도 모른다.

## 자유도

유명한 경구 "생각의 틀을 벗어나라"는 유효하지 않은 제약을 인식하고 그걸 무시해 버리라고 말한다. 하지만 이 경구가 완전히 정확한 말은 아니다. 여기서 '틀'이 제약이나 조건 들의 경계선을 의미한다면, 우리가 해야 할 일은 그 틀을 파악하는 것이다. 그 틀은 여러분의 생각보다는 꽤 넓을 것이다.

어떤 퍼즐이든 그것을 해결하는 열쇠는 제약을 인식하는 것과 더불어 여러분에게 주어진 자유도degree of freedom를 파악하는 것이다. 퍼즐의 해답은 그 자유도 안에서 발견된다. 몇몇 퍼즐이 그렇게도 풀기 어려운 이유가 바로 이것이다. 사람들은 정답일 가능성이 있는 해결 방안도 너무 쉽게 포기하곤 한다.

예를 들어 보자. 오직 직선 세 개만으로 다음 퍼즐에 나오는 모든 점을 다 연결하고 선을 긋기 시작한 지점으로 돌아와 보라. 종이에서 펜을 떼거나 전에 그었던 직선을 다시 따라가면 안 된다.(《Math Puzzles & Games(수학 퍼즐과 게임)》[Hol92])

모든 선입견을 의심하고 그것이 진짜 바꿀 수 없는 제약인지 가늠해 봐야 한다.

이것은 틀을 벗어나고 벗어나지 않고의 문제가 아니다. 문제는 틀을 찾는 것, 곧 진짜 제약을 찾는 일이다.

---

**Tip 81** 생각의 틀을 벗어나지 말고, 틀을 찾아라.

---

풀리지 않는 문제와 마주쳤다면 생각해 볼 수 있는 모든 해결 경로 후보를 눈앞에 나열해 보라. 아무리 쓸모없고 바보 같아 보이는 경로라도 절대 버리지 말라. 이제 목록을 하나씩 점검하면서 왜 그 경로를 따라갈 수 없는지 설명해 보라. 정말 확신하는가? 증명할 수 있는가?

풀리지 않는 문제에 대한 참신한 해결책의 예로 트로이의 목마를 생각해 보자. 어떻게 해야 들키지 않고 성벽으로 둘러싸인 도시에 병사들을 들여보낼 수 있을까? "성문을 통해서"라는 발상은 처음부터 자살 행위나 마찬가지라고 여겨져서 무시되었을 것이 뻔하다.

제약을 범주별로 나누고 우선순위를 매겨라. 목공에서는 작업에 필요한 목재를 재단할 때 가장 긴 조각을 먼저 자르고, 남은 나무에서 작은 조각들을 잘라낸다. 비슷한 방식으로 우리도 제일 구속이 심한 제약부터 파악해 내고 나머지 제약을 그 안에서 맞춰 보아야 한다.

참, 점 네 개를 연결하는 퍼즐의 해답은 책의 맨 뒤 434쪽에 있다.

## 자신만의 방법에서 빠져나오라

어떤 때는 문제가 생각보다 훨씬 어려워 보이기도 한다. 아마 접근 방법을 잘못 선택했다는 느낌이 들 것이다. 더 쉽게 문제를 푸는 방법이 있지 않을까? 바로 이 '불가능'한 문제 때문에 일정이 늦어지고 있거나, 심지어 시스템을 작동하게 만드는 일 자체를 포기하고 있을지도 모르겠다.

잠시 딴짓을 하기 딱 좋은 시간이다. 잠깐 다른 일을 하라. 개와 산책하러 나가거나 아예 내일로 미뤄라.

여러분의 의식적인 뇌가 문제를 인지하고 있긴 하지만, 뇌의 이 부분은 사실 꽤 멍청하다. (비하하는 것이 아니다.) 이제 여러분의 진짜 뇌에게 무대를 양보해야 한다. 여러분의 의식 밑에 숨어 있는 어마어마한 연결을 가진 신경망이 나설 차례다. 여러분이 일부러 딴짓을 하고 있을 때 갑자기 여러분의 머릿속에 답이 떠오르는 일이 얼마나 자주 일어나는지 놀라게 될 것이다.

사이비처럼 들리는가? 아니다. 사이콜로지 투데이Psychology Today[5]에 게재된 내용이다.

간단히 표현하면 딴짓을 한 사람이 의식적으로 노력한 사람보다 복잡한 문제 해결 과제를 더 잘 해냈다.

혹시 문제를 잠시도 손에서 놓고 싶지 않다면, 다음으로 좋을 만한 방법은 문제를 놓고 이야기할 사람을 찾는 것이다. 그저 문제에 대해 이야기하는 것으로 주의를 돌리기만 해도 깨달음을 얻을 때가 있다.

---

5  https://www.psychologytoday.com/us/blog/your-brain-work/201209/stop-trying-solve-problems

여러분에게 이런 질문을 던져 달라고 부탁하라.

- 왜 이 문제를 풀고 있는가?
- 문제를 풀어서 얻는 것이 무엇인가?
- 풀려고 하는 문제가 특수한 경우에 해당하는가? 특수한 경우를 없앨 수는 없나?
- 관련된 문제 중에 여러분이 풀 수 있는 더 간단한 문제는 없나?

실생활에서 고무 오리를 활용하는 또 다른 사례라고 할 수 있다.

## 행운은 준비된 사람에게 찾아온다

루이 파스퇴르Louis Pasteur는 다음과 같이 말했다고 한다.

> Dans les champs de l'observation le hasard ne favorise que les esprits pré-parés.(관찰을 할 때, 행운은 준비된 사람에게 찾아온다.)

이는 문제 해결에서도 마찬가지다. "유레카!"의 순간을 경험하려면 여러분 뇌의 무의식 영역에 원료를 많이 주입해야 한다. 문제 해결에 필요한 원료는 바로 해답에 도움이 될 수 있는 경험이다.

여러분의 뇌에 경험을 주입하는 가장 좋은 방법은 일상적인 작업을 할 때 무엇은 잘되고 무엇은 안되는지 피드백을 주는 것이다. 142쪽에서 〈항목 22. 엔지니어링 일지〉를 활용하는 방법을 설명했다.

그리고 언제나 《은하수를 여행하는 히치하이커를 위한 안내서》 표지의 조언을 명심하라. "겁먹지 마시오DON'T PANIC."[6]

---

6 (옮긴이) 더글러스 애덤스(Douglas Adams)의 소설 《은하수를 여행하는 히치하이커를 위한 안내서》(책세상, 2004) 속에 등장하는 동명의 책 표지에 쓰여 있는 말이다.

**관련 항목**

- 항목 5. 적당히 괜찮은 소프트웨어

- 항목 37. 파충류의 뇌에 귀 기울이기

- 항목 45. 요구 사항의 구렁텅이

- 앤디는 이 주제와 관련해 책을 한 권 썼다. 《실용주의 사고와 학습》[Hun08]

**도전해 볼 것**

- 오늘 여러분이 풀려고 씨름한 어려운 문제 가운데 무엇이든 하나를 골라 유심히 살펴보라. 고르디우스의 매듭을 자를 수 있겠는가? 반드시 이 방법으로 해야 하는가? 이 일을 꼭 해야 하는 것은 맞는가?

- 현재 프로젝트의 계약서에 서명하고 일을 시작할 때 제약 조건 목록을 받았는가? 그 제약들이 지금도 모두 적용되는가? 제약 조건의 해석도 아직 타당한가?

## Topic 47 함께 일하기

> 나는 17,000쪽에 달하는 문서를 읽고 싶어 하는 인간을 만나본 적이 없다. 만약 만났더라면 유전자 풀에서 제거하기 위해 죽여 버렸을 것이다.
>
> – 조지프 코스텔로(Joseph Costello), 케이던스(Cadence)사 회장

그 프로젝트는 "불가능"한 프로젝트였다. 이런 프로젝트 이야기를 들으면 짜릿하면서도 동시에 두려울 것이다. 케케묵은 시스템은 수명이 다해 가고 있었고, 하드웨어는 곧 물리적으로 폐기될 운명이었다. 신규 시스템은 기존 동작을 문서화되지 않은 것까지 포함하여 정확하게 **똑같이** 구현해야 했다. 이 시스템을 통하여 다른 사람들의 돈 수천억 원이 오갈 예정이었고, 프로젝트를 개시하던 시점에 운영 개시까지 남은 시간은 개월 단위로 세어야 했다.

앤디와 데이브가 처음 만난 곳이 이 프로젝트였다. 말도 안 되는 마감 기한의 불가능한 프로젝트. 이 프로젝트의 엄청난 성공은 오직 한 가지 덕분이었다. 기존 시스템을 수년간 관리한 전문가가 늘 자신의 사무실에 앉아 있었고, 이 사무실은 청소 도구함 만한 우리 개발실 바로 건너편에 있었다. 덕분에 끊임없이 질문을 던지고, 설명을 듣고, 결정을 부탁하고, 시연을 보여 줄 수 있었다.

이 책 전반에 걸쳐 우리는 사용자와 밀접하게 함께 일하라고 권했다. 사용자는 여러분 팀의 일원이다. 우리가 함께 일한 첫 번째 프로젝트에서 우리는 요즘이라면 '짝 프로그래밍pair programming'이나 '몹 프로그래밍mob programming'이라고 부를 방식을 사용했다. 한 사람이 코드를 입력하는 동안 한 명 혹은 여러 명의 팀 동료가 조언하고 고민하며 문제를 함께 푸는 것이다. 이 방식은 함께 일하는 아주 강력한 방법이다. 끝없는 회의나 제안서보다, 그리고 유용성보다 무게를 더 중시하는 법률 문서스러운 문서 뭉치보다 훨씬 낫다.

이것이 우리가 말하는 "함께 일하기"다. 그저 질문하고, 토론하고 메모를 하는 것이 아니라, 실제로 코딩을 하는 와중에 질문을 하고 토론을 하는 것이다.

---

☑ **콘웨이의 법칙**

1967년 멜빈 콘웨이Melvin Conway는 〈How do Committees Invent?(위원회는 어떻게 발명을 하는가?)〉[Con68]라는 논문에서 훗날 콘웨이의 법칙Conway's law으로 알려지게 되는 발상을 소개했다.

시스템을 설계하는 조직은 조직의 의사소통 구조를 그대로 본뜬 설계를 만들기 마련이다.

즉, 팀이나 조직의 사회적 구조 및 의사소통 경로가 그들이 만드는 애플리케이션, 웹 사이트, 제품에 반영된다는 것이다. 많은 연구가 이것이 사실임을 잘 보여 주었고, 우리도 셀 수 없을 만큼 많이 목격했다. 예를 들어, 아무도 서로 이야기하지 않는 팀에서는 사일로silo나 연통

---

stove-pipe처럼 칸칸이 쪼개진 시스템[7]을 만들었다. 사람들이 두 무리로 쪼개진 팀에서는 클라이언트/서버나 프론트엔드/백엔드로 나뉘었다.

연구에 따르면 이 원칙을 역으로 이용할 수도 있다. 여러분이 만들고 싶은 코드 구조에 맞추어 팀을 조직하는 것이다. 예를 들어 팀이 여러 지역으로 나뉘어 있으면 더 모듈화, 분산화된 소프트웨어를 만드는 경향이 있다.

어쨌든 가장 중요한 것은 이것이다. 고객이 개발팀의 일원일 때 만들어지는 소프트웨어는 고객의 존재가 잘 드러날 것이고, 고객이 개발팀에 속해 있지 않다면 그것 역시 잘 드러날 것이다.

## 짝 프로그래밍

'짝 프로그래밍'은 익스트림 프로그래밍eXtreme Programming, XP의 실천 방법 중 하나였지만 XP와는 별개로도 유명해졌다. 짝 프로그래밍에서 개발자 한 명은 키보드를 조작하지만 다른 한 명은 하지 않는다. 키보드 담당은 필요에 따라 바꿀 수 있고, 둘이 함께 문제를 푼다.

짝 프로그래밍에는 여러 가지 장점이 있다. 사람들은 모두 다르므로 다른 배경과 경험을 가지고 있고, 문제를 푸는 데도 다른 기법과 접근 방법을 사용한다. 주어진 문제에 집중하는 정도나 주의력도 제각각이다. 입력을 담당한 개발자는 문법이나 코딩 스타일 같은 낮은 수준의 세부 사항에 집중해야만 한다. 반면에 다른 개발자는 문제를 더 높은 수준에서 넓은 범위를 보며 고민할 수 있다. 작은 차이 같이 들릴지도 모르지만, 우리 인간의 뇌 용량은 제한적이라는 점을 잊지 말라. 까다로운 컴파일러의 요구에 맞추어 난해한 단어와 기호들을 이리저리 끼워 맞추는 일은 우리 뇌의 처리 용량을 꽤 많이 소모한다. 이 작업 동안 두 번째 개발자의 뇌 전체를 추가로 사용할 수 있다면 훨씬 더 많은 지력을 쏟을 수 있다.

---

7  (옮긴이) 사일로형 시스템과 연통형 시스템 둘 다 다른 조직 혹은 시스템과의 정보 교류가 없는 시스템을 말한다. 곡물이 갇혀 있는 길다란 사일로의 형태와, 연기가 연통을 통해 옆으로는 흐르지 않고 위아래로만 흐르는 모습에서 따온 표현이다.

두 번째 사람의 존재로 인해 생기는 사회적인 압력은 변수 이름을 foo로 짓는 것 같은 나쁜 습관이나 약점으로부터 우리를 지켜준다. 다른 사람이 지켜보고 있으면 민망할 수도 있는 꼼수를 덜 쓰게 되고, 결과적으로 소프트웨어의 품질이 좋아진다.

**몹 프로그래밍**

머리 하나보다 머리 둘이 낫다면, 아예 열 명쯤이 동시에 문제 하나에 달려들면 어떨까? 입력은 계속 한 명이 담당하고 말이다.

몹 프로그래밍은 '폭도mob'를 뜻하는 이름과는 달리 횃불이나 쇠스랑이 등장하지는 않는다. 셋 이상의 사람이 참여하는 짝 프로그래밍의 확장판이다. 몹 프로그래밍 지지자들은 몹 프로그래밍이 어려운 문제를 해결하는 데 아주 좋다고들 한다. 몹에는 사용자나 프로젝트 후원자, 테스터처럼 일반적으로 개발팀의 일부로 여겨지지 않는 사람도 쉽게 끌어들일 수 있다. 사실 우리가 처음으로 함께한 "불가능한" 프로젝트 동안, 한 사람은 입력을 하고 다른 사람은 우리 사업 전문가와 문제를 논의하는 상황이 자주 벌어졌다. 세 명으로 이루어진 작은 몹이었다.

몹 프로그래밍을 '실시간 코딩을 곁들인 밀접한 협업'이라고 생각해도 될 것이다.

**무엇을 해야 할까?**

현재 늘 혼자서 프로그래밍을 하고 있다면 짝 프로그래밍을 시도해 봐도 좋을 것이다. 처음에는 어색할 테니 한 번에 두어 시간씩 최소 2주만 해 보라. 새로운 아이디어를 모아야 하거나 골치 아픈 문제를 분석해야 한다면 몹 프로그래밍 시간을 가져 봐도 좋을 것이다.

짝 프로그래밍이나 몹 프로그래밍을 이미 하고 있다면 누구와 함께 하는가? 개발자끼리만 하는가, 아니면 사용자나 테스터, 후원자 등 더 넓은 범위의 팀원과도 하는가?

이렇게 함께 일하는 동안 기술적인 면 외에 인간적인 측면도 신경 써야 한다. 가장 먼저 고려할 만한 몇 가지 팁을 적어 보았다.

- 코드를 짜는 거지 자아ego를 쌓는 게 아니다. 누가 가장 똑똑한지 겨루는 것이 아니다. 우리 모두는 각자 뛰어난 부분이나 장단점이 있다.
- 소규모로 시작하라. 네다섯 명과 몹을 만들어 보거나, 짝 프로그래밍을 짧게 몇 번 해 보는 것으로 시작하라.
- 코드만 비판하고 사람을 비판하지 말라. "넌 틀렸어."보다는 "이 부분을 한번 볼까요?"가 훨씬 듣기 좋다.
- 다른 사람의 관점을 듣고 이해하려고 노력하라. 다른 것은 틀린 것이 아니다.
- 자주 회고를 하라. 그래서 다음번에 시도하거나 개선할 점을 찾아라.

코딩을 같은 사무실에서 하든 혹은 원격에서 하든, 혼자든, 짝이든, 몹이든, 전부 함께 일하면서 문제를 푸는 유효한 방법이다. 여러분과 여러분의 팀이 늘 한 가지 방법으로만 일했다면, 다른 방식을 실험해 보는 것이 좋다. 하지만 너무 무턱대고 접근하지는 말라. 각각의 개발 방식마다 규칙과 참고 사항, 지침 들이 있다. 예를 들어, 몹 프로그래밍을 할 때는 키보드로 입력하는 사람을 5~10분마다 바꿔 주어야 한다.

교과서와 사례 보고서를 모두 찾아보고 연구를 좀 하라. 장점과 걱정되는 점에 대한 감을 잡아라. 곧장 제품의 가장 어려운 코드로 뛰어들기보다는 연습 삼아 간단한 문제로 시작해 보는 것이 좋을 것이다.

여러분이 어떻게 시작하든 우리의 마지막 조언은 다음과 같다.

---

**Tip 82** **코드에 혼자 들어가지 말라.**

---

# Topic 48 애자일의 핵심

> 그 단어를 계속 쓰는군. 그 단어의 뜻이 네가 생각하는 그 뜻이 아닌 것 같은데.
>
> – 영화 〈프린세스 브라이드〉 중 이니고 몬토야(Inigo Montoya)의 말

'애자일agile'은 '기민하다'는 뜻의 형용사다. 즉, 무언가를 하는 방식이다. 여러분은 애자일한 개발자가 될 수 있다. 여러분은 애자일 실천 방법을 도입한 팀, 변화와 고난에 애자일하게 대처하는 팀에 속할 수 있다. 애자일은 여러분이 일하는 방식이지 여러분이 아니다.

---

**Tip 83** 애자일은 명사가 아니다. 애자일은 무언가를 하는 방식이다.

---

이 책을 쓰는 시점 기준으로 애자일 소프트웨어 개발 선언[8]이 탄생한 지 거의 20년이 흘렀다. 우리는 정말 많은 개발자들이 성공적으로 애자일의 가치를 적용하는 것을 보았다. 많은 환상적인 팀들이 이 가치를 받아들이고, 이 가치가 그들을 인도하도록 활용하며 자신들의 일을 바꿔 나가는 모습도 목격했다.

  하지만 우리는 애자일의 다른 측면도 보았다. 팀이나 회사 들이 기성품 해결책을 찾아 헤매는 모습을 보았다. 상자에 담겨 포장된 애자일 말이다. 이들이 원하는 것을 팔겠다고 신이 난 컨설턴트와 회사도 많이 보았다. 덕분에 회사들이 더 많은 관리 계층과 더 많은 보고서 양식, 더 많은 전문화된 개발자를 도입하는 것도 목격했다. 그럴싸한 직함도 더 생겼는데 알고 보면 그냥 "클립보드와 초시계를 들고 있는 사람"이란 뜻이다.[9]

  우리는 많은 사람들이 진정한 애자일의 의미를 잊어버렸다고 느낀다. 이제

---

8  *https://agilemanifesto.org*
   (옮긴이) 한국어 번역은 다음 주소에 있다. *https://agilemanifesto.org/iso/ko/manifesto.html*

9  이런 접근 방법이 얼마나 잘못될 수 있는지는 《성과지표의 배신》[Mul18]을 참고하라.

는 다들 기본으로 돌아와야 한다.[10]

애자일 선언에서 언급한 가치를 기억하라.

우리는 소프트웨어를 개발하고, 또 다른 사람의 개발을 도와주면서 소프트웨어 개발의 더 나은 방법들을 찾아가고 있다. 이 과정에서 우리는 다음과 같은 가치를 찾아냈다.

- 공정과 도구보다 개인과 상호작용
- 포괄적인 문서보다 작동하는 소프트웨어
- 계약 협상보다 고객과의 협력
- 계획을 따르기보다 변화에 대응하기

왼쪽에 있는 것도 가치가 있지만 우리는 오른쪽에 있는 것에 더 높은 가치를 둔다.

여러분에게 오른쪽에 있는 것보다 왼쪽에 있는 것의 중요도를 높이는 것을 팔려는 사람은 우리를 비롯한 애자일 선언 참가자들과는 다른 가치관을 갖고 있음이 분명하다.

상자에 담겨 포장된 애자일을 팔려고 하는 사람은 선언 도입부에 나오는 문장을 읽어본 적이 없음이 분명하다. 애자일의 가치는 소프트웨어를 만드는 더 나은 방법을 지속적으로 탐구하는 과정에서 찾고 알게 되는 것이기 때문이다. 애자일 선언은 고정불변의 문서라기보다는 만들어 가는 과정에 대한 제안이다.

## 애자일 프로세스라는 것은 있을 수 없다

사실 누군가가 "이걸 하세요. 그러면 애자일인 겁니다."라고 한다면 이건 틀린 말이다. 정의상 그렇다.

---

10 (옮긴이) 저자들과 함께 애자일 선언을 만드는 데 참여한 로버트 C. 마틴의 책 《클린 애자일》(인사이트, 2020)도 참고하라. 《클린 애자일》의 원 부제도 '다시 기본으로(Back to Basics)'다.

물리적인 세계에서든 소프트웨어 개발에서든 애자일, 즉 기민함이란 것은 변화에 대응하는 것, 일을 시작한 이후 맞부딪히는 미지의 것에 대응하는 것이 전부이기 때문이다. 가젤은 일직선으로 뛰어가지 않는다. 체조 선수는 매 순간 수없이 동작을 수정하며 환경의 변화나 사소한 발 위치의 실수에 반응한다.

개발팀이나 개발자 개인도 마찬가지다. 소프트웨어를 개발할 때 따라야 할 단 한 가지 계획이란 없다. 애자일 선언의 네 가지 가치 중 세 가지가 이를 언급하고 있다. 온통 피드백을 수집하고 그에 대응하라는 것뿐이다.

이 가치들은 무엇을 하라고 알려 주지는 않는다. 대신 여러분이 할 일을 결정할 때 무엇을 추구해야 할지를 알려 준다.

그 결정은 언제나 상황에 따라 다르다. 여러분이 어떤 사람인지, 여러분의 팀은 어떤 특징이 있는지, 여러분의 애플리케이션이나 도구, 회사, 고객, 바깥세상은 어떤지에 따라 다르다. 엄청나게 많은 요인이 있고, 그중 몇 가지는 중요하지만 몇 가지는 별 영향이 없다. 이렇게 불확실한 환경이라면 고정된 채 바뀌지 않는 계획은 살아남을 수 없다.

## 그래서 우리는 무엇을 해야 할까?

누구도 여러분에게 무엇을 하라고 알려줄 수 없다. 하지만 여러분이 품고 있어야 할 사고방식에 대해서는 말해 줄 수 있을 것 같다. 모든 것은 결국 여러분이 불확실성을 어떻게 다룰 것인가 하는 문제에 달렸다. 애자일 선언은 피드백을 모으고 그에 맞게 행동함으로써 불확실성을 헤쳐 나가라고 제안한다. 우리가 제안하는 애자일하게 일하는 방법은 다음과 같다.

1. 여러분이 어디에 있는지 알아내라.
2. 도달하고 싶은 곳을 향하여 의미 있는 발걸음을 가능한 한 작게 옮겨라.
3. 어디에 도착했는지 평가하고, 망가트린 것이 있으면 고쳐라.

위 과정을 끝날 때까지 반복하라. 위 과정을 여러분이 하는 모든 일의 모든 층위에서 재귀적으로 적용하라.

가끔은 제일 사소해 보였던 결정이 피드백을 받아 보면 중요해지기도 한다.

이제 계좌 주인을 받아 와야겠다.

```
let user = accountOwner(accountID);
```

음. user는 의미 없는 이름이네. owner로 바꿔야겠다.

```
let owner = accountOwner(accountID);
```

그런데 이제 보니 좀 중복인 것 같은데. 내가 원래 하려던 것이 뭐였지? 스토리에는 이 사람에게 이메일을 보낸다고 되어있는데, 그러면 이메일 주소를 알아야겠네. 그리고 보니 계좌 주인 객체를 전부 가져올 필요가 없었구나.

```
let email = emailOfAccountOwner(accountID);
```

피드백 고리를 변수 이름 짓기 같이 아주 낮은 층위에 적용한 덕에 우리는 전체 시스템의 설계를 실제로 개선할 수 있었다. 이 코드와 계좌를 다루는 코드 간의 결합도를 낮춘 것이다.

피드백 고리는 프로젝트의 가장 높은 층위에도 적용된다. 우리의 가장 성공적이었던 업무를 돌이켜 보면, 의뢰인의 요구 사항에 대해 작업을 시작하고 딱 한 단계 진행한 뒤 바로 깨달을 수 있었다. 우리가 하려고 했던 일이 실은 필요가 없었고, 최고의 해법은 아예 소프트웨어 없이 가능한 것이었다.

피드백 고리는 개별 프로젝트의 범위 바깥에도 적용된다. 각 팀은 팀의 프로세스가 얼마나 잘 운영되는지 검토할 때 피드백 고리를 활용해야 한다. 지속적으로 프로세스를 실험하지 않는 팀은 애자일 팀이 아니다.

## 이 과정이 설계를 주도한다

38쪽의 〈항목 8. 좋은 설계의 핵심〉에서 우리는 좋은 설계의 척도는 설계의 결과물을 얼마나 바꾸기 쉬운지라고 주장했다. 좋은 설계는 나쁜 설계보다 바꾸기 쉬운 결과물을 만든다.

애자일에 대한 이 논의는 왜 바꾸기 쉬워야 하는지를 알려준다.

여러분이 뭔가 바꾼다. 하지만 바꾼 것이 마음에 들지 않는다. 앞에서 말한 과정을 따르려면 세 번째 단계에서 우리는 망가트린 것을 고칠 수 있어야 한다. 우리 피드백 고리를 효율적으로 만들려면 가능한 한 고치는 일이 쉬워야 한다. 그렇지 않으면 어깨를 한번 으쓱하고는 망가진 채로 놔두고 싶은 유혹에 빠질 것이다. 유혹에 굴복했을 때의 여파는 8쪽의 〈항목 3. 소프트웨어 엔트로피〉에서 이미 이야기했다. 애자일이 전반적으로 작동하게 하려면 좋은 설계를 만들어야 한다. 좋은 설계는 무언가를 바꾸기 쉽게 하기 때문이다. 바꾸기 쉽다면 모든 층위에서 아무런 주저 없이 문제를 바로잡을 수 있을 것이다.

이것이 애자일이다.

### 관련 항목

- 항목 27. 헤드라이트를 앞서가지 말라
- 항목 40. 리팩터링
- 항목 50. 코코넛만으로는 부족하다

### 도전해 볼 것

이 단순한 피드백 고리는 소프트웨어에서만 쓸 수 있는 것이 아니다. 여러분이 최근에 내린 결정을 돌이켜 보라. 그 결정들 중 어느 하나라도 개선할 수 있었던 게 있을까? 가려던 방향으로 가는데 도움이 되지 않는 경우 어떻게 결정을 되돌릴 수 있을지 미리 생각해 보는 방식으로. 피드백을 모으고 그에 따라 행동함으로써 하던 일을 개선할 수 있는 방법이 있을까?

# 실용주의 프로젝트
Pragmatic Projects

여러분의 프로젝트가 진행됨에 따라 우리의 주제를 개인의 철학과 코딩에서 논점을 옮겨, 프로젝트 전체 차원의 더 큰 논점을 살펴보자. 여기서 프로젝트 관리의 구체적인 내용에 대해 일일이 설명하지는 않겠다. 대신 어떤 프로젝트의 성패를 좌우하는 핵심적인 부분 몇 가지에 대해서 이야기하겠다.

프로젝트에 참여하는 사람이 복수가 되면 기본적인 규칙 몇 가지를 정립하고 그에 따라 프로젝트의 각 부분을 위임해야 한다. 〈항목 49. 실용주의 팀〉에서는 실용주의 철학을 살리면서 이를 어떻게 이룰 수 있는지 보여 주겠다.

소프트웨어 개발 방법론의 목표는 사람들이 함께 일하는 것을 돕는 것이다. 여러분과 여러분의 팀은 여러분에게 잘 맞는 방법론을 사용하고 있는가, 아니면 사소한 표면적인 과제만 따라하느라 애쓸 뿐 여러분이 얻어야 할 진짜 이득은 얻지 못하고 있는가? 왜 〈항목 50. 코코넛만으로는 부족하다〉고 하는지 살펴보고 성공의 진정한 비법을 알려 주겠다.

물론 여러분이 안정적인 소프트웨어를 지속적으로 생산해 내지 못한다면 방법론은 아무 의미가 없다. 〈항목 51. 실용주의 시작 도구〉에서 다룰 마법 삼총사인 버전 관리, 테스트, 자동화가 그 기반이 될 것이다.

하지만 궁극적으로는 제 눈에 안경이란 말이 있듯이, 프로젝트는 후원자의 눈에 들어야 성공이다. 결국 중요한 것은 결과가 성공인지 여부이므로 〈항목 52. 사용자를 기쁘게 하라〉에서는 모든 프로젝트에서 후원자를 어떻게 기쁘게 하는지 알려 주겠다.

이 책의 마지막 항목은 나머지 모든 항목으로부터 나오는 직접적인 결과다. 〈항목 53. 오만과 편견pride and prejudice〉에서는 자신의 작업에 자부심pride을 갖고 여러분의 서명을 남기라고 요청한다.

## Topic 49 실용주의 팀

> L 그룹에서 스토펠은 여섯 명의 일류 프로그래머를 감독한다. 이는 말하자면 고양이 떼를 모는 일에 비할 만한 도전적인 관리 업무다.
>
> – 워싱턴포스트 매거진(Washington Post Magazine), 1985년 6월 9일자

1985년에도 이미 고양이 떼를 모는 일에 관한 농담은 구식이 되어 가고 있었다. 이 책의 1판을 쓰던 20세기 말에는 확실히 낡아 빠진 것이었다. 하지만 여전히 이 농담이 회자되는 이유는 아마 어느 정도 진실이 담겨 있어서일 것이다. 프로그래머는 고양이 같은 면이 있다. 호기심 많고 제멋대로이며, 고집이 세고, 독립적인 데다, 가끔은 인터넷에서 숭배를 받기도 한다.

이 책에서 이제까지 우리는 개인이 더 나은 프로그래머가 되게끔 도와주는 실용주의 기법들을 살펴보았다. 이런 방법이 팀에도 적용될까? 제멋대로이고 독립적인 사람들이 모인 팀에서도? 답은 명쾌한 "그렇다!"이다. 개인이 혼자 실용주의를 따라도 이점이 있지만, 그 개인이 실용주의 팀에서 일한다면 그 이점이 몇 배로 더 커진다.

우리가 말하는 팀은 작고 보통은 그 자체로 안정적인 존재다. 50명은 팀이 아니다. 큰 무리다.[1] 구성원이 계속 다른 업무에 끌려가고, 아무도 서로를 모

---

[1] 팀의 크기가 커질 때 의사소통 경로의 수는 팀 구성원 수를 $n$이라 할 때 $O(n^2)$ 속도로 늘어난다. 팀이 커질수록 의사소통이 나빠지기 시작하며 효율성도 떨어진다.

르는 팀도 사실 팀이 아니다. 비 오는 날 버스 정류장에서 잠깐 함께 비를 피하는 낯선 사람들일 뿐이다.

실용주의 팀은 작다. 구성원이 대략 10~12명 이하여야 하고, 구성원이 추가되거나 빠지는 일은 드물어야 한다. 모두가 서로 잘 알고, 신뢰하며, 의존해야 한다.

---

> **Tip 84** 작고 안정적인 팀을 유지하라.

---

이 항목에서는 팀 전체에 실용주의 기법들을 어떻게 적용할 수 있는지 간략하게 알아보겠다. 여기서 다루는 내용은 단지 시작일 뿐이다. 원하는 바를 실현할 수 있는 환경에서 일하는 실용주의 개발자 그룹이 만들어만 진다면, 자신들에게 맞는 팀의 역학dynamics을 금방 만들어 내고 또 다듬을 것이다.

앞에 나온 항목 중 몇 가지를 팀이라는 측면에서 다시 한번 살펴보자.

### 깨진 창문을 없애라

품질은 팀의 문제다. 아무리 부지런한 개발자라 해도 품질에 무심한 팀에 배치된다면, 자질구레하게 계속되는 문제를 고치는 데 필요한 열정을 유지하긴 어려울 것이다. 개발자가 이런 수정 작업을 하느라 시간을 쏟는 것을 팀이 적극적으로 방해하고 나선다면 문제는 더욱 커진다.

팀 전체가 깨진 창문을 용납하지 않아야 한다. 사소한 결점을 아무도 고치지 않고 놔두어서는 안 되고, 반드시 제품의 품질에 책임을 져야 한다. 8쪽의 〈항목 3. 소프트웨어 엔트로피〉에서 설명한 '깨진 창문을 없애라.' 철학을 이해하는 개발자들을 지원하고, 그렇지 못한 개발자들은 이해하도록 독려해야 한다.

몇몇 팀 방법론에는 '품질 관리 담당자'가 있어서 제품의 품질에 대한 책임을 팀에게서 위임받는다. 정말 웃기는 일이다. 품질은 팀원 모두가 제각기 기여할 때만 보장되기 때문이다. 품질은 애초에 제품에 포함된 것이지 나중에 덧붙이는 것이 아니다.

## 삶은 개구리

11쪽의 〈항목 4. 돌멩이 수프와 삶은 개구리〉에서 본 냄비 속 개구리를 기억하는가? 그 이야기가 진실인지는 알 수 없지만, 개구리는 서서히 변하는 환경을 감지하지 못하고 결국 삶아진다. 동일한 상황이 방심하는 사람들에게도 생길 수 있다. 프로젝트 개발의 열기 속에서 전체 환경의 변화에 계속 신경 쓰기란 어려운 법이다.

팀은 개인보다 더 삶은 개구리가 되기 쉽다. 사람들은 누군가가 문제를 처리하겠거니 생각하거나, 사용자가 요청한 변경 사항을 팀 리더가 이미 동의했겠거니 하고 여긴다. 제아무리 좋은 뜻을 가진 팀이라도 자기네 프로젝트가 심각하게 변화하는 것에는 둔감할 수도 있다.

이에 맞서야 한다. 모든 사람이 적극적으로 환경 변화를 감시하도록 권장하라. 범위scope의 확장, 일정 단축, 추가 기능, 새로운 환경 등 무엇이건 간에 애초에 인지하고 있던 것과 다른 것들을 늘 깨어서 의식해야 한다. 새 요구 사항에 대한 수치를 관리하라.[2] 이미 일어난 변화를 거부할 필요는 없다. 단지 그런 일이 벌어지고 있다는 것을 파악하고 있으면 된다. 그러지 않으면 여러분이 뜨거운 물 속에서 삶아지는 신세가 될 것이다.

---

2  여기에는 자주 쓰이는 '번다운(burndown) 차트'보다 '번업(burnup) 차트'가 더 낫다. 번업 차트가 있으면 추가 요구 사항이 어떻게 목표 지점을 옮겼는지 명확하게 볼 수 있다.
(옮긴이) 번다운 차트는 마일스톤까지 남은 작업의 양을 표시하는 반면, 번업 차트는 전체 작업량과 완료한 작업량을 따로따로 표시한다. 마일스톤을 완료했을 때 번다운 차트에서는 남은 작업량 그래프가 X축과 만나고, 번업 차트에서는 전체 작업량과 완료한 작업량이 만난다.

## 여러분의 지식 포트폴리오를 계획하라

19쪽의 〈항목 6. 지식 포트폴리오〉에서 우리는 개인의 지식 포트폴리오를 위해 여러분 자신의 시간을 투자하는 방법을 살펴보았다. 성공을 원하는 팀이라면 마찬가지로 자신들의 지식과 기술에 투자하는 것을 고려해야 한다.

여러분의 팀이 진정 개선하고 혁신하고 싶다면 계획을 세워야 한다. "시간이 나면 그때" 하겠다는 것은 "영원히 하지 않겠다"는 것이다. 할 일을 백로그로 관리하든 업무 목록이나 업무 흐름 도구를 사용하든 간에 기능 개발로만 몽땅 채우지는 말라. 새로운 기능을 만드는 것 외에도 해야 할 일들이 있다. 예를 들면 다음과 같다.

### 구형 시스템 유지 보수

우리가 반짝이는 신규 시스템에서 일하는 것을 좋아하기는 하지만, 구형 시스템에도 해야 할 유지 보수 업무가 아마 있을 것이다. 우리는 이 일을 구석에 치워 두려고 하는 팀들을 많이 만났다. 팀이 이 임무를 맡고 있다면, 진짜로 수행하라.

### 프로세스 회고와 개선

지속적인 개선이 일어나려면 주위를 둘러보고 무엇이 잘되고 무엇이 잘되지 않았는지 확인한 다음 변화를 일으킬 시간이 있어야 한다.(372쪽의 〈항목 48. 애자일의 핵심〉을 보라.) 너무나 많은 팀이 물을 퍼내기에 급급해서 물이 새는 곳을 고칠 틈이 없다. 계획을 세우고, 고쳐라.

### 새로운 기술 탐험

새로운 기술이나 프레임워크, 라이브러리를 그저 "다들 쓰니까"라는 이유로, 또는 콘퍼런스에서 본 것이나 인터넷에서 읽은 글을 바탕으로 도입하지 말라. 후보 기술로 프로토타입을 만들어 보고 신중하게 조사하라. 새로운 것을 시도해 보고 결과를 분석하는 업무를 일정표에 추가하라.

개인적으로 배우고 역량을 키우는 것은 좋은 시작점이다. 하지만 많은 기술이 팀 전체로 퍼졌을 때 더 효과적이다. 팀원들을 전도할 계획을 세워라. 점심 먹으며 가볍게 이야기할 수도 있고, 더 형식을 갖추어 스터디 시간을 잡을 수도 있다.

---

> **Tip 85**  실현하려면 계획하라.

---

## 팀의 존재를 소통하라

같은 팀에 속한 개발자끼리 서로 대화를 해야 한다는 것은 당연하다. 28쪽의 〈항목 7. 소통하라!〉에서 이를 도와주는 방식을 몇 가지 제안했다. 그런데 팀이라는 것 역시 더 큰 조직의 일부라는 사실을 잊어버리기 쉽다. 팀도 나머지 세상과 명확하게 의사소통해야 하는 존재다.

외부 사람들에게 무뚝뚝하고 과묵해 보이는 프로젝트팀이야말로 최악이다. 그런 팀의 회의는 아무런 체계가 없고 침묵만 가득하다. 이메일과 프로젝트 문서는 엉망진창이다. 문서마다 생김새도 제각각이고, 서로 다른 용어를 사용한다.

훌륭한 프로젝트팀은 뚜렷한 특성이 있다. 사람들은 이 팀과의 회의를 기대한다. 모든 사람이 좋아할 만한 잘 준비된 퍼포먼스를 보게 될 걸 알기 때문이다. 이들이 생산해 내는 문서는 깔끔하고 정확하며 일관적이다. 팀은 한목소리로 이야기한다.[3] 심지어 유머 감각도 있을 것이다.

팀이 하나로 의사소통하게 도와주는 간단한 마케팅 비결이 있다. 프로젝트를 시작할 때 이름을 지어 주는 것이다. 유별난 이름이라면 더 좋겠다. (과거에는 양을 잡아먹는 앵무새, 착시 효과, 애완용 쥐, 만화 캐릭터, 신화의 도시

---

3  팀은 대외적으로만 한목소리로 이야기한다. 팀 내에서는 생생하고 활발한 토론을 장려한다. 훌륭한 개발자들은 자기 일에 열정적이다.

등으로 프로젝트 이름을 지었다.) 30분 정도 투자해서 괴짜스러운 로고를 만들어 사용하라. 사람들과 대화를 할 때 자신의 팀 이름을 거리낌 없이 사용하라. 바보같이 들리겠지만 팀은 정체성 확립의 기반을 얻을 것이고, 세상은 여러분의 작업과 관련해서 기억할 만한 뭔가를 얻게 될 것이다.

## 반복하지 말라

41쪽의 〈항목 9. DRY: 중복의 해악〉에서 팀원 간의 중복된 일을 제거하기가 얼마나 어려운지 이야기했다. 중복된 일은 노력을 무위로 돌릴 뿐 아니라 결국 유지 보수를 악몽으로 만들 수도 있다. 칸칸이 분리된 '연통stovepipe형' 혹은 '사일로형' 시스템이 이런 팀들의 모습이다. 이런 팀에서는 공유되는 것이 거의 없고, 중복된 기능은 아주 많다.

좋은 의사소통이 이런 문제를 피하는 핵심이다. 여기서 "좋은"이란 즉각적이고 매끄러운 것을 말한다.

여러분은 팀 동료에게 질문을 하고 거의 즉각적으로 답을 받을 수 있어야 한다. 팀이 한 사무실에 모여 있다면 칸막이 너머나 통로 저쪽으로 고개를 내밀기만 하면 될 것이다. 원격에서 일하는 팀이라면 메신저 앱이나 다른 전자적인 수단을 활용해야 할 것이다.

만약 질문을 하거나 여러분의 상황을 공유하기 위해 일주일 남은 팀 회의 시간까지 기다려야 한다면 엄청 껄끄러운 커뮤니케이션이다.[4] 매끄럽다는 것은 질문하기, 진행 상황이나 문제, 통찰 및 새롭게 알게 된 점을 공유하기, 또 동료가 뭘 하고 있는지 알고 있기가 쉽고 거추장스러운 단계가 적다low-ceremony[5]는 뜻이다.

DRY를 지키려면 서로 관심을 유지하라.

---

4  앤디는 일일 스크럼 스탠드업을 금요일에만 하는 팀을 만난 적도 있다.

5  (옮긴이) 여기서 ceremony란 어떤 일을 하기 위해 필요한 절차나 격식, 코드 등을 가리키는 표현으로, 절차가 많으면 high ceremony, 적으면 low ceremony라고 한다. 마틴 파울러가 《UML Distilled》에서 사용하여 유명해졌다.

## 팀 예광탄

프로젝트팀은 프로젝트의 여러 분야에서 수많은 기술을 섭렵하고 다양한 과제를 해결해야 한다. 요구 사항을 이해하고, 아키텍처를 설계하고, 프론트엔드와 서버 코드를 쓰고, 테스트를 돌리는 모든 일을 해내야 한다. 그런데 이런 활동들과 과제들을 독립적으로 따로따로 수행할 수 있을 거라고 많이 오해한다. 하지만 그런 일은 불가능하다.

몇몇 방법론은 팀 내에 오만 가지 역할과 직함을 만들라고 하거나, 아예 완전히 분리된 특수 조직을 만들라고 한다. 이런 접근 방식의 문제는 '관문'과 '인수인계'를 추가한다는 것이다. 이렇게 되면 팀에서 배포까지 흐름이 순조롭게 이어지는 대신 업무가 중단되는 인위적인 관문이 생긴다. 인계가 완료될 때까지 기다려야만 한다. 승인이며 문서 작업은 또 어떤가. 린Lean 방식을 따르는 이들은 이런 것들을 낭비라고 부르며 없애기 위해 적극적으로 노력한다.

이런 여러 가지 역할이나 활동은 사실 하나의 문제를 서로 다른 관점에서 본 것이다. 인위적으로 각각을 떼어 놓으면 곤란한 일이 많이 생길 수 있다. 예를 들어 프로그래머가 자신이 만든 코드의 실제 사용자로부터 두세 단계 떨어져 있다면 자신의 작업물이 어떤 맥락에서 사용되는지 알기 어렵다. 따라서 근거에 기반한 의사 결정을 내릴 수 없을 것이다.

〈항목 12. 예광탄〉을 사용하여, 처음에는 작고 제한적일지라도 시스템의 끝에서 끝까지 전체에 걸쳐 있는 단일 기능을 개발할 것을 추천한다. 처음에는 아무리 작고 제한적인 기능밖에 만들지 못하더라도 말이다. 이 말은 작업에 필요한 기술을 팀 안에 모두 갖추어야 한다는 뜻이다. 프론트엔드, UI/UX, 서버, DBA, QA 등이 모두 함께 일하는 것이 편안하고 익숙해야 한다. 예광탄 접근 방법을 사용하면 기능의 아주 조그만 부분을 아주 빠르게 개발할 수 있다. 또한 여러분의 팀이 얼마나 잘 소통하고 결과물을 만들어 내는지 즉각적인 피드백을 받을 수도 있다. 그러면 여러분의 팀, 여러분의 프로세스를 빠르고 쉽게 바꾸고 조율할 수 있는 환경이 만들어진다.

---

**Tip 86**  모든 기능을 갖춘 팀을 조직하라.

---

코드를 끝에서 끝까지 점진적이고 반복적으로 쌓아 올릴 수 있는 팀을 만들어라.

## 자동화

일관성과 정확성을 모두 보장하는 확실한 방법은 팀이 하는 모든 일을 자동화하는 것이다. 에디터나 IDE가 자동으로 맞춰 주는데 왜 코드 스타일을 신경 쓰는가? 지속적 빌드가 테스트를 자동으로 실행하는데 왜 수동으로 테스트를 돌리는가? 왜 손으로 배포하는가, 자동화하면 매번 반복적으로 확실하게 배포해 줄 텐데?

자동화는 모든 프로젝트 팀에게 필수 불가결한 요소다. 도구 제작 역량을 팀 내에 꼭 갖추어서 프로젝트 개발과 서비스 배포를 자동화하는 도구를 만들고 적용하라.

## 멈춰야 할 때를 알라

팀은 개인들로 이루어진다는 사실을 명심하라. 각 팀원이 자신의 방식대로 빛나게 하라. 팀원들을 지원하기에, 그리고 프로젝트가 가치를 만들어 내기에 딱 좋을 만큼의 구조를 제공하라. 그러고 나면 15쪽의 〈항목 5. 적당히 괜찮은 소프트웨어〉에서 이야기한 화가처럼 계속 덧칠하려는 욕구를 참아야 한다.

**관련 항목**

- 항목 2. 고양이가 내 소스 코드를 삼켰어요
- 항목 7. 소통하라!
- 항목 12. 예광탄
- 항목 19. 버전 관리
- 항목 50. 코코넛만으로는 부족하다
- 항목 51. 실용주의 시작 도구

**도전해 볼 것**

- 소프트웨어 개발 이외의 영역에서 성공적인 팀을 찾아보라. 무엇이 그들을 성공적으로 만드는가? 이 항목에서 언급한 절차 중에 사용하는 것이 있는가?

- 다음번 프로젝트를 시작할 때 그 프로젝트에 이름을 붙이자고 사람들을 설득해 보자. 조직이 그 이름에 익숙해질 시간을 준 다음 어떤 차이점이 있었는지 간단하게 결산해 보자. 팀 내부에서는 어땠고 외부에서는 어땠는가?

- 아마 "구멍을 파는데 4명이 6시간 일해야 한다면 8명이 일하면 얼마나 걸릴까?" 같은 문제를 풀어 본 적이 있을 것이다. 하지만 사람들이 구멍을 파는 것이 아니라 코드를 짜고 있다면 현실 세계에선 어떤 요인들이 영향을 줄까? 얼마나 많은 시나리오에서 시간이 실제로 단축될까?

- 프레더릭 브룩스의 《맨먼스 미신》[Bro96]을 읽어라. 추가 점수 항목이 있다. 두 권을 사서 두 배로 빨리 읽어라.

## Topic 50 코코넛만으로는 부족하다

섬 원주민들은 태어나서 한 번도 비행기를 본 적이 없었고, 이런 낯선 사람들을 만나본 적도 없었다. 낯선 사람들은 땅을 사용하는 대가로 온종일 '활주로'를 오르내리는 기계 새를 주었고, 기계 새는 그들 고향 섬에 놀라운 물질적 풍요를 가져다주었다. 낯선 사람들은 전쟁과 전투에 관하여 이야기했다. 그러던 어느 날, 낯선 사람들의 방문은 끝났다. 그들은 모두 떠났고 그들이 가져왔던 낯선 풍요로움도 함께 가져가 버렸다.

섬 주민들은 그들의 재물을 간절하게 다시 찾고 싶었다. 섬에서 나는 덩굴과 코코넛 껍질, 야자나무 잎 같은 것들을 모아 공항, 관제탑, 기타 설비들을 원래와 비슷하게 다시 만들었다. 그러나 모든 것을 제자리에 두었는데도, 어떤 이유에선지 비행기는 돌아오지 않았다. 그들은 형식을 흉내냈을 뿐 내용은 빠트렸다. 인류학자들은 이것을 '화물 숭배cargo cult'라고 부른다.

우리도 이런 섬 주민들처럼 행동할 때가 너무 많다.

화물 숭배의 함정은 너무 솔깃해서 빠지기 쉽다. 눈에 잘 띄는 결과물을 만드는 데만 투자하면서 기반이 되는 작업이 마법처럼 끝나 있기를 소망한다. 하지만 멜라네시아의 원래 화물 숭배[6]가 그랬듯이 코코넛 껍질로 만든 모조 공항은 진짜를 대체할 수 없다.

예를 들어 우리가 직접 만나본 팀 하나는 자신들이 스크럼Scrum을 사용한다고 주장했다. 하지만 가까이에서 지켜봤더니 그들은 일일 스탠드업 미팅을 일주일에 한 번씩만 하고, 반복 주기iteration는 4주 단위였는데 6주나 8주로 늘어지는 경우가 잦았다. 그런데도 그들은 널리 쓰이는 '애자일' 일정 관리 도구를 사용하니 아무런 문제가 없다고 생각했다. 그들은 피상적인 결과물에만 투자하고 있었다. 심지어는 '스탠드업'이나 '반복 주기'가 마법의 주문이

---

6 다음 위키백과 항목을 보라. *https://en.wikipedia.org/wiki/Cargo_cult*

라도 되는 양 그 이름만 가져다 쓰고 있었다. 당연하지만 그들도 진정한 마법을 불러일으키지 못했다.

## 맥락의 중요성

여러분이나 여러분의 팀이 이런 함정에 빠진 적은 없는가? 자문해 보라. 이 특정한 개발 방법이나 프레임워크, 테스트 기법을 굳이 사용하는 이유가 무엇인가? 정말로 지금 하는 일에 잘 맞아서인가, 자신에게 잘 맞아서인가? 아니면 그저 최근에 인터넷에서 회자된 성공 사례에서 사용했기 때문에 도입한 것인가?

스포티파이Spotify나 넷플릭스Netflix, 스트라이프Stripe, 깃랩GitLab 등과 같이 성공한 회사의 정책과 프로세스를 다들 앞다투어 도입하고 있다. 각자 나름의 방식으로 소프트웨어를 개발하고 관리한다. 하지만 맥락을 고려해야 한다. 여러분이 동일한 시장과 동일한 제약 조건을 갖고 있고 비슷한 전문성과 조직 크기, 비슷한 경영진, 비슷한 문화를 보유하고 있는가? 사용자층과 요구 사항도 비슷한가?

속아 넘어가지 말라. 특정한 결과물, 피상적인 구조나 정책, 프로세스, 방법론만으로는 부족하다.

---

Tip 87  유행하는 것이 아니라 실제로 잘 맞는 것을 사용하라.

---

"잘 맞는 것"을 어떻게 알 수 있을까? 가장 근본적인 실용주의 기법을 적용하면 된다.

한번 해 보라.

작은 팀 하나나 조직 하나에서 아이디어를 시험해 보라. 잘 맞는 것 같은 좋은 부분만 유지하고 나머지는 낭비나 비용일 뿐이므로 버리면 된다. 여러분의 조직이 스포티파이나 넷플릭스와 다르게 운영된다고 해서 깎아내릴 사람은 아무도 없다. 사실 그들도 성장하는 동안은 그들의 현재 프로세스를 지키지 못했을 것이다. 앞으로 수년이 또 지나면 이 회사들이 더 성숙하고, 사업 방향을 선회하고 계속 번성함에 따라 이들 역시 또 다른 방식을 사용하고 있을 것이다.

이것이 이 회사들이 성공한 진짜 비결이다.

## 만병통치약은 아무 병도 못 고친다

소프트웨어 개발 방법론의 목표는 사람들이 함께 일하는 것을 돕는 것이다. 372쪽의 〈항목 48. 애자일의 핵심〉에서 이야기했듯이 여러분이 소프트웨어를 개발할 때 늘 따를 수 있는 단 하나의 계획이란 것은 없다. 다른 회사의 누군가가 들고 온 계획이 들어맞을 리는 더욱 없다.

많은 인증certification 프로그램은 사실 더 안 좋다. 인증 프로그램은 수강생들이 규칙을 외워서 따를 수 있다고 전제하고 있다. 하지만 여러분에게 필요한 것은 이런 암기가 아니다. 기존의 규칙 너머를 보고 개선의 여지를 찾아내는 능력이 필요하다. "하지만 스크럼/린/칸반/XP/애자일은 이렇게 하는데요……" 같은 사고방식과는 전혀 다르다.

그러니 어떤 특정 방법론에서 가장 좋은 부분만 가져다가 적절히 조정하여 사용해야 한다. 만병통치약은 없고, 현재의 방법론들도 아직 완성되려면 멀었다. 그러니 인기 있는 방법론 하나만 쫓지 말고, 다른 것들로도 눈길을 돌려야 한다.

예를 들어 스크럼은 몇 가지 프로젝트 관리 실천 방법을 정의한다. 하지만 스크럼 자체는 팀 차원의 기술적인 요소나 리더십 차원의 포트폴리오/관리 방식governance에 대해서는 별다른 지침을 주지 못한다. 그렇다면 어떻게 시작해야 할까?

## 진짜 목표

진짜 목표는 당연히 "스크럼을 한다"나 "애자일을 한다", "린을 한다" 같은 종류가 아니다. 진짜 목표는 작동하는 소프트웨어를 제공 함으로써 사용자가 즉각적으로 새로운 일을 할 수 있게 되는 것이다. 지금으로부터 몇 주일 후나 몇 달, 몇 년 후가 아니라 지금. 지속적 배포continuous delivery가 이상적이지만 도달 불가능한 목표라고 생각하는 팀이나 조직이 많다. 특히 배포를 몇 달 내지 몇 주에 한 번으로 제한하는 프로세스를 따르고 있다면 더 그럴 것이다. 하지만 모든 목표가 그렇듯 계속 올바른 방향을 바라보는 것이 중요하다.

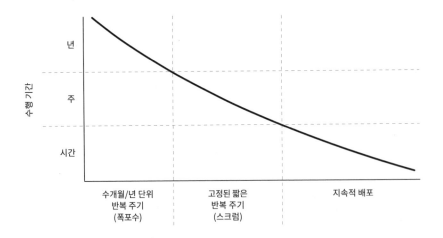

제품을 몇 년에 한 번꼴로 출시하고 있다면, 주기를 몇 달에 한 번으로 줄이도록 노력해 보라. 몇 달에서 또 몇 주로 줄여 보라. 4주 단위 스프린트를 2주로 줄여 보라. 2주에서 1주로도 줄여 보라. 그리고 하루로, 마지막으로는 필요할 때마다 출시하는 것을 목표하라. 필요할 때마다 출시한다는 것이 끊임없이 1분에 한 번씩 배포한다는 뜻은 아니다. 사용자가 필요로 할 때마다, 사업적으로 배포가 의미 있을 때마다 배포하는 것이다.

---

**Tip 88** 사용자에게 필요할 때 제공하라.

---

이런 지속적 개발을 도입하려면 매우 견고한 기반 구조infrastructure가 필요한데, 이는 다음 항목인 〈항목 51. 실용주의 시작 도구〉에서 논의할 주제다. 여러분은 버전 관리 시스템의 기능feature 브랜치가 아니라 주main 브랜치-혹은 트렁크trunk-에서 개발해야 한다. 그리고 사용자에게 선택적으로 시범적 기능을 공개할 때는 '기능 스위치' 같은 기법을 활용하라.

기반 구조가 갖춰지고 나면 작업을 어떻게 진행할지 결정해야 한다. 초심자라면 프로젝트 관리는 스크럼으로 시작하고, 익스트림 프로그래밍XP의 기술 실천 방법을 추가로 도입할 수 있다. 더 경험이 많고 단련된 팀이라면 칸반Kanban이나 린Lean 기법을 살펴볼 수 있다. 둘 다 팀 혹은 더 큰 조직 관리 문제를 다루기 좋다.

하지만 우리 말을 곧이곧대로 받아들이지는 말라. 직접 이런 접근 방법들을 조사하고 시도해 보라. 하지만 지나치지 않도록 주의하라. 특정 방법론에 과도하게 투자하면 다른 대안을 보지 못하게 될 수도 있다. 하나에 고착되면 머지않아 다른 길을 보기 어렵게 된다. 한 가지 방식이 너무 굳어져 버리면 더 이상 빠르게 적응할 수 없게 된다.

코코넛을 사용하고 있는지도 모른다.

**관련 항목**

- 항목 12. 예광탄
- 항목 27. 헤드라이트를 앞서가지 말라
- 항목 48. 애자일의 핵심
- 항목 49. 실용주의 팀
- 항목 51. 실용주의 시작 도구

## Topic 51 실용주의 시작 도구

> 생각 없이 행할 수 있는 중요한 작업의 수가 늘어남에 따라 문명은 발전한다.
>
> – 앨프리드 노스 화이트헤드(Alfred North Whitehead)

자동차가 아직 신기한 물건이던 시기에 포드 모델 T의 시동 거는 법 설명서는 두 장이 넘었다. 현대의 자동차는 시동 과정이 자동이다. 잘못될 염려 없이 그냥 버튼만 누르면 된다. 설명서의 지시 사항을 순서대로 따르다 보면 실수할 수도 있지만, 자동 시동 장치는 그럴 리 없다.

비록 소프트웨어 개발이 여전히 포드 모델 T 단계에 머물러 있다고는 하지만, 일상적인 작업을 위해 두 장짜리 설명서를 읽고 또 읽을 여유는 없다. 빌드와 릴리스 과정이건, 테스트나 프로젝트 서류 작업이건, 혹은 프로젝트에서 거듭 발생하는 다른 어떤 작업이건 간에 일상적인 작업은 모두 자동화해야 한다. 그래서 지원되는 모든 컴퓨터에서 반복 수행할 수 있어야 한다.

게다가 우리는 프로젝트에서 일관성과 반복 가능성을 확보하고 싶다. 수작업은 일관성을 운에 맡긴다. 반복 가능성도 보장받지 못한다. 특히 그 작업 절차를 여러 사람이 서로 다르게 해석할 여지가 있다면 더 그렇다.

이 책의 1판을 쓰고 난 뒤, 우리는 팀에서 소프트웨어를 개발하는 데 도움이 될 만한 책을 더 만들고 싶었다. 우리는 맨 처음부터 시작해야 한다고 판단했다. 방법론이나 언어, 기술 스택에 상관없이 모든 팀에게 필요한 가장 기본적이고 중요한 요소에서 시작해야 한다고 보았다. 그렇게 '프로그래머를 위한 시작 도구Pragmatic Starter Kit' 시리즈가 탄생했다.[7] 다음 세 가지 핵심적이고 서로 밀접하게 연결된 주제를 다룬다.

- 버전 관리
- 회귀 테스트
- 전체 자동화

이 셋은 모든 프로젝트를 지탱하는 기둥이다. 어떻게 활용되는지 살펴보자.

### 버전 관리로 운용하라

119쪽의 〈항목 19. 버전 관리〉에서 말했듯이 프로젝트를 빌드하는데 필요한 모든 것을 버전 관리하에 두어야 한다. 이는 프로젝트 전체의 관점에서 보면 더 중요하다.

우선, 그렇게 하면 빌드 장비를 일시적으로 쓰고 없앨 수 있다. 모두가 건드리기 무서워하는 사무실 구석의 낡고 신성한 컴퓨터 대신[8], 빌드 머신이나 빌드 클러스터를 필요할 때마다 클라우드의 스폿 인스턴스spot instance를 이용하여 만들어 쓸 수 있다. 배포 설정도 역시 버전 관리 시스템 안에 있으므로 실제 서비스에 릴리스하는 것도 자동으로 처리된다.

이것이 중요하다. 프로젝트 차원에서는 버전 관리 시스템이 빌드와 릴리스 프로세스를 운용한다.

---

7   (옮긴이) 한국어 번역본은 《실용주의 프로그래머를 위한 버전관리 using CVS》, 《실용주의 프로그래머를 위한 단위 테스트 with JUnit》, 《실용주의 프로그래머를 위한 프로젝트 자동화》 세 권이다.

8   우리는 여러분이 생각하는 것보다 이런 광경을 더 많이 목격했다.

Tip 89 **버전 관리 시스템으로 빌드, 테스트, 릴리스를 운용하라.**

버전 관리 시스템의 커밋이나 푸시로 빌드와 테스트, 배포가 시작된다. 빌드는 클라우드의 컨테이너 위에서 돌아간다. 테스트를 위해 스테이징staging 서버에 배포할지 실제 서비스에 릴리스할지는 버전 관리 시스템의 태그를 사용하여 지정한다. 릴리스 절차가 훨씬 더 간단해져서 일상의 일부가 된다. 빌드 장비나 개발자의 장비에 의존하지 않는 진정한 지속적 배포가 가능해진다.

## 가차 없고 지속적인 테스트

많은 개발자들이 무의식적으로 코드가 어디에서 깨지는지 파악하고서는 약한 지점을 피해 다니면서 살살 테스트하려 한다. 실용주의 프로그래머들은 다르다. 우리는 지금 당장 버그를 찾아 나서도록 자신을 몰아세우지만, 덕분에 나중에 다른 사람이 자기 버그를 발견하게 되는 딱한 상황을 피할 수 있다.

버그 찾기는 그물 낚시와 비슷하다. 잔챙이를 잡기 위해 촘촘한 그물(단위 테스트)을 쓰기도 하고, 식인 상어를 잡기 위해 크고 성긴 그물(통합 테스트)을 쓰기도 한다. 때때로 고기가 용케 도망가기도 한다. 그렇게 되면 프로젝트 웅덩이에서 헤엄쳐 다니는 미끌미끌한 결함들을 더 많이 잡기 위해 구멍 난 곳을 있는 대로 찾아다니며 막아야 한다.

Tip 90 **일찍 테스트하고, 자주 테스트하라. 자동으로 테스트하라.**

코드를 작성하자마자 테스트해야 한다. 작은 잔챙이들은 꽤 빨리 자라나 사람을 잡아먹는 거대한 상어가 되는 고약한 성질이 있다. 상어를 잡는 일은 상당히 힘들다. 그래서 우리는 단위 테스트를 작성한다. 아주 많이.

사실, 훌륭한 프로젝트에는 제품 코드보다 테스트 코드가 더 많을 수도 있다. 테스트 코드를 만들기 위해 들이는 시간에는 그 노력만큼의 가치가 있다. 길게 보면 이쪽이 훨씬 더 싸게 먹히며, 결함이 거의 없는 제품을 만드는 꿈이 정말 이루어지기도 한다.

그에 더해서, 테스트를 통과했다는 것은 그 코드가 '완성'되었다는 말에 높은 수준의 확신을 준다.

---

**Tip 91** 모든 테스트가 끝날 때까지는 코딩이 끝난 게 아니다.

---

자동 빌드가 모든 가용한 테스트를 수행한다. "진짜 상황 테스트"를 목표로 하는 것이 중요하다. 즉, 테스트 환경은 실제 환경과 최대한 비슷해야 한다. 두 환경의 차이에서 버그가 번식한다.

빌드 과정에는 소프트웨어 테스트의 몇 가지 주요 유형이 들어가야 한다. 단위 테스트, 통합 테스트, 유효성 평가 및 검증, 성능 테스트가 그것이다.

하지만 이것만 갖춘다고 절대 완벽한 것은 아니다. 몇몇 특별한 프로젝트에는 이 외에도 다른 종류의 테스트가 필요할 것이다. 하지만 이 목록은 훌륭한 출발점이 된다.

### 단위 테스트

'단위 테스트'는 하나의 모듈을 테스트하는 코드다. 우리는 이 주제를 307쪽의 〈항목 41. 테스트로 코딩하기〉에서 다루었다. 단위 테스트는 이 항목에서 논의할 다른 모든 형태 테스트의 근간이 된다. 부분으로 떼어 놓았을 때 제대로 작동하지 않는다면 합쳤을 때도 역시 제대로 작동하지 않을 것이다. 다음 단계로 넘어가기 전 여러분이 사용하는 모든 모듈의 단위 테스트가 반드시 통과해야 한다.

일단 관련 모듈이 모두 각각의 개별 테스트를 통과하고 나면 다음 단계로 넘어갈 준비가 된 것이다. 모든 모듈이 시스템 전체에 걸쳐 어떻게 사용되고 상호 작용하는지 테스트해야 한다.

### 통합 테스트

'통합 테스트integration test'는 프로젝트를 구성하는 주요 서브시스템이 다른 부분과 제대로 작동하는지 보여준다. 계약이 제대로 되어 있고 테스트가 잘 되어 있다면, 어떤 통합 문제든 쉽게 발견할 수 있다. 그렇지 않다면 통합 과정은 버그를 키우는 비옥한 땅이 될 것이다. 사실, 시스템에서 버그가 가장 많이 나오는 부분이 모듈을 통합하는 부분인 경우가 많다.

통합 테스트는 앞서 설명한 단위 테스트의 확장에 지나지 않는다. 단지 전체 서브시스템들이 모두 계약을 제대로 지키는지 테스트하는 것뿐이다.

### 유효성 평가 및 검증Validation and Verification

실행 가능한 사용자 인터페이스나 프로토타입이 갖춰지자마자 가장 중요한 다음 질문에 대답해야 한다. 사용자들이 필요한 것을 이야기해 주긴 했지만, 그게 정말 사용자들이 필요로 하는 것인가?

시스템의 기능적 요구 사항을 충족하는가? 이것 역시 테스트해 봐야 한다. 버그가 없는 시스템일지언정 잘못된 문제를 푼다면 별 쓸모가 없다. 최종 사용자의 접근 방식에 대해, 그리고 그것이 개발자의 테스트 데이터와 어떻게 다른지에 대해 관심을 기울여라. (128쪽의 붓으로 선 긋기에 관한 일화를 참고하라.)

### 성능 테스트

성능performance 테스트 혹은 스트레스 테스트 역시 프로젝트의 중요한 측면이다.

소프트웨어가 실세계 조건에서 성능 요구 사항들을 준수하는지 자문해 보라. 예상하는 사용자 수나 접속 수 혹은 초당 트랜잭션 숫자를 염두에 두고 말이다. 감당 가능한가?

어떤 애플리케이션은 부하를 현실적으로 시뮬레이션하기 위해 특화된 테스트용 하드웨어나 소프트웨어가 필요할 수도 있다.

### 테스트를 테스트하기

우리는 완벽한 소프트웨어를 작성할 수 없기 때문에, 완벽한 테스트 소프트웨어 역시 작성할 수 없다. 그렇다면 테스트를 테스트할 필요가 있다.

테스트 묶음 한 세트를 버그가 나타나면 알람이 울리도록 설계한 정교한 보안 시스템이라고 생각해 보자. 보안 시스템을 테스트하려면 침입을 시도해 보는 것보다 나은 게 있을까?

어떤 버그를 감지해 내는 테스트를 작성한 후에, 그 버그가 의도적으로 생기도록 한 다음 테스트가 경보를 울리는지 확인하라. 이렇게 하면 실제로 버그가 생겼을 때 테스트가 그걸 잡아낼 것이라고 확신할 수 있다.

---

**Tip 92** 버그를 심어 놓고 테스트를 테스트하라.

---

정말 진지하게 테스트해 보고 싶다면 소스 트리에서 별도의 브랜치를 하나 만든 다음 고의로 버그를 심어 놓고 테스트가 잡아내는지 검증하라. 더 높은 차원에서는 넷플릭스의 '카오스 멍키Chaos Monkey'[9] 같은 도구를 사용하여 서비스에 일부러 지장을 일으키고-즉, "죽이고"- 여러분 애플리케이션의 회복 능력을 테스트하라.

테스트를 작성할 땐 경보가 필요할 때 정말 울리는지 확인하라.

---

9 _https://netflix.github.io/chaosmonkey_

## 철저한 테스트

일단 테스트가 올바르다는 확신이 들고 여러분이 만들어 넣은 버그도 찾아냈더라도, 코드 전체를 필요한 만큼 철저하게 테스트했다는 것은 어떻게 알 수 있을까?

한마디로 답하자면 "알 수 없다." 그리고 앞으로도 알 수 없을 것이다.[10] 어쩌면 '커버리지 분석' 도구를 적용해 볼지도 모르겠다. 커버리지 분석 도구는 테스트 중에 코드를 지켜보면서 코드의 어느 줄이 실행되지 않았는지 알려준다. 이런 도구들 덕에 여러분의 테스트가 얼마나 포괄적인지 대략적인 느낌은 얻을 수 있다. 하지만 100% 커버리지를 기대하지는 말라.[11]

우연히 코드의 모든 줄이 실행될지라도 그게 전부가 아니다. 정말로 중요한 것은 프로그램이 갖는 상태state의 개수다. 상태의 수는 코드 줄 수와 동등하지 않다. 예컨대, 0에서 999 사이의 정수 두 개를 받는 함수를 가정해 보자.

```
int test(int a, int b) {
  return a / (a + b);
}
```

이 세 줄짜리 함수는 이론상으로 1,000,000가지의 논리적 상태를 갖는다. 그 가운데 999,999개는 제대로 작동할 것이고 하나는 그렇지 못할 것이다(a, b가 모두 0일 때). 단순히 코드의 이 줄을 실행했다는 사실만으로는 이런 문제가 드러나지 않는다. 프로그램의 모든 가능한 상태를 확인해야 할 것이다. 불행히도 일반적으로 이것은 정말 어려운 문제다. 얼마나 어렵냐면 "여러분이 이 문제를 풀기 전에 태양은 차갑고 딱딱한 덩어리가 되어 버릴 것이다."

---

10 (옮긴이) 데이크스트라는 "테스팅은 버그의 존재만 보여줄 수 있지 버그의 부재까지는 보여줄 수 없다."라고 했다. 그렇다면 그가 생각하는 버그 없는 소프트웨어를 만드는 방법은? 수학적 증명과 단순화다. 토니 호어의 다음 명언이 힌트가 될 것 같다. "소프트웨어를 설계하는 두 가지 방법이 있다. 하나는 아주 단순하게 만들어서 명백히 결함이 없도록 하는 것이고, 다른 하나는 아주 복잡하게 만들어서 명백한 결함이 없도록 하는 것이다."

11 테스트 커버리지와 결함 간의 상관관계에 대한 재미있는 연구가 있다. 〈Mythical Unit Test Coverage(단위 테스트 커버리지 미신)〉[ADSS18]

**코드 커버리지만 올리지 말고 상태 조합을 테스트하라.**

### 속성 기반 테스트

여러분의 코드가 예상치 못한 상태를 어떻게 다루는지 탐험하기 위해 컴퓨터가 그런 상태들을 생성하도록 하면 좋을 것이다.

테스트하려는 코드의 계약과 불변식에 따라 테스트 데이터를 생성하는 '속성 기반' 테스트 기법을 사용하라. 이 주제는 321쪽의 〈항목 42. 속성 기반 테스트〉에서 자세히 다루었다.

### 그물 조이기

마지막으로 테스트에서 가장 중요한 개념을 밝히고자 한다. 뻔한 것이고 거의 모든 교과서에서 이렇게 하라고 말하고 있다. 하지만 무슨 이유에서인지 대다수 프로젝트에서 지켜지지 않는다.

버그가 기존 테스트의 그물을 빠져나갔다면 다음번에는 그걸 잡아낼 수 있도록 새 테스트를 추가해야 한다.

Tip 94 **버그는 한 번만 잡아라.**

한번 인간 테스터가 버그를 찾았다면 더는 인간 테스터가 그 버그를 만나서는 안 된다. 그 순간 이후로는 무조건, 매번, 예외 없이, 아무리 사소해도, 개발자가 "그런 상황은 절대 또 일어날 리 없습니다."라고 불평을 하더라도, 해당 버그를 확인할 수 있게 자동화 테스트를 수정해야 한다.

왜냐면 그런 일은 앞으로 다시 일어날 것이기 때문이다. 게다가 우린 자동화 테스트가 우리를 대신해 찾아 줄 수 있는 버그까지 쫓아다닐 시간이 없다. 우리는 새 코드를 (그리고 새 버그도) 작성하는 데 시간을 쏟아야 한다.

## 전체 자동화

이 항목의 도입부에 말했듯이 현대 소프트웨어 개발은 스크립트화된 자동 절차에 의존하고 있다. rsync와 ssh를 넣은 셸 스크립트처럼 단순할 수도 있고, 앤서블Ansible이나 퍼펫Puppet, 셰프Chef, 솔트Salt처럼 강력한 기능을 갖춘 패키지를 사용할 수도 있다. 어쨌든 수작업이 필요해서는 안 된다.

옛날에 모든 개발자가 동일한 IDE를 사용하는 고객사에 간 적이 있다. 회사의 시스템 관리자는 그 IDE에 추가 패키지를 설치하는 방법을 안내문으로 정리하여 개발자들에게 배포했다. 이 안내문은 여러 페이지에 걸쳐 여기를 눌러라, 저기로 스크롤해라, 이걸 드래그해라, 저걸 더블 클릭해라, 그리고 지금까지 한 걸 반복해라 따위의 설명으로 가득 차 있었다.

당연하게도 모든 개발자의 컴퓨터는 조금씩 다르게 설정되었다. 동일한 코드를 실행하는 데도 애플리케이션의 동작은 개발자마다 미묘한 차이를 보였다. 이 컴퓨터에서는 버그가 발생하고 저 컴퓨터에서는 괜찮았다. 컴포넌트들의 버전 차이를 조사해 보면 놀라울 지경이었다.

---

Tip 95  **수작업 절차를 사용하지 말라.**

---

사람들은 컴퓨터처럼 같은 일을 반복할 수 없을뿐더러 그런 것을 기대해서도 안 된다. 셸 스크립트나 프로그램은 동일한 명령을 매번 똑같은 순서로 수행한다. 또한, 버전 관리 시스템에 들어 있을 것이므로 시간이 지남에 따라 그 빌드, 릴리스 절차가 어떻게 변했는지도 조사할 수 있다. ("하지만 전엔 잘 됐었는데…….")

모든 것이 자동화에 의존한다. 빌드 전체가 자동화되어 있지 않다면 임의의 클라우드 서버에서 프로젝트를 빌드할 수 없을 것이다. 수작업 단계가 끼어 있다면 자동 배포를 할 수 없을 것이다. '딱 이거 하나만……'이라는 생각으로 수작업 단계를 넣는다면 아주 커다란 창문을 깨트리는 것이다.[12]

버전 관리, 가차 없는 테스트, 전체 자동화라는 세 기둥이 있다면 여러분의 프로젝트에 필수적인 견고한 기반이 생긴 것이다. 이제 여러분은 어려운 부분에 집중할 수 있다. 바로 사용자를 기쁘게 하는 것이다.

**관련 항목**

- 항목 11. 가역성
- 항목 12. 예광탄
- 항목 17. 셸 가지고 놀기
- 항목 19. 버전 관리
- 항목 41. 테스트로 코딩하기
- 항목 49. 실용주의 팀
- 항목 50. 코코넛만으로는 부족하다

**도전해 볼 것**

- 혹시 여러분의 일일 빌드나 지속적 빌드는 자동으로 수행되는데 서비스 배포는 자동이 아닌가? 왜인가? 서비스 서버에 특별한 무엇이라도 있는가?
- 여러분 프로젝트의 테스트를 완전히 자동화할 수 있는가? 많은 팀이 '아니'라고 대답한다. 왜? 성공 결과를 정의하기가 너무 어려워서? 이것이 프로젝트 '완료'를 후원자에게 증명하기 어렵게 만들지는 않을까?

---

12 〈항목 3. 소프트웨어 엔트로피〉를 잊지 말라. 언제나.

- GUI와 관계없는 애플리케이션 로직을 테스트하는 것이 너무 어려운가? 이것이 그 GUI에 대해 무엇을 말해 주는가? 결합에 대해서는?

## Topic 52 사용자를 기쁘게 하라

> 당신이 사람들을 황홀하게 만들 때, 당신의 목표는 그들로부터 돈을 벌거나, 당신이 원하는 일을 시키는 것이 아닙니다. 사람들을 커다란 기쁨으로 충만하게 하는 것입니다.
>
> – 가이 가와사키(Guy Kawasaki)

개발자로서 우리의 목표는 사용자를 기쁘게 하는 것이다. 그래서 우리가 여기 있는 것이다. 사용자의 데이터를 캐내거나, 마케팅에 노출된 고객 수를 세거나, 사용자의 지갑을 탈탈 터는 것은 우리의 목표가 아니니 사악한 목표는 제쳐 두자. 작동하는 소프트웨어를 제때 제공하는 것만으로는 부족하다. 그것만으로는 사용자를 기쁘게 할 수 없다.

여러분의 사용자가 진짜로 원하는 것은 코드가 아니다. 그들에겐 자신의 목적과 예산에 맞추어 풀어야 하는 사업상의 문제가 있다. 그리고 여러분의 팀과 일하면서 문제를 풀어낼 수 있으리라 믿는다.

여러분의 사용자가 기대하는 것은 소프트웨어와 관련이 없다. 여러분에게 주는 명세에 들어 있지도 않다. (여러분이 몇 차례 반복 주기를 거칠 때까지 명세는 불완전할 것이기 때문이다.)

그러면 어떻게 사용자들이 기대하는 것을 밝혀낼 수 있을까? 단순한 질문을 던져라.

이 프로젝트가 끝나고 한 달(혹은 일 년이라든지) 후에 우리가 성공했는지 어떻게 알 수 있을까요?

대답을 들으면 여러분은 아마 놀랄 것이다. 제품 추천을 개선하는 프로젝트라도 실제로는 고객 잔존율로 성공을 판단할 수 있다. 두 데이터베이스를 통합하는 프로젝트는 데이터의 품질로 판단할 수도 있고, 절감한 비용으로 판단할 수도 있다. 어쨌든 소프트웨어 프로젝트 자체가 아니라 이런 성공 척도가 진짜로 의미 있는 사업 가치다. 소프트웨어는 이런 목적을 달성하기 위한 수단일 뿐이다.

이렇게 숨겨져 있던 프로젝트 배후의 가치에 대해 사용자가 기대하는 바의 일부가 수면 위로 올라 왔다면, 비로소 이런 기대를 어떻게 충족시킬 수 있을지 고민을 시작할 수 있다.

- 모든 팀 구성원이 사용자가 기대하는 바를 완전히 이해해야 한다.
- 결정을 내릴 때면 어떤 선택이 사용자의 기대에 더 가깝게 가는 길인지 생각하라.
- 이런 기대를 염두에 두고 사용자 요구 사항을 비판적으로 분석하라. 우리가 겪은 많은 프로젝트에서 명시된 '요구 사항'은 사실 기술로 무엇을 할 수 있는지 추측한 것일 뿐이었다. 요구 사항 문서의 형태를 띠었지만 실제로는 비전문가의 구현 계획이었던 것이다. 요구 사항을 바꾸면 프로젝트가 목표에 더 가까워진다는 것을 보여줄 수 있는가? 그렇다면 주저하지 말고 바꾸자고 제안하라.
- 프로젝트를 진행하면서도 계속 사용자의 기대에 대하여 생각하라.

도메인에 대한 우리의 지식이 늘어남에 따라 근본적인 사업 문제를 해결하기 위해 우리가 맡지 않은 다른 부분에 대해서도 더 좋은 제안을 할 수 있게 된다. 사업의 여러 부분을 함께 엮어낼 방법을 개개의 부서에서는 알아차리기 힘들다. 우리는 조직의 여러 측면을 경험한 개발자가 이런 방법을 더 잘 찾아낼 수 있다고 굳게 믿는다.

> **Tip 96** 사용자를 기쁘게 하라. 그저 코드만 내놓지 말라.

여러분의 고객을 기쁘게 하고 싶다면 고객이 문제를 풀 때 적극적으로 도와줄 수 있는 관계를 구축하라. 여러분의 직함이 명목상으로는 "소프트웨어 개발자"나 "소프트웨어 엔지니어" 비슷한 이름일지 몰라도 진정한 여러분의 직함은 "문제 해결사"다. 이것이 우리가 하는 일이고, 실용주의 프로그래머의 본질이다.

우리는 문제를 해결한다.

### 관련 항목

• 항목 12. 예광탄
• 항목 13. 프로토타입과 포스트잇
• 항목 45. 요구 사항의 구렁텅이

## Topic 53 오만과 편견

> 너는 지금까지 우리를 충분히 즐겁게 해 주었단다.
>
> – 제인 오스틴(Jane Austen), 《오만과 편견》

실용주의 프로그래머는 책임을 회피하지 않는다. 그 대신 도전을 수용하고 자신의 전문성이 널리 알려지는 것을 기뻐한다. 설계 혹은 코드를 맡는다면 자신이 보기에 자랑스러운 작품을 만들어 낼 것이다.

> **Tip 97** 자신의 작품에 서명하라.

옛 장인들은 자신의 작품에 서명하는 것을 자랑스러워했다. 여러분도 그래야 한다.

그렇지만 여전히 프로젝트팀은 인간으로 이루어지며 이 규칙이 말썽을 일으킬 수도 있다. 어떤 프로젝트에서는 코드 소유권이라는 발상 때문에 협력에 차질이 빚어질 수도 있다. 사람들은 자신의 영토를 지키려 하고, 공통의 기반이 되는 요소에 대해서는 협력을 꺼릴 수 있다. 프로젝트는 서로 담을 쌓은 작은 영토들로 조각나 버릴 수도 있다. 자신의 코드만 좋게 보고 동료들의 코드는 깎아내리는 편견prejudice을 갖게 된다.

이는 우리가 원하는 바가 아니다. 경계심 때문에 여러분의 코드를 참견하는 사람으로부터 방어하려고 해서는 안 된다. 같은 맥락에서, 다른 사람의 코드를 존중해야 한다. 이 팁이 효과를 보려면 개발자 사이에 황금률("남에게 대접 받고자 하는 대로 너희도 남에게 대접하라.")과 상호 존중이라는 기반이 꼭 필요하다.

익명성은 특히 큰 프로젝트에서 적당주의나 실수, 태만, 나쁜 코드의 온상이 될 수 있다. 이렇게 되면 훌륭한 코드를 작성하는 대신 끝없는 상황 보고 속에서 어설픈 변명만 내뱉는 거대한 기계의 부속품으로 전락하게 될 것이다.

코드에는 주인이 있어야 하지만 꼭 개인일 필요는 없다. 실제로 켄트 벡 Kent Beck의 익스트림 프로그래밍eXtreme Programming, XP[13]에서는 코드의 공동 소유권을 제안한다. (하지만 이는 익명성의 위험을 예방하기 위해 짝 프로그래밍과 같은 추가 실천 사항을 필요로 한다.)

우리는 소유권에 대한 긍지pride를 보고 싶다. "내가 이걸 만들었고, 내 작품의 품질을 보증합니다." 여러분의 서명이 품질의 보증 수표로 인식되게 해야한다. 사람들이 코드에 붙은 여러분의 이름을 보고 그것이 튼튼하고 잘 작성

---

13 *http://www.extremeprogramming.org*
(옮긴이) 켄트 벡, 신시아 안드레스가 쓴 《익스트림 프로그래밍 2판》(인사이트, 2006)도 참고하라.

되었으며 제대로 테스트되었을 뿐 아니라 훌륭히 문서화되었을 것이라고 기대하도록 만들자. 전문가가 만든 진정으로 전문가다운 결과물.

실용주의 프로그래머.

고맙다.

Dave Andy

# 맺는말

길게 보면 우리가 우리의 삶을, 우리 자신을 조형한다. 이 과정은 우리가 죽을 때까지 끝나지 않는다. 우리가 내린 결정은 궁극적으로 우리 자신의 책임이다.

– 엘리너 루스벨트(Eleanor Roosevelt)

1판을 쓰기 전까지의 20년간 컴퓨터는 지엽적인 호기심의 대상에서 비즈니스의 현대화를 선도하는 역할로 진화했고 데이브와 앤디는 그 진화를 함께했다. 그리고 그 후 20년간 소프트웨어는 단순한 비즈니스 기기를 벗어나 정말로 세계를 집어삼켰다. 그런데 그게 우리에게 어떤 의미가 있을까?

《맨먼스 미신》[Bro96]에서 프레더릭 브룩스는 "프로그래머의 작업은 시인과 마찬가지로 순수한 사고의 산물thought-stuff에 가깝다. 허공 위에 공기로 만든 성을 상상의 힘으로 짓는다."라고 말했다. 우리는 백지에서 시작하여 우리가 상상할 수 있는 거의 무엇이든 만들어 낼 수 있다. 그리고 우리가 만드는 것이 세상을 바꿀 수 있다.

혁명을 꾀하는 사람을 돕는 트위터에서부터, 자동차가 미끄러지는 것을 막아주는 프로세서, 일상의 자질구레한 사항을 일일이 외우지 않아도 되게 해주는 스마트폰까지, 우리의 프로그램은 어디에나 있다. 우리의 상상은 어디에나 있다.

우리 개발자들은 엄청난 특권을 가졌다. 우리가 진짜로 미래를 빚고 있다. 이건 정말 놀라울 정도로 큰 힘이다. 그리고 이 힘에는 비상한 책임이 따른다.

얼마나 자주 이런 생각을 하는가? 우리들끼리 그리고 다른 사람들과 이게 어떤 의미인지 얼마나 자주 이야기하는가?

임베디드 기기에는 노트북이나 데스크톱, 데이터 센터에서 쓰던 것과는 단위가 다를 정도로 많은 컴퓨터가 들어간다. 이런 임베디드 기기는 발전소나 자동차, 의료기기처럼 생명과 직결되는 시스템을 제어하는 경우도 많다. 간단한 중앙난방 제어 시스템이나 가전제품도 엉터리로 설계되거나 구현되면 사람을 죽일 수 있다. 여러분이 이런 기기를 개발한다면 여러분은 엄청난 책임을 맡은 것이다.

임베디드가 아닌 시스템도 엄청난 이득이나 손해를 가져올 수 있는 경우가 많다. 소셜 미디어는 평화로운 혁명을 촉진할 수도 있지만 추악한 증오를 부추길 수도 있다. 빅 데이터는 쇼핑을 편하게 해 줄 수도 있지만, 여러분이 숨겼다고 생각한 개인 정보를 낱낱이 까발릴 수도 있다. 은행 시스템이 결정하는 대출 심사 결과는 사람들의 삶을 바꿔 놓을 수 있다. 그리고 거의 모든 시스템이 사용자를 염탐하는 데 쓰일 수 있다.

우리는 유토피아적인 미래의 가능성을 살짝 엿보기도 했지만, 의도치 않게 악몽의 디스토피아로 이어지는 사례도 보았다. 두 결과 사이의 차이는 여러분의 생각보다 더 미세할지도 모른다. 어떤 결과가 나올지는 여러분의 손에 달렸다.

### 도덕적 잣대

의도치 않은 이 힘의 대가로 우리는 늘 경각심을 가져야 한다. 우리의 행동이 사람들에게 영향을 준다. 더 이상 차고에서 취미로 프로그래밍하던 8비트 CPU가 아니다. 데이터 센터의 메인프레임에서 구동되던 격리된 사업용 일괄 처리 프로그램도 아니고, 그냥 데스크톱 PC도 아니다. 우리의 소프트웨어가 현대인의 일상을 엮는 씨실과 날실이다.

우리는 우리가 내놓는 모든 코드마다 두 가지 질문을 던질 책임이 있다.

1. 사용자를 보호했는가?

2. 나라면 이것을 쓸까?

첫 번째로 "나는 이 코드의 사용자를 위험으로부터 보호하기 위해 최선을 다했는가?"라고 물어야 한다. 간단한 베이비 모니터[1]지만 보안 패치가 계속 적용되도록 했는가? 자동 중앙난방 조절기가 혹시 고장 나더라도 고객이 수동으로 조절할 수 있도록 했는가? 오직 필요한 데이터만 저장하는가? 개인 정보는 암호화하는가?

누구도 완벽하지 않다. 누구나 때때로 놓치는 것이 생긴다. 하지만 여러분이 가능한 결과를 모두 고려하여 언제나 사용자를 보호하려고 노력했다고 진실로 말할 수 없다면, 무언가 잘못되었을 때 책임을 피할 수 없을 것이다.

---

**Tip 98** 먼저, 해를 끼치지 말라.

---

둘째, 황금률과 관련된 질문이다. 내가 이 소프트웨어의 사용자라면 만족스러울까? 내 세세한 정보를 공유하고 싶을까? 내 움직임이 매장에서 추적되는 것을 원할까? 이 자율 주행 차를 내가 타고 싶을까? 이걸 하는 게 괜찮을까?

어떤 창의적인 발상들은 윤리적 행위의 경계선을 달리기 시작할 때가 있다. 자신이 만약 그런 프로젝트에 관여하고 있다면, 여러분도 그 프로젝트의 후원자와 똑같은 책임이 있다. 여러분이 프로젝트로부터 몇 단계나 떨어져 있다고 합리화 하더라도 다음 규칙은 늘 성립한다.

---

**Tip 99** 쓰레기 같은 인간을 돕지 말라.

---

---

1 (옮긴이) 카메라나 마이크 등이 달려 있어서 갓난아이 곁에 놓아두면 원격에서 아이의 상태를 확인할 수 있는 기기를 말한다.

## 여러분이 원하는 미래를 상상하라

여러분에게 달렸다. 앞으로 20년, 그리고 그 이후를 구축할 "순수한 사고의 산물"을 만들어 내는 것은 여러분의 상상력과 희망, 그리고 여러분의 염려이다.

여러분은 자신 그리고 여러분 후손들의 미래를 만들고 있다. 우리 모두가 살고 싶은 미래를 만드는 것이 여러분의 책무다. 이런 이상과 반대되는 일을 하고 있다면 그걸 깨달아야 한다. 그리고 "아니요!"라고 말할 수 있는 용기를 가져라. 우리가 가질 수 있는 미래를 그리고, 실제로 그런 미래를 만들어 내는 용기를 가져라. 매일매일 허공에 성을 지어라.

우리 모두에게는 아름다운 인생이 있다..

---

**Tip 100**  **결국 당신의 삶이다.**
**삶을 사람들과 나누고, 삶을 축하하고, 삶을 만들어가라.**
**그리고 그걸 즐겨라!**

---

# 참고 문헌

[ADSS18]  Vard Antinyan, Jesper Derehag, Anna Sandberg, and Miroslaw Staron. Mythical Unit Test Coverage(단위 테스트 커버리지 미신). IEEE Software. 35:73-79, 2018.

[And10]  Jackie Andrade. What does doodling do?(낙서는 어떤 일을 하는가?) Applied Cognitive Psychology. 24(1):100-106, 2010, January.

[Arm07]  Joe Armstrong. *Programming Erlang: Software for a Concurrent World*. The Pragmatic Bookshelf, Raleigh, NC, 2007. (번역서) 《프로그래밍 얼랭》(김석준 옮김, 인사이트, 2008)

[BR89]  Albert J. Bernstein and Sydney Craft Rozen. *Dinosaur Brains: Dealing with All Those Impossible People at Work*(파충류의 뇌: 일터에서 만나는 곤란한 사람 상대하기). John Wiley & Sons, New York, NY, 1989.

[Bro96]  Frederick P. Brooks, Jr. *The Mythical Man–Month: Essays on Software Engineering*. Addison-Wesley, Reading, MA, Anniversary, 1996. (번역서) 《맨먼스 미신》(강중빈 옮김, 인사이트, 2015)

[CN91]  Brad J. Cox and Andrew J. Novobilski. *Object–Oriented Programming: An Evolutionary Approach*(객체 지향 프로그래밍: 진화적 접근 방법). Addison-Wesley, Reading, MA, Second, 1991.

[Con68]  Melvin E. Conway. How do Committees Invent?(위원회는 어떻게 발명을 하는가?) Datamation. 14(5):28-31, 1968, April.

[de 98]  Gavin de Becker. *The Gift of Fear: And Other Survival Signals That Protect Us from Violence*. Dell Publishing, New York City, 1998. (번역서) 《서늘한 신호: 무시하는 순간 당한다 느끼는 즉시 피할 것》(하현길 옮김, 청림출판, 2018)

[DL13]     Tom DeMacro and Tim Lister. *Peopleware: Productive Projects and Teams*. Addison-Wesley, Boston, MA, Third, 2013. (번역서) 《피플웨어 3판》(박재호 옮김, 인사이트, 2014)

[Fow00]    Martin Fowler. *UML Distilled: A Brief Guide to the Standard Object Modeling Language*. Addison-Wesley, Boston, MA, Second, 2000. (번역서) 《UML Distilled: 표준 객체 모델링 언어 입문 2판》(신인철 옮김, 홍릉과학출판사, 2000)

[Fow04]    Martin Fowler. *UML Distilled: A Brief Guide to the Standard Object Modeling Language*. Addison-Wesley, Boston, MA, Third, 2004. (번역서) 《UML Distilled: 표준 객체 모델링 언어 입문 3판》(이인섭 옮김, 홍릉과학출판사, 2005)

[Fow19]    Martin Fowler. *Refactoring: Improving the Design of Existing Code*. Addison-Wesley, Boston, MA, Second, 2019. (번역서) 《리팩터링 2판》(개앞맵시, 남기혁 옮김, 한빛미디어, 2020)

[GHJV95]   Erich Gamma, Richard Helm, Ralph Johnson, and John Vlissides. *Design Patterns: Elements of Reusable Object−Oriented Software*. Addison-Wesley, Reading, MA, 1995. (번역서) 《GoF의 디자인 패턴: 재사용성을 지닌 객체지향 소프트웨어의 핵심 요소》(김정아 옮김, 프로텍미디어, 2015)

[Hol92]    Michael Holt. *Math Puzzles & Games*(수학 퍼즐과 게임). Dorset House, New York, NY, 1992.

[Hun08]    Andy Hunt. *Pragmatic Thinking and Learning: Refactor Your Wetware*. The Pragmatic Bookshelf, Raleigh, NC, 2008. (번역서) 《실용주의 사고와 학습》(박영록 옮김, 위키북스, 2015)

[Joi94]    T.E. Joiner. Contagious depression: Existence, specificity to depressed symptoms, and the role of reassurance seeking(전염되는 우울: 우울 증상의 존재 및 특이성과 회복 추구의 역할). Journal of Personality and Social Psychology. 67(2):287-296, 1994, August.

[Knu11]    Donald E. Knuth. *The Art of Computer Programming, Volume 4A: Combinatorial Algorithms, Part 1*. Addison-Wesley, Boston, MA, 2011. (번역서) 《The Art of Computer Programming 4A: 조합적 알고리즘 1부》(류광 옮김, 한빛미디어, 2013)

[Knu98]     Donald E. Knuth. *The Art of Computer Programming, Volume 1: Fundamental Algorithms*. Addison-Wesley, Reading, MA, Third, 1998. (번역서) 《The art of computer programming 1: 기초 알고리즘》(류광 옮김, 한빛미디어, 2006)

[Knu98a]    Donald E. Knuth. *The Art of Computer Programming, Volume 2: Seminumerical Algorithms*. Addison-Wesley, Reading, MA, Third, 1998. (번역서) 《The art of computer programming 2: 준수치적 알고리즘》(류광 옮김, 한빛미디어, 2007)

[Knu98b]    Donald E. Knuth. *The Art of Computer Programming, Volume 3: Sorting and Searching*. Addison-Wesley, Reading, MA, Second, 1998. (번역서) 《The art of computer programming 3: 정렬과 검색》(류광 옮김, 한빛미디어, 2008)

[KP99]      Brian W. Kernighan and Rob Pike. *The Practice of Programming*. Addison Wesley, Reading, MA, 1999. (번역서) 《프로그래밍 수련법》(김정민 옮김, 인사이트, 2008)

[Mey97]     Bertrand Meyer. *Object−Oriented Software Construction*(객체 지향 소프트웨어 구축). Prentice Hall, Upper Saddle River, NJ, Second, 1997.

[Mul18]     Jerry Z. Muller. *The Tyranny of Metrics*. Princeton University Press, Princeton NJ, 2018. (번역서) 《성과지표의 배신》(김윤경 옮김, 궁리출판, 2020)

[SF13]      Robert Sedgewick and Phillipe Flajolet. *An Introduction to the Analysis of Algorithms*(알고리즘 분석 입문). Addison-Wesley, Boston, MA, Second, 2013.

[Str35]     James Ridley Stroop. Studies of Interference in Serial Verbal Reactions(시열 언어반응과제에서의 간섭에 대한 연구). Journal of Experimental Psychology. 18:643-662, 1935.

[SW11]      Robert Sedgewick and Kevin Wayne. *Algorithms*. Addison-Wesley, Boston, MA, Fourth, 2011. (번역서) 《알고리즘 개정4판》(권오인 옮김, 길벗, 2018)

[Tal10]     Nassim Nicholas Taleb. *The Black Swan: Second Edition: The Impact of the Highly Improbable*. Random House, New York, NY, Second, 2010. (번역서) 《블랙 스완: 위험 가득한 세상에서 안전하게 살아남기》(차익종, 김현구 옮김, 동녘사이언스, 2018)

[WH82]    James Q. Wilson and George Helling. The police and neighborhood safety(경찰
          과 지역 안전). The Atlantic Monthly. 249[3]:29-38, 1982, March.

[YC79]    Edward Yourdon and Larry L. Constantine. *Structured Design: Fundamentals of a*
          *Discipline of Computer Program and Systems Design*(구조화된 설계: 컴퓨터 프로그
          램과 시스템 설계 분야의 원칙). Prentice Hall, Englewood Cliffs, NJ, 1979.

[You95]   Edward Yourdon. When good-enough software is best(적당히 괜찮은 소프트웨
          어가 최선일 때). IEEE Software. 1995, May.

# 연습 문제 해답 예시

> 나는 의심할 수 없는 답보다 차라리 답이 없는 질문이 낫다.
>
> – 리처드 파인먼(Richard Feynman)

## 해답 1 (65쪽의 연습 문제 1)

우리 생각에는 Split2 클래스가 더 직교성이 좋다. 이 클래스는 자기가 해야 할 일인 줄 쪼개기에만 집중하고, 어디서 그 줄이 오는지와 같은 세부 사항은 무시한다. 그러면 코드가 개발하기 더 쉬워질 뿐만 아니라 더 유연해진다. Split2는 파일에서 읽어온 문자열을 쪼갤 수도 있고, 다른 루틴이 만든 문자열을 쪼갤 수도 있고, 환경 변수로 넘어온 문자열을 쪼갤 수도 있다.

## 해답 2 (66쪽의 연습 문제 2)

먼저 한 가지 전제가 있다. 여러분은 어떤 언어로든 직교적이고 좋은 코드를 쓸 수 있다. 하지만 동시에 언어들은 제각기 결합도를 높이고 직교성을 떨어트리는 기능으로 여러분을 유혹하기도 한다.

객체 지향 언어에는 불투명한 결합을 만들 가능성을 잔뜩 높이는 기능이 많다. 다중 상속이나 예외, 연산자 오버로딩, 상속을 이용한 부모 메서드 오버라이딩 같은 것들 말이다. 클래스가 코드와 데이터를 묶기 때문에 생기는 결합도 있다. 이런 결합은 보통은 좋은 것이지만(이렇게 좋은 결합을 응집성 cohesion이라고 부른다), 클래스가 관심사에 잘 집중하지 않으면 인터페이스가 엉망으로 망가질 수 있다.

함수형 언어는 여러분이 작고 독립된 함수를 많이 만든 다음, 이를 여러 가지로 조합하여 문제를 해결하도록 유도한다. 이론적으로는 좋아 보이고 실제로도 그런 경우가 많다. 하지만 여기서도 모종의 결합이 생길 수 있다. 이런 함수는 일반적으로 데이터를 변환하는데, 한 함수의 결과가 다른 함수의 입력이 되는 식이다. 이때 주의하지 않으면 함수가 생성하는 데이터 포맷을 바꾸는 바람에 그 이후로 이어지는 변환 어딘가를 망가트릴 수 있다. 좋은 타입 체계를 갖춘 언어를 사용하면 이런 문제를 어느 정도 예방할 수 있다.

### 해답 3 (84쪽의 연습 문제 3)

로우 테크low-tech 기술만이 살길이다! 마커로 화이트보드에 그림을 몇 개 그린다. 자동차 하나, 전화기 하나, 집 하나면 될 것이다. 엄청난 예술 작품일 필요는 없다. 선만 대충 그은 엉성한 그림이라도 충분하다. 이동할 페이지의 내용을 적어 놓은 포스트잇을 클릭해야 하는 위치에 붙여 놓는다. 회의가 진행됨에 따라 그림을 다듬거나 포스트잇의 위치를 더 정확하게 결정할 수 있을 것이다.

### 해답 4 (92쪽의 연습 문제 4)

우리는 확장이 쉬운 언어를 만들고 싶으니 표 기반의 파서를 만들겠다. 표의 각 줄에는 명령 글자, 그 명령에 인자가 필요한지 여부, 그 명령을 처리할 때 호출할 루틴의 이름을 담는다.

lang/turtle.c
```c
typedef struct {
  char cmd;                /* 명령 글자 */
  int hasArg;              /* 인자 필요 여부 */
  void (*func)(int, int);  /* 호출할 루틴 */
} Command;
```

```
static Command cmds[] = {
  { 'P', ARG,    doSelectPen },
  { 'U', NO_ARG, doPenUp },
  { 'D', NO_ARG, doPenDown },
  { 'N', ARG,    doPenDir },
  { 'E', ARG,    doPenDir },
  { 'S', ARG,    doPenDir },
  { 'W', ARG,    doPenDir }
};
```

메인 프로그램은 꽤 단순하다. 한 줄을 읽고, 명령을 표에서 찾아본 다음, 인
자가 필요하면 가져오고, 마지막으로 그 명령에 해당하는 함수를 호출한다.

lang/turtle.c

```
while (fgets(buff, sizeof(buff), stdin)) {
  Command *cmd = findCommand(*buff);
  if (cmd) {
    int arg = 0;
    if (cmd->hasArg && !getArg(buff+1, &arg)) {
      fprintf(stderr, "'%c'는 인자가 필요합니다.\n", *buff);
      continue;
    }
    cmd->func(*buff, arg);
  }
}
```

명령을 찾는 함수는 표를 순차 검색해서 맞는 줄을 반환하거나 NULL을 반환
한다.

lang/turtle.c

```
Command *findCommand(int cmd) {
  int i;

  for (i = 0; i < ARRAY_SIZE(cmds); i++) {
    if (cmds[i].cmd == cmd)
      return cmds + i;
  }

  fprintf(stderr, "알 수 없는 명령: '%c'\n", cmd);
  return 0;
}
```

마지막으로, 숫자 인자를 읽어 들이는 것은 sscanf를 이용하여 간단하게 구현한다.

```
lang/turtle.c
int getArg(const char *buff, int *result) {
  return sscanf(buff, "%d", result) == 1;
}
```

### 해답 5 (93쪽의 연습 문제 5)

사실 여러분은 이 문제를 앞 연습 문제에서 외부 언어용 인터프리터를 만들면서 이미 풀었다. 구현한 코드 안에 내부 언어용 인터프리터가 포함되어 있다. 연습 문제 4의 답안 예시 기준으로는 doXxx 함수들이 바로 내부 언어용 인터프리터다.

### 해답 6 (93쪽의 연습 문제 6)

BNF로 시간 표현을 다음과 같이 정의할 수 있다.

| | | |
|---|---|---|
| \<time\> | ::= | \<hour\> \<ampm\> \| \<hour\> : \<minute\> \<ampm\> \| \<hour\> : \<minute\> |
| \<ampm\> | ::= | am \| pm |
| \<hour\> | ::= | \<digit\> \| \<digit\> \<digit\> |
| \<minute\> | ::= | \<digit\> \<digit\> |
| \<digit\> | ::= | 0 \| 1 \| 2 \| 3 \| 4 \| 5 \| 6 \| 7 \| 8 \| 9 |

그런데 시간의 범위는 00에서 23 사이이고, 분의 범위는 00에서 59 사이라는 점까지 고려하면 더 좋을 것이다.

| | | |
|---|---|---|
| \<hour\> | ::= | \<h-tens\> \<digit\> \| \<digit\> |
| \<minute\> | ::= | \<m-tens\> \<digit\> |
| \<h-tens\> | ::= | 0 \| 1 \| 2 |

```
<m-tens>  ::=  0 | 1 | 2 | 3 | 4 | 5
<digit>   ::=  0 | 1 | 2 | 3 | 4 | 5 | 6 | 7 | 8 | 9
```

## 해답 7 (94쪽의 연습 문제 7)

Pegjs 자바스크립트 라이브러리를 사용한 파서 예시다.

lang/peg_parser/time_parser.pegjs

```
time
  = h:hour offset:ampm                 { return h + offset }
  / h:hour ":" m:minute offset:ampm { return h + m + offset }
  / h:hour ":" m:minute              { return h + m }

ampm
  = "am" { return 0 }
  / "pm" { return 12*60 }

hour
  = h:two_hour_digits { return h*60 }
  / h:digit            { return h*60 }

minute
  = d1:[0-5] d2:[0-9] { return parseInt(d1+d2, 10); }

digit
  = digit:[0-9] { return parseInt(digit, 10); }

two_hour_digits
  = d1:[01] d2:[0-9] { return parseInt(d1+d2, 10); }
  / d1:[2] d2:[0-3]  { return parseInt(d1+d2, 10); }
```

다음 테스트에서 사용 방법을 볼 수 있다.

lang/peg_parser/test_time_parser.js

```
let test = require('tape');
let time_parser = require('./time_parser.js');
// time    ::= hour ampm |
//             hour : minute ampm |
//             hour : minute
```

```
//
// ampm   ::= am | pm
//
// hour   ::= digit | digit digit
//
// minute ::= digit digit
//
// digit  ::= 0 | 1 | 2 | 3 | 4 | 5 | 6 | 7 | 8 | 9

const h  = (val) => val*60;
const m  = (val) => val;
const am = (val) => val;
const pm = (val) => val + h(12);

let tests = {
  "1am": h(1),
  "1pm": pm(h(1)),
  "2:30": h(2) + m(30),
  "14:30": pm(h(2)) + m(30),
  "2:30pm": pm(h(2)) + m(30),
}

test('시간 파싱', function (t) {
    for (const string in tests) {
      let result = time_parser.parse(string)
      t.equal(result, tests[string], string);
    }
    t.end()
});
```

**해답 8** (94쪽의 연습 문제 8)

루비로 작성한 답안 예시다.

lang/re_parser/time_parser.rb
```
TIME_RE = %r{
(?<digit>[0-9]){0}
(?<h_ten>[0-2]){0}
(?<m_ten>[0-5]){0}
(?<ampm> am | pm){0}
```

```
(?<hour> (\g<h_ten> \g<digit>) | \g<digit>){0}
(?<minute> \g<m_ten> \g<digit>){0}

\A(
    ( \g<hour> \g<ampm> )
  | ( \g<hour> : \g<minute> \g<ampm> )
  | ( \g<hour> : \g<minute> )
)\Z

}x

def parse_time(string)
  result = TIME_RE.match(string)
  if result
    result[:hour].to_i * 60 +
    (result[:minute] || "0").to_i +
    (result[:ampm] == "pm" ? 12*60 : 0)
  end
end
```

(이 코드는 정규 표현식의 앞부분에 패턴을 정의해서 이름을 붙이고, 나중에 이 패턴을 실제 찾는 문자열에서 활용하는 기법을 쓴다.)

**해답 9** (102쪽의 연습 문제 9)

우리의 대답은 여러 가정을 포함해야 한다.

- 우리가 전송할 정보는 저장 장치에 들어 있다.
- 사람이 걷는 속도를 알고 있다.
- 두 컴퓨터 사이의 거리를 알고 있다.
- 저장 장치에 정보를 넣거나 빼내는 데 걸리는 시간은 감안하지 않는다.
- 저장 장치에 데이터를 저장하는 부하는 네트워크를 통해 데이터를 보내는 부하와 얼추 비슷하다.

**해답 10** (102쪽의 연습 문제 10)

앞 문제의 조건에 따라 달라질 수 있다. 1TB 저장 장치는 $8 \times 2^{40}$, 즉 $2^{43}$비트를 담을 수 있다. 따라서 1Gbps 회선이 동일한 양의 정보를 전달하려면 9,000초 동안, 달리 말하면 대략 2시간 반 동안 데이터를 보내야 한다.[1] 사람의 걷는 속도가 시속 4킬로미터로 일정하다고 가정해 보자. 네트워크 연결이 사람을 이기려면 두 컴퓨터는 적어도 10킬로미터는 떨어져 있어야 한다. 그렇지 않다면 사람이 이긴다.

**해답 14** (158쪽의 연습 문제 14)

인터페이스를 자바 코드로 적어 보겠다. 계약 내용은 주석에 적는다.

먼저 이 클래스의 불변식이다.

```
/**
 * @invariant getSpeed() > 0
 *         implies isFull()          // 빈 상태로는 돌리지 못한다.
 *
 * @invariant getSpeed() >= 0 &&
 *         getSpeed() < 10           // 범위 검사
 */
```

다음은 선행 조건과 후행 조건이다.

```
/**
 * @pre Math.abs(getSpeed() - x) <= 1 // 한 단계씩만 바꿀 수 있다.
 * @pre x >= 0 && x < 10              // 범위 검사
 * @post getSpeed() == x             // 요청한 속도가 되었다.
 */
public void setSpeed(final int x)

/**
```

---

1  (옮긴이) 여기서는 1TB를 $2^{40}$바이트로 계산했지만 사실 저장 장치에 적혀 있는 1TB는 $10^{12}$바이트인 경우가 많다. 구분을 위해 $2^{40}$바이트는 1TiB(Tebibyte 또는 Tera binary byte)로 적는 것이 좋다(위키백과의 '테비바이트' 항목을 참조하라). 마찬가지로 1Gbps는 $10^9$bps다.

```
 * @pre !isFull()                          // 차 있는데 또 채우지 않는다.
 * @post isFull()                          // 수행되었는지 확인한다.
 */
void fill()

/**
 * @pre isFull()                           // 비어 있는데 또 비우지 않는다.
 * @post !isFull()                         // 수행되었는지 확인한다.
 */
void empty()
```

## 해답 15 (158쪽의 연습 문제 15)

이 수열에는 21개의 숫자가 있다. 20개라고 생각했다면 울타리 말뚝fence-post 오류를 범한 것이다. 말뚝 수를 세어야 하는지 말뚝 사이의 공간 수를 세어야 하는지 헷갈린 것이다.

## 해답 16 (166쪽의 연습 문제 16)

- 1752년 9월은 30일이 아니라 19일밖에 없다. 그레고리 교황의 달력 개혁의 일환으로 달력의 날짜를 맞추기 위해 이렇게 만들었다.[2]

- 다른 프로세스가 디렉터리를 지웠을 수도 있고, 디렉터리를 읽을 권한이 없을 수도 있다. 드라이브가 마운트되지 않았을 수도 있고, 그 밖에 여러 가지 문제가 있을 수 있다. 어떤 상황인지 감이 왔으리라.

- 이 문제의 함정은 a와 b의 타입을 명시하지 않았다는 점이다. 연산자 오버로딩 때문에 +, =, !=가 예상과는 다르게 동작할 수 있다. 또 a와 b가 동일한 변수를 가리키고 있을 수도 있다. 그럴 경우 두 번째 할당문이 첫 번째 할당문에서 저장한 값을 덮어쓸 것이다. 또한 프로그램에 동시성이 있는데 이에 대한 고려가 되지 않아서 a의 값이 덧셈이 수행되기 직전에 바뀌

---

2  (옮긴이) 재미있는 사실은 그레고리력이 처음 만들어진 것은 1582년이지만, 그레고리력을 도입한 시기에 따라 나라마다 이 짧은 달을 넣은 해가 다르다는 점이다. 달력 개혁 당시 가톨릭 국가였던 나라들은 1582년 10월, 영국과 미국은 1752년 9월, 러시아는 1918년 2월이 짧다.

었을 수도 있다.

- 비유클리드 기하학에서 삼각형 내각의 합은 180°가 아닐 수 있다. 구 표면에 그려진 삼각형을 생각해 보라.
- 윤초leap second 때문에 61초일 수 있다.
- 언어에 따라서 숫자가 최대 숫자 한계를 넘어가는overflow 바람에 a+1의 부호가 음수로 바뀔 수도 있다.

### 해답 17 (176쪽의 연습 문제 17)

대부분의 C나 C++ 구현에서는 어떤 포인터가 정말로 유효한 메모리를 가리키는지 확인할 방법이 없다. 어떤 메모리 영역의 할당을 해제한 후 나중에 프로그램에서 그 메모리를 참조하는 실수가 자주 일어난다. 그때쯤이면 포인터가 가리키는 메모리는 다른 용도로 다시 할당되었을 수도 있다. 포인터에 NULL을 지정하여 이런 잘못된 참조를 막으려는 것이다. 대부분의 구현에서 NULL 포인터를 참조하면 런타임 오류가 발생한다.

### 해답 18 (177쪽의 연습 문제 18)

변수를 NULL로 설정하면 그 변수가 가리키던 객체를 가리키는 포인터의 수가 하나 줄어든다. 포인터 개수가 0이 되면 그 객체는 가비지 컬렉션 대상이 된다. 실행 시간이 길어서 메모리 사용량이 시간이 지남에 따라 늘어나지 않도록 신경 써야 하는 프로그램이라면 변수에 NULL을 설정하는 것이 중요할 수 있다.

### 해답 19 (206쪽의 연습 문제 19)

간단하게 다음과 같이 구현해 보았다.

event/strings_ex_1.rb

```ruby
class FSM
  def initialize(transitions, initial_state)
    @transitions = transitions
    @state       = initial_state
  end
  def accept(event)
    @state, action = @transitions[@state][event] || @transitions[@state][:default]
  end
end
```

(이 클래스를 사용하는 코드는 웹 사이트에서 다운로드할 수 있다.)

## 해답 20 (207쪽의 연습 문제 20)

- 5분 동안 '네트워크 인터페이스가 꺼짐' 이벤트를 세 번……

  상태 기계로 구현하는 것도 가능하기는 하다. 하지만 처음에 생각했던 것 보다는 조금 까다로운 면이 있을 것이다. 예를 들어 1분, 4분, 7분, 8분에 각각 이벤트가 발생했다고 하자. 그렇다면 네 번째 이벤트가 발생했을 때 경고를 울려야 할 텐데, 그러려면 상태 기계가 이벤트 없이도 스스로 상태 를 바꿀 수 있어야 한다.

  그래서 이 경우에는 이벤트 스트림을 사용하는 편이 낫다. size와 offset 파라미터를 받는 buffer라는 반응형 함수를 사용하면 이벤트가 발생할 때 마다 최근 이벤트 세 개를 묶어서 전달받을 수 있다. 그러면 묶음의 첫 이 벤트와 마지막 이벤트의 발생 시각을 보고 경고를 울려야 할지 판단할 수 있을 것이다.

- 일몰 후에 층계 밑에서 동작이 감지된 다음 층계 위에서 동작이 감지되 면……

  아마 게시-구독과 상태 기계를 조합하여 구현할 수 있을 것이다. 게시-구독을 사용하면 여러 상태 기계에 이벤트를 퍼트릴 수 있고, 상태 기계가 이런 이벤트를 받아서 어떻게 할지 판단하면 된다.

- 다양한 보고 시스템에 주문이 완료되었음을 알리고……
아마 게시-구독 모델이 가장 좋을 것이다. 스트림을 사용할 수도 있지만 그러려면 알림을 받는 보고 시스템도 스트림 기반이어야 할 수도 있다.

- 세 가지 다른 서비스에 요청을 보내고 응답을 기다려야 한다.
이것은 본문에서 사용자 데이터를 받아 오기 위해 스트림을 사용한 예제와 유사하다.

## 해답 21 (222쪽의 연습 문제 21)

1. 주문에 부가세와 배송비가 더해진다.

   **기본 주문 → 최종 주문**

   관례적으로 작업했다면 부가세를 계산하는 함수와 배송비를 계산하는 함수를 각각 만들었을 것이다. 하지만 우리는 변환 방식으로 생각하므로 물품만 담겨있는 주문을 새로운 것으로 변환해야 한다. 바로 배송만 남은 최종 주문으로 바꾸는 것이다.

2. 정해진 파일 경로에서 애플리케이션의 설정 정보를 읽어 들인다.

   **파일명 → 설정 구조체**

3. 웹 애플리케이션에 누군가가 로그인한다.

   **사용자 인증 정보 → 세션**

**해답 22** (223쪽의 연습 문제 22)

전체 구조는 다음과 같다.

**문자열 입력 내용**
   → [검증 및 변환]
      → {:ok, 값} | {:error, 원인}

다음과 같이 쪼갤 수 있다.

**문자열 입력 내용**
    → [문자열을 정수로 변환]
    → [값이 18 이상인지 검사]
    → [값이 150 이하인지 검사]
       → {:ok, 값} | {:error, 원인}

단, 오류 처리는 파이프라인에서 한다고 가정했다.

**해답 23** (223쪽의 연습 문제 23)

두 번째 질문에 먼저 답하자면 우리는 앞쪽 코드를 선호한다.

뒤쪽 코드에서는 앞 단계에서 반환하는 객체가 우리가 호출할 다음 함수를 구현해야 한다. 즉, content_of에서 반환하는 객체가 find_matching_lines 메서드를 구현하는 식이다.

이 말은 content_of가 반환하는 객체가 우리 코드와 결합되어 있다는 것이다. 요구 사항이 바뀌어서 # 문자로 시작하는 줄은 주석이므로 무시해야 한다고 생각해 보라. 변환 방식으로 짠 코드는 아주 쉽게 바꿀 수 있다.

```
const content     = File.read(file_name);
const no_comments = remove_comments(content);
const lines       = find_matching_lines(no_comments, pattern);
const result      = truncate_lines(lines);
```

심지어 remove_comments와 find_matching_lines 함수의 호출 순서를 바꾸어도 잘 동작할 것이다.

하지만 호출 연쇄 방식의 코드에서는 더 까다롭다. remove_comments 메서드를 어디에 넣어야 할까? content_of가 반환하는 객체일까 아니면 find_matching_lines가 반환하는 객체일까? 우리가 객체들을 바꾸면 또 다른 코드가 망가지지는 않을까? 이런 난감한 결합 때문에 호출 연쇄 방식이 '열차 사고'라는 평가를 받는 것이다.

**해답 24** (271쪽의 연습 문제 24)

### 이미지 처리

병렬 프로세스들의 작업 부하를 나누는 간단한 경우라면 작업 큐를 공유하는 것만으로도 충분히 차고 넘친다. 프로세스들이 상호 작용해야 한다면, 즉 컴퓨터 비전 애플리케이션이나 복잡한 3D 이미지 왜곡 변형처럼 한 부분의 처리 결과가 다른 부분에 영향을 미치는 경우 칠판 시스템을 고려해 볼 수 있긴 하다.

### 그룹 일정 관리

여기에는 칠판 시스템이 잘 들어맞을 것이다. 약속이 잡힌 시간과 비는 시간을 칠판에 올려놓으면 된다. 그룹 일정 관리에는 자동으로 동작하는 요소들도 있고, 결정에 따른 반응도 중요하며, 사람들이 새로 참여하거나 빠질 수도 있기 때문이다.

이런 종류의 칠판 시스템은 누가 검색을 하는지에 따라 칠판을 구분하는 것도 고려해 볼 만하다. 신입 직원은 자신이 속한 사무실에만 관심이 있을 것이고, 인사부에서는 전 세계의 영어권 사무실에만 관심이 있을 수도 있다. 사장은 모두 다 보고 싶어 할지도 모른다.

데이터 형식은 유연하게 해도 괜찮다. 우리가 이해할 수 없는 언어나 형식은 그냥 무시하면 된다. 서로 회의를 할 일이 있는 사무실끼리만 형식을 이해할 수 있으면 되지, 아는 사람의 아는 사람이 쓰는 형식까지 모두 다 노출할 필요는 없다. 이렇게 하면 꼭 필요한 수준으로 결합을 줄일 수 있고, 인위적인 제약도 생기지 않을 것이다.

### 네트워크 모니터링 도구

이것은 268쪽에서 설명한 주택 담보 대출이나 신용 대출 신청 프로그램과 매우 비슷하다. 사용자들이 보내는 문제 발생 보고와 자동으로 보고되는 통계 자료가 모두 칠판에 올라간다. 사람이나 소프트웨어 에이전트가 칠판을 분석해서 네트워크가 고장 난 지점을 찾아낼 수 있다. 어떤 회선에 이상이 두 번 있었다면 그저 우주 방사선의 영향일지도 모른다. 하지만 이만 번 이상이라면 분명 하드웨어 문제일 것이다. 여러 형사가 함께 살인 사건의 비밀을 파헤치듯, 분석하는 사람이나 분석 프로그램을 여럿 두어서 네트워크 문제를 푸는 데 모두가 머리를 맞대도록 할 수도 있다.

### 해답 25 (289쪽의 연습 문제 25)

일반적으로 키-값 쌍의 목록을 받을 때는 키가 유일하리라 가정한다. 해시를 사용하면 해시 자체의 동작이나 명시적인 오류 메시지로 중복인 키가 없도록 만들 수 있다. 하지만 배열은 이런 제약 조건이 없으므로 일부러 코드에서 확인하지 않으면 중복인 키가 아무 문제 없이 저장된다. 따라서 문제의 상황에서는 DepositAccount 키로 처음 나오는 데이터만 남고 같은 키를 갖는 다른 데이터는 무시될 것이다. 데이터의 순서는 보장되지 않으므로 어떤 때는 잘 되지만 어떤 때는 문제가 발생한다.

그렇다면 왜 개발 장비에서는 잘 되는데 실제 서비스에서는 문제가 생길까? 그건 순전히 우연이다.

## 해답 26 (290쪽의 연습 문제 26)

미국, 캐나다, 카리브해 지역에서 숫자만 저장해도 동작했던 것은 우연이다. ITU 명세에 따르면 국제 전화번호는 + 문자로 시작한다. 어떤 지역에서는 전화번호에 * 문자도 쓴다. 그리고 전화번호가 0으로 시작하는 경우도 많다. 절대로 전화번호를 숫자 필드에 저장하지 말라.

## 해답 27 (290쪽의 연습 문제 27)

여러분이 어디에 사는지에 따라 다르다. 미국에서 부피를 재는 단위는 갤런인데, 1갤런은 지름 7인치, 높이 6인치인 원통의 부피를 세제곱인치 단위로 반올림한 값인 231세제곱인치다.

캐나다에서는 요리법의 '한 컵'이 다음 넷 중 하나다.

- 1/5 영국 쿼트에 해당하는 227mL
- 1/4 미국 쿼트에 해당하는 236mL
- 16큰술에 해당하는 240mL
- 1/4리터에 해당하는 250mL

단, 쌀을 계량할 때는 예외다. 이때는 '한 컵'이 180mL다. 180mL라는 용량은 동아시아 지역에서 부피를 재는 단위로 쓰이던 '섬'에서 유래했는데, 쌀 한 섬은 대략 한 사람이 1년간 먹는 쌀의 부피로 180리터에 해당한다. 밥솥용 계량컵은 1홉에 해당하는데, 1섬의 1/1000이다. 1홉이면 한 사람이 한 끼에 먹는 쌀의 양과 비슷하다.[3]

---

3  이 지식을 공유해 준 Avi Bryant(@avibryant)에게 감사를 전한다.

명백히 이 연습 문제에는 절대적인 정답이 없다. 다만 몇 가지 지침을 줄 수
는 있을 것 같다.

결과 그래프의 모양이 매끄러운 선 형태가 아니라면, CPU가 다른 작업으
로 바쁘지는 않은지 확인해 보아야 한다. 백그라운드 프로세스가 주기적으
로 여러분의 프로그램이 사용할 CPU 사이클을 소모한다면 좋은 결괏값을 얻
기 힘들 것이다. 메모리를 점검해 봐야 할지도 모른다. 애플리케이션이 스왑
공간을 쓰기 시작하면 성능은 급전직하로 떨어진다.

우리 컴퓨터에서 돌려본 결과의 그래프는 다음과 같다.

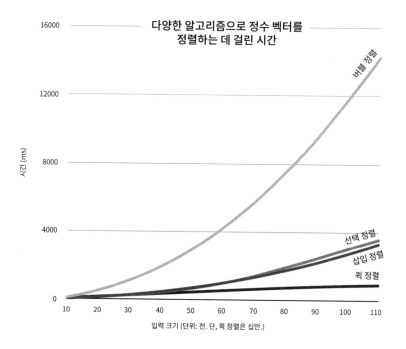

몇 가지 증명 방법이 있다. 하나는 문제를 거꾸로 생각해 보는 것이다. 만약 배열에 원소가 하나뿐이라면 우리는 반복문을 돌지 않는다. 한 번 반복이 추가될 때마다 우리가 검색할 수 있는 배열의 크기는 두 배씩 증가한다. 따라서 배열 크기에 대한 일반식은 $n = 2^m$이 되는데 여기에서 $m$은 반복의 횟수다. 양변에 밑이 2인 로그를 취하면 $\lg n = \lg 2^m$이 되고, 로그의 정의상 이 식은 $\lg n = m$이 된다.

**해답 30** (300쪽의 연습 문제 30)

갑자기 고등학교 수학 시간으로 돌아간 듯할 것이다. 밑이 $a$인 로그를 밑이 $b$인 로그로 변환하는 공식은 다음과 같다.

$$\log_b x = \frac{\log_a x}{\log_a b}$$

$\log_a b$는 상수이므로 대문자 $O$ 표기법에서는 무시할 수 있다.

**해답 31** (330쪽의 연습 문제 31)

테스트할 수 있는 속성을 하나 들어 보면, 창고에 충분한 재고가 있을 때 주문이 성공한다는 점이 있다. 주문의 상품 수량을 무작위로 생성해서 창고에 재고가 있을 때 "완료" 튜플이 반환되는지 확인할 수 있다.

**해답 32** (330쪽의 연습 문제 32)

속성 기반 테스트를 사용하기에 좋은 문제다. 단위 테스트는 다른 방법으로 결과를 계산할 수 있는 개별 사례에 초점을 맞추고, 속성 기반 테스트는 다음과 같은 것들에 초점을 맞출 수 있을 것이다.

- 위치가 겹치는 상자가 있는가?
- 상자를 실었을 때 트럭의 폭과 길이를 넘어가는 경우가 있는가?
- 적재율, 즉 상자가 채운 영역을 트럭 적재함 전체로 나눈 값이 1보다 작거나 같은가?
- 필요하다면 적재율이 지나치게 낮지는 않은지도 확인할 수 있다.

## 해답 33 (361쪽의 연습 문제 33)

1. 이 문장은 진짜 요구 사항처럼 보인다. 환경 때문에 애플리케이션에 제약을 추가해야 할 수 있다.

2. 이 문장 자체만으로는 진짜 요구 사항이 아니다. 하지만 진짜로 무엇이 필요한지 알아내려면 마법의 질문을 던져야 한다. "왜?"

   이것이 회사의 표준일 수 있다. 그렇다면 진짜 요구 사항은 "모든 UI 요소는 메가코퍼레이션 사용자 인터페이스 표준 V12.76을 준수해야 한다." 같은 것이어야 한다.

   우연히 디자인팀이 좋아하는 색깔일 수도 있다. 그렇다면 디자인팀이 생각을 바꿀 가능성도 고려해야 한다. 따라서 요구 사항을 "모든 모달 창의 바탕색은 설정 가능해야 한다. 출시될 때는 회색으로 한다"로 바꾸어야 한다. 더 범위를 넓혀서 "애플리케이션의 모든 시각 요소(색상, 글꼴, 언어)는 설정 가능해야 한다"라고 하면 더 좋다.

   아니면 단순히 사용자가 모달 창과 다른 창을 구별할 수 있어야 하는 것일 수도 있다. 그렇다면 더 논의해 볼 필요가 있다.

3. 이 문장은 요구 사항이 아니다. 이것은 아키텍처다. 이런 종류의 것과 마주쳤다면 사용자가 무슨 생각을 하는지 알아내기 위해 깊이 파고들어야 한다. 확장성 문제인가? 아니면 성능? 비용? 보안? 고객의 대답이 여러분

의 설계를 안내할 것이다.

4. 밑에 숨겨진 요구 사항은 아마 "시스템은 사용자가 필드에 올바르지 않은 값을 입력하는 것을 막는다. 올바르지 않은 값을 입력하는 경우 경고를 보낸다."라는 문장에 더 가까울 것이다.

5. 이 문장은 하드웨어의 규격에 맞춘 것 같아 보인다. 아마 꼭 지켜야 하는 요구 사항일 것이다.

네 개의 점 문제의 해답은 다음과 같다.

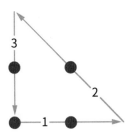

세 개의 선으로
네 점을 다 연결하고
선을 긋기 시작한
지점으로 돌아와 보라.
종이에서 펜을 떼면 안 된다.

# 옮긴이 후기

프로그래머로서 경력이 쌓일수록 궁금했던 것이 있습니다. '성장이란 무엇일까? 나는 과연 성장하고 있을까?' 시간이 지나서 되돌아보니 이런저런 경험은 쌓였으되 완전히 새로운 원칙을 배우는 일은 생각보다 많지 않았습니다. 그 대신 원칙을 지켜야 한다는 점을 거듭 배웠습니다. 처음 프로그래밍을 시작할 때 배우는 그런 원칙들 말입니다. 아무리 바빠도, 요구 사항이 변화무쌍하더라도, 일손이 부족하더라도 최대한 원칙을 지켜야 한다는 점을 배웠습니다. 하지만 원칙을 지키는 일은 늘 만만치 않습니다. 성장이란, 자신이 쌓은 지식과 경험을 바탕으로 조금 힘을 덜 들이고 더 능숙하게 원칙을 지킬 수 있게 되는 것 아닐까요? 이 책은 그런 성장을 위한 최고의 지침서입니다. 우리의 삶을 보다 실용적으로 바꿔 줄 팁들이 가득합니다.

책을 한발 앞서 접한 덕분에 저는 요즘 이 책의 팁들을 떠올리며 프로그래밍을 하고 있습니다. 그래도 100개는 좀 많긴 합니다. 위키백과에 따르면 벤저민 프랭클린은 13가지 덕목을 정한 다음, 모두 지키려고 노력하는 대신 한 주에 하나씩만 지키려고 노력했다고 합니다. 어쩌면 "항목 18. 파워 에디팅"의 설명처럼 한 번에 하나씩 차근차근 익숙해지면 되지 않을까요? 저는 원래 빔(Vim)을 많이 사용했는데, 요즘은 비주얼 스튜디오 코드를 배우고 있습니다. 낯설던 단축키가 손에 익숙해지는 과정이 꽤 즐겁습니다. 여러분도 즐기실 수 있기를, 그리고 이 책이 그 여정에 보탬이 될 수 있기를 바랍니다. 마지막으로 좋은 기회를 제안해 주신 인사이트와 많은 도움을 주신 김창준 님께 감사드립니다.

## 기호

%)% 연산자 213
|〉(파이프 연산자) 212
-〉 연산자 213
-〉〉 연산자 213

## A-B

and_then 함수 221
ANTLR 91
API
  DRY 원칙 51
  가역성을 위하여 숨기기 69
  설정 정보 숨기기 237
  위임 231
  저장소 51, 270
  전역 데이터를 감싸기 191
Art of Computer Programming
    시리즈 299
awk 139
bison 91
BNF 문법 93

## C-D

C
  널 포인터 176
  단정문 163
  리소스 할당 175-176
  이름 짓기 관습과 문화 345
C++
  널 포인터 176
  단정문 163
  상속 225, 228
CSV 91

## DRY 원칙

DRY 원칙
  리팩터링의 이유 302
  문서화 47
  소개 37
  유지 보수 41-54, 383
  의사소통 28
  이해하기 41-54
  점진적 접근 방법 179
  주석 34, 47
  지식 53
  직교성과 비교 64
  코드 밖에서 43
  팀 383

## E-H

EJB(엔터프라이즈 자바빈즈) 60
--enableassertions 플래그 163
ETC 원칙 28, 37-41, 347
F#, 파이프 연산자(|〉) 213
finally 절 173
"Five Whys" 26
FSM(유한 상태 기계) 194-199,
    206
GUI
  GUI 전쟁 179
  단점 111
  직교성 도전해 볼 것 65
  테스트 도전해 볼 것 402
HTML, 일반 텍스트로서 106
Hypothesis 라이브러리 323

## I-K

i(반복문의 변수) 344

## IDE

IDE
  자동 리팩터링 306
  한계 104, 111
if 문, 단정문 165
IP 주소, 설정 데이터에서 236
Isabelle/ML 212
JavaSpaces 268
Jeff Langr xvi
José Valim xvi
JSON
  외부 언어로서 91
  일반 텍스트로서 106
  정적 설정 237
  텍스트 처리 연습 문제 141
Kim Shrier xvi

## N-R

Nact 라이브러리 260
NATS 270
Nick Cuthbert xvi
NULL 176-177
OpenAPI 51
P(세마포어) 251
PEG 파서 91, 93
PERT, 추정에서 100
R, %)% 연산자 213
REPL 결과로 피드백 178
Ron Jeffries xvi, 312
RSpec, 도메인 언어 사용하기 86,
    89

## S-Y

sed 139

"select가 망가졌어" 135
situational awareness(상황인식)
    15
T Spaces 268
TDD(테스트 주도 개발) 152,
    310-314, 319
try~catch 블록 173
UML 244
URL, 테스트 접점용 318
User Interfaces, '사용자
    인터페이스'를 보시오
UTC 285
V(세마포어) 251
VM (Vicky) Brasseur xvi
with(엘릭서) 220
XP (익스트림 프로그래밍) 310,
    369, 391, 405
YAML
    앤서블에서 88
    외부 언어로서 90-91
    일반 텍스트로서 106
    정적 설정 237
    텍스트 처리 연습 문제 141

ㄱ

가드 절 150
가면 증후군 277
가역성 37, 66-71
가정
    단정문으로 테스트하기 146,
        162-167, 288
    디버깅에서 136, 288
    문서화하기 285, 288
    암묵적 287
    우연에 맡기는 프로그래밍 283,
        287-288
    의도적으로 프로그래밍하기
        288
    테스트, 속성기반 321-330
    테스트와 우연에 맡기는
        프로그래밍 287-288

가치  규칙과 비교 39
감사, 버전 관리 장점 120
감시 대상, 감시자 패턴 199
감시자 패턴 194, 199
감시자, 감시자 패턴 199
감싸기
    리소스 175
    변환에서 값을 감싸기 217-222
    설정 정보 숨기기 237
    액터 모델 예제 264
    전역 데이터 191
값
    모델 만들기에서 98
    변환에서 감싸기 217-222
    파이프 라인 함수를 호출에서
        값으로 바꾸기 220
개빈 드 베커 275
개성 xxi, 374
객체
    객체 저장소와 칠판 243
    믹스인으로 확장하기 232-236
객체 지향 소프트웨어 구축(건축)
    50, 148, 300
객체 지향 언어
    리소스 사용의 균형 172
    상속 224
    직교성 연습 문제 66
거울 나라의 앨리스 266
건축 메타포 300
검증
    검증 도구 52
    믹스인으로 검증 234
    빌드에서 테스트하기 395-396
    설정 데이터에서 236
검토, 내용 36
검토, 지식 포트폴리오 22
검토, 코드 53
겁먹지 마시오 366
게시-구독
    이벤트 전략 194, 201
    칠판 243

게시자, 게시-구독 전략 201
격리
    버전 관리의 브랜치 121
    직교성 57-58, 61
결합, '결합도 줄이기'도 참고
    데이터 숨기기 216
    리소스 할당 168
    상속 184, 191, 226-236
    소개 181-183
    시간적 241-249
    열차 사고 184-190
    예제 184-193
    오류 처리 160
    자료 구조의 노출 50
    전략 182-193
    전역 데이터 184, 190
    증상 184
    파이프라인에서 189
    프로토타이핑에서 83
결합도 줄이기, '결합'도 참고
    ETC 원칙 39
    묻지 말고 말하라 원칙 186
    소개 181
    스트림과 비동기 이벤트 206
    점진적 접근 방법 179
    직교성 54-66
    코드에서 설정하기 237
    테스트 코드 190, 320
    펍섭과 비동기 이벤트 201
경계 조건 129, 283
경력 개발
    지식 포트폴리오 2, 19-27, 381
    책임지기 3
    프로그래머의 에이전시 1, 3
경청 32
계약에 의한 설계
    단정문과 비교 153
    단정문으로 288
    도전해 볼 것 157
    동적 계약 157
    리소스 사용의 균형 176

사용하기 146-158
연습 문제 158
우연에 맡기는 프로그래밍
피하기 285, 288
의미론적 불변식 176
테스트 315-317
테스트 주도 개발과 비교 152
계획 사용하기 288
고립, 프로그래머 23
고무 오리
디버깅 134
엔지니어링 일지 143
우연에 맡기는 프로그래밍
피하기 288
파충류의 뇌에 귀 기울이기 279
퍼즐 풀기 366
곱셈, 행렬 294
공격 표면 영역, 최소화 333-335
공동 작업
신뢰와 책임지기 5
애자일 373
공유 디렉터리와 버전 관리 비교
119
과도한 장식 18
관리자 계정 335
관문 384
관성, '끓는 물의 개구리'를 보시오
교착 171
구독자, 게시-구독 전략 201
구조화된 설계 57
구현
구현에서 생기는 우연 283
모듈화 285
권한, 최소화 원칙 332, 335
규칙 대 가치 39
규칙 엔진 270
그레그 푸 134
그레이스 호퍼 13, 125
그림 그리기 279
기능 블로트 19, 360
기능 스위치 319, 393

기대와 요구 사항 403
기록 관리
디버깅 131
리소스 할당 172
엔지니어링 일지 40, 105, 142, 366
추정 99, 102
기본값, 보안 332, 336
기술 부채, '엔트로피'를 보시오
기예
관심 갖기 xx
프로그래밍 xxvii, xx-xxiii
기한이 있는 자산 19
깨진 창문
도전해 볼 것 11
리팩터링 304, 306
수작업 단계 401
실패한 테스트 319
이름 짓기 346
팀 379
피하기 1, 8-11, 379
끓는 물의 개구리
기능 블로트 360
변화에 반응 2, 14
의도적으로 프로그래밍하기 288
팀 380
끝에서 끝까지 설계 313

ㄴ
나비 효과 67
나쁜 방식
비밀번호 338
예외 174
나심 니콜라스 탈레브 179
낙서하기 143
낙타 표기법
이름 짓기 관습과 문화 345
텍스트 처리 연습 문제 142
내부 도메인 언어 89
네 점 문제 364

네트워크 감시, 칠판 연습 문제 272
넷플릭스 397
논란 부추기기 36
놀람
디버깅에서 136
속성 기반 테스트에서 328
뉴스, 지식 포트폴리오를 위해 읽기 24

ㄷ
다각화, 지식 포트폴리오 21
다방면에 능숙한 사람 xx
다중 상속 65
다중 인터페이스 65
다형성 230
단위 테스트
결합도 줄이기 190
계약으로 153, 315-317
속성 기반 테스트에서 329
전략 314-317
전역 데이터 190
정의 395
직교성과 단위 테스트 63
코드의 첫 번째 사용자인 테스트 309, 329
프로젝트 관리 395
피드백으로서 178
단일 접근 원칙 50
단일 책임 원칙 39
단일체(Singleton) 패턴 62
단정문
계약에 의한 설계와 288
계약에 의한 설계와 비교 153
디버깅에서 146, 162-167
부작용 164
선택적 165
오류 처리와 비교 163
단체에 참여, 지식 포트폴리오 23, 27
단축키 118, 318

단축키, 에디터 118
달걀 살해 266
담당자, 품질 관리 380
당황하지 말라. 127
대문자 O 표기법 132, 291-300
대안 대 변명 6
대체 가능성
　ETC 원칙 40
　의도적으로 프로그래밍하기
　　289
　점진적 접근 방법 179
데메테르 법칙 61, 187
데메테르 프로젝트 188
데모 76, 178
데이비드 갤런터 268
데이터
　DRY 원칙 49, 52
　계약에 의한 설계 149
　데이터 변환으로서의
　　프로그래밍 207, 210
　데이터로 나타낸 유한 상태 기계
　　195-199
　디버깅 전략 131, 137
　리소스 할당과 동적 자료 구조
　　174
　보안 333, 335, 337
　소유권(러스트) 257
　숨기기와 결합 216
　스트림에서 이벤트를
　　데이터처럼 사용하기 202
　암호화 332, 337
　오염 333
　일반 텍스트의 장점 105-106
　일부만 노출하거나 변형하기
　　335
　자료 구조의 노출 50
　접근 83
　칠판 266-272
　테스트 데이터 324, 398
　프로토타이핑 81, 83
데코레이터 패턴 61

도구, '에디터'와 '버전 관리'도 참고
　도구 제작 역량 385
　셸에서 조합하기 111
　일반 텍스트의 장점 107-108
　저장소 호스팅 123
　접근 방법 103
　직교성 60, 65
　진단 319
　프로토타이핑 81
도널드 커누스 299
도도 238
도메인 언어
　내부 89
　도전해 볼 것 92
　사용하기 38, 85-94
　외부 89
도전해 볼 것
　ETC 원칙 41
　가역성 70
　계약에 의한 설계 157
　깨진 창문 11
　끓는 물의 개구리 15
　도메인 언어 92
　돌멩이 수프 전략 15
　동시성 249
　리소스 사용의 균형 176
　배포 401
　버전 관리 124
　변화 전략 15
　병렬성 249
　상속 65, 235
　설계 41
　셸 114
　소개 xiv
　속성 기반 테스트 330
　시간 추정하기 102
　알고리즘 추정하기 298
　애자일 376
　액터 266
　에디터 115, 117
　엔트로피 11

요구 사항 362
의사소통 35
이름 짓기 347
일반 텍스트 110
자동화 401
적당히 괜찮은 소프트웨어 18
지식 포트폴리오 27
직교성 65
책임 7
칠판 272
테스트 330, 403
팀 386
파충류의 뇌에 귀 기울이기 282
퍼즐 풀기 367
독자, 참여시키기 32
돌멩이 수프 2, 11-15
동기화 막대 245
동시성
　공유 상태 242, 249-258
　기회 247
　도전해 볼 것 249
　모든 일에 존재 241
　버전 관리 장점 121
　불규칙한 실패의 원인 257
　상호 배제 전략 251-258
　시간적 결합 241-249
　액터 모델 243, 258-266, 270
　언어의 독점적 접근 기능 257
　자유방임주의 268
　정의 241
　찾기 244-249
　칠판 243, 266-272
　트랜잭션 없음 256
　트랜잭션으로 리소스 관리
　　252-257
　프로세스 243, 259, 265
　활동 다이어그램 244-249
동적 계약 157
동적 자료 구조와 리소스 할당
　174

두려움
  결합의 증상  184
  백지  276
  실수에 대한  277
디미터 법칙  61, 187
디버깅
  고무 오리  134
  놀람  136
  단위 테스트  317
  단정문으로  162-167, 288
  리팩터링  305
  문제 풀이로서  126
  배우기  137
  버그 재현하기  129
  버그는 한 번만 잡기  399
  버전 관리 장점  120
  보안  335
  사고방식  127
  소개  105
  소거법  135
  속성 기반 테스트  328
  실마리  128
  심리  126
  예광탄의 장점  76
  오류 메시지 읽기  130, 159
  우연에 맡기는 프로그래밍  284
  이진 분할  131-132
  전략  129-138
  직교성과 디버깅  63
  체크 리스트  137-138
  트레이싱 구문  133
  피드백  166
  하이젠버그  164
디자인 패턴  62

ㄹ

라이브러리
  DRY 원칙  51
  결합의 증상  184
  계약에 의한 설계  154
  직교성  60

라이선스 키, 설정 데이터에서
  236
래퍼, '감싸기'를 보시오
러스트
  데이터 소유권  257
  알고리즘 추정하기 연습 문제
  299
런타임 시스템, 계약에 의한 설계
  154
로그
  디버깅  133
  로그 레벨, 설정 데이터에서
  236
  로깅 함수  203
  리소스 할당  172
  액터 추적 아이디  271
  테스트 접점으로서  318
로그 알고리즘  294-295
로딩, 핫 코드  265
로버트 세지윅  298
롭 파이크  139
루비
  도메인 언어로서  89
  상속  225
  오염된 데이터  333
  텍스트 처리 예제  140
리그레션
  릴리스  131
  이진 분할  132
  회귀 테스트  329, 395
리소스
  공유 상태  256
  균형잡기  146, 167-177
  도전해 볼 것  176
  래퍼  175
  사용량 확인  176
  알고리즘의 속도 추정하기
  291-300
  언어의 독점적 접근 기능  257
  전역 데이터  191
  중첩된 할당  171

클래스에 캡슐화하기  172
  트랜잭션  252-257
  할당에서의 결합  168
리소스 사용의 균형  146, 167-177
리스크, '위험'을 보시오
리액트(React)  202
리팩터링  305
리팩터링
  언제 하는가  302
  일정  289, 304
  자동  306
  재설계로서  305
  전략  300-307
  정의  301
  직교성을 위한  62
  필요성  274, 300
린  391
린다  268
릴리스
  디버깅 전략  131
  리그레션  131
  버전 관리  120, 393

ㅁ

마우스  116, 118
마크다운  64
마틴 파울러  3, 301, 305
망가트리지 말라  10, 409
맞춤법 검사  32, 36
매개 변수
  검사하기  137
  리소스 사용의 균형  170
  모델 만들기에서  98
  설정 데이터에서  236
매개 변수화, 설정으로 조정하기
  236-239
매크로
  C/C++  163
  셸의 장점  111
  엘릭서  220

맥락
  고려하기  1
  비판적 사고  26
  상황에서 생기는 우연  286
  시간 추정  95
  특정 명령어 자동 완성  113
  화물 숭배  388
맨먼스 미신  35, 386, 407
메모리
  공유 상태  250
  대문자 O 표기법으로 사용량
    추정하기  294
  동적 자료 구조 할당  174, 176
  메모리 누수  176
  프로그램을 실행하여 사용량
    추정하기  297
메모리 누수  176
메서드
  계약에 의한 설계  148
  연쇄와 변환 비교  223
  열차 사고를 만드는 연쇄
    184-190
  위임  231
메시지
  로그  318
  액터 모델  258-266
메시징 시스템, 칠판으로 사용
  270
메타데이터, 정책은 메타데이터
  356
멜빈 콘웨이  368
명령 줄, '셸'도 참고
  유틸리티  65
  저장소 서비스  123
명령어 자동 완성, 셸에서  113
모나드 라이브러리  220
모니터(리소스 관리)  257
모델 만들기, 추정에서  96-99
모듈
  결합의 증상  184
  단위 테스트  314-317

병렬성  248
프로토타이핑  83
모양새
  문서화  31-34
  의사소통  31, 35
  이메일  35-36
  직교성  63
모임  23
모티프  179
모형(mockup)으로 요구 사항 수집
  354
목표
  사용자를 기쁘게 하기  402
  지식 포트폴리오  22
  진짜 목표는 출시  390
  학습  22, 27
몸짓  29
몹 프로그래밍  368, 370
무한 반복  148
문서화
  DRY 원칙  47
  가정  285, 288
  모양새  31-34
  버전 관리  120
  사용자 스토리  359
  애자일  373
  요구 사항  357
  의미론적 불변식  156
  의사소통으로서  33
  직교성  63
  처음부터 포함  34
  프로젝트 용어 사전  346, 360
  프로토타입  82
문제 풀기
  디버깅  126
  프로그래머의 역할  404
묻지 말고 말하라 원칙  186
뮤텍스  257
미국 표준기술연구소(NIST)  338
미래, 프로그래밍의  179, 407-410
믹스인  65, 229, 232-236

ㅂ
바꾸기 쉽게 원칙, 'ETC 원칙'을
    보시오
바이슨  91
바인드 함수  221
반복 주기, 프로젝트 일정 추정하기
  101
반복문
  i(반복문의 변수)  344
  대문자 O 표기법으로 속도
    추정하기  291, 294, 297
  무한  148
  안쪽  296-297
  중첩  295
반씩 자르기  131-132, 293, 295,
  299
반응을 잘하는 애플리케이션
  감시자 패턴  194, 199
  게시-구독 전략  194, 201
  반응형 프로그래밍  194
  유한 상태 기계  194-199
  작성하기  193-207
반응형 프로그래밍  194, 202-207
방어적 코딩
  계약에 의한 설계  146-158
  단정문  146, 162-167
  리소스 사용의 균형  146,
    167-177
  완벽한 소프트웨어는 없음  145
  일찍 멈추기  146, 158-162
  헤드라이트를 앞서가지 말라
    146, 177-180, 305
배열, 알고리즘 수행 시간  294
배포
  계약에 의한 설계  152
  도전해 볼 것  401
  버전 관리  119, 124, 393
  보안  337
  유연함  67
  자동화  385, 401
  지속적인  394

칠판 271
테스트 접점 318
백업, 버전 관리 119, 122, 124
뱀 표기법 텍스트 처리 연습 문제
142
이름 짓기 관습과 문화 345
버그 생산의 예술 193
버그 심기 397
버블 정렬 295
버전 관리
공유 디렉터리와 비교 119
도전해 볼 것 124
디버깅과 직교성 63
보안 337
사용하기 119-125
일반 텍스트의 장점 108
장점 119-121
정의 120
중요성 104, 120-121, 377, 393
테스트와 버전 관리 133, 393
특정 릴리스 테스트하기 133
프로젝트 관리 123, 377, 393
버트런드 마이어 50, 147, 151,
300
번업 차트 380
범위, 프로젝트
시간 추정 95-96
요구 사항 논의 17
증가 360, 380
법칙, 데메테르 61, 187
변경 가능성, '변화'도 참고
DRY 원칙 41-54
ETC 원칙 37-41
가역성 37, 66-71
감시자 패턴 194, 199
게시-구독 전략 194, 201
결합도 줄이기 181-193
반응형 프로그래밍 194,
202-207
변환 182, 207-223
상속 182, 224-236

설정하기 182, 236-239
스트림 194, 202-207
연습 문제 206
예광탄 75
유한 상태 기계 194-199, 206
이벤트에 반응하기 181,
193-207
좋은 설계와 나쁜 설계 39
직교성과 변경 가능성 56
변수, 이름 344
변화, '변경 가능성'도 참고
끓는 물의 개구리 2, 14, 288,
380
도전해 볼 것 15
돌멩이 수프 전략 2, 11-15
상황 인식(situational awareness)
15
애자일 374
저항 2-3
전략 2, 11-15
촉매가 되라 13
필연성 66-68, 181
변환 182, 207-223
별칭, 셸 함수 113
병렬성
기회 247
도전해 볼 것 249
엘릭서 컴파일러 248
정의 241
활동 다이어그램 244
병합, 브랜치 121, 123
병행성, '동시성'을 보시오
보고
버그 128
보안 335
저장소 서비스 124
보관, 버전 관리 장점 120
보비 테이블스 333, 339
보안
공격 표면 영역 최소화 333-335
데이터 333, 335, 337

비밀번호 337-339
서비스 거부 공격 334
숨기 332
안전한 기본값 332, 336
암호학 339
암호화 332
업데이트 332, 337
윤리적 질문 409
인증 340
저장소 서비스 123
전략 275, 331-341
최소 권한 원칙 332, 335
복구, 버전 관리 활용 122, 124
본능 276-281
부작용, 단정문 164
분할 문제, 알고리즘 수행 시간
294, 296
불, 단정문 163
불변식
불변식으로 테스트하기
321-330
클래스 불변식과 계약에 의한
설계 148, 151, 154
붙여넣기 기능과 비밀번호 339
뷰(Vue.js) 202
브라이언 이노 356
브라이언 커니핸 139
브래드 콕스 314
브랜드 344, 382, 386
브랜치 121, 123
블랙 스완 179
비난 6, 126
비밀번호, 보안 337-340
비용
리팩터링 289
알고리즘 298
예광탄 77
프로토타입 80, 84
비판적 사고
본능 276-281
시작 질문 26

지식 포트폴리오 25
파충류의 뇌에 귀 기울이기
273, 275-282
필요성 xix
빌드
가용한 테스트 모두 수행하기
395
버전 관리와 빌드 393
재작성을 위해 깨트려 보기 306
저장소 서비스 123
빌드 장비 393

ㅅ
사서, 프로젝트 53
사용자
관심 75
기쁘게 하기 378, 402-404
끝에서 끝까지 만들 때 참여
313
디버깅에 참여 128
리팩터링의 이유 303
보안 334
사용 패턴 테스트하기 129
성공을 판단하기 위한 질문 402
애자일과 고객 373
예광탄의 장점 75
오래된/미사용 사용자 정리
334
요구 사항 수집시 역할 352-356
요구 사항 읽기 86-87, 358
의사소통 참여 32
적당히 괜찮은 소프트웨어
타협에 참여 16
접근 방식 396
첫 번째 사용자인 테스트 309,
329
최소 권한 원칙 332, 335
코딩에 참여 368-371
큐컴버 테스트 읽기 87
함께 일하기 355
사용자 단체 23

사용자 스토리 359
사용자 인터페이스
저장소 서비스 123
프로토타이핑 81
사용자를 기쁘게 하기 378,
402-404
상담 치료로서의 프로그래밍 351
상속
결합도 줄이기 184, 191,
226-236
다중 상속 228
대안 229-236
도전해 볼 것 65
역사 224
위임과 비교 65
타입 정의하기 227
피하기 182, 224-236
상수 알고리즘 294
상자 채우기 문제 296
상태
계약에 의한 설계 151
공유 242, 249-258
비원자적 갱신 250
상호 배제 전략 251-258
세마포어 251-254
액터 모델 243, 258-266, 270
유한 상태 기계 194-199, 206
전달, 변환에서 216
테스트 커버리지 398
트랜잭션으로 리소스 관리
252-257
프로세스 243, 259, 265
상한, 대문자 O 표기법 292, 296
상향식 설계 311, 313
상호 배제 전략 251-258
상황 인식(situational awareness)
15
색깔 조합 113
색깔 조합, 셀 113
생각하기

계약에 의한 설계 151, 158
다른 사람의 코드 분석하기 281
리팩터링 274, 300-307
보안 275, 331-341
본능 276-281
비판적 사고를 위한 질문 26
비판적 사고의 필요성 xix
우연에 맡기는 프로그래밍 274,
282-290, 320
이름 짓기 275, 341-348
지식 포트폴리오에서 비판적
사고 25
테스트로 코딩하기 274,
307-321
테스트의 이득 274, 308-309,
320, 322, 329
틀 밖에서 362-367
파충류의 뇌에 귀 기울이기
273, 275-282
표면으로 끄집어 내기 278
프로그래머의 특징 중 xx, 1
필요성 xx, 1, 273
생산성
예광탄의 장점 76
직교성과 생산성 57
서늘한 신호 275
서비스 거부 공격 334
서비스 환경, 단정문 165
서비스와 보안 334
선행 조건, 계약에 의한 설계 148,
154-155
선형 알고리즘 294, 299
설계, '계약에 의한 설계', 'DRY
원칙', '프로토타입'도 참고
ETC 원칙 37-41, 347
가역성 37, 66-71
끝에서 끝까지 313
도메인 언어와 설계 38, 85-94
도전해 볼 것 41, 157
동시성을 위한 247
병렬성을 위한 247

상향식 311, 313
속성 기반 테스트 329
시간이라는 요소 243
애자일 376
연습 문제 158
예광탄 37, 71-79, 357
재설계로서의 리팩터링 305
점진적 접근 방법 179
좋은 설계의 변경 가능성 39
직교성 37, 54-66, 302
파충류의 뇌에 귀 기울이기 281
하향식 313
설정하기
변경 가능성 182, 236-239
서비스형 설정 237
셸 112-113
정적 설정 237
주의 사항 239
성공을 판단하기 402-403
성과지표의 배신 372
성급한 최적화 298
성능
DRY 원칙 49
단정문 165
리팩터링의 이유 303
버전 관리 장점 120
알고리즘의 속도 274, 291-300
우연에 맡기는 프로그래밍 284
테스트 395-396
프로토타이핑 81
세마포어 251-254
세부 서식, 설정 데이터에서 236
세제곱 알고리즘 294
셸
도전해 볼 것 65, 114
사용하기 110-114
자신에게 맞추기 112-113
장점 104, 111
소거법, 디버깅에서 135
소셜 미디어 35, 408
소프트 스킬 23

소프트웨어의 부패, '엔트로피'를
보시오
소형 언어 92
속성 기반 테스트 152, 274,
321-330, 399
손짓 29
수신자 목록 확인 36
수업, 지식 포트폴리오를 위한 23
수작업 단계 피하기 401
순서
중첩된 리소스 할당 171
칠판 데이터 269
순차 검색, 알고리즘 수행 시간
294
숭배, 화물 377, 387-392
슈뢰딩거의 고양이 70
슈퍼바이저 161
슈퍼바이저 트리 161
슈퍼비전 161, 265
스몰토크 225, 305
스위프트, 파이프 연산자(|)) 213
스코프, 리소스 사용의 균형 171,
173
스크럼 53, 391
스크립트 언어
시간 파서 연습 문제 94
프로토타입 82
스크립트, 소스 트리 한가운데 53
스타일
의사소통 31
프로토타이핑에서 82
스타일 시트 32, 64
스택, 디버깅에서 131
스탠드업 미팅 53, 387
스트레스 테스트 396
스트루프 효과 342, 348
스트림 194, 202-207
스펙(클로저) 149
시간
UTC 285
대문자 O 표기법 292

리팩터링을 위한 304
범위 확장 380
설계 요소로서 243
시간 표현 파싱 연습 문제 93
시간적 결합 241-249
에디터에 유창해지기 115
의사소통 시점 30
직교성의 장점 56
추정 38, 94-102, 293
텍스트 처리 언어 139
트레이싱 구문에서 133
팀 크기 386
프로토타입 80, 84
학습 3, 25
시간, 반응형 이벤트 처리 예제
203
시간적 결합 241-249
시뮬라67 224
시작 도구 377, 392-402
시작 피로 13
시작하기, 두려움/막힘 276
시한 폭탄 317
신뢰 5
신뢰와 팀 성과 5
실수, 두려움 277
싱글턴 62, 191
싱글턴 패턴 62

ㅇ
아키텍처
가역성 69-70
동시성 243, 265, 270
예광탄 73-79
요구 사항과 비교 360
유연한 69
프로토타이핑 81
안정성, 프로토타이핑에서 82
안쪽 반복문 296-297
알고리즘 298
알고리즘
도전해 볼 것 298

분할 296
속도 274, 291-300
알고리즘을 위한 단정문 163
암묵적인 가정 287
암호
보안 337
암호화 337
암호학 339
암호화, 데이터 332, 337
앞서가지 말라, 헤드라이트 146,
177-180, 305
애자일 349, 372-377, 381
애자일 소프트웨어 개발 선언
349, 372-375
애플리케이션
매개 변수를 설정으로 조정하기
236-239
잘 반응하는 193-207
액터 모델 243, 258-266, 270
앤드루 노보빌스키 314
앤서블 88-89
앤틀러 91
앨런 케이 225
언어
ETC 원칙 41
객체 지향 언어 66, 172, 224
도메인 언어 38, 85-94
도전해 볼 것 27, 92
독점적 접근 기능 257
소형 언어 92
스크립트 언어 82, 94
연습 문제 66, 92
이름 짓기 관습과 문화 344
절차적 언어 175
직교성 연습 문제 66
텍스트 처리 언어 105, 138-142
패턴 언어 346
학습 목표 22, 27
한국어나 영어도 하나의
프로그래밍 언어 28
함수형 언어 66, 151, 257

얼랭
슈퍼비전 161, 265
프로세스 265
업그레이드 일정 136
업무 흐름, '작업 흐름'을 보시오
에드워드 요든 16
에디터
ETC 메시지 팝업 41
도전해 볼 것 115, 117
사용하기 104, 114-118
확장 기능 117
에이전시 1, 3
에이전트, 계약에 의한 설계 157
에펠 147, 151, 154
엔지니어링 일지
ETC 원칙 40
사용하기 105, 142
어려운 문제 40, 366
엔터프라이즈 자바빈즈(EJB) 60
엔트로피
도전해 볼 것 11
리팩터링 304, 306
수작업 단계 401
실패한 테스트 319
이름 짓기 346
팀 379
피하기 1, 8-11, 379
엘름
디버거 133
파이프 연산자(|)) 213
엘릭서
가드 절 150
도메인 언어로서 89
매크로 220
변환 예제 211-222
변환에서 값을 감싸기 217-222
병렬성 248
액터 모델 265
일찍 멈추기 161
파이프 연산자(|)) 212
패턴 매칭 218

여행하는 외판원 문제 294-295
연습 문제
계약에 의한 설계 158
단정문 166
도메인 언어 92
리소스 사용의 균형 176
변경 가능성 206
변환 222
소개 xiv
속성 기반 테스트 330
시간 추정하기 102
알고리즘 추정하기 299
요구 사항 361
우연에 맡기는 프로그래밍 289
유한 상태 기계 206
이벤트 206
직교성 65
칠판 271
테스트 330
텍스트 처리 141
프로토타입 84
해답 예시 xiv, 415-434
열차 사고 184-190
영국 사이버 안전 센터 339
영속성 프레임워크 52
예광탄
소개 37
예광탄으로 요구 사항 파악하기
71-79
요구 사항 수집 357
팀 384
프로토타입과 비교 77-79, 80,
84
예언 178
예외
계약에 의한 설계 154
나쁜 방식 174
리소스 트랜잭션 252, 256
리소스 해제 172
모두 발생시키기 160
보고서의 보안 335

세마포어 253
오류 메시지 읽기 130, 159
오류
　단정문과 오류 처리 비교 163
　문서화되지 않은 오류와
　　구현에서 생기는 우연 283
　변환과 오류 처리 217-222
　오류 메시지 읽기 130, 159
　오류 처리에서 생기는 결합 160
　일찍 멈추기 146, 154, 158-162
　책임지기 4-7
오염된 데이터 333
오픈룩 179
온라인 의사소통 35-36
옵서버 패턴 194, 199
완전성, 프로토타이핑에서 81
"왜냐고 다섯 번 묻기" 26
외부 도메인 언어 89
외부 업체
　가역성과 외부 업체 66-70
　유연함 67
　직교성과 외부 업체 58
　책임 6
요구 사항
　과도한 장식 18
　과정으로서 354
　기대와 비교 403
　도메인 언어 도전해 볼 것 92
　도전해 볼 것 362
　문서화 357
　미신 351
　변환 찾기 210
　사용자 스토리 359
　사용자가 읽기 87, 358
　새 요구 사항에 대한 수치 380
　소개 349
　수집의 어려움 350
　연습 문제 361
　예광탄 37, 71-79, 357, 384
　이해하기 350-362
　적당히 괜찮은 소프트웨어 17

정책과 비교 156, 356
지나치게 자세한 359
칠판 270
크리프 360, 380
팀 380, 384
피드백으로서 354, 357, 359,
　375
용어 사전, 프로젝트 346, 360
우선순위, 의도적으로
　프로그래밍하기에서 288
우연
　구현 283
　상황에서 생기는 286
우연, 프로그래밍할 때 153, 274,
　282-290, 320
우편함, 액터 모델 259
위임
　상속과 비교 65
　상속의 대안 229, 231, 235
위험
　우연에 맡기는 프로그래밍 284
　지식 포트폴리오 21
　직교성의 장점 58
　책임 6
　프로토타입 80
유니코드 345
유닉스
　변환 예제 208
　철학과 일반 텍스트 109
유령 패턴 286
유지 보수
　DRY 원칙 41-54, 383
　계약에 의한 설계 152
　예언 179
　일상 활동 42
　전역 데이터 61
　직교성 62, 64
　팀 참여 381
유틸리티 루틴 53
유한 상태 기계(FSM) 194-199,
　206

유행, 피하기 70, 381, 388
유효성 평가 395-396
윤리 407-410
응집 57, 179
의미론적 불변식
　계약에 의한 설계 155
　리소스 할당 174, 176
　요구 사항 대 정책 156
의사소통
　DRY 원칙 28, 53
　관련 자료 35
　내용 계획하기 30
　도전해 볼 것 35
　문서화 33
　예광탄 75
　온라인 35-36
　저장소 서비스 124
　전략 2, 28-36
　전문 용어의 일관성 345
　청중 참여시키기 32
　청중을 이해하기 29, 35
　청중의 말 경청하기 32
　콘웨이의 법칙 368
　팀 53, 368, 382
　피드백 178
의사소통 공간 53
이 책의 관련 자료
　UML 다이어그램 244
　소스 코드 파일 xv, 264
　신뢰 5
　알고리즘 298
　의사소통 35
이름 짓기
　ETC 원칙 39
　도전해 볼 것 347
　변수 344
　이름 바꾸기 346
　일관성 345
　전략 275, 341-348
　중요성 341
　팀 344, 382, 386

프로젝트 344, 382, 386
이메일 35
이미지 처리 칠판 연습 문제
이벤트
　감시자 패턴 194, 199
　게시-구독 전략 194, 201
　반응하기 181, 193-207
　반응형 프로그래밍 194,
　　202-207
　비동기 201, 205
　스트림 194, 202-207
　연습 문제 206
　유한 상태 기계 194-199, 206
　정의 193
이슈 관리, 저장소 서비스 123
이안 홀랜드 187
이익에 대한 질문 26
이진 탐색, '이진 분할'을 보시오
이진 포맷
　단점 105, 107
　도전해 볼 것 110
　유닉스 109
이튼 칼리지 xxii
이행, 유한 상태 기계(FSM)
　195-199
익명성 405
익스트림 프로그래밍(XP) 310,
　369, 391, 405
인공지능, 칠판 시스템 268
인수인계 384
인용, 이메일이나 소셜 미디어에서
　36
인증 340
인증 정보, 설정 데이터에서 236
인증 프로그램 389
인지적 편향 179
인터페이스
　상속의 대안 229, 235
　여러 인터페이스 65
　프로토타이핑 83
일관성, 이름에서 345

일반 텍스트 105-110, 141, 247
일정
　리팩터링 289, 304
　업그레이드 136
　일정 추정하기 99
　팀 학습과 개선 382
일정 관리, 칠판 연습 문제 271
일지, '엔지니어링 일지'도 참고
　142
일찍 멈추기 146, 154, 158-162
읽기
　비판적 사고 25
　지식 포트폴리오 목표 22-27
읽기 쉬움 108, 275
임시 변수에 값을 저장하여
　파이프라인으로 사용하기
　215
임시 테스트 318

**ㅈ**
자동 반복 117
자동 완성, 명령어나 파일 113
자동화
　도전해 볼 것 401
　리팩터링 306
　셸 도전해 볼 것 114
　셸의 장점 111
　속성 기반 테스트 321-330
　의사소통 28
　저장소 서비스 123
　테스트 395, 399, 401
　팀 385
　프로젝트 관리 377, 393, 400
자바
　단정문 163
　리소스 할당 177
　상속 225
자바스크립트
　상속 225
　액터 모델 예제 260
　파이프 연산자(|)) 213

자부심, 작업에 대한 378, 404
자산, 기한이 있는 19
자신이 시작한 것은 자신이 끝내라
　167
자유방임주의 동시성 268
작업 흐름
　동시성 분석하기 244-249
　버전 관리 장점 122-123
　병렬성 분석하기 245
　작업 흐름 시스템 269
　칠판 269
　테스트 주도 개발(TDD)
　　310-314
작업에 서명하기 378, 404
잔디밭 관리 xxii
잠금 해제, 세마포어 251-254
잠금, 세마포어 251-254
장식자 패턴 61
재구성 301
재귀, 속도 추정하기 292
재사용성
　DRY 원칙 54
　결합도 줄이기 190
　전역 데이터 190
　직교성과 재사용성 57
저장소
　API 51, 270
　메시지 형식 270
　주 저장소를 네트워크나
　　클라우드 드라이브에 두기
　　120
　중앙 51, 121, 270
　호스팅 123
적당히 괜찮은 소프트웨어 2,
　15-19, 385
적당히 괜찮은 소프트웨어가
　최선일 때 16
적응성, 프로그래머의, '변경
　가능성'도 참고 xix
전략 패턴 62

전문 용어
　이 책에서 xiv
　일관성 345
　지식 포트폴리오 24
전역 데이터 61, 184, 188, 190
절대적 제약 363
절망감 9
절차적 언어, 리소스 할당을 위한
　　의미론적 불변식 174
점진적 접근 방법
　끝에서 끝을 잇는 기능 313
　리팩터링 302, 305
　모듈화한 구현 285
　예광탄 75
　팀 384
　필요성 178
점진적 접근 방법 헤드라이트를
　　앞서가지 말라 146, 177-180,
　　305
접근자(accessor) 함수 50
접두사 클래스 224
접점, '테스트 접점'을 보시오
정규 표현식 파서 연습 문제 94
정렬, 알고리즘 수행 시간
　　294-295, 299
정보 보호 409
정원 가꾸기 메타포 301
정책
　메타데이터다 356
　요구 사항과 비교 156, 356
정확도
　버그 보고서 128
　추정 95-96, 102
정확성, 프로토타이핑에서 81
제곱 알고리즘 294-295
제약
　절대적 363
　퍼즐 풀기 363
　프로토타이핑 83
조 암스트롱 161
조합적 알고리즘 294-295

존 라코스 15
주석
　DRY 원칙 34, 47
　계약에 의한 설계에서 153
　문서 생성 34
　프로토타입 82
중복, 'DRY 원칙'도 참고
　개발자 간의 52-53
　구조적인 문제의 징후 62
　리팩터링의 이유 302
　문서화 47
　유형들 44-54
　지식 44, 47, 49, 53
　코드 예제 44-47
　코드 중복 대 지식 중복 47
　테스트에서 311
　표현상 51
　프로토타이핑에서 83
중첩 반복문 295
중첩된 리소스 할당 171
지나치게 다듬기 18
지나치게 자세한 요구 사항 359
지속적 배포 394
지속적인 발전 xxii, 381
지수적 알고리즘 294-295
지식
　DRY 원칙 44, 47, 49, 53
　기본 재료로서 105
　기한이 있는 자산 19
　리팩터링의 이유 303
　일반 텍스트로 저장 105-106
　팀 381
　포트폴리오 2, 19-27, 381
　프로젝트 사서 53
지원 중단, 일반 텍스트에서 107
직교성 37, 54-66, 302
진단 도구, 활성화 319
질문
　사용자에게 402
　요구 사항 수집을 위한 352
　윤리적 409

의사소통에 청중 참여시키기
　　32
　퍼즐 풀기 366
　프로그래머의 호기심 xix
　학습의 기회로서 24
집적회로 314
집합
　분할 문제 294, 296
　알고리즘 수행 시간 294, 296
짝 프로그래밍 368-371, 405

**ㅊ**
창문, '깨진 창문'을 보시오
창의성, 신뢰와 책임지기 5
채널, 게시-구독 전략 201
책임, 컴포넌트
　ETC 원칙 39
　계약에 의한 설계 155
　책임 원칙과 직교성 57
　프로토타이핑 83
책임, 프로그래머
　윤리적 407-410
　작업에 대한 자부심 404
　책임지기 1, 4-7, 379
　팀 379
청중, '사용자'도 참고
　경청 32
　의사소통에 참여시키기 32
　의사소통에서 이해하기 29, 35
체크리스트, 디버깅
체크섬 294
최소 권한 원칙 332, 335
최적화, 성급한 298
추상화 계층
　가역성과 추상화 계층 69
　상향식 코드 313
　직교적인 시스템 설계 58
추적 아이디 271
추정
　모델 만들기 96-99
　시간 38, 94-102, 293

알고리즘의 속도 274
예언 178
추정 일정 99
출시
적당히 괜찮은 소프트웨어 18
진짜 목표로서 390
칠판 243, 266-272
칩
보안 335
테스트 314

ㅋ

카오스 멍키 397
카이젠 xxii
카프카 270
칵테일 제조 245
칸반 391
커버리지 분석 도구 398
컴파일러
경고를 디버깅의 실마리로 삼기 128
계약에 의한 설계 153
병렬성 248
타입 검사 217
컴포넌트 간의 협력과
프로토타이핑 83
컴포넌트, 모델 만들기에서 97
켄트 벡 405
코드
다른 사람의 코드 분석하기 281
복잡도와 보안 333
부끄럼쟁이 61, 192
설정으로부터 분리하기 237
소유권 405
액터 모델 예제를 위한 래퍼
코드 264
적당히 괜찮은 소프트웨어 2,
15-19, 385
책에 나오는 xv, 264
코드 중복 예제 44-47
핫 코드 로딩 265

코드 리뷰 53
코드 소유권 405
코드 프로파일러 297
콘웨이의 법칙 368
퀵 정렬 294-295
큐컴버 86, 89
크리프, 요구 사항 360, 380
클라우드 서비스
게시-구독 201
버전 관리 119, 393
자동화에서 401
클래스
계약에 의한 설계 148, 151, 153
리소스를 캡슐화하기 172
믹스인 229, 232-236
상속 182, 191, 224-236
위임 229, 231, 235
인터페이스와 프로토콜 229,
235
접두사 클래스 224
클래스 불변식, 계약에 의한 설계
148, 151, 153
클러스터 이름, 설정 데이터에서
236
클로저
-> 연산자 213
->> 연산자 213
계약에 의한 설계 지원 149
이름 짓기 관습과 문화 345
키
보안 337
설정 데이터에서 236
키-값 데이터 구조 52

ㅌ

타입 검사 217
타입, 상속에서 227
탐색, 알고리즘 수행 시간 294
터틀 그래픽 연습 문제 92
테세우스의 배 xiii

테스트
가정과 속성 기반 테스트
321-330
가정과 우연에 맡기는
프로그래밍 287-288
결합도 줄이기 190, 320
경계 조건 129
계약으로 153, 315-317
단정문으로 가정 테스트 146,
162-167, 288
도전해 볼 것 330, 403
리팩터링 303, 305
문화 319
배포 이후 318
버그는 한 번만 잡기 399
버그를 고치기 전 실패하는
테스트부터 129
버전 관리와 테스트 133, 393
부하 테스트 397
사용 패턴 129
성능 395-396
속성 기반 테스트 152, 274,
321-330, 399
스트레스 테스트 396
알고리즘 추정 297
연습 문제 330
예광탄의 장점 76
일반 텍스트의 장점 107, 109
임시 테스트 318
자동화 395, 399, 401
저장소 서비스 123
전역 데이터 190
중복 311
지속적인 394-399
직교성과 테스트 57-58, 63
칩 314
코드에 대해 생각할 때의 이득
274, 308-309, 320, 322, 329
코드와 테스트를 함께 319
코드의 첫 번째 사용자인 테스트
309, 329

코딩하기 274, 307-321
큐컴버 테스트 86, 89
테스트 데이터 324, 398
테스트 먼저 319
테스트 접점 318, 335
테스트 주도 개발(TDD) 152,
    310-314, 319
테스트 커버리지 311, 398
테스트 테스트하기 397
테스트 환경 395
테스트하지 않음 319
통합 315, 394, 396
프로젝트 관리 377, 393-400
피드백으로서 178, 274,
    307-321
필요성 307
회귀 테스트 329, 395
테스트 우선 개발 310
테스트 접점 318, 335
테스트 주도 개발(TDD) 152,
    310-314, 319
테스트 커버리지 311, 398
텍스트
    에디터 104, 114-118
    일반 텍스트 105-110, 141, 247
    처리 105, 138-142
통합 테스트 315, 394, 396
투자로서의 지식 포트폴리오 20
트랙패드 116, 118
트랜잭션으로 리소스 관리
    252-257
트레이싱 구문 133, 318
트레이트, 상속의 대안 229,
    232-236
특성값 함수 예제 210-222
특수 문자, 비밀번호에서 339
팀
    DRY 원칙 52, 383
    개인의 개성 xxi
    도전해 볼 것 386
    브랜드 382, 386

소개 377
신뢰와 책임지기 5
애자일 349, 372-377, 381
예광탄 384
의사소통 53, 368, 382
이름 짓기 344, 382, 386
자동화 385
작업에 대한 자부심 404
전략 378-386
존재를 소통 382
지식 포트폴리오 381
코드 소유권 405
콘웨이의 법칙 368
크기 379, 386
테스트 문화 319
팁 소개 xiv

ㅍ
파싱
    로그 메시지 318
    생성기 91, 93
    외부 도메인 언어 90-92
    트레이스 메시지 134
    프레임워크 91
파이썬
    속성 기반 테스트 예제 323-328
    텍스트 처리 예제 140
파이프 연산자(|) 212
파이프라인
    결합 189
    미루기 220
    변환 211-222
    소개 182, 212
    없는 언어에서 임시 변수
        사용하기 215
    연쇄와 비교 189
    파이프 연산자(|) 212
파일
    셸에서 파일 자동 완성 113
    파일 비교 도구 108
파충류의 뇌 35

파충류의 뇌 273, 275-282
패턴 174
    감시자 패턴 194, 199
    다른 사람의 코드 분석하기 281
    싱글턴 패턴 62
    유령 286
    잘못된 비밀번호 사례 338-339
    장식자 패턴 61
    전략 패턴 62
패턴 매칭
    엘릭서 218
    칠판 267, 270
    함수 파이프라인 218-223
패턴 언어 346
퍼즐 풀기 349, 362-367
편향 179
포스트잇 38, 83
포트 번호, 설정 데이터에서 236
포트란 344
표기법
    이름 짓기 관습과 문화 345
    텍스트 처리 연습 문제 142
표정 29
표현 방법, 변환을 위한 래퍼 217
품질
    담당자 380
    버전 관리 장점 120
    요구 사항 논의 17
    적당히 괜찮은 소프트웨어 2,
        15-19, 385
    팀 379, 385
프래그매틱 북셸프
    동시성/병렬성을 위한 설계 예제
        247
    텍스트 처리 예제 140
프레더릭 브룩스 386, 407
프로그래머, '책임, 프로그래머의'와
    '팀'도 참고
    개성 xxi, 374
    노력의 중복 52
    단체에 참여 23, 27

몹 프로그래밍 368, 370
문제 해결사 404
변화 전략 2, 11-15
변화에 저항 2-3
시작 도구 392-402
에이전시 1, 3
역할 xxvii
요구 사항 수집시 역할 350-362
윤리 407-410
작업에 서명하기 378, 404
지식 포트폴리오 2, 19-27, 381
짝 프로그래밍 368-371, 405
특징 xxi, 1
함께 일하기 349, 367-371
프로그래밍
개인의 개성 xxi
기예로서 xxvii, xx-xxiii
끊임없는 과정 xxii
몹 프로그래밍 368, 370
미래 179, 407-410
반응형 194, 202-207
변환 182, 207-223
상담 치료로서 351
시작 도구 377
우연에 맡기기 153, 274, 282-290, 320
윤리적 407-410
의도적으로 282-290
작업에 서명하기 378, 404
짝 프로그래밍 368-371, 405
패러다임과 ETC 원칙 41
함께 일하기 349, 367-371
프로그래밍 수련법 139
프로그램 평가 검토 기법, 'PERT'를 보시오
프로세스 243, 259, 265
프로젝트 사서 53
프로젝트 용어 사전 346, 360
프로젝트, '요구 사항'도 참고
기대 402
매개 변수를 설정으로 조정하기 236-239

사용자를 기쁘게 하기 378, 402-404
성공을 판단하기 378
시작 도구 377, 392-402
용어 사전 346, 360
이름 짓기 344, 382, 386
자부심 378, 404
작업에 서명하기 378, 404
퍼즐 풀기 349, 362-367
프로젝트 관리를 위한 버전 관리 123
화물 숭배 377, 387-392
프로토콜, 상속의 대안 229, 235
프로토타입
막혔을 때 279
사용하기 79-85
소개 38
연습 문제 84
예광탄과 비교 77-79, 80, 84
요구 사항 수집 354
일회용 78, 83, 279
정의 77-78
프롬프트, 셸 설정하기 113
플러그인, 에디터 118
피나 콜라다 245
피닉스 87-89
피드백
단정문 166
디버깅 166
모델 추정에서 99
본능 278
새로운 개발 아이디어 시도하기 388
애자일 프로세스 373-376
예광탄 71-73, 77, 384
요구 사항으로부터 354, 357, 359, 375
의사소통 29, 32, 178
적당히 괜찮은 소프트웨어 17
점진적 접근 방법 178
출처 178

테스트를 통한 178, 274, 307-321
피로, 시작 13
피터 노빅 312
피플웨어 35
피해
끼치지 말라 10, 409
돌멩이 수프 전략 15

ㅎ
하스켈, 파이프 연산자 213
하위 클래스, '상속'을 보시오
하이젠버그 164
하향식 설계 313
학습
기회 24
디버깅으로부터 137
목표 22
지식 포트폴리오 2, 19-27, 381
책임지기 3
텍스트 처리 언어 140
팀 382
프로그래머의 에이전시 3
프로토타이핑 81
한계, 대문자 O 표기법 292-293, 296
한국어나 영어도 하나의 프로그래밍 언어 28
함수
계약에 의한 설계 148, 151
바인드 함수 221
셸 함수 별칭 만들기 113
접근자 50
직교성 62
파이프라인 182, 189, 211-222
함수 파이프라인
결합 189
미루기 220
변환 211-222
소개 182, 212
없는 언어에서 임시 변수 사용하기 215

연쇄와 비교 189
파이프 연산자(|) 212
함수형 언어
계약에 의한 설계 151
동시성 257
직교성 연습 문제 66
핫 코드 로딩 265
해답
연습 문제 xiv
퍼즐 풀기 363
행동, 유한 상태 기계 195-199
행렬 곱셈 294
험프티 덤프티 266
헤드라이트를 앞서가지 말라 146,
177-180, 305
헥스(엘릭서) 220
현실 부정
가정 162
디버깅 126, 159
현실주의, 프로그래머의 특징 중
xx
호기심 xix
호스팅, 저장소 123
화내기 36
화물 숭배 377, 387-392
확장 기능, 에디터 117
환경
서비스 환경의 단정문 165
셸 둘러보기 114
지식 포트폴리오를 위해 변경
23
테스트 환경 395
활동 다이어그램 244-249
황금률 409
회고와 개선, 팀 381
회귀, '리그레션'을 보시오
회로, 집적
회의
결합의 증상 184
스탠드업 53, 387
의사소통 29-31

팀의 존재 382
후행 조건, 계약에 의한 설계 148,
154
휴리스틱 296
휴식
파충류의 뇌에 귀 기울이기 278
퍼즐 풀기 365
힌트, 비밀번호 339
힙 정렬 294

# 수록 팁 모음

스터디 그룹에서 이 팁들을 하나씩 체크해 가며 토론해 보면 어떨까요?
카드를 마음대로 복사하고 공유하세요.

**1. 자신의 기예craft에 관심을 가져라.**
소프트웨어 개발을 잘하고 싶지 않다면 왜 여기에 인생을 바치고
있는가?

**2. 자기 일에 대해 생각하라.**
자동 조종 장치를 끄고 직접 조종하라. 자신의 작업을 끊임없이
비판적으로 살펴보라.

**3. 당신에게는 에이전시agency가 있다.**
당신의 인생이다. 꽉 움켜쥐고, 원하는 바를 이뤄라.

**4. 어설픈 변명 말고 대안을 제시하라.**
변명하는 대신 대안을 제시하라. 그 일은 할 수 없다고만 말하지
말고, 무엇을 할 수 있는지 설명하라.

**5. 깨진 창문을 내버려 두지 말라.**
눈에 뜨일 때마다 나쁜 설계, 잘못된 결정, 좋지 않은 코드를
고쳐라.

**6. 변화의 촉매가 되라.**
사람들에게 변화를 강요할 수는 없다. 대신 미래가 어떤 모습일지
보여주고, 미래를 만드는 일에 그들이 참여하도록 하라.

**7. 큰 그림을 기억하라.**
주변에 무슨 일이 일어나는지 점검하는 걸 잊을 정도로 세부
사항에 빠지지 말라.

**8. 품질을 요구 사항으로 만들어라.**
프로젝트의 진짜 품질 요구 사항을 결정하는 자리에 사용자를
참여시켜라.

**9. 지식 포트폴리오에 주기적으로 투자하라.**
학습을 습관으로 만들라.

**10. 읽고 듣는 것을 비판적으로 분석하라.**
벤더, 매체들의 야단법석, 도그마에 흔들리지 말라. 여러분과
여러분 프로젝트의 관점에서 정보를 분석하라.

**11. 한국어든 영어든 하나의 프로그래밍 언어일 뿐이다.**
한국어든 영어든 하나의 프로그래밍 언어인 것처럼 다뤄라. 문서
작성도 코드를 작성하듯이 하라. DRY 원칙, ETC, 자동화 등을
지켜라.

**12. 무엇을 말하는가와 어떻게 말하는가 모두 중요하다.**
효과적으로 전달하지 못하면 좋은 생각이 있어 봐야 소용없다.

**13. 문서를 애초부터 포함하고, 나중에 집어넣으려고 하지
말라.**
코드와 별개로 만든 문서가 정확하거나 최신 정보를 잘
반영하기는 힘들다.

**14. 좋은 설계는 나쁜 설계보다 바꾸기 쉽다.**
어떤 게 잘 설계되었다는 건 그 물건이 사용하는 사람에게
적응하여 맞춰진다는 것이다. 이 말을 코드에 적용해 보면, 잘
설계된 코드는 바뀜으로써 사용하는 사람에게 맞춰져야 한다.

**15. DRY: 반복하지 말라Don't Repeat Yourself.**
모든 지식은 시스템 내에서 단 한 번만, 애매하지 않고, 권위
있게 표현되어야 한다.

**16. 재사용하기 쉽게 만들어라.**
재사용하기 쉽다면 사람들이 재사용할 것이다. 재사용을
촉진하는 환경을 만들어라.

**17. 관련 없는 것들 간에 서로 영향이 없도록 하라.**
컴포넌트를 자족적이고, 독립적이며 단 하나의 잘 정의된
목적만 갖도록 설계하라.

**18. 최종 결정이란 없다.**
돌에 새겨진 것처럼 바뀌지 않는 결정은 없다. 모든 결정이
바닷가의 모래 위에 쓰인 글씨라 생각하고 변화에 대비하라.

**19. 유행을 좇지 말라.**
닐 포드가 말했다. "어제의 모범 사례는 내일의 나쁜 사례가
된다." 유행이 아니라 본질을 보고 아키텍처를 선택하라.

**20. 목표물을 찾기 위해 예광탄을 써라.**
예광탄은 일들을 시도해 보고 그것들이 목표와 얼마나
가까운 곳에 떨어지는지 봄으로써 목표를 정확히 맞히게
해 준다.

**21. 프로토타이핑으로 학습하라.**
프로토타이핑은 학습 경험이다. 프로토타이핑의 가치는 생산한
코드에 있는 것이 아니라 이를 통해 배우는 교훈에 있다.

**22. 문제 도메인에 가깝게 프로그래밍하라.**
사용자의 언어를 사용해서 설계하고 코딩하라.

**23. 추정으로 놀람을 피하라.**
시작하기 전에 추정부터 하라. 잠재적인 문제점을 미리 발견할
수 있을 것이다.

### 24. 코드와 함께 일정도 반복하며 조정하라.
구현하면서 얻는 경험을 바탕으로 프로젝트의 소요 시간을
재조정하라.

### 25. 지식을 일반 텍스트로 저장하라.
일반 텍스트 형식은 시간이 지나도 못 쓰게 되는 일이 없다.
일반 텍스트 형식은 기존 도구를 사용할 수 있고 디버깅과
테스트를 쉽게 만든다.

### 26. 명령어 셸의 힘을 사용하라.
그래픽 사용자 인터페이스로는 할 수 없는 일에 셸을 이용하라.

### 27. 에디터를 유창하게fluency 쓸 수 있게 하라.
에디터는 가장 중요한 도구다. 필요한 일을 빠르고 정확하게
하는 방법을 익혀라.

### 28. 언제나 버전 관리 시스템을 사용하라.
버전 관리 시스템은 여러분의 작업을 위한 타임머신이다.
언제라도 과거로 돌아갈 수 있게 해 준다.

### 29. 비난 대신 문제를 해결하라.
버그가 여러분의 잘못인지 다른 사람의 잘못인지는 중요치 않다.
어쨌거나 그 버그는 여러분의 문제고, 고쳐야만 한다.

### 30. 당황하지 말라.
숨을 깊게 들이쉬고, 무엇이 버그의 원인인지 생각하라.

### 31. 코드를 고치기 전 실패하는 테스트부터.
코드를 고치기 전에 버그 재현에 초점을 둔 테스트부터
만들어라.

### 32. 그놈의damn 오류 메시지 좀 읽어라.
대부분의 예외는 무엇이 어디서 실패했는지 알려준다. 운이
좋으면 어떤 매개 변수가 쓰였는지도 알 수 있다.

### 33. "select"는 망가지지 않았다.
OS나 컴파일러의 버그를 만나는 일은 정말 드물다. 심지어
외부 제품이나 라이브러리일지라도 드문 일이다. 버그는
여러분의 애플리케이션에 있을 가능성이 가장 크다.

### 34. 가정하지 말라. 증명하라.
진짜 데이터와 경계 조건을 사용하여 실제 환경에서 여러분의
가정을 증명하라.

### 35. 텍스트 처리 언어를 익혀라.
여러분은 매일 많은 시간을 텍스트와 씨름하며 보낸다. 왜
그중 일부를 컴퓨터에게 맡기지 않는가?

### 36. 여러분은 완벽한 소프트웨어를 만들 수 없다.
소프트웨어는 완벽할 수 없다. 불가피한 오류로부터 여러분의
코드와 사용자를 보호하라.

### 37. 계약으로 설계하라.
코드는 많지도 적지도 않게 자신의 일이라고 주장하는 만큼의
일만 해야 한다. 이를 계약으로 문서화하고 검증하라.

### 38. 일찍 작동을 멈춰라.
일반적으로 죽은 프로그램은 이상한 상태의 프로그램보다
훨씬 피해를 적게 끼친다.

### 39. 단정문으로 불가능한 상황을 예방하라.
일어날 수 없는 일이라면 단정으로 일어나지 않는 것을
확인하라. 단정은 여러분의 가정을 검증한다. 불확실한
세상에서 단정으로 여러분의 코드를 보호하라.

### 40. 자신이 시작한 것은 자신이 끝내라.
리소스를 할당한 함수나 객체가 가급적 리소스를 해제하는
책임도 져야 한다.

### 41. 지역적으로 행동하라.
변경 가능한 변수나 리소스의 유효 범위를 짧고 눈에 잘
들어오게 만들어라.

### 42. 작은 단계들을 밟아라. 언제나.
언제나 작은 단계를 밟고, 더 진행하기 전에 피드백을
확인하고 조정하라.

### 43. 예언하지 말라.
여러분이 볼 수 있는 만큼만 내다보라.

### 44. 결합도가 낮은 코드가 바꾸기 쉽다.
여러 가지를 묶어서 결합도가 높아지면 딱 하나만 바꾸기가
어려워진다.

### 45. 묻지 말고 말하라Tell, Don't Ask.
객체에서 값을 얻은 다음, 변환한 후 결과를 다시 객체에
붙이지 말라. 객체가 직접 처리하도록 하라.

### 46. 메서드 호출을 엮지 말라.
무언가에 접근할 때 마침표를 딱 하나만 쓰려고 노력하라.

### 47. 전역 데이터를 피하라.
전역 데이터는 모든 메서드에 매개 변수를 추가하는 것과
마찬가지다.

### 48. 전역적이어야 할 만큼 중요하다면 API로 감싸라.
하지만 정말 정말 전역적이어야 할 때만 써야 한다.

### 49. 프로그래밍은 코드에 관한 것이지만, 프로그램은 데이터에 관한 것이다.
모든 프로그램은 데이터를 변환한다. 받은 입력을 출력으로
바꾼다. 변환을 사용하여 설계하라.

### 50. 상태를 쌓아 놓지 말고 전달하라.
함수나 모듈 안에서 데이터를 계속 보관하지 말라. 꺼내어
전달하라.